D1832434

श्रीकान्त वर्मा संचयिता

महात्मा गांधी अन्तरराष्ट्रीय हिन्दी विश्वविद्यालय
के लिए प्रकाशित

महात्मा गांधी अन्तरराष्ट्रीय हिन्दी विश्वविद्यालय

श्रीकान्त वर्मा संचयिता

संपादक

उदयन वाजपेयी

राजकमल प्रकाशन

ISBN : 978-81-267-0662-4

मूल्य : ₹995

© वीणा वर्मा

पहला संस्करण : 2003
दूसरा संस्करण : 2019

प्रकाशक : राजकमल प्रकाशन प्रा. लि.
1-बी, नेताजी सुभाष मार्ग, दरियागंज
नई दिल्ली-110 002

शाखाएँ : अशोक राजपथ, साइंस कॉलेज के सामने, पटना-800 006
पहली मंजिल, दरबारी बिल्डिंग, महात्मा गांधी मार्ग, इलाहाबाद-211 001
36 ए, शेक्सपियर सरणी, कोलकाता-700 017

वेबसाइट : www.rajkamalprakashan.com
ई-मेल : info@rajkamalprakashan.com

मुद्रक : बी.के. ऑफसेट
नवीन शाहदरा, दिल्ली-110 032

SHRIKANT VERMA SANCHAYITA
Edited by Udayan Vajpayee

इस पुस्तक के सर्वाधिकार सुरक्षित हैं। प्रकाशक की लिखित अनुमति के बिना इसके किसी भी अंश को, फोटोकॉपी एवं रिकॉर्डिंग सहित इलेक्ट्रॉनिक अथवा मशीनी, किसी भी माध्यम से, अथवा ज्ञान के संग्रहण एवं पुनःप्रयोग की प्रणाली द्वारा, किसी भी रूप में, पुनरुत्पादित अथवा संचारित-प्रसारित नहीं किया जा सकता।

विश्वविद्यालय का वक्तव्य

आमतौर पर यह धारणा है कि विश्वविद्यालय स्तर पर हिन्दी साहित्य, भाषा और संस्कृति का जो अध्ययन-अध्यापन होता है वह अधिकतर रूढ़िग्रस्त और उबाऊ हो गया है। महात्मा गांधी अन्तरराष्ट्रीय हिन्दी विश्वविद्यालय के प्राथमिक सरोकारों में से एक यह है कि पाठ्यक्रम, पाठ्यचर्या और पाठ्यसामग्री को एक नई शताब्दी की नई चुनौतियों और प्रश्नाकुलता के अनुरूप ताजातरीन करते हुए इस क्षेत्र में नए विकल्पों को खोजा, विकसित और विन्यस्त किया जाए। तभी यह विश्वविद्यालय हिन्दी अध्ययन-अध्यापन और अनुसन्धान के क्षेत्रों में कुछ ठोस, प्रासंगिक और कारगर विकल्प प्रस्तुत कर सकता है।

हमारे विश्वविद्यालय ने देश और विदेश के श्रेष्ठ विशेषज्ञों से विचार-विनिमय कर इस दिशा में कुछ प्रयत्न करना शुरू किया है। हमारा लक्ष्य हिन्दी साहित्य, भाषा और संस्कृति को उसकी समग्रता, जटिलता और बहुलता में आलोकित करते हुए उनकी नए प्रश्नों, चिन्ताओं और उत्सुकताओं से दो-चार होने की अपार क्षमता और उसकी वर्तमान अनेक दिशाओं को इंगित करना भी है।

चूँकि नए किस्म के पाठ्यक्रम और पाठ्यचर्या के लिए नए किस्म की पाठ्य-सामग्री अनिवार्य है, इस विश्वविद्यालय ने एक अपेक्षाकृत महत्त्वाकांक्षी प्रकाशन-योजना हाथ में ली है। यह पुस्तक उसी योजना का एक हिस्सा है।

इस प्रकाशन योजना में हिन्दी के प्रमुख लेखकों के प्रतिनिधि संचयनों, विविध विषयों पर आधारित संकलनों, यथा—प्रेम, प्रकृति, अध्यात्म, मृत्यु और अनुपस्थिति, समाज, नदी, ऋतु-विषयक कविताओं के संकलनों के साथ-साथ ऐसे लेखकों के चयन भी प्रकाशित करने की योजना है जो साहित्य की तथाकथित मुख्यधारा में कतिपय कारणों से विशेष उल्लेख न पा सके किन्तु जिनकी रचनात्मकता से परिचित होने पर हिन्दी साहित्य की समझ समृद्ध ही होगी।

इनके साथ ही अनेक विशिष्ट प्रकाशनों की योजना है। बीसवीं सदी के उत्तरार्ध की हिन्दी-कुल की भाषाओं (भोजपुरी, अवधी, बुन्देलखंडी, मालवी आदि) की कविताओं का संचयन, हिन्दी के आरम्भिक गद्य का संचयन, मध्यकालीन काव्य का संचयन, सूफी-काव्य का संचयन, बीसवीं सदी के उत्तरार्ध

की हिन्दी कथा, कविता, आलोचना आदि के चयन, महत्त्वपूर्ण लेखकों और कृतियों के द्विभाषी संस्करण (हिन्दी-उर्दू, हिन्दी-अंग्रेजी, हिन्दी-पोलिश आदि) तैयार किए जा रहे हैं।

इस प्रकाशन योजना की एक विशेषता यह है कि इसके निर्माण में लोकतान्त्रिक और पारदर्शी प्रक्रिया अपनाई गई है। अपने-अपने क्षेत्र के विशेषज्ञों की समितियों ने प्रकाशन योग्य सामग्री के साथ-साथ सम्पादकों का चुनाव भी किया है। निश्चय ही पुस्तकों में उनकी अपनी दृष्टि तो झलकती है, उसके साथ ही वे एक सामूहिक विवेकसम्मत प्रक्रिया का परिणाम भी हैं। इन्हें तैयार करते समय इस बात का ध्यान तो रखा ही गया है कि इस सामग्री का उपयोग भारत के बाहर उन केन्द्रों में भी किया जाना है जहाँ हिन्दी पढ़ाई जा रही है। यदि ये पुस्तकें सामान्य पाठकों के अतिरिक्त हिन्दी के छात्रों और शिक्षकों के लिए उपयोगी सिद्ध हुईं तो हमें सन्तोष होगा।

स्वभाव की तलाश

1

श्रीकान्त वर्मा स्वतन्त्रता प्राप्ति के बाद हिन्दी के सम्भवतः सबसे ऊर्जस्वित लेखकों में हैं। वे मूर्धन्य कवि हैं, सटीक कहानीकार हैं, और अनोखे उपन्यासकार। वे उन विरले कवियों में हैं जिन्होंने अपने भीतर से होकर बहती पिघले लोहे-सी काव्य-धारा को पूरे धीरज से सहा और उसे बिल्कुल नए काव्य-विन्यासों में ढाला। यह भी सच है कि कई बार इस पिघले लोहे के-से काव्य-आवेग ने उन्हें धीरज बरत सकने का अवकाश नहीं दिया या शायद अपने घुमड़ते काव्य-आवेग के आगे कवि का धीरज निष्फल हो गया लेकिन तब यह काव्य-आवेग या काव्य-संवेदन उन्हीं की कविताओं के सुघड़ विन्यासों के आसपास, यहाँ-वहाँ चिनगारियों की तरह बिखर गया। शायद इसीलिए उनकी कविताएँ, उनके काव्य-संयम और काव्य-असंयम का विलक्षण साक्ष्य और फलन हैं। उनके धीरज और उनकी हड़बड़ी दोनों का पारदर्शी अंकन।

मैं उठता हूँ और उठकर
        खिड़कियाँ, दरवाजे
और कमीज़ के बटन
        बन्द कर लेता हूँ
और फुर्ती के साथ
        एक कागज पर लिखता हूँ
'मैं अपनी विफलताओं का
                प्रणेता हूँ'

चाहें तो हम कह सकते हैं कि ये कविताएँ आँधी की तरह उनके आर-पार बहते काव्य-आवेग के हाथों उनके क्षत-विक्षत जीवन का टूटा हुआ बिखरा हुआ मानचित्र हैं। इस खंडहर मानचित्र में ढूँढ़ने पर हमें स्वातन्त्र्योत्तर भारतीय नागरिक के खंड-खंड स्वप्न और विदग्ध आकांक्षाओं के धुँधुआते हुए टुकड़े मिल जाएँगे।

2

> मुक्तिबोध का काव्य संगीत का निषेध करता है।...संगीत के न रहने से कविता में शून्य पैदा हो जाता है और कविता कविता नहीं रह जाती। मुक्तिबोध ने संगीत से पैदा हुए शून्य को तनाव से भरा। संगीत का स्थान तनाव ने ले लिया।
>
> *(मुक्तिबोध की कविता—श्रीकान्त वर्मा)*

मुक्तिबोध की कविता पर श्रीकान्त वर्मा के ये विचार कविता मात्र से उनकी प्रत्याशा को दर्शाते हैं : कविता वह है जिसके मर्म में 'तनाव' प्रतिष्ठित हो। और आधुनिक मनुष्य की स्थिति की भी श्रीकान्त वर्मा की यही कल्पना है : उसका मर्म तनाव से निर्मित है। और इसीलिए 'भटका मेघ' से शुरू होकर 'जलसाघर' की लगभग सभी कविताओं में फैली श्रीकान्त वर्मा की कविता-यात्रा कविता में आधुनिक मनुष्य के इसी 'मार्मिक तनाव' को प्रतिष्ठित और आलोकित करने का संघर्ष है। कविता उस सबका दर्पण बने (भले ही मायादर्पण) जो आधुनिक मनुष्य को आन्दोलित किए हुए है, जो बीसवीं शताब्दी के मनुष्य को आक्रान्त किए हुए है : उसका अपनी पारम्परिक भाव-भूमि से विस्थापित होकर आधुनिक नागर पारिस्थितिकी में उलझकर छटपटाना। इस छटपटाने से उत्पन्न उसके जीवन के तार-तार में तनाव का समा जाना। और इसी पारिस्थितिकी में हर मूल्य का अर्थहीन होते चला जाना :

> मैं जानता हूँ
>   यह पाने की विकलता और
> न पाने का दुःख दोनों
> अर्थहीन हो जाते हैं

कविता को श्रीकान्त वर्मा की दृष्टि में, यह सब प्रकट बल्कि चरितार्थ कर पाना चाहिए लेकिन कर्त्तव्यवश नहीं, स्वभाववश।

> कविता कर्त्तव्यवश कुछ नहीं करती, स्वभाववश बहुत कुछ करती है। हर युग की कविता का स्वभाव बदलता है, उसकी ग्रहणशीलता का क्षेत्र बदलता है और इसीलिए उसके प्रश्न बदलते हैं।
>
> *(कविता और राजनीति—श्रीकान्त वर्मा)*

श्रीकान्त वर्मा की काव्य-यात्रा बीसवीं शताब्दी में कविता का स्वभाव खोजने की अनथक यात्रा है। इस यात्रा में वे लहूलुहान होते हैं, खीजते हैं, चिढ़ते हैं, तिलमिलाते हैं, स्वयं पर और औरों पर वार करते हैं, घृणा करते हैं, प्रेम करते हैं, गाँव से महानगर और महानगर से घर (यानी गाँव) जाने को छटपटाते हैं,

अब मैं घर जाना चाहता हूँ

लेकिन कहीं ठौर नहीं पाते। मैक्सिकन उपन्यास कर्लोस फियान्तेस ने कहीं लिखा है कि साहित्य का सत्य उसके सत्य की खोज के विवरण में निहित है। इसी तरह श्रीकान्त वर्मा की कविता का स्वभाव उनका आधुनिक कविता मात्र के स्वभाव की खोज में निहित है। इसीलिए उनकी कविता की सुघड़ता और लड़खड़ाहट, उसकी सुन्दरता और विद्रूपता, उसकी मन्त्रात्मकता और उसका गाली हो जाना ('मैं लिखता नहीं कविता/ईजाद करता हूँ गाली'), उसका प्रकृति वर्णन और उसकी अकूत घृणा सारा कुछ उनको कविता की इस खोज का वैविध्यपूर्ण विवरण है कि उनके युग में कविता का क्या स्वभाव हो। इस कविता का स्वभाव कविता के स्वभाव की तलाश से बुना जाता है।

3

श्रीकान्त वर्मा की कविता-यात्रा 'भटका मेघ' से शुरू होकर 'मायादर्पण', 'दिनारम्भ' और 'जलसाघर' से होते हुए 'मगध' और 'गरुड़ किसने देखा है' तक जा पहुँचती है। 'भटका मेघ' की कुछ करने की बल्कि कर गुजरने की बेचैनी (मैं हारा नहीं पिता/मुझको आशीर्वाद दो माता लड़ने का/उस दिन के लिए लड़ूँ/जिस दिन जीवन न किसी भी माँ को बोझ बने/) 'मायादर्पण' और 'दिनारम्भ' और 'जलसाघर' में आकर आधुनिक नागर भारतीय के 'समकालीन भूगोल के नरक' में विचरती है, भटकती है, सरल रास्तों को समाधान मान लेने की जगह हर समाधान को प्रश्नांकित करती है। यहाँ अन्तहीन प्रश्नांकनों की झड़ी लगी हुई है। लेकिन सिर्फ दूसरों को ही नहीं, खुद को भी लगातार कटघरे में खड़ा किया जा रहा है। यहाँ नायक को प्रतिनायक से और प्रतिनायक को नायक से छलनी किया जा रहा है। नायक नायक नहीं, प्रतिनायक प्रतिनायक नहीं। दोनों एक दूसरे में इस तरह गड्डमड्ड हो गए हैं कि कैसी भी काव्य-शल्यक्रिया से उनको अलगाना दोनों को रक्त में डुबोना है। श्रीकान्त वही करते हैं। वे बीसवीं शती में खड़े होकर अपनी आत्मा के मंच पर अपने भीतर के नायक और प्रतिनायक को, प्रश्नों और समाधानों को एक दूसरे के हाथों रक्तरंजित होते देखते हैं। लेकिन यहाँ यह याद रहे कि इस खेल में सबसे अधिक चोट उस 'आत्मा' को लगती है जहाँ यह नाट्य चल रहा है। 'मगध' पहुँचते-पहुँचते श्रीकान्त वर्मा की यात्रा बेचैनी, विह्वलता, हड़बड़ी, आदि को तज कर अपने प्रश्नों को समकालीन मनुष्य के सन्दर्भ में उठाने की जगह मनुष्य मात्र के सन्दर्भ में उठाने लगते हैं। समकालीन मनुष्य महज 'समकाल' की रचना नहीं, शताब्दियों का सृजन है। उसके आस्तित्त्विक प्रश्नों का सामना करने के लिए जितनी वर्तमान के परीक्षण की आवश्यकता है, उतनी ही उसके अतीत की छानबीन की भी। इस छानबीन को करने की वे अनोखी विधि ईजाद करते हैं : एक ही कविता के भीतर कभी अतीत में खड़े होकर वर्तमान को देखने और कभी वर्तमान में स्थित रहकर अतीत को निरखने की विधि। यह हिन्दी कविता में लेखन की विधि का आविष्कार है। 'मगध'

की कविताएँ लगातार बदलते आख्यान-बिन्दुओं के सहारे बुनी जाती हैं। इस कारण कविता में अतीत, वर्तमान और भविष्य अलहदा न रह जाकर काल की एक अनूठी बुनावट प्रस्तुत करना शुरू कर देते हैं। इसी बुनावट में आकर हर समकालीन प्रश्न समूचे काल में अपने होने की अनुगूँज सुनने लगता है। यहाँ आकर बिलकुल सरल प्रश्न एक विराट आयाम पा लेते हैं।

'सुनो भई घुड़सवार
मगध किधर है ?'

4

श्रीकान्त वर्मा अत्यन्त ऊर्जस्वित कवि होने के साथ-साथ पक्के गद्यकार भी हैं। उनका गद्य गद्य की सारी शर्तों पर खरा उतरता गद्य है। उसमें वाक्य-सौन्दर्य है पर 'कवितायी' नहीं, उसमें विवरण हैं पर फिज़ूल ढीलापन नहीं। शायद इतना कसा हुआ गद्य बहुत कम लेखकों ने लिखा होगा। उन्होंने कहानियाँ, उपन्यास, यात्रा-वृत्तान्त और निबन्ध लिखे हैं। मैक्सिकन कवि चिन्तक आक्टोवियो पॉज, भाषाशास्त्री नॉम चॉम्स्की, फ्रांसीसी उपन्यासकार नथालिया सरात जैसे सर्जकों से साक्षात्कार लिये हैं।

उनकी अनेक कहानियाँ साठ और सत्तर के दशक में लिखी श्रेष्ठ कहानियों में हैं। यह आश्चर्य का विषय है कि उस दौर के साधारण कहानीकारों का जिक्र करते-करते हमारी आलोचना ऐसी अनोखी कहानियों का जिक्र करने से चूक गई। इन कहानियों की कसी हुई भाषा अपने पाठक को कथानक के इतना करीब ले जाती है कि वह चाहे तो हाथ बढ़ाकर उसे छू सकता है। वह चाहे तो उस गद्य में प्रवाहित जीवन में स्वयं को डुबो सकता है। यहाँ बहुत कम मगर सब कुछ बहुत सफाई और स्पष्टता से कहती भाषा है, लगभग पारदर्शी मगर अपने भाषा होने, अपने कहानी होने के प्रति आत्मसजग। इसीलिए उनकी कहानियाँ किसी ऐसे चित्रकार की कृतियाँ जान पड़ती हैं जो थोड़े-से ही स्ट्रोक्स में पूरा चित्र साकार कर देता है। इसका सबसे सटीक उदाहरण शायद फ्रांसीसी चित्रकार सेज़ाँ के चित्र हैं। सेज़ाँ के चित्रों की तरह ही श्रीकान्त वर्मा की कहानियाँ अपने एक-एक वाक्य के सहारे मानो कथानक को जीवन्त करती जा रही हों, कथानक में उपस्थित प्रेम, घृणा, जुगुप्सा, करुणा आदि के भावों को मूर्त करती जा रही हों। यहाँ हम उनके विलक्षण उपन्यास 'दूसरी बार' का जिक्र कर सकते हैं। यह उपन्यास भी उनकी कहानियों की तरह ही बेहद कसी हुई भाषा में लिखा गया है लेकिन कहानियों से अलग एक अद्वितीय भाव को पूरी सघनता से साकार करता हुआ : घृणा के भाव को। हिन्दी उपन्यास में आम तौर पर मनुष्य के आदर्श भावों को अधिक स्थान मिला है। उसमें ईर्ष्या जैसे भावों की ऐसी गहराई से पड़ताल नहीं है जैसी कि मसलन महान फ्रांसीसी लेखक प्रूस्त के उपन्यास 'स्वान्सवे' में मिलती है। दरअसल प्रूस्त अपने उपन्यास में ईर्ष्या के एक-एक रेशे को पूरी शिद्दत से उद्घाटित करते हैं। शायद इस तरह

श्रीकान्त वर्मा का उपन्यास घृणा या नफरत के सूक्ष्म विवरण की गाथा है। यहाँ प्रेम में किसी परदे के पीछे छिपी और अचानक बाहर निकल आई घृणा को दूसरी बार मिले प्रेमी सहने की कोशिश में लगे हैं। यह उपन्यास घृणा की ओर से प्रेम को व्याख्यायित करने की चेष्टा करता है। और यह रेखांकित करता है कि प्रेम जैसे अलौकिक मूल्य या भाव में घृणा जैसी विनाशक भावना का आविर्भाव सम्भव है। वे उसे छिपाने या ढँकने की जगह उसे उपन्यास के आलोकवृत्त में खींच लाते हैं और उसका सूक्ष्मतम वर्णन करते हैं। मैं नहीं समझता कि हिन्दी में घृणा पर इससे सुन्दर कभी भी कुछ भी लिखा गया है। दूसरे शब्दों में, यह उपन्यास सचमुच ही हिन्दी औपन्यासिक संसार की उपलब्धि है।

5

हिन्दी समाज को रूसी कवि आन्द्रे वेज्नेसेंस्की और जर्मन कवि हंस माग्नुस एन्त्सेंसबर्गर जैसे कवियों की कविताओं का अनुभव करानेवाले अनुवादकों में श्रीकान्त वर्मा सर्वोपरि हैं। बल्कि शायद वे हिन्दी में कविता के सर्वश्रेष्ठ अनुवादक रहे हैं। उन्होंने उपरोक्त कवियों के अलावा भी कई फ्रांसीसी, जापानी, हंगारी, यूनानी, मैक्सिकन कविताओं का अनुवाद किया है। वेज्नेसेंस्की के अनुवाद हिन्दी में कविता के आदर्श अनुवाद कहे जा सकते हैं। इनमें से कुछ अनुवादों को हम इस संकलन में भी शामिल कर रहे हैं। उन्होंने अपने एक निबन्ध में लिखा था कि अनुवाद-कर्म संस्कृतियों की टकराहट होता है। खुद उनके अनुवाद इस टकराहट के उत्कृष्ट नमूने हैं। जहाँ वेज्नेसेंस्की की कविता में श्रीकान्त वर्मा की कविता के और (इन अनुवादों को पढ़ने के बाद) श्रीकान्त वर्मा की कविता में आन्द्रे वेज्नेसेंस्की की कविता के स्पन्दन महसूस होने लगते हैं।

6

भूमिका लिखना कृति और पाठक के बीच फिजूल में आ जाना है। यह जितना संक्षिप्त हो, उतना बेहतर। जितनी देर भी यह भूमिका श्रीकान्त वर्मा की कृतियों और पाठकों के बीच रही आई है, उतनी देर तक इसे अपने वहाँ होने का संकोच रहा है। कम से कम इस भूमिका हो यही भ्रम है।

उदयन वाजपेयी

अनुक्रम

भूमिका : स्वभाव की तलाश VII

कविताएँ

मैं बिन टहनी का गन्ध फूल 15
साँझ : फिर आना मीत 16
क्या था वह ? 17
साथ 18
भटका मेघ 19
स्वरों का समर्पण 22
पुत्र का निवेदन 23
बूढ़ा पुल 24
प्रतीक्षा 26
विपन्न 26
उत्तर-प्रेम-1 27
उत्तर-प्रेम-2 27
उत्तर-प्रेम-3 27
उत्तर-प्रेम-4 28
पतझर 28
एक मुर्दे का बयान 28
पट-कथा 30
माया-दर्पण 33
दिनचर्या 38
एक दिन 39
घर-धाम 42
जीवन-बीमा 45
प्रेमिका 50
फुलचुक्की का प्यार 50
50 शिशिर
51 नकली कवियों की वसुन्धरा
54 दिनारम्भ
55 वापसी
59 दुनिया नामक एक बेवा का...
60 हेर-फेर
62 बन्द पृथ्वी का प्रेम
64 एक और ढंग
65 प्रेस-वक्तव्य
66 हिल जाती है डाल
66 दूसरे का डर
68 समाधि-लेख
72 बुख़ार में कविता
76 अन्तिम वक्तव्य
78 जलसाघर
83 सिंहद्वार
85 विजेता
88 ग्रैंड ट्रंक रोड
91 युद्ध नायक
95 प्रजापति
99 प्रक्रिया
100 जोसेफ अब्रुकुआ
104 बाबर और समरकन्द
105 कलिंग
106 मगध के लोग
107 काशी में शव
108 काशी का न्याय

हस्तिनापुर 109
कपिलवस्तु 110
चिल्लाता कपिलवस्तु 111
उज्जयिनी 112
कोसल गणराज्य 114
कोसल में विचारों की कमी है 114
अम्बपाली 116
बुद्धकालीन गणिका का स्वप्न भंग 116
मणिकर्णिका का डोम 118
हस्तक्षेप 120
तीसरा रास्ता 121
रोहिताश्व 124
पितामह 125
आनन्द 126

अनूदित विदेशी कवि

हंस माग्नुस एन्त्सेंसबर्गर 127
आन्द्रे वेज्नेसेंस्की 144

कहानियाँ

साथ 173
मिचली 178
दूसरे के पैर 182
चबूतरा 191
झाड़ी 197
ठंड 204
208 चॉकलेट
218 अरथी
231 शवयात्रा
239 घर

उपन्यास

245 दूसरी बार

लेख

317 शमशेर का संसार
327 कविता और राजनीति
334 मुक्तिबोध की कविता
340 कविता की प्रक्रिया : जीने की प्रक्रिया
354 चेकोस्लोवाकिया का अर्थ
361 प्रेम-कहानी
370 आधुनिक भारतीय लेखन का संकट

यात्रावृत्त और रिपोर्ताज

377 अतीत और वर्तमान
383 मानवीय स्वतन्त्रता की तलाश
389 पेरिस डज़ंट एक्ज़िस्ट-2

परिशिष्ट

395 श्रीकान्त वर्मा की किताबें

मैं बिन टहनी का गन्ध फूल

तो गुज़र गई ऋतुएँ छह
डालें नग्न हुईं;
सिसकी-सी तैर गईं
टहनियाँ हवाओं पर

छह ऋतुओं के छह रंग फूल
छह गन्ध फूल
क्रमशः
धरती के नक्षत्रों-से डूब गए।

मैं बिना पंखुरी, बिन टहनी का गन्ध फूल
अब भी ताज़ा हूँ,
सुरभित हूँ।
मैं हर ऋतु में गमगमा रहा
मैं हर मौसम में
जीवित हूँ।

मैं हर आत्मा के पोखर पर
टँग मेघ-खंड-सा
बैठा हूँ।
मैं हर जीवन में निष्ठा-सा
अन्धड़ में भी
नित ऐंठा हूँ।
मैं हर समाधि के सिरहाने।
मैं हर मंजिल की
डेहरी पर।

मैं हर बच्चे की आँखों में
मैं हर लैला के
ओठों पर।
मैं हर सुहाग की बिन्दी में।
मैं मेंहदी रची।

हथेली पर।
मैं हर जाँते के चक्कर में।
मैं हर
स्फूर्ति के अनुभव में।

इसलिए कि हर आत्मा में
काफी आँसू हैं।
इसलिए कि
हर धड़कन में मेरी ऋतुएँ हैं।
इसलिए कि
हर मिहनत ही मेरी मिट्टी है।
इसलिए कि
हर मन की उमंग मेरी जड़ है।

मैं बिना पंखुरी, बिन
टहनी का गन्ध फूल
अब भी ताजा हूँ, सुरभित हूँ।
मैं हर ऋतु में
गमगमा रहा;
मैं हर मौसम में जीवित हूँ।

साँझ : फिर आना मीत

डूब गए कहीं किसी वंशी के स्वर,
साँझ हुई !
झुंझकुर में दिन भर ऊँघी पीली धूप,

अलसायी दोपहरी अलसायी साँझ,
संझा का सोनदिया, सोनराया गाँव,
पियराए ताल तलैया, खंडहर कूप–
दिन भर बज खेतों में चुप है अरहर,
साँझ हुई !
महुआ डूबे वन की गलियाँ सुनसान
अभी झूलकर सोयी साजा की शाख,
निन्दियाए फूलों की सकुचायी आँख,
कहीं उठ लहर, कहीं टूट गये गान–
भीगी हैं दो आँखें, भीगा आँचर,
साँझ हुई !
जूड़े में फिर उगे संझा के फूल
हाथों में फिर थिरकन, ओठों पर गीत
फिर आना ओ पाहुन, फिर आना मीत
सरिता के सूने तट संझा के फूल
रतनारी चाँद उगा, बजते मन्दिर–
साँझ हुई !

क्या था वह ?

राख को ढेर-सा बिखरने के बावजूद, बार-बार
अपने को मैंने इकट्ठा किया, संस्कार
मुझमें नहीं था–
था हाड़-हाड़ में बहता पुरखों का अन्धकार।
पुरखों का अन्धकार, प्रतिभा का क्षय
और प्रियजन के पाप को न पाप
कह सकने का
पाप लिए
अपने ही आस-पास घिरे हुए
जीवित रहने के कष्ट के तारों से
बिन्ध-बिन्धकर तार-तार।
संस्कार

मुझमें नहीं था—
फिर क्या था वह ?
अपने को फिर-फिर जुगाने का मोह
औरों के अनजाने
अपने से द्रोह
मेरे गिर जाने के बाद
मुझमें से निकल जो उठा
उसके कदमों की टोह—
क्या था वह ?
एक अदृश्य चाबुक से
पिट-पिट कर
औरत की तरह
क्यों किया मैंने, जीवन से, प्यार ?

साथ

कविताएँ साथ छोड़ रही हैं
स्त्री की तरह नहीं
छाल की तरह
मुझको नंगाकर।
रोज़-रोज़ मुझको उघाड़कर
रोज़ एक पन्ना जो
बावजूद मेरी कोशिश के नहीं
भरा गया,
फाड़कर
पेश कर रही हैं मुझे
और अधिक
नंगा कर
जिन सबके सामने
था सबसे हयादार।
रोज़ एक कविता-विहीन दिवस
फेंक चला जाता है

नग्नता छिपाने को
अन्धकार।
सारा दिन
शब्दहीन बेचैनी
लयविहीन दुनिया
बिखरे-बिखरे मकान।

भटका मेघ

भटक गया हूँ—
मैं असाढ़ का पहला बादल !
श्वेत फूल-सी अलका की
मैं पंखुरियाँ तक छू न सका हूँ।
किसी शाप से शप्त हुआ
दिग्भ्रमित हुआ हूँ।
शताब्दियों के अन्तराल में घुमड़ रहा हूँ, घूम रहा हूँ।
कालिदास ! मैं भटक गया हूँ,
मोती के कमलों पर बैठी
अलका का पथ भूल गया हूँ।

मेरी पलकों में अलका के सपने जैसे डूब गए हैं।
मुझमें बिजली बन आदेश तुम्हारा
अब तक कड़क रहा है।
आँसू धुला रामगिरी काले हाथी जैसा मुझे याद है।
लेकिन मैं निरपेक्ष नहीं, निरपेक्ष नहीं हूँ।
मुझे मालवा के कछार से
साथ उड़ाती हुई हवाएँ
कहाँ न जाने छोड़ गई हैं !
अगर कहीं अलका बादल बन सकती
मैं अलका बन सकता !
मुझे मालवा के कछार से
साथ उड़ाती हुई हवाएँ

उज्जयिनी में पलभर जैसे
ठिठक गई थीं, ठहर गई थीं,
क्षिप्रा की वह क्षीण धार छू
सिहर गई थीं।
मैंने अपने स्वागत में तब कितने हाथ जुड़े पाए थे।
मध्य मालवा, मध्य देश में
कितने खेत पड़े पाए थे।
कितने हलों, नागरों की तब
नोकें मेरे वक्ष गड़ी थीं।
कितनी सरिताएँ धनु की ढीली डोरी-सी क्षीण पड़ी थीं।
तालपत्र-सी धरती,
सूखी, दरकी, कब से फटी हुई थी।
माँएँ मुझे निहार रही थीं, वधुएँ मुझे पुकार रहीं थीं,
बीज मुझे ललकार रहे थे,
ऋतुएँ मुझे गुहार रही थीं।

मैंने शैशव की
निर्दोष आँख में तब पानी देखा था।
मुझे याद आया,
मैं ऐसी ही आँखों का कभी नमक था।
अब धरती से दूर हुआ
मैं आसमान का धब्बा भर था।

मुझे क्षमा करना कवि मेरे !
तब से अब तक भटक रहा हूँ।
अब तक वैसे हाथ जुड़े हैं,
अब तक पेड़ सूखे खड़े हैं,
अब तक उजड़ी हैं खपरैलें,
अब तक प्यासे खेत पड़े हैं।
मैली-मैली सन्ध्या में
झरते पलाश के पत्तों-से
धरती के सपने उजड़ रहे हैं।
मैं बादल, मेरे अन्दर कितने ही बादल घुमड़ रहे हैं।

कितने आँसू टप, टप, टप
मेरी छाती पर टपक रहे हैं।

कितने उलाहने मन में मेरे
बिजली बन लपक रहे हैं।
अन्दर ही अन्दर मैं
कब से फफक रहा हूँ
मेरे मन में आग लगी है
भभक रहा हूँ।

मैं सदियों के अन्तराल में
वाष्प चक्र-सा घूम रहा हूँ।
बार-बार सूखी धरती का
रूखा मस्तक चूम रहा हूँ।
प्यास मिटा पाया कब इसकी
घुमड़ रहा हूँ, घूम रहा हूँ।

जिस पृथ्वी से जन्मा
उसे भुला दूँ
यह कैसे सम्भव है ?
पानी की जड़ है पृथ्वी में
बादल तो केवल पल्लव है।
मुझमें अन्तर्द्वन्द्व छिड़ा है।
मुझे क्षमा करना कवि मेरे !
तुमने जो दिखलाया मैंने
उससे कुछ ज़्यादा देखा हैं।
मैंने सदियों को मनुष्य की आँखों में धुलते देखा है।

मेरा मन भर आया है कवि,
अब न रुकूँगा।
अलका भूल चुकी मैं अब तो
इस धरती की प्यास हरूँगा।
सूखे पेड़ों, पौधों, अँकुओं की अब मौन पुकार सुनूँगा।
सुखी रहे तेरी अलका मैं
यहीं झरूँगा।
अगर मृत्यु भी मिली
मुझे तो
यहीं मरूँगा।

मुझे क्षमा करना कवि मेरे !
मैं अब अलका जा न सकूँगा।
मुझे समय ने याद किया है
मैं खुद को बहला न सकूँगा।
जब अँकुआए धान,
किसी कजरी में तुम मुझको पा लेना।
मैं हूँ नहीं कृतघ्न
मुझे तुम शाप न देना !
मैं असाढ़ का पहला बादल
शताब्दियों के अन्तराल में घूम रहा हूँ।
बार-बार सूखी धरती का रूखा मस्तक चूम रहा हूँ।

स्वरों का समर्पण

डबडब अँधेरे में, समय की नदी में
अपने-अपने दिए सिरा दो;
शायद कोई दिया क्षितिज तक जा,
सूरज बन जाए !!

हरसिंगार जैसे यदि चुए कहीं तारे,
अगर कहीं शीश झुका
बैठे हों मेड़ों पर
पन्थी पथहारे,
अगर किसी घाटी भटकी हो छायाएँ,
अगर किसी मस्तक पर
जर्जर हों जीवन की
त्रिपथगा ऋचाएँ;

पीड़ा की यात्रा के ओ पूरब-यात्री !
अपनी यह नन्हीं-सी आस्था तिरा दो
शायद यह आस्था किसी प्रिय को
तट तक ले जाए !!

पुत्र का निवेदन

माता ! मैंने तुमको सुख न दिया
पिता ! तुम्हें मैंने
सन्तोषों का मुख न दिया।
मुझे क्षमा करना
यद्यपि मेरा दोष नहीं।

मैंने भी प्यारे-प्यारे सपनों की
भौंहें चूमी थीं।
मेरी भी इच्छाएँ, उपमा-सी
चमकी थीं, मेघों-सी घूमी थीं।

मैंने भी शिकनों के पहले
अपना चेहरा
दर्पण में देखा था।
आज व्यंग्य हूँ जिसका,
वह सपना बार-बार
बचपन में देखा था।

मैं कृतघ्न नहीं पिता !
मुझको मत देखो
सन्देह की निगाहों से।
मेरे असहाय प्राण अन्दर चीत्कार रहे।
मैं कुचली कोंपल की
सिसकी-सा सिसक रहा।
मैं खुद अपने अन्दर
काँटे-सा कसक रहा।

मैंने तुमको सुख-सुविधा के
साधारण से पल न दिए।
पेट ने तुम्हारे जो प्रश्न किए
मुझसे, मैंने उनके हल न दिए।
कफन माँगती माँ के लिए
एक साड़ी भी ला न सका।

मैं स्वयं गिरा
लेकिन माँ ! तुम्हें उठा न सका !

आँसू मत टपकाओ।
मुझको प्रत्येक बूँद
छाती पर,
पिघले लोहे जैसे लगती है।
ऐसे मत सिसको, मत सिसको
हर सिसकी की
नोक मुझे गड़ती है।

मैं हारा नहीं पिता !
मुझको आशीर्वाद दो माता लड़ने का।
उस दिन के लिए लडूँ
जिस दिन जीवन न किसी भी माँ को बोझ बने।
कोई भी पिता
खंडहर-जैसा जीवन जी, ढहने के दिन न गिने।
शैशव के सपने
ऐसे न पछाड़े जाएँ
पत्थर पर कपड़ों से।
आँसू मत टपकाओ
आँसू मत टपकाओ।
मुझको प्रत्येक बूँद
छाती पर
पिघले लोहे जैसी लगती है।
स्वयं आस्था बन इस माथे का तिलक करो।

बूढ़ा पुल

मैं हूँ इस नदिया का बूढ़ा पुल !

मुझमें से हहराता
गुज़र गया कितना जल !

लेकिन मैं माथे पर यात्राएँ बोहे इस
रेती में गड़ा रहा।
मुझ पर से घर घर घर
गुज़र गए कितने रथ।
लेकिन मैं पानी के पहियों की
ध्वनि सुनता खड़ा रहा।

डूब गईं सन्ध्याएँ, अस्त हुआ इन्द्रधनुष !
लेकिन मैं
पत्थर का शप्त धनुष !
मुझमें से जल अहरह, अनचाहे, अनजाने
तीरों-सा छूट रहा।

आह ! जब कभी आधी रातों में
भीगे सन्नाटे में
मैं चीखा अथवा सीटी मारी
आवाज़ें...रुग्ण और परनुचे पखेरू-सी
उड़ीं
और पास किसी झाड़ी में अरझ गईं।

इस जल के अन्दर भी कोई बूढ़ा पुल है
हिलता है, कँपता है और छटपटाता है।
आह ! वही मेरी
व्यथा जानता है।
आह ! यह अकेलापन !
सह्य नहीं नदियों का सन्नाटा,
मिलनोन्मुख यात्राएँ
संगम की ओर
दौड़ रही नदी !
सह्य नहीं क्षितिजों तक जाते वे पक्षी-दल !
दूर कहीं डूब रही पगध्वनियाँ
अस्त हो रही नावें
गुज़र रहे वे बादल
सह्य नहीं।

आह ! मुझे ढहा दो

ताकि
इन प्रवाहों में मैं अनन्त बहता जाऊँ
और अगर अटकूँ तो
पानी में डूबे मन्दिर की शोभा बनूँ।
अब मुझे ढहा दो
और नए पुल रचो,
जो बूढ़े होने तक
स्थिरता की होड़ करें, पानी से खेलें,
भाग रही नदियों से
कहें–
नदी रुक जाओ,
वापिस आ जाओ,
और अट्टहास करें; रातों को चौंके।
आह ! मुझे ढहा दो।
मैं हूँ इस नदिया का बूढ़ा पुल।
कब तक अपनी जड़ता बोहूँ
मुझको भी यात्रा में परिणत कर दो।

प्रतीक्षा

दीख नहीं पड़ते, अश्वारोही लेकिन
सुन पड़ती है टाप;
झेल रहा हूँ शाप।

विपन्न

खिड़की के पास
छोड़ आया हूँ

फीका-फीका
आकाश !
देने को थी
केवल दुनिया
उदास !

उत्तर-प्रेम-1

शिथिल हुए प्रेम के उरोज में छिपा हुआ
कृतज्ञ एक साथ
उसके नितम्ब पर पड़ा हुआ
न-अनुभव-होता-मुझको हाथ !

उत्तर-प्रेम-2

चन्द्रमुखी फूल की पंखुरियों पर दबे हुए
अजनबी अँधेरे पर बूँदें कुछ ओस की
सारी पृथ्वी पर एक कविता
लिखी जा रही है सन्तोष की।

उत्तर-प्रेम-3

आँधी में अपनी जगहों से उखड़
पड़े हैं दो महुए के पेड़ लिपटकर,
सुख के मूर्छित तट पर !

उत्तर-प्रेम-4

वेग-नदी के उतर गए हैं पाट
नाव बाँधकर
विसुध
प...ड़े हैं घाट।

पतझर

हर बार प्रेम-पत्र लिखने के बाद हर बार अपना
हस्ताक्षर करते समय
ज़रा काँप जानेवाली स्त्री
दोष देती है मौसम को
और फिर से शुरू करती है प्रेम-पत्र;
अबकी बार कोसती है शोर को,
खिड़की से आती हुई हवा को,
द्वार पर पड़ती हुई दस्तक को,
शेल्फ से गिरकर चौंका देनेवाली एक पुस्तक को,
बिस्तर पर बल खाकर गिरते समुद्र को,
बाहर बेफ़िक्र खड़े ताड़ को,
आख़िर में वक़्त को।
घबराकर ढूँढ़ती है सारा दिन किसी परित्यक्त को !

एक मुर्दे का बयान

मैं एक अदृश्य दुनिया में, न जाने क्या कुछ कर रहा हूँ।
मेरे पास कुछ भी नहीं है—
न मेरी कविताएँ हैं, न मेरे पाठक हैं

न मेरा अधिकार है
यहाँ तक कि मेरी सिगरेटें भी नहीं हैं।
मैं ग़लत समय की कविताएँ लिखता हुआ
नक़ली सिगरेट पी रहा हूँ।

मैं एक अदृश्य दुनिया में जी रहा हूँ
और अपने को टटोल कह सकता हूँ
दावे के साथ
मैं एक साथ ही मुर्दा भी हूँ और ऊदबिलाव भी।
मैं एक बासी दुनिया की मिट्टी में
दबा हुआ
अपने को खोद रहा हूँ।

मैं एक बिल्ली की शक्ल में छिपा हुआ चूहा हूँ
औरों को टोहता हुआ
अपने से डरा हुआ बैठा हूँ।
मैं अपने को टटोल कह सकता हूँ दावे के साथ
मैं ग़लत समय की कविताएँ लिखता हुआ
एक बासी दुनिया में
मर गया था।

मैं एक कवि था। मैं एक झूठ था।
मैं एक बीमा कम्पनी का एजेन्ट था।
मैं एक सड़ा हुआ प्रेम था
मैं एक मिथ्या कर्त्तव्य था
मौक़ा पड़ने पर नेपोलियन था
मौक़ा पड़ने पर शहीद था।

मैं एक ग़लत बीवी का नेपोलियन था
मैं एक
ग़लत जनता का शहीद था !

पट-कथा

पुल पर गुज़रती हुई ट्रेन धीमी होती है फिर घिसटती और
सिगनल के पास जाकर रुक जाती है।
खेतों रहट, आँगन में बातचीत
तारघर के पास एक लड़की
फुटबाल के मैदानों में खेल रुक जाते हैं।

एक लड़का अख़बार लिए सड़क पर आकर चिल्लाता है,
अणुबम पर रोक;
शोक की सभाएँ विवाह-मंडपों में बदल जाती हैं।
तीन बन्दर आगे-आगे प्रसिद्ध सड़कों पर शहनाई बजाते हैं।
कोई एक गड्ढे में छिपा हुआ देखता है
जुलूस—उसके अंग-अंग पर अनेक ज़बानों में छपा हुआ है
अमरीका और रूस !

बदहवाश !
वह कहता है
मुझे नहीं होता विश्वास !
मुझे नहीं होता विश्वास
राजकुमारी तालमखाने के विवाह में
पालकी में बैठे हुए मेंढक उत्साह में
कूद पड़ेंगे नरम घास में।

बादशाह चारों गुलामों के साथ छिपे हुए हैं ताश में
एक अरसे से।
लौट रहे हैं कुछ लड़कें और लड़कियाँ मदरसे से
वकील और मुहर्रिर बाज़ार से।
एक लड़की दरवाज़े पर खड़ी हुई आँखें लड़ाती है यार से।
एक मजूर और मजूरनी दीवार पर सिनेमा के पोस्टर
चिपकाते हैं।

मुझे नहीं होता विश्वास उस लड़की के यार पर।
क्या वह खोद सकता है अपना नाम उन दरख़्तों के अन्दर
छिपे अन्धकार पर ?

मैंने अपना नेम-प्लेट बेच दिया वरना उजागर कर सकता था
अपने तरीके को।
मैंने कभी उगता हुआ चाँद नहीं कहा
किसी लड़की के माथे पर ईंगुर के टीके को।

यद्यपि मैं कवि था अपने ज़माने का
मैंने कभी बहलाया
नहीं जी
राजकुमारी तालमखाने का
अपनी कविताओं से; जाकर पूछ सकते हो विवाह-मंडपों में
बदल जानेवाली शोक-सभाओं से।

सभाएँ ही नहीं लड़कियाँ बदल गईं।
किन्हीं और लड़कियों में
मैदान बदल गए
किन्हीं और मैदानों में—कोई एक घुसकर
कुछ तोड़-फोड़ करता है
तमाम छापेख़ानों में।
समझ में नहीं आनेवाली कुछ ध्वनियाँ
सुबह-सुबह पड़ती हैं कानों में।

इतना ही बहुत है कि अब भी सुबह होती है।
अब भी एक भुट्टे का दाना पकता है।
एक कौआ गरदन घुमाकर नासमझ नज़रों से तकता है और
अचानक उड़ जाता है।

काँव-काँव से अपनी, पुरुष का नहीं तो
किसी गृहिणी का वरना किसी लड़के का
ध्यान-भंग करता है

एक बैरा प्लेटफार्म पर थाली लिए हाथ में
थमती हुई ट्रेन से उतरता है
और देखता है सब लोग खोज रहे हैं
एक-दूसरे को शोर में।
शोर एक दूसरी तरह का अन्धकार है—

मैं जिसमें किसी और का हाथ पकड़ लेता हूँ
ऊपर से कहता हूँ
मैं ग़लत हाथों का विजेता हूँ।
शोर एक दूसरी तरह का अन्धकार है !
एक द्वार है जो बन्द है
एक जेब में घड़ी
दूसरी में फाँसी लगाने के लिए कमन्द है
सुविधा के लिए नींद की गोली है।
वह हाथ बढ़ाता और पाता है
पसीने से चिपचिपाई हुई एक चोली है।
वह घबराकर किसी और का हाथ पकड़ लेता है।
यह एक दूसरी तरह का संसार है
एक ठेकेदार जिसका नेता है
जो भीड़ के कन्धों पर चढ़कर
तोल-तोलकर कहता है
मेरे नाम दुनिया के स्त्री-पुरुषों का उधार है।
और फिर आश्वासन देता है
भीड़ के कन्धों को सोने से मढ़ाने का।
सूर्योदय हो या न हो भुट्टे के दाने का
कविताएँ लिखता है
एक और कवि
तालमखाने का

अपने को भुनाता है
बंजर महाकाव्य के एक-एक शब्द में रोज़ एक कवि
खप जाता है।

पता नहीं किसकी प्रतीक्षा करता है
शहर, पता नहीं किसके लिए तोरण सजाता है !

(वह एक गड्ढे से निकलकर सड़क पर अख़बार बेचनेवाले लड़के से अख़बार ले लेता है और नौकरी के कॉलम और विवाह के इश्तिहार देखता हुआ अनुभव करता है—मैं कुछ और हो गया हूँ।)

माया-दर्पण

देर से उठकर
छत पर सर धोती
खड़ी हुई है
देखते-ही-देखते
बड़ी हुई है
मेरी प्रतिभा
लड़ते-झगड़ते
मैं आ पहुँचा हूँ
उखड़ते-उखड़ते
भी
मैंने
रोप ही दिए पैर
बैर
मुझे लेना था
पता नहीं
कब क्या लिया था
क्या देना था !

अपना एकमात्र इस्तेमाल यही किया था—
एक सुई की तरह
अपने को
अपने परिवार से निकालकर
तुम्हारे जीर्ण जीवन को सिया था।
(दोनों हाथों में सँभाल
अपने होंठों से
छुलाकर)
बहते हुए पानी में झुलाकर
अपने पाँव
मैं अनुभव कर रहा हूँ सब कुछ
बस छूकर
चला जाता है
छला जाता है

आकाश भी
सूर्य से
जो दूसरे दिन
आता नहीं है
कोई और सूर्य भेज देता है।

विजेता है
कौन
और
किसकी पराजय है—
सारा संसार अपने कामों में
फँसाए अपने उँगलियाँ
उधेड़बुन करता है।
डरता है
मुझसे
मेरा पड़ोस।
मैं अपनी करतूतों का दरोग़ा हूँ।
नहीं, एक रोज़नामचा हूँ
मुझमें मेरे अपराध
हू-बहू कविताओं-से
दर्ज हैं।
मर्ज़ हैं
जितने
उनसे ज़्यादा इलाज हैं।
मेरे पास हैं कुछ कुत्ता-दिनों की
छायाएँ
और बिल्ली-रातों के
अन्दाज़ हैं।

मैं इन दिनों और रातों का
क्या करूँ ?
मैं अपने दिनों और रातों का
क्या करूँ ?
मेरे लिए तुमसे भी बड़ा
यह सवाल है।

यह एक चाल है;
मैं हरेक के साथ
शतरंज खेल रहा हूँ
मैं अपने ऊलजलूल
एकान्त में
सारी पृथ्वी को बेल रहा हूँ।

मैं हरेक नदी के साथ
सो रहा हूँ
मैं हरेक पहाड़
ढो रहा हूँ।
मैं सुखी
हो रहा हूँ
मैं दुखी
हो रहा हूँ
मैं सुखी-दुखी होकर
दुखी-सुखी
हो रहा हूँ
मैं न जाने किस कन्दरा में
जाकर चिल्लाता हूँ : मैं
हो रहा हूँ। मैं
हो रहा हूँ ऽऽ

अनुगूँज नहीं जाती !
लपलपाती
मेरे पीछे
चली आ रही है।
चली आए।
मुझे अभी कई लड़कियों से
करना है प्रेम
मुझे अभी कई कुंडों में
करना है स्नान
अभी कई तहख़ानों की
करनी है सैर
मेरा सारा शरीर सूख चुका

मगर साबित हैं
पैर !
मैं अपना अधिकार, अपना सारा अन्धकार
गन्दे कपड़ों की
एक गठरी की तरह
फेंक सकता हूँ।
मैं अपनी मार खाई हुई
पीठ
सेंक सकता हूँ
धूप में
बेटियाँ और बहुएँ
सूप में
अपनी-अपनी
आयु के
दाने
बिन
रही
हैं।

सारे संसार की सभ्यताएँ दिन गिन रही हैं।
क्या मैं भी दिन गिनूँ ?
अपने निरानन्द में
रेंक और भाग और लीद रहे गधे से
मैं पूछकर
आगे बढ़ जाता हूँ—
मगर ख़बरदार ! मुझे कवि मत कहो।
मैं बकता नहीं हूँ कविताएँ
ईज़ाद करता हूँ
गाली
फिर उसे बुदबुदाता हूँ।
मैं कविताएँ बकता नहीं हूँ।
मैं थकता नहीं हूँ
कोसते।
सरदी मे अपनी सन्तान को
केवल अपनी

हिम्मत की रजाई में लपेटकर
पोसते
ग़रीबों के मुहल्ले से निकलकर
मैं
एक बन्द नगर के दरवाज़े पर
खड़ा हूँ।
मैं कई साल से
पता नहीं अपनी या किसकी
शर्म में
गड़ा हूँ !
तुमने मेरी शर्म नहीं देखी !
मैं मात कर
सकता हूँ
महिलाओं को।
मैं जानता हूँ
सारी दुनिया के
बनबिलावों को
हमेशा से जो बैठे हैं
ताक में
काफ़ी दिनों से मैं
अनुभव करता हूँ तकलीफ़
अपनी
नाक में।
मुझे पैदा होना था अमीर घराने में।

अमीर घराने में
पैदा होने की यह आकांक्षा
साथ-साथ
बड़ी होती है।
हरेक मोड़ पर
प्रेमिका की तरह
मृत्यु
खड़ी होती है।

शरीरान्त के पहले मैं सब कुछ निचोड़कर उसको दे जाऊँगा जो भी मुझे मिलेगा।

मैं यह अच्छी तरह जानता हूँ किसी के न होने से कुछ भी नहीं होता; मेरे न होने से कुछ भी नहीं हिलेगा। मेरे पास कुरसी भी नहीं जो ख़ाली हो। मनुष्य वकील हो, नेता हो, सन्त हो, मवाली हो—किसी के न होने से कुछ भी नहीं होता।

नाटक की समाप्ति पर
आँसू मत बहाओ।
रेल की खिड़की से।
हाथ मत हिलाओ।

दिनचर्या

एक अदृश्य टाइपराइटर पर साफ़, सुथरे
कागज़-सा
चढ़ता हुआ दिन,
तेज़ी से छपते मकान,
घर, मनुष्य
और पूँछ हिला
गली से बाहर आता
कोई कुत्ता।

एक टाइपराइटर पृथ्वी पर
रोज़-रोज़
छापता है
दिल्ली, बम्बई, कलकत्ता।

कहीं पर एक पेड़
अकस्मात छप
करता है सारा दिन
स्याही में
न घुलने का तप।
कहीं पर एक स्त्री
अकस्मात उभर

करती है प्रार्थना
हे ईश्वर ! हे ईश्वर !
ढले मत उमर।

बस के अड्डे पर
एक चाय की दुकान
दिन-भर बुदबुदाती है
'टूटी हुई बेंच पर
बैठा है
उल्लू का पट्ठा
पहलवान।'

जलाशय पर अचानक छप जाता है
मछुए का जाल
चरकट के कोठे से
उतरती है धूप
और चढ़ता है
दलाल।
एक चिड़चिड़ा बूढ़ा थका क्लर्क ऊबकर छपे हुए शहर को
छोड़ चला जाता है।

एक दिन

एक सुबह उठते ही लगता है
मेरा विश्वास
जो मेरी परछाईं की तरह
मेरे संग था
कल मुझको सोते में
छोड़कर चला गया—
मैं बूढ़ा हो गया हूँ।
छूटा जा रहा है मेरा प्रेम। मैं बिल्कुल
अकेला हो जाऊँगा।

क्या होगा !
किसको पुकारूँगा ?
सारा दिन कैसे गुज़ारूँगा ?
सोने के पहले अपने वस्त्र
क्या आईने में
अपना अकेलापन देखने के लिए
उतारूँगा ?

स्त्रियाँ जो प्रेमिका नहीं थीं न वेश्याएँ
बिस्तर पर
छाप की तरह
दूसरे सवेरे धुल जाती हैं।
केवल एक स्त्री की साड़ी की गन्ध
और चूड़ियों से
झरता हुआ दिन (या उसके साथ
पड़ा हुआ मैं
और पलंग से
उतरता हुआ दिन)

एक सुबह उठते ही लगता है
वह मुझको
छोड़कर चली गई। मैं अचानक
बूढ़ा हो गया हूँ...
क्या होगा ? कैसे गुज़ारूँगा ?
क्या मैं अपने गुज़रे जीवन को
एक काग़ज़ पर लिखी हुई
कविता की तरह
दूसरे काग़ज़ पर
उतारूँगा ?

क्या मैं यह सोचूँगा
कि यदि मैंने उस पर शासन भी
किया होता
तो वह नहीं जाती !
और क्या मैं फिर

शासन के लिए
एक शासक का चेहरा
(जिसे उसने किसी और से लिया था)
जा कर उधार लाऊँगा ?
क्या मैं एक स्त्री के लिए
नक़ली
तमंचा लिए
बिस्तर पर लूँगा
अवतार ?
क्या मैं उसी स्त्री से
फिर से
रचाऊँगा
विवाह ?

आख़िर मैं लूँ भी तो किससे सलाह ?
दिन चढ़ते-चढ़ते
मैं अकेला हो जाता हूँ।

मैं हरेक रास्ते पर कुछ दूर
चलकर
पाता हूँ
यह रास्ता
ग़लत था।
मेरा विश्वास जो मेरी परछाईं की तरह
मेरे संग था
मुझे छोड़ गया है
मैं अपनी दो टाँगों पर
टँगा हुआ
गट्ठर हो गया
हूँ।
वह स्त्री
जो छोड़कर चली गई
जानती थी
मैं उसके वक्ष में छिपाए हुए
मुँह

एक शुतुर्मुर्गनुमा
ठट्ठर
हो गया हूँ।
मैं क्या करूँ ?

क्या मैं छपाऊँ इश्तिहार ?
क्या मैं बन जाऊँ किसी
क्लब का सदस्य ?
क्या मैं बैठे-बैठे
करूँ सभी
परिचित-अपरिचित को फ़ोन ?
क्या मैं तमाम मूर्ख स्त्रियों से हँस-हँसकर
बात करूँ, झुक-झुक नमस्कार ?
दूसरों के बच्चों से
झूठ-मूठ प्यार ?
अपनी वर्षगाँठ पर
एक अल्प-समारोह ?
अपने प्रेम-पत्रों से घबराकर
क्या मैं करूँ
समाचारपत्रों से
मोह ?

मैं क्या करूँ ? क्या मैं जीने की कोशिश में
किसी और दुनिया में
जा मरूँ ?

घर-धाम

मैं अब हो गया हूँ निढाल।
अर्थहीन कार्यों में
नष्ट कर दिए
मैंने

साल-पर-साल
न जाने कितने साल !
—और अब भी
मैं नहीं जान पाया
        है कहाँ मेरा योग ?

मैं अब घर जाना चाहता हूँ
मैं जंगलों
पहाड़ों में
        खो जाना चाहता हूँ
                मैं महुए के
                        वन में
                एक कंडे-सा
                सुलगना, गुँगुवाना,
                        धुँधुवाना
                        चाहता हूँ।

मैं जीना चाहता हूँ
        और जीवन को
                भासमान
                करना चाहता हूँ।
        मैं कपास धुनना चाहता हूँ
        या
        फावड़ा उठाना
        चाहता हूँ
        या
        गारे पर ईंटे
        बिठाना
                चाहता हूँ
                या पत्थरी नदी के एक ढोंके पर
                        जाकर
                                बैठ जाना
                                        चाहता हूँ।

मैं जंगलों के साथ
सुगबुगाना चाहता हूँ
और
शहरों के साथ
चिलचिलाना
चाहता हूँ

मैं अब घर जाना चाहता हूँ

मैं विवाह करना चाहता हूँ
और
उसे प्यार
करना चाहता हूँ,
मैं उसका पति,
उसका प्रेमी,
और
उसका सर्वस्व
उसे देना चाहता हूँ
और
उसकी गोद
भरना चाहता हूँ।

मैं अपने आसपास
अपना एक लोक
रचना चाहता हूँ।
मैं उसका पति, उसका प्रेमी
और
उसका सर्वस्व
उसे देना चाहता हूँ
और
पठार
ओढ़ लेना
चाहता हूँ।
मैं समूचा आकाश
इस भुजा पर

तावीज की तरह
बाँध
लेना चाहता हूँ।
मैं महुए के वन में
एक कंडे-सा
सुलगना, गुँगुवाना
धुँधुवाना चाहता हूँ।
मैं अब घर
जाना चाहता हूँ।

जीवन-बीमा

दिन-भर एक पुतला नगरपालिका के चौराहे पर शहर को समाचार पत्र-सा लिए हुए हाथ में अकेला पढ़ता रहा। आख़िर में ऊबकर पुतले ने लम्बी जमुहाई ली; हाथों से गिरा समाचार-पत्र। किसी ने नहीं केवल घर के दरवाज़े पर कई साल से बैठे जासूसी पुस्तक पढ़नेवाले बूढ़े ने पूरी तरह यह महसूस किया शाम हुई।

रॉटरी पर जाने से पहले
समाचारों को बाँट दो
आर्ट-गैलरी में मृत्यु,
सिगरेट पर टैक्स,
वित्तमन्त्री का वक्तव्य,
पानी की व्यवस्था में सुधार;
ध्यान दे रही है सरकार !

बन्द करो ! घर से निकलकर
कोई सड़क पर
आकर चिल्लता है : बन्द करो
समाचारपत्रों के दफ़्तर
रुपयों की टकसाल।
मैंने बिताए हैं
पैसे और ख़बरों के

बिना कई साल।
बन्द करो
कपड़ा बुननेवाली मिल !
टाँग दो शो-विंडों में
दाग़ों से भरा
पेटीकोट।

मैं किसी पार्टी को नहीं
केवल इस
नंगे पुतले को दूँगा
अपना वोट
नगरपालिका के चौराहे जो
हौज में मज़े से
पेशाब कर रहा है !

छिः छिः ! मैं अपने कानों में उठकर
भर लेता हूँ रुई। पढ़ता हूँ
समाचार :
पानी की व्यवस्था में सुधार !
मेज़ पर पड़ा है एक तार
बधाई का।
मेरी ससुराल के
लोगों को
पसन्द है स्वभाव
जमाई का।

हाँ में हाँ
अब तक मिलाता आया हूँ
मैं सबकी पसन्द में
दफ़्तर से घर ! घर से सिनेमा ! सिनेमा से
पलंग ! और कभी-कभी
पिकनिक ! पड़ता नहीं हूँ मैं
किसी छल-छन्द में !

मेरा विवाह किसी स्त्री से नहीं
बल्कि
हुआ था
ज़माने की पसन्द से,
पत्नी मिली है
दहेज में।

अनुभव करता हूँ मैं
अपने को पुरुष
केवल एक बार–
सेज में।

राष्ट्रभाषा हिन्दी की जय !
कचरा महादेव के
शिवालय के पास
एक नन्दी
डकारता है :
राष्ट्रभाषा हिन्दी की जय !
मैं एक पब्लिक लेवेटॅरी में
बैठा हुआ
सोच रहा हूँ
मेरी कविता में लय
क्यों नहीं है ?

मैं कभी कोई क़ानून नहीं तोड़ता ! हमेशा
सड़क के बाईं ओर
पटरी पर
चलता हूँ।
मैं घर का किराया,
बिजली का बिल,
बीमे की किश्तें
चुकाने के बाद
प्रेम करता हूँ
देश से।

गुमनाम दुनिया में
किसी के पुकारे जाने पर
कोई और वहाँ
हाज़िर होता है
तपाक से।
मैं एक पेशाबघर की दीवार पर
जाकर
लिख आता हूँ
चाक से :
ख़बरदार ! हैजा फैलाती हैं,
मक्खियाँ,
ख़बरें, अख़बार,
टाँगें फैलाती हैं
रंडियाँ,
धनी रोज़गार !
सावधान ! फैल रहा है
संसार !!

मगर सिकुड़ूँ तो कहाँ तक सिकुड़ूँ।
मैं इस क़दर
सिकुड़ चुका हूँ कि
छोटे से छोटे
अवसर के छल्ले से
अपने को साफ़-साफ़ बचाकर
गुज़र सकता हूँ।
माचिस की डिबिया में घर,
जेब में भविष्य,
हाथ में ट्रांजिस्टर सेट !
सिकुड़ूँ तो कहाँ तक
सिकुड़ूँ !

क्या मैं पड़ा रहा हूँ अपनी स्त्री की जाँघ की
दराज़ में ?
शिव ! शिव ! मैं अपनी कल्पना पर
छिपा लेता हूँ मुँह
लाज में।

नहीं सोचनी है
अलाय-बलाय !
मेरी स्त्री
फूँक-फूँककर
पीती है चाय।
ठंडा पीजिएगा या गर्म ?
यह पूछते हुए
मेरे चेहरे पर
अब भी दौड़ जाती है
शर्म।
हरेक की शर्म के पीछे
इतिहास है।
मगर रुको;
इतिहास
मैंने बी.ए. के बाद
छोड़ दिया था।

मैं किसी से नहीं केवल अपने से
कहता हूँ—
भई ! मतलब रखना है
बस काम से।
मौसम बदला है
कल शाम से।
मैं ही क्यों, बड़े-बड़े
अफ़सर भी
डरते हैं जुकाम से,
सर्दी से !
कुछ स्त्रियाँ
प्रेम करती हैं
वर्दी से;
बाक़ी
नामर्दी से।

प्रेमिका

फैले हुए समय से सिमटे हुए समय तक
एक सनातन लय-सी
मुझको ले जाती है।
एक अकेलापन ले मुझसे
एक अकेलापन वह
मुझको दे जाती है !

फुलचुक्की का प्यार

फुलचुक्की बैठी कनेर पर
कहती है टेरकर—
कहो तो कनेर-रानी
लाऊँ बसन्त को घेरकर।

शिशिर

जूड़ी-सा दिन झुका हुआ है
शहर के अन्दर एक शहर
लुका हुआ है
वसन्त की प्रतीक्षा में
कविताओं का जुलूस
रुका हुआ है !

नकली कवियों की वसुन्धरा

धन्य यह वसुन्धरा ! मुख में
इतनी सारी
नदियों का झाग,
केशों में अन्धकार !
एक अन्तहीन प्रसव-पीड़ा में
पड़ी हुई
पल-पल
मनुष्य उगल रही है,
नगर फेंक रही है,
बिलों से मनुष्य निकल रहे हैं,
दरबों से मनुष्य निकल रहे हैं...
टोकरी के नीचे छिपे
मुर्गों के मसीहा-कवि
बाँग दे रहे हैं,
सुबह हुई ऽऽ
धन्य ! धन्य ! कवियों की ऐयाशी झूठ में
लिपटी
वसुन्धरा !

—वसुन्धरा ! सूजा हुआ है क्यों
उदर ?
नसें क्यों
विषाक्त हैं ?
साँसों में
सीले जंगल-जैसी
यह कैसी
बास है ?
कवियों की झूठ में लिपटी हुई
वेश्या—माँ
अपनी सन्तानों का स्वर्ग देख रही है...

बरस रहा है अन्धकार इस कुहासे पर

भुजा पर,
मसान पर,
समुद्र पर,
दुनिया-भर के तमाम
सोए हुए
बन्दरगाहों पर
डूबती हुई अन्तिम
प्रार्थना पर
बरस रहा है
अन्धकार–
मगर वेश्याई स्वर्ग में
फोड़ों की तरह
उत्सव फूट रहे हैं।

बरस रहा है अन्धकार !
मगर उल्लू के पट्ठे !
स्त्रियाँ-रिझाऊ कविताएँ
लिख रहे हैं।
भेड़ियों के कोरस की तमाच्छन्न अन्ध-रात्रि !
मनुष्य के अन्दर
मनुष्य,
सदी के अन्दर
एक सदी
खो रही है–
मगर इससे क्या ! वसुन्धरा
सोए मसानों में
जागते मसान
बो रही है।

आदमी का कोट पहन
चूहे
निर्वसन मनुष्य की
पीठ कस रहे हैं;
चुहियों के कन्धों पर
पंख

फूट रहे हैं और कंठ में
क्लासिक संगीत !
अन्धकार में सबके सब
बिल्लियों की तरह
लड़ रहे हैं।
नक़ली वसन्त के
गोत्रहीन पत्ते
झड़ रहे हैं।
धन्य ! धन्य ! ओ नक़ली कवियों के वसन्त में
लिपटी वसुन्धरा !

—वसुन्धरा ! तेरे शरीर पर
झुर्रियाँ हैं
अथवा
दरार ?
होठों पर उफ़न रहा
पाप !
छटपट कर
टूट रहे
चट्टानी हाथ !
धो-धो जाता है
कौन
बार-बार आँसू से
कीचड़ में लथपथ
इस
पृथ्वी के पाँव ?
नदियों पर झुका हुआ काँपता है कौन : कवि अथवा सन्निपात ?

जिज्ञासाहीन अन्धकार में
कीचड़ की शय्या पर
स्वप्न देखती हुई
सुखी है वसुन्धरा ! मनुष्य
उगल रही है
नगर
फेंक रही है।
टोकरी के नीचे कवि बाँग दे रहे हैं।

दिनारम्भ

एक मारवाड़ी मुनीम जमुहाई लेता हुआ
कुंजी का गुच्छा खोंसे
अपनी टेंट में
चलता चला चलता है दुकान की ओर,
बही खोल लिखता है
श्री गणेशाय नमः, शुभ-लाभ।
जमुहाई लेकर फिर एक बार ज़ोर से
कहता है—
ऊं नमो शिवाय !

पटरी पर खड़ी एक गाय
रँभाती है
गली से एक स्त्री
हाथ में झाड़ू
सिर पर टोकरा लिए
आती है।
सड़क पर धूल, आँख में कीचड़
पेड़ पर धूप,
धोती पर दाग़,
चौके में धुआँ,
अचानक हर घर में
सुबह
फट पड़ती है।
एक बिल्ली मुँडेर पर
बैठी हुई
दूसरी बिल्ली से
झगड़ती है।
दुकानें खुलती हैं।

वापसी

तितली की तरह उड़कर लड़कियों का संसार
बैठ जाता है
कोट पर
नोट पर
हस्ताक्षर होता है
सारा दिन
ढोता है
कवि किसी और की स्त्री के वियोग में
अपने बनवास को
घास को
चरते हैं उतरते हैं
बैल
आकाश से और
चरते चले जाते हैं
डुलाते हैं
किसी और बरस पर
किसी और बरस का
पंखा—

नंगे नहा रही है
दोपहर
धँसकर तालाब में
ख्वाब में
सब कुछ
हो सकता है
सेमल चटखता है
भाँय-भाँय
दुनिया में
केवल एक बच्चा
किलकता है—
(दुःखों से लदी एक गाड़ी ग़ायब हो जाती है सीने में जाकर)
कपड़े सुखाकर
युद्ध के

मैदान
में
ध्यान
में
ढोंगी
झीने-से
जल पर
मेरी
प्रत्येक
हलचल पर
शक्लें बदलकर
राज्य-सत्ताएँ
छायाएँ
बाँधकर
हरेक अर्द्ध-सत्य को
कहीं लिये जाती हैं–
(बूढ़ी पृथ्वी के हृदय में इच्छाएँ चुलबुलाती हैं–
गाती हैं गान
यौवन
का)
धान
झुलस गया
खेत में
रेत में
रास्ता
बनाती हुई
चली जा रही है एक पतली-सी धार–
तार ! अब की बार
मैंने दिया है
नहीं जाने का
(न कोई मतलब था
आने का
न कोई मतलब है
जाने का)
दुख उठाने का

सिलसिला—
यह क़िला
भेदकर
दूसरे
क़िले
में
एक-एक ज़िले में
देश में
छाप
अपने अपमान की
तमतमा आया है सूर्य का मुख
रोष में
खींच रहा है
कोई स्नायु
आयु—
संवत्सर उछल गए हैं
लाल पत्थर पर
क्रुद्ध शार्दूल-से

●●

दाह

शायद हरेक में
था
लेकिन मैंने केवल
अपना
महसूस—
मैं अपना जुलूस
ख़ुद निकाल कर
अपने पर
पत्थर
और प्रशस्तियाँ
अपने ही
अभिनय पर
परिणय पर
अपनी परिणीता के
मैं ही गवाह

ब्याह

मैंने नहीं किया

मैंने नहीं किया
वह सब
जो करना था
गोद से बिल्कुल
अकेले उतरना था
(भरना था डाँड़ गुज़र जाने का)
कवि-कवि होता है
(बोता है)
बोता हूँ मैं अपनी मृत्यु
एक-एक
कविता में
एक-एक
कविता में
एक-एक भंगिमा : सवेरा, सूर्यास्त
युद्ध, प्रणय
और
शोक
मृत्युलोक
का
सूर्य
मैं
अपने
और अपने
से
पहले
के
अपने
के
दाह
में—
प्रवाह
में...

दुनिया नामक एक बेवा का शोक-गीत

लगभग सड़कों-ही-सड़कों भागता हुआ बियाबान
उल्लुओं का दिवास्वप्न
    चुकते कलाकारों के शहरों और टोलों पर
औरतें
    सोफों पर, नहीं तो
        किचन में,
            कवि खटोलों पर !
उल्लुओं की चुँधी हुई
    नज़रों के लिए
        प्रिय दृश्य जुटाने का कार्यक्रम !

शहरों के चिन्ह !
    शहरों के चिन्ह
        और
        प्रेम के मलबे पर
            बैठी हुई
        कवियों की मूर्ख प्रियतमाएँ
            माँग रही हैं
        स्नान में गुनगुनाने के लिए
            एक पंक्ति
                और
            जूड़े में खोंसने के लिए
                एक साफ़
                    झूठ।

लगभग सड़कों-ही-सड़कों भागता हुआ उल्लूओं का दिवास्वप्न और कुछ उन्हीं सड़कों पर दुनिया नामक एक बेवा का शव अपने कन्धों पर उठाए हुए भाड़े के लोग तथा काले कपड़े पहने गायक और कवि आपस में एक-दूसरे के शोक-गीत की दाद देते हुए व शव-यात्रा कभी भी समाप्त न होने की प्रार्थना करते हुए चले जा रहे हैं पता नहीं किधर दुनिया जिधर कभी नहीं गई थी

    (उल्लुओं का कोरस : ओऽम शान्ति)
    अस्तु :–
        लोगों के चिन्ह

तथा अबके अकारण
अवतार
ढूँढ़ रहे हैं
पृथ्वी से ऊबकर आकाश
आकाश से ऊबकर
पाताल
(बीवी से ऊबकर
साहित्य
बच्चों से ऊबकर
भविष्य)
तथास्तुः —
प्रभु के चरण-चिन्हों पर
चली जा रही हैं
दो बूढ़ी औरतें
रसातल की ओर। सभ्यता और संस्कृति !

हेर-फेर

रथ में जुते हैं दो उल्लू
पहियों की जगह
बेजुबान हैं
(आसमान है)
शहर में भगदड़ है—
चिड़ियाँ
घोंसलों से सिर निकाल
टोह रही
हैं
एक पेड़ के नीचे
बड़ी देर से
हवा
बटोर रही है
पतझड़ है—

एक कवि दूसरे कवि से
समय पूछ
रहा है
वेश्याएँ खुश हैं
कुत्ते हड़बड़ा कर
उठ आए हैं
नालियों से
भूँक रहे हैं
दर्पण और दर्पण लड़ रहे हैं
सड़क पर

मेरे सामने समस्या है—
इस सारे क्रम का
मैं क्या करूँ ?

क्या उल्लुओं की जगह
इस रथ में जोत दूँ
दो कुत्ते ?
क्या पहियों को निकालकर
लगा दूँ
दो बड़े-बड़े पत्ते ?

क्या बागडोर दे दूँ
वेश्याओं के
हाथ में ?
क्या चिड़ियों को
फुर्र-से उड़ा दूँ ?
क्या कवि को
समय से
समय को
कवि से
लड़ा दूँ ?

मेरे सामने समस्या है—
किसको किस नाम से

पुकारूँ
आईने को आईना कहूँ
या
इतिहास ?
जैसे ही पहिचाना लगता है
वैसे ही
अपनी किसी नस में
झन्नाटे के साथ
टूटता है
आकाश !

तलाश किसकी है
कौन मिलता है !

बन्द पृथ्वी का प्रेम

बन्द एक पृथ्वी में नियतिवश इकट्ठे हैं
हम दोनों
—थोड़ी-सी तुम,
और थोड़ा-सा मैं।

बन्दी हम दोनों की कविता से
झाँक रहा
जीवन अर्थात् एक
अन्तहीन बहस की
मैल-भरी तह
और अपनी ही परिक्रमा करता
आकाश।

बाध्य हैं हम दोनों
एक-दूसरे से घृणा
करते हुए

करने को
प्यार।

एक-दूसरे का डाह-भरा मौन
अपने अँधेरे में
विवश हो
छिपाए हुए
हम दोनों
बन्द एक पृथ्वी में
कब से रच रहे हैं
दोहरा संसार।

धन्य हम दोनों का घबराया प्यार !

एक के न होने पर
अपना अकेलापन
ढोने का भय !
अनसुने
रोने का भय।
बाध्य हैं हम दोनों
एक-दूसरे की उपस्थिति को
घृणा के सिहरते हुए
हाथों से
करने को
दुलार।

बन्द एक पृथ्वी में
जीवन-भर
एक-दूसरे से नहीं
करते रहे
खिड़की से
प्यार।

एक और ढंग

भागकर अकेलेपन से अपने
तुममें मैं गया।
सुविधा के कई वर्ष
तुममें व्यतीत किए।
कैसे ?
कुछ स्मरण नहीं।

मैं और तुम ! अपनी दिनचर्या के
पृष्ठ पर
अंकित थे
एक संयुक्ताक्षर !

क्या कहूँ ! लिपि की नियति
केवल लिपि की नियति
थी–
तुममें से होकर भी,
बसकर भी,
संग-संग रहकर भी
बिल्कुल असंग हूँ।

सच है तुम्हारे बिना जीवन अपंग है।
–लेकिन ! क्यों लगता है मुझे
प्रेम
अकेले होने का ही
एक और ढंग है।

प्रेस-वक्तव्य

हे ईश्वर ! सहा नहीं जाता है मुझसे अब
औरों की सुविधा से
जीने का ढंग।

सही नहीं जाती है मुझसे
कानाफूसी, मूर्खता,
सिनेमाघर, लड़कियाँ,
ख़ुशामद
और
गर्द !

कई औरतों को खुश
करने की कोशिश में
कई शक्ल
बदल रहा
सोफ़े पर बैठा
नामर्द।

हे ईश्वर ! मुझसे बरदाश्त नहीं होगा
यह मनीप्लान्ट।
सहन नहीं होगा
यह
गमले का कैक्टस
पिकनिक के
चुटकुले
ऑफ़िस का ब्यौरा
और
देशभक्त कवियों की
कविताएँ।
(क्षमा करें महिलाएँ)
मैं अपने कमरे में खड़ा हूँ नग्न—

हे ईश्वर ! मुझे कशाघातों से छील-छील
दो इतनी बेचैनी—
मैं इसी तरह निर्वसन
सड़क से
गुज़र जाऊँ।

हिल जाती है डाल

कुछ भी होता नहीं, बस कहीं हिल जाती है
डाल।
याद आता है गुज़र गए हैं कितने
साल !

दूसरे का डर

कोई मेरे पास बैठा हुआ है
पर दिखाई नहीं देता।
जिस तरह मैं
पुस्तक पढ़ रहा हूँ
उसी तरह वह भी !

कोई मेरे बिस्तरे पर
आकर
सो गया है।
कोई मेरा बोझ
अपने
कन्धों पर
ढो गया है।

कोई मेरे साथ
कपड़े
        बदल रहा है।
कोई मेरे पैरों
        चल रहा है।

कोई मुझसे रूठा और ऐंठा हुआ है
        जो दिखाई नहीं देता।
                कोई मुझे अपना
                        हर-एक काम
                                करता हुआ
                                        टोह रहा है।

                कोई मुझे काम
                        ख़त्म होने की
                                सरहद पर खड़ा
                                        जोह रहा है।

कोई मेरी घड़ी को
अपनी कलाई में
                महसूस
                        कर रहा है।

        बुज़दिल ! दिखाई नहीं देता
                मेरे आसपास
                        कहीं छुपा हुआ
                                मुझसे
                                        डर रहा है।

समाधि-लेख

हवा में झूल रही है एक डाल : कुछ चिड़ियाँ
कुछ और चिड़ियों से पूछती हैं हाल !
एक स्त्री आईने के सामने
सँवारती है बाल।
कई साल
हुए
मैंने लिखी थीं कुछ कविताएँ !
तृष्णाएँ
साल ख़त्म होने पर
उठकर
अबाबीलों की तरह
टकराती, मँडराती,
चिल्लाती हैं।
स्त्रियाँ
पता नहीं जीवन में आती
या जीवन से
जाती हैं !

आएँ या जाएँ !
अब मुझमें एक अन्धे की तरह
पैरों की आहट
सुनने का उत्साह नहीं।

मैं जानता हूँ एक दिन यह
पाने की विकलता
और न पाने का दुख
दोनों अर्थहीन
हो जाते हैं।

नींद में बच्चे सुगबुगाते हैं।
माएँ जग जाती हैं।
घर से निकली हुई स्त्रियाँ
द्वार पीटती हैं

और द्वार नहीं खुलने पर
बाहर
        चिल्लाती हैं
                मुझे तिलमिलाती हैं
                मेरी विफलताएँ
                        घर के दरवाज़े पर
                'हमारी माँग पूरी करो'
                        नारा लगाती हैं।

मैं उठता हूँ और उठकर
                खिड़कियाँ, दरवाज़े।
और कमीज़ के बटन
                बन्द कर लेता हूँ
और फुर्ती के साथ
                एक कागज़ पर लिखता हूँ
'मैं अपनी विफलताओं का
                प्रणेता हूँ।'

युद्ध हो या न हो
        एक दिन
चलते-चलते भी
मेरी धड़कन हो
        सकती है बन्द,
                मैं बिना
शहीद हुए भी
        मर सकता हूँ !
यह मेरा सवाल नहीं है
                बल्कि
उत्तर है :
'मैं क्या कर सकता हूँ !'

मुझसे नहीं होगा कि दोपहर को बाँग दूँ। या सारा समय
प्रेम-निवेदन करूँ। या फ़ैशन-परेड में
अचानक धमाका बन फट पड़ूँ।

जो मुझसे नहीं हुआ
वह मेरा संसार नहीं।

कोई लाचार नहीं
जो वह नहीं है
वह होने को।
मैं ग़ौर से सुन सकता हूँ
औरों के रोने को
मगर दूसरे के दुख को
अपना मानने की बहुत
कोशिश की; नहीं हुआ !
मेरे और औरों के बीच
एक सीमा थी
मैंने जिसे छलने की कोशिश में
औरों की शर्तों पर
प्रेम किया।

मुझसे नहीं होगा ! मैं उठकर एक बार
खिड़की से झाँककर
अचानक चिल्लाता हूँ।
मैं बार-बार
नौकरी के दफ़्तर
और डाकघर तक
जाकर लौट
आता हूँ
अर्ज़ी और अपना प्रेम-पत्र लिए
अपने ज़माने में
कितना बड़ा फ़ासला है
एक क़दम के बाद
दूसरा उठाने में !

मगर मैंने कोई फ़ासला नहीं
केवल अपने को तय
—नहीं झूठ नहीं बोलूँगा—
क्षय किया।

मैं अकेला नहीं था !
मेरे साथ एक और था
जो साथ-साथ
चलता था और कभी-कभी
मुझे अपनी जेब में
एक गिरे हुए पर्स-सा
उठाकर रख लेता था।
मैं जानता हूँ
हरेक की नियति ही यही है
कि कोई और उसे
ख़र्च करे।

एक आदमी दूसरे का और दूसरा तीसरे का
दहेज है।
जिसकी वाणी में आज तेज है
दस साल बाद
वह इस तरह लौट आता है
जैसे किसी वेश्या के कोठे से
अपने को बुझाकर।
गाकर रिझाकर
वह क्या पाना
चाहता था ?

शायद मैं यहीं
ठीक इसी जगह
आना चाहता था–
बाहर समुद्र है,
ताड़ है,
आड़ है !

मैं जानता हूँ
अपने को बिछाकर
हर आदमी
प्रतीक्षा कर रहा है।
जिसे करनी हो करे
जिसे रहना हो रहे

प्रतीक्षा के 'क्यू' में
और प्राप्ति की गोद में,
भुजाओं में।
जिसे लूट का माल
और ठगी का प्रेम
ले जाना हो ले जाए
नावों में
बाक़ी लोग डाह में।
जीवन बिताएँगे
मल्लाहों की तरह
बन्दरगाह में।

कुछ लोग मूर्तियाँ बनाकर
फिर
बेचेंगे क्रान्ति की (अथवा
षड़यन्त्र की)
कुछ और लोग
सारा समय
क़समें खाएँगे
लोकतन्त्र की।
मुझसे नहीं होगा !
जो मुझसे,
नहीं हुआ वह मेरा
संसार नहीं।

बुख़ार में कविता

मेरे जीवन में एक ऐसा वक़्त आ गया है
जब खोने को
कुछ भी नहीं है मेरे पास—
दिन, दोस्ती, रवैया,
राजनीति,

गपशप, घास
और स्त्री हालाँकि वह बैठी हुई है
मेरे पास
कई साल से
क्षमाप्रार्थी हूँ मैं काल से
मैं जिसके सामने निहत्था हूँ
निसंग हूँ–
मुझे न किसी ने प्रस्तावित
किया है
न पेश।
मंच पर खड़े होकर
कुछ बेवकूफ़ चीख़ रहे हैं
कवि से
आशा करता है
सारा देश।
मूर्खो ! देश को खोकर ही
मैंने प्राप्त की थी
यह कविता
जो किसी को भी हो सकती है
जिसके जीवन में
वह वक़्त आ गया हो
जब कुछ भी नहीं हो उसके पास
खोने को।
जो न उम्मीद करता हो
न अपने से छल
जो न करता हो प्रश्न
न ढूँढ़ता हो हल।
हल ढूँढ़ने का काम
कवियों ने ऊबकर
सौंप दिया है
गणितज्ञ पर
और उसने
राजनीति पर।
कहाँ है तुम्हारा घर ? अपना देश खोकर कई देश लाँघ
पहाड़ से उतरती हुई

चिड़ियों का झुंड
यह पूछता हुआ ऊपर-ऊपर
गुज़र जाता है : कहाँ है तुम्हारा घर ?
दफ़्तर में, होटल में, समाचार-पत्र में,
सिनेमा में,
स्त्री के साथ एक खाट में ?
नावें कई यात्रियों की
उतारकर
वेश्याओं की तरह
थकी पड़ी हैं घाट में।

मुझे दुख नहीं मैं किसी का नहीं हुआ। दुख है
कि मैंने सारा समय
हरेक का होने की
कोशिश की।
प्रेम किया। प्रेम करते हुए
एक स्त्री के कहने पर
भविष्य की खोज की और एक दिन
सब कुछ पा लेने की
सरहद पर
दिखा एक द्वार : एक ड्राइंगरूम।
भविष्य
वर्तमान के लाउंज की तरह
कहीं जाकर खुल
जाता है।
रुको,
कोई आता है
सुनाई पड़ती है
किसी के पैरों की
चाप।
कोई मेरे
जूतों का माप
लेने आ रहा है।

मेरे तलुए घिस गए हैं

और फीतों की चाबुक
हिला-हिला
मैंने आसपास की भीड़ को
खदेड़ दिया है,
भगा दिया है।
औरों के साथ
दग़ा करती है स्त्री
मेरे साथ मैंने
दग़ा किया है।
पछतावा नहीं; यह एक क़ानून था जिसमें से होकर
मुझे आना था।
असल में यह एक
बहाना था
एक दिन अयोध्या से जाने का
मैं अपने कारखाने का
एक मज़दूर भी
हो सकता था
मैं अपना अफ़सोस
ढो सकता था
बाज़ार में लाने को
बेचैन हो सकता था कविता
सुनाने को
फिर से एक बार इसे और उसे और उसे
पाने को

लेकिन एक बार उड़ जाने के बाद
इच्छाएँ
लौटकर नहीं आतीं
किसी और जगह पर
घोंसले बनाती हैं
विधवाएँ बुड़बुड़ाती हैं
रँडापे पर
तरस खाती हैं
बुढ़ापे पर
नौजवान स्त्रियाँ

गली में ताक-झाँक करती हैं
चेचक और हैज़े से
मरती हैं
बस्तियाँ
कैन्सर से
हस्तियाँ
वकील
रक्तचाप से
कोई नहीं
मरता
अपने—पाप से

धुआँ उठ रहा है कई
माह से। दिन
चला जाता है
मारकर छलाँग एक खरगोश-सा।
बन्द होनेवाली
दुकानों के दिल में
रह जाता है
कुछ-कुछ अफ़सोस-सा।

अन्तिम वक्तव्य

(इसके बाद कुछ कहना बेकार है)

आदमी से प्रेम करने का ठेका
ले रखा है
क़साई ने :
मुझे न औरों से
प्रेम है
न अपने से !

मैं टकटकी लगाए
देख रहा हूँ
कैसे गिरती है इमारत
धरती के कँपने से !

न कँपती है
धरती
न होता है
युद्ध
सब कुछ
अवरुद्ध
है !

मैं कहना कुछ चाहता हूँ
कुछ और
कह जाता हूँ—
झूठे हैं समस्त कवि
गायक
पत्रकार

आत्माएँ
राजनीतिज्ञों की
बिल्लियों की तरह
मरी पड़ी है
सारी पृथ्वी से
उठती है
सड़ान्ध !

कोई भी जगह नहीं रही
रहने के लायक़
न मैं आत्महत्या
कर सकता हूँ
न औरों का
ख़ून !

न मैं तुमको ज़ख़्मी
कर सकता हूँ
न तुम मुझे
निरस्त्र !

तुम जाओ अपने बहिश्त में
मैं जाता हूँ
अपने जहन्नुम में !

जलसाघर

—यही सोचते हुए गुज़र रहा हूँ मैं कि गुज़र गई
बग़ल से
गोली दनाक से।
राहजनी है या क्रान्ति ? जो भी हो, मुझको
गुज़रना ही रहा है
शेष।
देश
नक्शे में
देखता रहा हूँ हर साल नक्शा बदलता है
कच्छ हो या चीन
तब तक
दूसरी गोली दनाक से।

हद हो गई, मुझको कहना ही पड़ेगा, हद कहीं नहीं,
चले आओ अन्दर
मुझको उघाड़कर
चूतड़ पर बेंत मार
चेहरे पर लिख दो यह गधा है। तब भी जो जहाँ
है, वहीं बँधा है
अपनी बेहयाई को
सँवारता हुआ चौदह पैसे की कंघी से।

चले जाओ
चकले पर, टाट पर, जहन्नुम में, लाट पर,
खुदबुदाते हुए प्रेम, बिलबिलाते हुई इच्छा, हिनहिनाते
हुए क्रोध को मरोड़ दो। क्या होगा ? छूँछा
होता हूँ हर बार ताकि और भी मवाद हो।

दाद हो, खुजली हो, खाज हो हरेक के लिए
है
मुफीद,
आजमाइए, मथुरा का सूरदास मलहम।
क्या कहा ? सांडे का तेल ? नहीं, नहीं,
कामातुर स्त्रियाँ, लौट जाएँ, वामाएँ,
मैंने गुज़ार दी, ऐसे ही, लौट जाएँ
सब अपने-अपने ठिकानों पर
पाप संसार में,
मन्त्री अस्तबल में,
पाखंडी गर्भ में,
अफसर जिमखानों में।

वर्षा नहीं होगी, ख़बरों के अपच से, सब के सब मरेंगे
एक राजधानी को छोड़
उठती है मरोड़ अभी से टीका लगवाइए घी का
भाव दूना हो गया है सूना
लगता है लस्सा ही
नहीं रहा।

क्या कहा ? नहीं, नहीं, मथुरा का सूरदास मलहम
मुफीद है
दाद हो, खुजली हो, खाज हो,

—जिस किसी का राज हो
मुझ को मंजूर नहीं किसी की शर्त, किसी की दलील
कि उसने मारा मेरे दुश्मन को
कोई मेरा वकील नहीं,
मर्दुमशुमारी के पहले ही मुझे कूचकर जाना है हरेक कूचे से

सब की मतदान पेटियों में
कम होगा एक-एक वोट,
मुझको मंजूर नहीं किसी की शर्त।

मुझ को गुज़रना है भरी हुई भीड़ से, मक्खियों के
झुंड से
एक-एक कर अपने सभी दोस्तों के नज़दीक से
ठीक से
चलो, कहकर, मुझ को धकियाता है, ऊलजलूल,
आँखें तरेरकर
घेरकर
कहाँ लिए जाते हो मुझको मेरे विरुद्ध ?
छोड़ दो, छोड़ो, छोड़ो वरना ! वरना के आगे
कुछ नहीं, बस स्टॉप है जिसका
मुँह
किसी की तरफ़ नहीं।
मुझे भी बदल दो बस स्टॉप में
छोड़
दिया गया है
मुझे अनन्त काल तक
भटकने
के लिए
इस प्रलाप में

ऑनरेरी सर्जन। कनसल्टेंट, मिलने का समय, पाँच से सात,
मेरा उद्धार करो–
मेरा स्वाद बदल रहा है, रहते-रहते
मैं भी
यहाँ का
हो चला
हो चली
शाम
बदलो, बदलो अपने मिलने का समय, यह समय वह समय
नहीं

दुःख, लेन-देन, रह गया माल, दुर्घटना, वेश्या, घेराव,
कम्युनिस्ट पार्टी की जनता, जनसंघ का लोक
किए का शोक, अनकिए का
शोक
छा गया है
खुदाबख़्श हिजड़े की बेवजह मौत पर, फ़ौजदारी
क़ायम हो,
क़ायम हो, तुम अब तक, वैसे
सच यह है
मैं तुमको पहचान नहीं पाया था अबकी,
जाने कब-कब की उतर रही हैं
साथ-साथ
छतों से, पलंग से, सीढ़ी से
नीली, पीली, बजी हुई
निगल रही हैं
अन्तिम दृश्य को

भविष्य को अँगुली पर रखता है ज्योतिषी
बनिया तिजोरी में,
पकड़ा गया था जिस चोरी में
तीन साल पहले अज्ञानसिंह, उसका अब भेद
खुला

खुला-खुला लगता है, वैसे, पर सचमुच
डरा-डरा,
हरा-भरा लगता है, सौवाँ; मैंने क्या
ठेका ले रखा है बाक़ी निन्यानबे का
फेर
देर वैसे भी हो चुकी, चौसर की तरह
बिछे
नक्शे पर बैठ गया कौवों का प्रसंग। पृथ्वी का
हिसाब
हो रहा है—

मुझको इसी बात पर काँव-काँव करने की छूट दो,
क्षमा करो,

छोड़ दो,
रिहाई को बचा ही क्या अब, एक
और ठंडस्नान,
एक
और मोहभंग
सब कुछ प्रतिकूल था, तब भी सम्भव किया मैंने
कविता को
और
कुछ अपने आप को,
धन्यवाद !

तोड़ता है, यथास्थिति, मनसब नहीं बल्कि
ग़लत बीज
टूटता है सब कुछ
बस धनुष नहीं टूटता
तौला गया था जो सोने से
क्या होगा रोने से, यह कहकर, जमुहाई
लेती हुई
सोने को जाती है विधवा
जिसे ठोंकता है दिनभर
चुंगी का दरोगा, भैंसों का दलाल।

देखता है काल या कि देखता भी नहीं है ?
मुझको
सन्देह है,
इसको सुजाक, उसको मधुमेह है।

बार-बार पैदा होती है आशंका, बार-बार मरता है
वंश।

क्या मैं इसी तरह, बिल्कुल बेलाग, यहाँ से
गुज़र जाऊँ ?
हे ईश्वर ! मुझको क्षमा करना, निर्णय
कल लूँगा, जब
निर्णय हो चुका होगा

सिंहद्वार

जंघा पर बैठा है सिंह, भुजा पर बाज़ !

वक्ष पर गरुड़
पैरों में साँप
और नितम्बों पर छाप है
भाप है
जिसमें हरेक
आकार ले रहा है

अचानक एक इच्छा झपटती है दूसरी इच्छा पर
न जाने कहाँ से
आता है
एक धूल उड़ाता हुआ
वहशी घुड़सवार
और कहता है,
कसी हुई ज़ीन पर
एड़ दो,
उड़ने दो
अयाल,

और उड़ते हैं,
अयाल,
रक्त में दौड़ते हैं
अश्व,
जंघा को सूँड़ में लपेटकर
कहाँ लिए जाता है
ऐरावत ?

वक्ष पर,
नितम्ब पर
निशान।

'क्षमा करो। क्षमा करो।' कहता है
सुख में
भर-भरकर
        बार-बार
        कुचला गया
                अंकुर।

कानों के पर्दे
और रक्त की झिल्ली के
        फटने तक
                बजती है
                    टाप।

गर्जन शिरा में
        और कौंध किस
            जगह नहीं।

आग का एक
        बीज
            बोया गया था
                सूराख में।

एक-एक शाख में
        हलचल—
            हज़ारों उड़-उड़कर
                टकराती हुई चिड़ियाँ
                    चीखती हैं :
                        बलात्कार ! बलात्कार !

गुफा की देहरी पर बार-बार
आ-आ कर
दहाड़ता है सिंह
बाज़ मारता है
एक के बाद एक
सैकड़ों झपट्टे—

ले उड़ता है
कानों के फूल,
        नाक की नथ,
            हाथ की चूड़ियाँ,
                वक्ष की कंचुकी,
                    कमर का लहँगा
                        और आँखों की शर्म !

गुफा से निकलता है सिंह
और प्रकाश
वमन करता है।

विजेता

दूरबीन थी जिसके पास, दाँव पर लगाए हुए
देख रहा है वह
                भविष्य को,
            तुम केवल दृश्य को।
पता नहीं क्या हो ? हो सकता है, रातोंरात, कुछ भी
हो सकता है
            तय है कि कुछ भी तय नहीं—
                दौड़ शुरू होने के वक़्त को छोड़
                            घुड़दौड़।

हिनहिनाते हुए घोड़े गुज़रकर मेरी धमनियों से,
        जाकर दम तोड़ते हैं
            सीधे दोआब पर।

नौ नम्बर घोड़ा
    दर्प से टिका मेरे सीने पर पैर
        पूछता है चाँपकर :
    विजेता है कौन ? तुम या मैं ?

लौटा दो। वापस करो मेरा भाग्य। जीते हुओं का जुलूस
गुज़र रहा है
किस शान से
बीसवीं शताब्दी के बीच से।

तुम कौन हो ?
छूट गए हो ? अथवा छोड़ दिए गए हो ?
इसके पहले कि महालक्ष्मी में शाम हो,
बन्द हो सराफ़ा,
निर्णय करना होगा : किसके गवाह हो ? कहाँ है अदालत ?
कौन है हारे हुओं का वक़ील
पृथ्वी से उदासीन अपने विस्तार में चील
मँडरा रही है...

घर, प्रेम, माँ-बाप, कविताएँ, एक-एककर छूटते हैं
सब,
दाँव पर लगा हूँ ख़ुद मैं,
दौड़ रहा हूँ हरेक इच्छा के बिल्कुल क़रीब से
फेंकता हुआ
अपने जबड़ों से फेन।

आगा खाँ,
और बची हैं कितनी चीज़ें
मुझे गुज़रना होगा जिनके नज़दीक से।
दौड़ शुरू होने के पहले किसी ने बताया नहीं
पूरी करनी है परिक्रमा
कितने जन्मों, कितने नगरों में
उन्हीं-उन्हीं परिणतियों, उन्हीं-उन्हीं दृश्यों की ?
वही-वही प्रत्याशा, वही महालक्ष्मी में हारकर
लौटता हुआ
सबके घरों में, मैं।
वही कराह जिसे सुना है हरेक ने।

धोखा दिया है विवेक ने। मुंसिफ़ के अथवा
इतिहास के ?

विजेता बन लौटने के पहले कौन थे
तुम ? रत्ती भर कवि थे या चारों ओर
अपना विन्यास थे ? बिछाओ अपना जाल।
काल थके हुए घोड़े की तरह निर्लिप्त चला जा रहा है।

मृत्यु से छिपाकर मुँह, जीते हुए, विस्मयविहीन संसार में
कविता के प्रश्नों के
ढूँढ़ते हुए उत्तर
दैनिक अख़बार में

अगली शताब्दी के अधिनायक
कहाँ छिपे थे अब तक ?
गांधी की हत्या की आड़ में ?

मैंने जीती थी जो कविता
स्वयंवर में, छीनने आए हैं
उसे कुछ तुर्क—व्यर्थ है अपील,
कोई संहिता नहीं : टूट चुका है सब
कोणार्क के समेत।

ले जाओ मेरा प्रमाण भी लूट में
शुमार कर,
रहा नहीं कुछ भी
सोमनाथ में,
गवाह है
अब-तक-सलामत-ख़ाँ गजनवी।

अगर बसा सकते हो बसाओ कोई नगर जिसे काल या
अकाल ने

अभयदान दिया हो—
आएँगे मूर्तियों के व्यापारी
चीन से,
कहता है ह्वेनसांग, सुनता है ह्वेनसांग
मथुरा की टूटी हुई मूर्ति का विलाप।

ग्रैंड ट्रंक रोड

चारों तरफ़
कविता में
शाम हो रही है
झपटता
चला आ रहा है
अगले संवत्सर का
भ्रूण
दस बरस
फ़ी मनुष्य
निश्चित
रफ़्तार से
एक एक सतलज की
ओर...
अमर हो

अमर हो
इच्छा
इच्छा से
छुटकारा
पाने की
पूछता है
मलबा
मोहनजोदड़ो का हो
या कलिंग का,
कहाँ गए
वे ?

ऑपेनहीमर के अभिशाप से
बदन में
फफोले
ले
हिम मानव

चीख़ना हुआ
समस्त
बेमतलब
सड़कों से
गुज़र गया–
मामूली
नहीं था
यह वक़्त

हत्या अपराध नहीं,
पाप है,
कहता हुआ,
घुसता है
टी.एस. एलियट के
कैथीड्रल में
हत्यारा–

सम्राज्ञी !
टूट पड़ा
है
कोणार्क,
पुस्तकालय
जल रहे
हैं–
आज्ञा हो

हो, जिसका हो
मुझको
उम्मीद नहीं
टूटी हुई
मूर्तियाँ
उठाए
मूर्तिभंजक
आ रहे हैं
(यहीं थे
वे)

जारी है बहस
होटल हो,
चौरस्ता,
घर हो
या पार्क—
हाथ बाँधे
खड़ा है
न्यूयार्क
योगी के
स्वागत में

ग्रैंड ट्रंक रोड पर
लू में
चलते हुए
गिरते हैं
शेरशाह सूरी नहीं,
मुक्तिबोध

अचानक निकलकर
महाभारत से
भागा जाता हुआ
चरित्र
एक बार
मुड़कर
चिल्लाता है,
देखो मत

देख नहीं पाने का
सुख भोग
पूर्वज—जिनके भी हों—
सौंपकर
चले गए
पृथ्वी
महालक्ष्मी के
घुड़दौड़ में
नापी जाने को—

मुश्क़िल है
दोबारा !
कविता के मुहकमे में
बैठे हुए
कवियों के
जूतों में
शाम
हो रही
है दुर्घटना...स्ट्रैटफोर्ड
एवन से
निकलकर
फुसफुसाता है
दर्शक के
कान में
सजीव, रंगमंच,
बहरे होने का
मतलब है
गूँगा
होना—
एक-एक चौरस्ते पर
तोड़ता हूँ
दम...
सूखे हुए नल के
नीचे
जैसे
कुत्ता

युद्ध नायक

ज़रूरी नहीं था युद्ध में मारा जाना
मगर मैं मारा गया युद्ध में !
युद्ध से मतलब युद्ध-भूमि नहीं

बल्कि युद्ध से बचकर
सड़क पर चलता हुआ
सहस्रों सूर्यों के प्रकाश की तरह
एक बम के फटने से
              मारा गया मैं !

इसके पहले
कि मैं चीखकर कहता
'हिरोशिमा अमर है'
मैं मारा जा चुका था !
दबी की दबी रह गई
चीख़।

पीछे कुछ नहीं
केवल स्मृतियाँ हैं—
मूर्त्ति से मूर्त्ति
मनुष्य से मनुष्य
कविता से कविता
मोहनजोदड़ों से अब तक का
सिलसिला है।
युद्ध की अटूट एक शृंखला है।

अभी,
कल ही की तो बात है,
ढाका
एक मांस के लोथड़े की तरह
फेंक दिया गया था
दस हज़ार कुत्तों के बीच।

युद्ध कब शुरू हुआ था हिन्दचीन में ?
हृदय में
दो करोड़ साठ लाख घाव लिए
वियेतनाम
बीसवीं शताब्दी के बीच से
गुज़रता है !

अभी,
कल ही की तो बात है
यूरोप
एक युद्ध से निकलकर
दूसरे युद्ध की ओर
इस तरह चला गया था
जैसे कोई नींद में चलता हुआ व्यक्ति।

कुछ भी नहीं होते कुछ हज़ार वर्ष।
कुछ हज़ार वर्षों में
कुछ भी नहीं बना!
और कुछ भी नहीं बिगड़ा है,
बहुत कुछ बना
और बहुत कुछ बिगड़ा है।

अभी,
कल ही की तो बात है
यहीं,
ठीक इसी जगह,
अन्धी आँखों से आँसू बहाते हुए
यही
कहा था धृतराष्ट्र ने,
कि किसी ने नहीं कहा,
व्यर्थ है युद्ध !
संजय की बाँह पकड़
हस्तिनापुर की विधवाओं का विलाप सुन
यही कहा था कौरव-सम्राट ने !

मैं ही हूँ अश्वत्थामा, जिसे नर या कुंजर
मारा जाना है
हर युद्ध में !
मैं ही हूँ ट्रैजेडी का देवता, दियोनिसस
मैं ही अपोलो !
सीनेट के द्वार खटखटाता हुआ
चीखता हूँ मैं—

सम्हलो। अभी भी समय है !
सीनेट बेखबर है
सीनेट के सामने समस्या है
एक अरब डालर
हथियारों के लिए कम है या ज़्यादा है ?

हूवर से पूछने के बदले
क्यों नहीं पूछते स्वयं स्वतन्त्रता की मूर्ति से
क्यों चीखती है वह आधी रात को,
'वियेतनाम ! वियेतनाम !'

शान्ति का अर्थ किस भाषा में शान्ति नहीं ?
युद्ध का अर्थ किस भाषा में युद्ध नहीं ?
इतना ही है
कि शान्ति याददाश्त के लिए
मोरपंख की तरह किताबों के बीच रखी हुई है,
युद्ध दस्तक दे रहा है,
पृथ्वी की एक-एक सड़क पर
भाग रहा है
मनुष्य
युद्ध पीछा कर रहा है।

बनी है देखने को ताजमहल के बाद
दूसरी इमारत
संयुक्त राष्ट्र संघ–
ऊपरी मंज़िल से दीखते हैं
जलते हुए शहर अफ्रीका के, एशिया के,
जैसे
अब भी जल रहा हो पर्सिपलिस का पुस्तकालय,
चल रहा हो
बावेरिया में पैदा हुए नात्शियों का दस्ता
सब कुछ उजाड़ता
सब कुछ पर रखता हुआ पैर–

यूरोप,

बड़बड़ा रहा है बुख़ार में
अमेरिका,
पूरी तरह भटक चुका है अन्धकार में
एशिया पर
बोझ है गोरे इन्सान का,
सम्भव नहीं है
कविता में वह सब कह पाना
जो घटा है
बीसवीं शताब्दी में मनुष्य के साथ !
काँपते हैं हाथ !

मैं इतपा ही कहना चाहता हूँ,
यह दुनिया
याह्या खान के लिए नहीं बनी है।

प्रजापति

खुशकिस्मत हैं वे, जो खुशी-खुशी जी रहे हैं !
मुबारक हो उन्हें उनका जन्मदिन
जिन तक उन लोगों की सूचना नहीं पहुँची,
जो पैदा होते ही
स्पेन में, कांगों में अथवा वियेतनाम में
मार दिए गए !

खुशकिस्मत हैं वे,
जो चुप रहकर देखते रहे सारा दृश्य,
गिनते रहे शव,
सुनते रहे
क्रिकेट और मौसम के समाचार !

मुबारक हो उन्हें यह समय,
जिन्हें सबकुछ

सुनाई पड़ता रहा—
यहाँ तक कि पत्ते का गिरना भी—
केवल सुनाई नहीं पड़ी
उस स्त्री की चीख जिसका पति
घर से निकलते ही ढेर कर दिया गया

टाइम स्क्वेयर पर,
न्यूयार्क के टाइम स्क्वेयर पर
मियाफेरो की तसवीर चूमता हुआ
नशे में धुत्त एक फौजी बड़बड़ाता है
'मुझे एक कैलेंडर चाहिए
जिसमें तारीख़ न हो'

वह अनन्तता में जीना चाहता है,
पृथ्वी की अनन्तता में नहीं
जो कछुए की तरह
एक नहीं, दो नहीं, कई खरब वर्षों से
चली आ रही है,
हत्या की अनन्तता में—
हत्या जो दिखाई नहीं देती,
चीख़ों की अनन्तता में—
चीख़ जो सुनाई नहीं पड़तीं !

इस भयानक समय में कैसे लिखूँ
और कैसे नहीं लिखूँ !
सैकड़ों वर्षों से सुनता आ रहा हूँ
घृणा नहीं, प्रेम करो—
किससे करूँ प्रेम ? मेरे
चारों ओर हत्यारे हैं !

नागरिकों ! सावधान, रास्ते के दोनों ओर
वधिक हैं—
जुपिटर के महल से चुराई हुई बिजलियाँ
आस्तीन में छिपाए हुए
सैनिक हैं !

इसी रास्ते पर मारा गया था स्पार्टाकस,
इसी रास्ते पर घसीटा गया था गुलाम,
इसी रास्ते पर
सम्बोधित करते हुए
वधिकों की भीड़ को
कहा था हेरोद ने,
ईसा हत्यारा है, ईसा का मौत !

द्रोणाचार्य ! इन्हें मत सिखाओ
धनुर्विद्या,
ये सत्य के लिए नहीं,
सत्ता के लिए लड़ रहे हैं !

एथेन्स में बत्तियाँ बुझाई जा चुकी हैं,
रोम जल रहा है,
पेरिस की सड़कों पर
भूखों और नंगों की भीड़ है—
चीखती है जनता, गुर्राती है जनता,
माथे से पसीना पोंछती हुई
घर की ओर लौटती है
जनता !

कुहरे में डूब गए हैं कुछ नारे,
धूल में पड़े हैं
कुछ शब्द,
उठाओ, इन शब्दों को उठाओ,
क्रान्ति की प्रतीक्षा करती हुई
जनता सो गई है !

अमूर्त ! कितनी अमूर्त है, कविता !
कहाँ है
इन सारी कविताओं में वह चेहरा,
जो जितना मेरा है
उतना ही दूसरे का !

हृदय ! मेरा हृदय ! मैं कहाँ
बेच आया अपना हृदय !
आँखें ! मेरी आँखें ! मैं
कहाँ छोड़ आया अपनी आँखें–
नंगी घुमाई जा रही है
जुए में हारी हुई स्त्री !
मैं देख नहीं सकता !

मुबारक हो, गोएबेल्स, मुबारक हो,
ख़ाकी वर्दी पहने
तुम किसका पता पूछ रहे हो ?
मुबारक हो, हेनरी, मुबारक हो,
लौटते हुए वियेतनाम से
तुम किसे ढूँढ़ रहे हो–
अपने अतीत को ?
भविष्य को ?
हिरोशिमा की अन्तरात्मा को ?
कोरिया की दबी हुई सिसकी को !

कायर,
धोने आए हो तुम,
ऐशिया की नदियों में
ख़ून से रंगे अपने हाथ !
हत्यारे,
लौट जाओ !
छोड़ दो मुझे मेरे हाल पर

काल पर छायाएँ फेंकता
अंगकोरवाट
सुनता है
नगरों-महानगरों का प्रलाप !
किसी को नहीं
पश्चात्ताप !
कोई नहीं करता स्वीकार–
'ईश्वर क्षमा करना !

मैंने हत्या की है–
मैं ही हूँ क्लॉड ईथरले,
मैं ही हूँ गोडसे,
मैं ही हेरोद !'

न्यायालय बन्द हो चुके हैं, अर्ज़ियाँ हवा में
उड़ रही हैं,
कोई अपील नहीं,
कोई कानून नहीं,
कुहरे में डूब गई हैं प्रत्याशाएँ,
धूल में पड़े हैं
कुछ शब्द !
जनता थककर सो गई है !

प्रक्रिया

मैं क्या कर रहा था
जब
सब जयकार कर रहे थे ?
मैं भी जयकार कर रहा था–
डर रहा था
जिस तरह
सब डर रहे थे।

मैं क्या कर रहा था
जब
सब कह रहे थे,
'अज़ीज मेरा दुश्मन है ?'
मैं भी कह रहा था,
'अज़ीज मेरा दुश्मन है।'

मैं क्या कर रहा था

जब
सब कह रहे थे,
'मुँह मत खोलो ?'
मैं भी कह रहा था,
'मुँह मत खोलो
बोलो
जैसा सब बोलते हैं।'

ख़त्म हो चुकी है जयकार,
अज़ीज मारा जा चुका है,
मुँह बन्द हो चुके हैं।

हैरत में सब पूछ रहे हैं,
यह कैसे हुआ ?
जिस तरह सब पूछ रहे हैं
उसी तरह मैं भी,
यह कैसे हुआ ?

जोसेफ अब्रुकुआ

न्यूयार्क की 42वीं सड़क पर चलते हुए
18वीं शताब्दी के नीग्रो कवि
जोसेफ अब्रुकुआ ने देखा
43वीं सड़क पर, 20वीं शताब्दी का
नीग्रो कवि जोसेफ अब्रुकुआ
जोसेफ अब्रुकुआ को
ढूँढ़ता
चला आ रहा है।

जोसेफ अब्रुकुआ जोसेफ अब्रुकुआ से
पूछता है :
'कब पैदा हुए थे ?'

जोसेफ अब्रुकुआ उत्तर देता है :
'जब सब पैदा हुए थे !'
'कहाँ से आए थे ?'
'जहाँ से और सब ?'
'तुम्हें किसने गुलाम बनाया था ?'
'मेरे रंग ने !'
'किसका बोझ अब तक ढो रहे हो ?'
'रंग का !'

'तुम्हारे पिता काले थे ?'
'काले !'
'तुम्हारी माँ काली थी ?'
'काली !'
'तुम्हारी स्त्री काली थी ?'
'काली !'
'गोरों ने तुम्हारे साथ कैसा सलूक किया ?'
'जैसा वे नहीं करते गोरों के साथ !'

'तुम्हें पीटा ?'
'पीटा !'
'सड़क पर घसीटा ?'
'सड़क पर घसीटा !'
'उन्होंने तुमसे कहा, 'तू हब्शी है ?'
'उन्होंने मुझसे कहा, 'तू हब्शी है !'

'घर में घुस स्त्री के साथ बलात्कार किया ?'
'घर में घुस स्त्री के साथ बलात्कार किया !'
'लड़की को गाली दी ?'
'लड़की को गाली दी !'
'लड़के को स्कूल से निकाला ?'
'निकाला !'
'कब्र में उतारने के पहले कुछ पूछा ?'
'कब्र में उतारने के पहले
मुझसे पूछा,
'कौन है तेरा ईश्वर ? कौन है प्रवक्ता ?

कौन है उत्तराधिकारी ?'
'तुमने क्या कहा ?'
'मैंने कहा, मैं ही हूँ अपना ईश्वर !
मैं ही हूँ अपना प्रवक्ता !
मैं ही हूँ अपना उत्तराधिकारी !'

20वी शताब्दी का नीग्रो कवि
जोसेफ अब्रुकुआ
18वीं शताब्दी के नीग्रो कवि
जोसेफ अब्रुकुआ से पूछता है :
'तुम्हें गोरों से नफ़रत है ?'
'नहीं !'
'काले से प्रेम ?'
'नहीं !'
'तुम्हें काले और गोरे में फ़र्क नहीं दिखता ?'
'नहीं ! मेरी हत्या के पहले
उन्होंने मेरी आँखें निकाल ली थीं।
मैं अन्धा हो चुका हूँ।
गोरे और काले का भेद समाप्त हो चुका है !'

'तुम किसे ढूँढ़ रहे हो ? अपने हत्यारे को ?'
'नहीं !'
'वकील को ?'
'नहीं !'
'अदालत को ?
'नहीं। मैं किसी को नहीं ढूँढ़ रहा हूँ।
मैं यात्रा पर निकला हूँ !
मैं जानना चाहता हूँ, यह कैसी शताब्दी है ?'

'तो सुनो', 20वीं शताब्दी का
जोसेफ अब्रुकुआ
18वीं शताब्दी के
जोसेफ अब्रुकुआ से कहता है,
'मैं भी मारा जा चुका हूँ।
फ़र्क यह है

कि मेरी आँखें निकाली नहीं गईं,
मुझे अब भी दिखता है,
मैं काले और गोर में भेद कर सकता हूँ।

उन्होंने मुझे भी सड़क पर घसीटा
मेरी भी स्त्री के साथ बलात्कार किया,
लड़का स्कूल से निकाला,
लड़की भगाई।
उन्होंने मुझसे भी कहा,
'तू हब्शी ही पैदा हुआ था,
हब्शी ही मरेगा !'

मुझे गोरों से नफ़रत है,
कालों से प्रेम !
मैं आदमी को स्वर से नहीं
रंग से पहचानता हूँ !
मुझे अपने हत्यारे की तलाश है,
मैं ढूँढ़ रहा हूँ अदालत,
मैं ढूँढ़ रहा हूँ वकील !'

जोसेफ अब्रुकुआ
जोसेफ अब्रुकुआ के कन्धे पर हाथ रख
कहता है,
'खुशनसीब हो तुम ! तुम्हें
अब भी दिखता है,
तुम्हें अब भी उम्मीद है
कि न्याय हो सकता है।
मगर रुको ! पीछे हत्यारे आ रहे हैं।
मैं उन्हें स्वर से पहचानता हूँ।

सुनो,
वे बड़बड़ा रहे हैं 'हमने न्यायाधीश की
हत्या कर दी है। जज अब्रुकुआ
अन्धा था। गोरे और काले में
भेद नहीं करता था !'

जोसेफ अब्रुकुआ पीछे मुड़ देखता,
फिर चीखता है,
'ब्वाय ! वे गोरे हैं !'

बाबर और समरकन्द

बाबर समरकन्द के रास्ते पर है
समरकन्द बाबर के रास्ते पर

बाबर हर थोड़ी दूर पर
पूछता है,
समरकन्द अब कितनी दूर है ?
बाबर को कोई जवाब नहीं मिलता।

ऊपर चिलचिलाती हुई धूप है
नीचे धूल है,
बाबर का घोड़ा चलने में मशगूल है।
समरकन्द अब कितनी दूर है ?
बाबर चिल्लाता है।
कोई जवाब नहीं—
केवल बाबर का घोड़ा हिनहिनाता है।

बाबर के पहले
बाबर की ख़बर पहुँच चुकी है,
रास्तों पर भीड़ है,
बाबर भीड़ के बीच से गुज़रता है—
'खुदा के लिए।' बाबर गिड़गिड़ाता है।
'समरकन्द अब कितनी दूर है ?'
बाबर का सवाल
बाबर के पास लौट आता है।

बाबर सिज़दे में झुकता है

शहर देख रुकता है
'समरकन्द ! समरकन्द !' बुर्ज़ देख
बाबर किलकारी भरता है।
'समरकन्द पीछे रह गया है !'
कहता हुआ शहरयार
बाबर के पास से गुज़रता है।

बाबर समरकन्द के रास्ते पर है
समरकन्द बाबर के रास्ते पर।

कलिंग

केवल अशोक लौट रहा है
और सब
कलिंग का पता पूछ रहे हैं

केवल अशोक सिर झुकाए हुए है
और सब
विजेता की तरह चल रहे हैं

केवल अशोक के कानों में चीख़
गूँज रही है
और सब
हँसते-हँसते दोहरे हो रहे हैं

केवल अशोक ने शस्त्र रख दिए हैं
केवल अशोक
लड़ रहा था।

मगध के लोग

मगध में लोग
मृतकों की हड्डियाँ चुन रहे हैं

कौन-सी अशोक की हैं ?
और चन्द्रगुप्त की ?
नहीं, नहीं,
ये बिम्बिसार की नहीं हो सकती
अजातशत्रु की हैं,

कहते हैं मगध के लोग
और आँसू
बहाते हैं

स्वाभाविक है

जिसने किसी को जीवित देखा हो
वही उसे
मृत देखता है
जिसने जीवित नहीं देखा
मृत क्या देखेगा ?

कल की बात है—
मगधवासियों ने
अशोक को देखा था
कलिंग को जाते
कलिंग से आते
चन्द्रगुप्त को तक्षशिला की ओर घोड़ा दौड़ाते
आँसू बहाते
बिम्बिसार को
अजातशत्रु को
भुजा थपथपाते

मगध के लोगों ने
देखा था
और वे
भूल नहीं पाए हैं
कि उन्होंने उन्हें
देखा था

जो अब
ढूँढ़ने पर भी
दिखाई नहीं पड़ते

काशी में शव

तुमने देखी है काशी ?
जहाँ, जिस रास्ते
जाता है शव—
उसी रास्ते
आता है शव !

शवों का क्या !
शव आएँगे,
शव जाएँगे—

पूछो तो, किसका है यह शव ?
रोहिताश्व का ?
नहीं, नहीं
हर शव रोहिताश्व नहीं हो सकता

जो होगा
दूर से पहचाना जाएगा
दूर से नहीं, तो
पास से—

और अगर पास से भी नहीं,
तो वह
रोहिताश्व नहीं हो सकता
और अगर हो भी तो
क्या फ़र्क पड़ेगा ?

मित्रो,
तुमने तो देखी है काशी,
जहाँ, जिस रास्ते
जाता है शव
उसी रास्ते
आता है शव !

तुमने सिर्फ़ यही तो किया—
रास्ता दिया
और पूछा—
किसका है यह शव ?

जिस किसी का था,
और किसका नहीं था,
कोई फ़र्क पड़ा ?

काशी का न्याय

सभा बरख़ास्त हो चुकी
सभासद चलें

जो होना था सो हुआ
अब हम, मुँह क्यों लटकाए हुए हैं ?
क्या कशमकश है ?
किससे डर रहे हैं ?

फैसला हमने नहीं लिया—
सिर हिलाने का मतलब फैसला लेना नहीं होता
हमने तो सोच-विचार तक नहीं किया

बहसियों ने बहस की
हमने क्या किया ?

हमारा क्या दोष ?
न हम सभा बुलाते हैं
न फैसला सुनाते हैं
वर्ष में एक बार
काशी आते हैं—
सिर्फ़ यह कहने के लिए
कि सभा बुलाने की भी आवश्यकता नहीं
हर व्यक्ति का फैसला
जन्म के पहले हो चुका है

हस्तिनापुर

ज़रा सोचो
उस व्यक्ति के बारे में
जो, हस्तिनापुर आता है
और कहता है
नहीं, नहीं, यह हस्तिनापुर नहीं हो सकता।

ज़रा सोचो
उस व्यक्ति के बारे में,
जो, अकेला पड़ गया है—
कभी भी लड़ा गया हो महाभारत, क्या फर्क़ पड़ता है ?

सम्भव हो,
तो सोचो

हस्तिनापुर के बारे में,
जिसके लिए
थोड़े-थोड़े अन्तराल में,
लड़ा जा रहा है, महाभारत
और किसी को फ़र्क नहीं पड़ता
उस व्यक्ति को छोड़
जो आता है हस्तिनापुर
और कहता है,
नहीं, नहीं, यह हस्तिनापुर नहीं हो सकता।

कपिलवस्तु

कपिलवस्तु में दिन में आँखें कड़ुआती हैं
रातें
रंगमहल में डूबी रह जाती हैं

वृद्ध वृद्ध होने के कारण देश निकाला पाता
सरहद पर
ठिठक
कपिलवस्तु को देख-देखकर
ललचाता है

कभी-कभी वधुएँ
सपने देखती
चिहुँक जाती हैं

कपिलवस्तु में वृद्ध नहीं हैं
सिर्फ़ वृद्ध होने का भय है
कपिलवस्तु में कोई वृद्ध न हो
युवा होने का
इतना ही आशय है

कपिलवस्तु को हुए बहुत दिन
नहीं
हुए हैं

चिल्लाता कपिलवस्तु

महाराज ! लौट चलें—
उज्जयिनी पर शासन की इच्छा,
मेरी समझ में,
व्यर्थ है—

उज्जयिनी
उज्जयिनी नहीं रही—
न न्याय होता है
न अन्याय

जैसे कि,
मगध
मगध नहीं रहा—
सभी हृष्टपुष्ट हैं
कोई नहीं रहा
कृशकाय

किसी में दया नहीं
किसी में
हया नहीं
कोई नहीं सोचता,
जो सोचता है
दोबारा नहीं सोचता।
लगभग यही स्थिति है काशी की—
काशी में
शवों का हिसाब हो रहा है

किसी को
जीवितों के लिए फुर्सत नहीं
जिन्हें है,
उन्हें जीवित और मृत की पहचान नहीं !

मिथिला को लीजिए—
कल की बात है
राज्य करते थे विदेह
उसी मिथिला में
शासन करता है सन्देह
किसी को धर्म का डर नहीं—
विश्वामित्र, वशिष्ठ,
कोई नहीं रहा—
महाराज ! सभी नश्वर हैं
कोई अमर नहीं।

चलना ही है तो कपिलवस्तु चलिए !
जो जाता है कपिलवस्तु
लौटकर नहीं आता
जो नहीं जाता कपिलवस्तु
जीवन गुजारता है
कपिलवस्तु ! कपिलवस्तु चिल्लाता।

उज्जयिनी

कालिदास ने
जिस गणिका से प्यार
किया था
उज्जयिनी में
कस्तूरी-सी
बसी
हुई थी

क्या सुयोग था
उज्जयिनी थी
कालिदास थे
कस्तूरी थी

कभी-कभी
नक्षत्रयोग से
हो जाता है

अब ये किसको
ढूँढ़
रहे हैं
महाकाल से
पूछ
रहे हैं—
कस्तूरी-सी
बसी हुई थी
जो,
क्या
यह
उसकी नगरी है

कालिदास ने जिस
गणिका से
प्यार किया था
क्या
इस रस्ते से
गुजरी है

रुको, रुको,
यह
किसका
शव है
क्षिप्रा जिसे
बहा
लाई है

कोसल गणराज्य

कोसल मेरी कल्पना में एक गणराज्य है
कोसल में प्रजा सुखी नहीं
क्योंकि कोसल सिर्फ़ कल्पना में गणराज्य है।

नागरिक
दिनभर जुआ खेलते हैं
जो जुआ नहीं खेलते
ऊँघते हैं

नागरिक दिनभर किस्से गढ़ते हैं
जो किस्से नहीं गढ़ते
ऊँघते हैं

नागरिक
दिनभर खीझते हैं
जो खीझते नहीं
ऊँघते हैं

नागरिक
कोसल के अतीत पर
पुलकित होते हैं
जो पुलकित नहीं होते
ऊँघते हैं

कोसल मेरी कल्पना में गणराज्य है

कोसल में विचारों की कमी है

महाराज बधाई हो ! महाराज की जय हो।
युद्ध नहीं हुआ–
लौट गए शत्रु।

वैसे हमारी तैयारी पूरी थी !
चार अक्षौहिणी थीं सेनाएँ,
दस सहस्र अश्व,
लगभग इतने ही हाथी।

कोई कसर न थी !

युद्ध होता भी तो
नतीजा यही होता।

न उनके पास अस्त्र थे,
न अश्व,
न हाथी,
युद्ध हो भी कैसे सकता था ?
निहत्थे थे वे।

उनमें से हरेक अकेला था
और हरेक यह कहता था
प्रत्येक अकेला होता है !

जो भी हो,
जय यह आपकी है !
बधाई हो !
राजसूय पूरा हुआ,
आप चक्रवर्ती हुए–

वे सिर्फ़ कुछ प्रश्न छोड़ गए हैं
जैसे कि यह–

कोसल अधिक दिन नहीं टिक सकता,
कोसल में विचारों की कमी है !

अम्बपाली

सोई पड़ी है, वैशाली
जाग रही है
सिर्फ़,
अम्बपाली

अँधेरा है
किसी और दुनिया में
क्रमशः
होता हुआ
सवेरा है

नक्षत्र झरते हैं

वैशाली में लोग
पैदा होते हैं
मरते हैं

सोई है वैशाली
या
मर गई है
अम्बपाली
सपने में
डर गई है

डरो मत अम्बपाली !

बुद्धकालीन गणिका का स्वप्न भंग

हाथ फेरते ही ठनकते हैं,
स्तन

नाभि से उठती है, सुगन्ध

जँघा पर
होते हैं सवार
केवल बलिष्ठ
उतारते हैं
नदी में अश्व

ढूँढ़ने आते हैं सुख अथाह
सेनापति,
युवराज।

मूर्छित होती हैं, वामाएँ !

मालती,
कल यह नहीं होगा
पीब में
भरे होंगे
स्तन,
जँघाएँ
स्मारकों की तरह
टूटी पड़ी होंगी,

सिर्फ़ आहट
सुन सकोगी—
कौन ?
सेनापति ?
अथवा युवराज ?

सूख चुकी होगी
सुख की नदी

ठट्ठा करेंगे वे
कल तक जो उतारते थे
अश्व ?
तुम भी हँसोगी।

शव को नदी से निकाल
छोड़ जाते हैं लोग
घाट पर
और कहते हैं–
यह रहा काल

मालती को किसी ने नहीं देखा।

फेरते ही हाथ
ठनकत थे,
स्तन।

जँघा पर बलिष्ठ
होते थे
सवार।

ढूँढ़ने आते थे
अथाह सुख
युवराज।

मूर्छित होती थीं
वामाएँ।

क्या विडम्बना है
मालती,
कल भी तुम
मालती।

मणिकर्णिका का डोम

डोम मणिकर्णिका से अक्सर कहता है,
दुःखी मत होओ

मणिकर्णिका,
दुःख तुम्हें शोभा नहीं देता
ऐसे भी श्मशान हैं
जहाँ एक भी शव नहीं आता
आता भी है,
तो गंगा में
नहलाया नहीं जाता

डोम इसके सिवा कह भी
क्या सकता है,
एक अकेला
डोम ही तो है
मणिकर्णिका में अकेले
रह सकता है

दुःखी मत होओ, मणिकर्णिका,
दुःख मणिकर्णिका के
विधान में नहीं
दुःख उनके माथे है
जो पहुँचाने आते हैं
दुःख उनके माथे था
जिसे वे छोड़ चले जाते हैं

भाग्यशाली हैं, वे
जो लदकर या लादकर
काशी आते हैं
दुःख
मणिकर्णिका को सौंप जाते हैं

दुःखी मत होओ,
मणिकर्णिका,

दुःख हमें शोभा नहीं देता

ऐसे भी डोम हैं

शव की बाट जोहते
पथरा जाती हैं जिनकी आँखें,
शव नहीं आता—

इसके सिवा डोम कह भी क्या सकता है !

हस्तक्षेप

कोई छींकता तक नही
इस डर से
कि मगध की शान्ति
भंग न हो जाए,
मगध को बनाए रखना है, तो,
मगध में शान्ति
रहनी ही चाहिए

मगध है, तो शान्ति है

कोई चीखता तक नहीं
इस डर से
कि मगध की व्यवस्था में
दखल न पड़ जाए
मगध में व्यवस्था रहनी ही चाहिए

मगध में न रही
तो कहाँ रहेगी ?

क्या कहेंगे लोग ?

लोगों का क्या ?
लोग तो यह भी कहते हैं
मगध अब कहने को मगध है,

रहने को नहीं

कोई टोकता तक नहीं
इस डर से
कि मगध में
टोकने का रिवाज न बन जाए

एक बार शुरू होने पर
कहीं नहीं रुकता हस्तक्षेप—

वैसे तो मगधनिवासियों
कितना भी कतराओ
तुम बच नहीं सकते हस्तक्षेप से—

जब कोई नहीं करता
तब नगर के बीच से गुजरता हुआ
मुर्दा
यह प्रश्न कर हस्तक्षेप करता है—
मनुष्य क्यों मरता है ?

तीसरा रास्ता

मगध में शोर है कि मगध में शासक नहीं रहे
जो थे
वे मदिरा, प्रमाद और आलस्य के कारण
इस लायक
नहीं रहे
कि उन्हें हम
मगध का शासक कह सकें
लगभग यही शोर है
अवन्ती में
यही कोसल में

यही
विदर्भ में
कि शासक नहीं
रहे
जो थे
उन्हें मदिरा, प्रमाद और आलस्य ने
इस
लायक नहीं
रखा
कि उन्हें हम अपना शासक कह सकें
तब हम क्या करें ?

शासक नहीं होंगे
तो कानून नहीं होगा

कानून नहीं होगा
तो व्यवस्था नहीं होगी

व्यवस्था नहीं होगी
तो धर्म नहीं होगा

धर्म नहीं होगा
तो समाज नहीं होगा

समाज नहीं होगा
तो व्यक्ति नहीं होगा

व्यक्ति नहीं होगा
तो हम नहीं होंगे

हम क्या करें ?

कानून को तोड़ दें ?

धर्म को छोड़ दें ?

व्यवस्था को भंग करें ?

मित्रो—
दो ही
रास्ते हैं :
दुनीर्ति पर चलें
नीति पर बहस
बनाए रखें
दुराचरण करें
सदाचार की
चर्चा चलाए रखें

असत्य कहें
असत्य करें
असत्य जिएँ—
सत्य के लिए
मर मिटने की आन नहीं छोड़ें

अन्त में,
प्राण तो
सभी छोड़ते हैं
व्यर्थ के लिए
हम
प्राण नहीं छोड़ें

मित्रो,
तीसरा रास्ता भी
है—

मगर वह
मगध,
अवन्ती
कोसल
या
विदर्भ
होकर नहीं
जाता।

रोहिताश्व

जब भी मणिकर्णिका जाओगे
एक वृद्ध को
कोने में दुबका हुआ पाओगे।

तुम्हें देख
उसकी आँखों में
कुछ कौंधेगा—

वह रोहिताश्व, रोहिताश्व
बिसूरता
तुमसे लिपट जाएगा।

तब क्या करोगे ?

यही न :
"मैं रोहिताश्व नहीं हूँ
मैं सचमुच
रोहिताश्व
नहीं हूँ।"
कैसे
विश्वास दिलाओगे
कि तुम
रोहिताश्व नहीं हो।

तुम पर उसकी पकड़
और भी कड़ी होगी,
वह कड़केगा :
"तुम्हीं हो रोहिताश्व !"

जिसका रोहिताश्व
मारा गया हो,
क्या तुम उसे

विश्वास दिला सकते हो
कि तुम
रोहिताश्व नहीं हो ?

पितामह

पितामह बाणों की शय्या पर पड़े हैं
कोई नहीं, सिर्फ़ कुछ
बचे-खुचे खड़े हैं
जो पूछते हैं

पितामह क्यों अड़े हैं ?
निर्णय हो चुका, हार चुके युद्ध
अब तो लिखनी भी शुरू कर दी व्यास ने महाभारत
अब किस सोच में पड़े हैं
व्यास इन्हें समझाओ।

व्यास ने कहीं नहीं कहा
कि हारने के बाद भी पक्ष मत बदलो
हार को स्वीकार करो
कुशासन पर भीष्म की तरह
मृत्यु का इन्तज़ार करो।

व्यास ने कहीं नहीं कहा
कि युद्ध में सत्य मारा नहीं जाता
कहा होगा व्यास ने पर व्यास का
मतलब यह नहीं था कि
होता तो, यही होता

कब कहा व्यास ने कि
जो लिखता है महाभारत पक्षधर नहीं होता।

आनन्द

आनन्द
मुनष्य न पैदा होता है
                न मरता है
सिर्फ़ गुज़रता है

बेमतलब सँवरना
बेमतलब
            सँवरता है।

आनन्द
मनुष्य अपनी छाया से
                डरता है

तुमने
देखा है उसे
जो
इच्छा नहीं रखता
संग्रह
नहीं
करता
प्रिय है या नहीं तुम्हें ?
कुएँ में अपनी
छाया नहीं देखता
पानी
भरता है।

हंस माग्नुस एन्त्सेंसबर्गर

मिडिल क्लास ब्लूज

हम शिकायत नहीं कर सकते।
बेरोज़गार नहीं हैं हम।
भूखे नहीं रहते।
खाते हैं हम।

उगती है घास,
राष्ट्रीय उत्पादन
नाखून,
अतीत।

खाली हैं सड़कें।
सौदे निपट चुके।
चुप हैं सायरन।
यह भी गुज़र जाएगा।

मृत अपनी वसीयत कर चुके हैं।
वर्षा बूँदाबाँदी में परिणत हो चुकी है
क्या जल्दी है।

हम खाते हैं घास।
हम खाते हैं राष्ट्रीय उत्पादन।
हम खाते हैं नाखून।
हम खाते हैं अतीत।

हमारे पास छिपाने को कुछ नहीं।
हमें किसी चीज़ की कमी नहीं।
हमारे पास कहने को कुछ नहीं।
सब तो है।

घड़ी में चाबी दी जा चुकी है।
बिल चुकाए जा चुके हैं।
आख़िरी बस गुज़र रही है।

वह भी ख़ाली है।

हम शिकायत नहीं कर सकते।
तब हम किस चीज़ की प्रतीक्षा कर रहे हैं

छायालोक

[1]

यहाँ मुझे अब भी जगह नज़र आती है,
खुली जगह,
यहाँ इस छाया में।

[2]

यह छाया
बिकाऊ नहीं है,

[3]

शायद समुद्र की भी
छाया होती है
और शायद काल की।

[4]

छायाओं का युद्ध
महज़ खिलवाड़ है :
कोई भी छाया
किसी दूसरे के प्रकाश के आड़े नहीं आती।

[5]

छाया में बसे हुए लोगों की

हत्या कठिन है।

[6]

दम भर को
मैं अपनी छाया से बाहर आ सकता हूँ
दम भर को।

[7]

जो प्रकाश को प्रकाश की तरह
देखने के कायल हैं,
उन्हें छाया की शरण
आना होगा।

[8]

छाया,
सूर्य से अधिक चमकदार :
मुक्ति की ठंडी छाया।

[9]

छाया में मिलकर
मेरी छाया भी छाया हो जाती है।

[10]

छाया में
अब भी जगह है।

कॉलेज की ऊँची कक्षा के लिए एक पाठ्य-पुस्तक

गीत नहीं, बेटे, पढ़ो टाइमटेबल
जो ज़्यादा सटीक हैं। इसके पहले कि
तुम्हें देर हो नक्शे बिछाओ समुद्र के ! चौकन्ना रहो। गाओ मत।

दूर नहीं दिन जब आएँगे वे लटकाएँगे द्वारों पर
नई काली सूचियाँ और ठप्पे लगाएँगे उन पर जो जवाब में कहेंगे 'न'।
सीखो गुमनाम गुज़र जाना, सीखो बदलना
बस्तियाँ, चेहरे और अस्मिता : मुझसे भी अधिक तुम्हें सीखना होगा।
अपना लो यह छोटा-सा झूठ
यह रोज़मर्रा का भयानक पलायन, काम आएँगे
असहायों के लिए मक्खन और नमक की पुड़िया बनाने के, क्रोध
और धीरज ज़रूरी हैं भरने को सत्ता के फेफड़ों में
ज़हरीली धूल
तुम लोगों के हाथों पीसी गई,
सीखा है तुमने
बहुत कुछ
तुम जो निष्णात हो।

होटेल फ्रैटर्निटे

जिसकी जेबों में नहीं है इतना धन कि अपने लिए वह ख़रीद सके द्वीप
जो शैबा की रानी से मिलने की उमंग लिए करता है सिनेमाघरों में इन्तज़ार
जो गुस्से में भरकर और दुःख में बिखरकर फाड़ता है अपनी ही आख़िरी कमीज़
जो अपने ही फटे हुए जूते में चाँदी का रुपया छिपाता है
जो चुगलख़ोर की आँखों से आँखें मिलाता है
जो होकर सवार उड़नफिरकी पर निपोरता है दाँत
जो अपने टाट के बिछौने पर दारू लुढ़काता है
जो अपने ख़तों और तस्वीरों को चूल्हा सुलगाता है
जो क्रेन के नीचे एक ढोंके पर कूल्हे टिकाता है
जो गिलहरी चुगाता है
जो मुफ़लिस है
घूरता है जो अपने-आपको
जो दीवार पीटता है
जो भरता है चीख़
जो पीता है शराब
जो कुछ भी नहीं करता

कोर्निस पर, ड्रेसर पर
बिस्तर पर
फर्श पर
धरना दे बैठता है
मेरा दुश्मन
उसकी आँखें मुझ पर टिकी हुईं
मेरा हमनाम

समृद्ध समाज के नाम एक कविता

तुम्हें यह वहम है कि भोजन कर रहे हो
मगर यह तुम्हारे महोदर के लिए
गोश्त की डली नहीं है
चारा है यह स्वादिष्ट है
(सम्भव है मछुए अपना जाल
घर पर छोड़ आए हों, हो सकता है
उन्होंने भविष्य में उपवास रखने की
कसम उठा ली हो)

बिस्कुट नहीं है उस काँटे में
खून के छींटे हैं
वह तुम्हें खींच लाएगा उम्दा गर्म सूप के बाहर :
बेरेसिना के किनारे हवा कितनी ठंडी है !
और इस विचित्र बालू पर
उस विचित्र बर्फ़ पर
तड़पते हुए कैसा अनुभव होगा :
ग्रीनलैंड, नेवाडा, तुम्हारे छटपटाते हुए
हाथ नूबिया के मरुस्थल की
त्वचा नोचते हुए

इस क़दर मत घबराओ ! ये मछुए
पनपते हैं, स्मृतियों के, अतीत के सबक के सहारे :

कसाई जैसे अपने सूअर से
वैसे वे तुमसे प्यार करते हैं
वे रॉइन के किनारे पोटोमैक के
बेरेसिना के संसार की तमाम नदियों के किनारे
ध्यान लगा बैठे है। :
तुम्हें चारा डालते हैं, वे प्रतीक्षा करते हैं

तुम एक-दूसरे का गला काट रहे हो :
आने वाले दिनों की भूख के भय से
तुम अपने ज़हरबुझे चारे के लिए लड़ रहे हो

वैतरणी

अफ़सोस इश्तहारों में दिखाई गई दुनिया इतनी छोटी है
ट्रेवलर्स चेकों में लिपटे विकास विशेषज्ञ
जलपानगृह की तरफ़ जा रहे हैं
अलगाव कक्ष की पताका फहराई जा चुकी है

ज़नाब अलबर्ट श्वाइट्ज़र जहाँ भी हों
कृपया ट्रांजिट के सूचना-डेस्क पर तशरीफ़ लाएँ

बुक हुए मुनीम
शीशे से घिरे गलियारों में
लपक रहे हैं आख़िरी फ़ैसले की ओर
नागासाकी के लिए अन्तिम पुकार

श्रीमान एडॉल्फ आईखमॉन जहाँ भी हों
कृपया ट्रांजिट के सूचना-डेस्क पर तशरीफ़ लाएँ

कुहरे के कारण दुनिया अवरुद्ध है
हवा में उड़ते हुए कफ़नों में लिपटी
वधुएँ पहुँचती हैं ट्रालियों पर

विमान उड़ने को तैयार है

श्रीयुत गोदो जहाँ भी हों
कृपया ट्रांजिट के सूचना-डेस्क पर तशरीफ़ लाएँ

बाहर निकलिए 'बी चैनल बतीस' से
रेशम-महीन स्वर हमें कोसता है
रन-वे पर शवयात्राओं की बाढ़ है
अँधेरे में सॉयरन सुलगते हैं।

सुदूर घर

(गुंटर ऑइख के लिए)

जागकर क्या देखता हूँ
शान्त है घर
सिर्फ़ चिड़ियाँ हैं जो चहचहा रही हैं।
झाँककर खिड़की से देखता हूँ
कोई नहीं है। इधर से

कोई रास्ता नहीं जाता।
आसमान में तारे नहीं हैं
धरती पर भी तारे नहीं हैं।
फावड़े के नीचे
सोई हुई हैं कुछ सजीव चीज़ें।

मैं केतली चढ़ाता हूँ
मैं रोटी के टुकड़े करता हूँ
उद्विग्न मैं जेबी ट्रान्जिस्टर के
लाल पुशबटन को
दबाता हूँ

'कैरिबियन संकट...उजली धुलाई के लिए

और अधिक उजली और अधिक...सैनिक कूच करने को तैयार हैं...
फेज थ्री...दैट्स द वे आई लव यू...
इस्पात का भाव
पहले की तरह चढ़ गया है...'
मैं फावड़ा उठाता नहीं हूँ।

दूसरा

एक हँसता है
परवा करता है
खुले में
मेरे बालों मेरी त्वचा का स्पर्श कर मेरा चेहरा रौशन करता है
मेरी ज़बान से शब्दों की वर्षा करता है

एक के पैसा है, भय है, पासपोर्ट है
एक जो लड़ता है झगड़ता है और प्रेम करता है
विचलित होता है
संघर्ष करता है

मगर मैं नहीं
मैं हूँ वह दूसरा
जो न हँसता है
न जिसके पास खुले में रौशन होने को चेहरा है
जिसके मुँह में ज़बान नहीं
जो मुझसे स्वयं से अपरिचित है
मैं नहीं : दूसरा : हमेशा वह दूसरा
जो न जीतता, न जीता जाता है
जो परवा नहीं करता
जो न विचलित होता है

दूसरा विमुख अपने-आपसे
जिसके विषय में मैं कुछ नहीं जानता
कोई नहीं जानता जिसके विषय में कि कौन है

जो मुझे विचलित नहीं करता
वह हूँ मैं

आत्मकथा

यह तो मुझे बाद में पता चला कि जिस दिन मैं
अपना ताबूत चीर, चीख़ता-चिल्लाता
माँ के गर्भ से फट पड़ा था, शुक्रवार था।

तेल और पानी और नमक के फाहों में
लिपटे मेरे जन्म के छल
और हड्डियों में बोई गई मृत्यु के बीच,

उस शुक्रवार और बाद के भुतहे शुक्रवार के बीच के
असंख्य युगों में वे मेरी भुजाओं में सुइयाँ चुभाते रहे,
बपतिस्मा किया गया, फ़ौज में भेजा गया, पाउडर की

परतों ने और भी छबीला बना दिया।
बर्फ़ भी वर्ष में सिर्फ़ एक बार पिघलती है
मैं था कि रोज़ नया कफ़न ओढ़ता रहा।

निगाहें दौड़ाता रहा चारों तरफ़ आसमान में।
शब्द गुमराह भटकते रहे हवाओं में
सफलता ने दाहा नहीं और न ही आग ने।

अक्सर शामों को मेरा ज़िगर पत्थर हो जाता है।
जब भी आता है शुक्रवार, सुनाई पड़ती हैं मुझे चीख़ें
मेरी अपनी आवाज़ श्वेत कफ़न में लिपटी एक मर्माहत चीख़।
पिछले कुछ घुटन-भरे वर्षों से, जिस दिन मैं पैदा हुआ था उसी दिन से,
भयानक लगता है, यह सोचता हुआ बिस्तर पर गिरता हूँ :
होने दो, मेरा जो होना था, हो चुका। होगा कोई और युद्ध,

छोड़ा जाएगा चन्द्रमा पर कोई और (मैं नहीं) कुत्ता
और उसे दफ़न करता हुआ
दहशत में चीख़ेगा अन्तरिक्ष।

जो जानते हैं, उनके लिए गीत

कि फौरन कुछ करना मुनासिब है
इतना हम जानते हैं
कि कुछ करने का वक़्त अभी नहीं आया है
कि कुछ करने का वक़्त गुज़र चुका है
यह हम जानते हैं।

कि जानते हैं हम कि सुखी हैं हम
कि यह कि यह सिलसिला समाप्त नहीं होगा
कि यह कि वैसे इसका कोई मतलब नहीं
यह हम जानते हैं

और यह कि दोषी हैं हम
और यह कि यह हमारा दोष नहीं है कि दोषी हैं हम
और यह कि हमारा यह दोष है कि दोषी नहीं हैं हम
और यही कि हम इससे ऊब चुके हैं
यह हम जानते हैं।

और यह कि खामोश रहने में कोई तुक नहीं
और यह कि तब भी खामोश नहीं रहेंगे हम
यह हम जानते हैं
यह हम जानते हैं।

और यह भी जानते हैं हम कि हम किसी की मदद नहीं कर सकते
और यह कि कोई नहीं कर सकता हमारी मदद
यह हम जानते हैं।

और यह कि हम प्रतिभाशाली हैं

और नहीं तथा कुछ नहीं में से कुछ भी चुनने को स्वतन्त्र हैं
और यह कि हमें इस समस्या का विश्लेषण बारीक़ी के साथ करना होगा
और यह कि हम चाय में दो चम्मच चीनी लेते हैं
यह हम जानते हैं।

और यह कि हम दमन के विरुद्ध हैं।
और यह कि सिगरेट की क़ीमत फिर से बढ़ गई है
यह हम जानते हैं।

और यह कि हर बार सोचने पर हमें आशंका होती है
और यह कि हर बार हमने जो कहा सच साबित हुआ है
और यह कि उसका कोई मतलब नहीं
यह हम जानते हैं।

और यह कि यह पूरी तरह सच है
यह हम जानते हैं।

और यह कि यह पूरी तरह झूठ है
यह हम जानते हैं।

और बस इतना ही है
यह हम जानते हैं।

और यह कि सलामत रहना महत्त्वपूर्ण है लेकिन कुछ नहीं
यह हम जानते हैं।

और यह कि सलामत रहेंगे हम
यह हम जानते हैं।

और यह कि यह कोई नई बात नहीं
और यह कि जीवन अद्‌भुत है
यह हम जानते हैं।
यह हम जानते हैं।
यह हम जानते हैं।

और यह कि हम यह सब जानते हैं
यह हम जानते हैं।

एक घरेलू जासूस का चित्र

प्लास्टिक के प्रकाश में
वह सुपरमारकेट में डोलता है,
यह क्षय नहीं क्रोध है
जो उसके चेहरे पर सफेद धब्बे बनकर उछल आया है,
कुरमुरे चने के सौ पैकेट
(क्योंकि वे बेहद स्वादिष्ट हैं)
अपनी आँखों से फाँक जाता है
घी का एक थक्का
(मेरा और उसका एक ही ब्रैंड है :
गोल्डलक्स, क्योंकि वह बेहद स्वादिष्ट है)
वह अपने चिपचिपे हाथ से उठाता है
और बूँद-बूँद चूने तक निचोड़ता है।

उम्र है उन्तीस
आदर्शों में यक़ीन रखता है
पैम्फ्लेटों और मस्सों को लिए हुए
बुरी तरह सोता है, और वह भी अकेला
नफ़रत करता है बॉस से और सुपरबाज़ार से,
कम्युनिस्टों से, औरतों से,
मकानमालिकों से, खुद से
और अपने चबाए नाख़ूनों से, जो
घी में सने हुए हैं (क्योंकि
वह बेहद स्वादिष्ट हैं)
अपने काढ़े हुए बालों को सँवारता
एक पेन्शनर की तरह अपने-आप बड़बड़ाता है।

देख लेना उसका

कोई भविष्य नहीं।
विट्टलर, मुझे याद पड़ता है, उसे कहते हैं
विट्टलर, हिट्टलर या इसी तरह कुछ !

जहाँ चीज़ें सुधर रही हैं

(वह उन्हें वैसा दर्शाना चाहता था जैसाकि उसने उन्हें देखा; दूसरे शब्दों में विविध, गुस्सैल, अन्तर्विरोधों से ग्रस्त और अन्यायी। साथ-ही-साथ शीघ्र ही उत्तेजित हो जानेवाले, दयार्द्र, गौरवमय, मनमाने, विनम्र, क्रूर, कायर और यह सब एक साथ !
—प्लिनी : नेचुरलिस हिस्टोरिका XXXVX)

आख़िर मैं यहाँ क्या कर रहा हूँ,
इस देश में
जहाँ मेरे पूर्वज मुझे लाए
बुरे इरादे से नहीं ?
कहने को घर में लेकिन असुविधा में
आकर्षक आत्मतुष्ट
घोंसले में
रहकर भी न रहता हुआ हूँ।

क्या है यहाँ जिसे अपना कह सकूँ ? मुझे
क्या मतलब मुहल्ले की इस दावत, इस कभी-कभी देश से
जहाँ चीज़ें सुधर रही हैं, पर कोई नतीजा नहीं निकलता,
जहाँ और अधिक ठूँसने की लालसा नैपकिन चबाती है,
जहाँ उम्दा पकवानों की दुकानों से, चाक-सी सफ़ेद ग़रीबी
अवरुद्ध आवाज़ में फेंटी गई क्रीम से मुँह बकार
चीख़ती है :
चीज़ें सुधर रही हैं।
जहाँ ग़रीब अमीर अमीर ग़रीब से अलग मुनाफ़ा
महज़ आनन्द के लिए सिनेमा की कुर्सियाँ चर्राता है
क्योंकि दिन-ब-दिन चीज़ें सुधर रही हैं।
जहाँ भुगतान का बकाया और न्यायप्रिय गाते
चिल्लाते हैं : अवकाश का बढ़ना

और गैस पर हावी होना और होते ही जाना काफ़ी नहीं !

ख़ैर यह उतना बुरा नहीं, यह केवल पूरे का आधा है,
इससे कोई फ़र्क़ नहीं पड़ेगा, इतना काफ़ी नहीं कि
वेतनभोगी खोए-खोए सड़कों पर घूमें
और मुट्ठियाँ उठाकर खुशियाँ मनाएँ।
गाएँ और चिल्लाएँ :

चीज़ें सुधर रही हैं
दुनिया में जो कुछ हो रहा है ठीक हो रहा है
जहाँ चीज़ें सुधरती हुई पीछे देख रही हैं,
यहाँ प्रार्थना-पुस्तक निर्णय करती है कि बॉस किसे
बॉस की कुर्सी पर बिठाएँगे

यहाँ आंशिक विकलांग पूर्ण विकलांगों के विरुद्ध
युद्ध छेड़ते हैं,
यहाँ का कानून है :
एक दूसरे के साथ निर्मम होने की सीमा तक भले बनो,

और यह उतना बुरा नहीं
कोई हैरत नहीं
यह केवल सौदा है,
यहाँ जहाँ एक हाथ दूसरे हाथ को ख़रीदता है,
रखो मेरे सीने पर हाथ मिलाओ हाथ, यहाँ हम पराए नहीं हैं।

आओ यहाँ पर डेरा डालें
चिथड़ों के आर्य घूरे पर
इस कर्कश पार्कगाह पर
जहाँ खंडहर पर उगते हैं खंडहर एकदम नए खंडहर
खंडहर जो बिकते हैं थोक में खंडहर जो
बिकते हैं तुरत, एवज़ में अथवा क़िस्तों पर :
यहाँ होना गौरवपूर्ण है*
जहाँ क्षयग्रस्त उपभोक्ता के

* रिल्के के 'दूनो एलिजी' का एक उद्धरण।

और यह उतना बुरा नहीं,
सिर पर से झरते हैं बाल,
जहाँ वह छिपाता है प्लास्टिक की थैलियों
और कार्ड बोर्ड में अपना नाकाम सिर :
आओ यहाँ पर डेरा डालें

इस हत्याघर में
जहाँ अपनी नपुंसकता और हड़बड़ी में कैलेंडर
फाड़ता है अपने ही पन्ने
जहाँ घूरे पर सड़ता है अतीत और बदबू करता है
और भविष्य पीसता है अपने नकली दाँत,
यह सब इसलिए कि चीज़ें सुधर रही है,
हम उसके दाग़ छुड़ा रहे हैं
हमारे यहाँ यही रिवाज़ है, कोई हैरत नहीं।

हम खरे सोने की तरह यहाँ पड़े हुए हैं
जहाँ रचनात्मक मूल्य ऊँचे दामों पर बिकते हैं
व्यापारी संघ उसे बुलेटप्रूफ काँच में
हिफ़ाज़त से थोक रखता है,

जहाँ अन्ध-लीला कर रहे हैं हम खुशमिज़ाज बैंकों में,
प्रदर्शन-कक्षों में, तोपख़ानों मे, बिक्रीघरों में,
इतना ही नहीं, यह केवल आधा है,
रद्दी है,
सफल उन्माद है, झूमता है यह
आतुर मिंक कोट में, टूटे हुए टखनों पर,
विस्मृत के शाश्वत वसन्त में,

औरों से अलग है यह देश,
मुझे शोकाकुल करता है, और मेरा यह शौक़
उतना बुरा नहीं, क्योंकि सत्य है,
उसे उसके शिकार, अदना लोग, मृतक
क़ब्र के भीतर से पुकार रहे हैं, कोई चीज़
निः शब्द और नाकाम,
कोई चीज़ जो ध्वनिरहित फुटपाथों पर धड़कती है,

भीतर से उठती और उसे धीमी करती है और इस तरह
झाँवर पड़ जाती है
धब्बेदार, गीली, जब तक कि दलदल
एक मामूली दलदल वहाँ तक फैल नहीं जाता
जहाँ तक वह था,
और ढँक नहीं लेता परीकथाओं के बौने को
लार्च के पेड़ को, नन्हे श्वेत चूहे
और प्यारे रापुंजेल को, वे सब नहीं रहे,
और नहीं रहे नगर, नहीं रहीं मछलियाँ
सब-के-सब इस दलदल में घुटकर मर गए हैं,
मेरे भाइयों की तरह, असहाय और मासूम
आते-जाते दोजूनियों की तरह
मुझे किस क़दर शोकाकुल करते हैं वे,
पवित्रात्मा मुन्सिफ़;
गैसमैन, अपनी मुहर और चमीटों सहित
किस तरह वे एक साथ गुज़रते हैं, किस तरह रोपते हैं वे
अपने अनुपस्थित जूतों में स्वयं को तलविहीन जगहों पर
उनका विधिसम्मत प्रभामंडल झुका हुआ उनकी गरदन पर :

कोई बात नहीं, अगर ये लोग होते दूसरों की तरह,
अगर यह देश होता महज़ एक मामूली देश,
भिन्न इस धुन्ध और रात के प्रदेश से
जहाँ अनुपस्थित लोगों की अन्धाधुन्ध भीड़ है
जो न जानते न जानना चाहते कि आख़िर हम कौन हैं
जो इस देश से भागकर
इस देश में आए हैं
और दफ़नाए जाने तक भागते रहेंगे :

अगर यह भिन्न होता तो कुछ किया जा सकता था,
अगर नहीं होता जब ज़बान बन्द, अनबोया शत्रुदेश
तो मिलती कुछ राहत, मिलता सन्तोष।
तो फिर मैं यहाँ क्या कर रहा हूँ, मैं क्यों
सुलझाना चाह रहा हूँ यह फ़िजूल की गुत्थी
इस धींगामुश्ती की, बोनस वॉउचरों की,
बकरा दाढ़ी हैटों की, बन्द होती दुकानों की,

बदले में पा रहा हूँ

कुछ नहीं, लगातार तिथिवार श्रेणीकृत व्यायामशालाएँ
और बैरकों के लिए बनी बैरकों के लिए बनी बैरकों में
मनुष्यता की देखभाल करने को विशेषज्ञ

क्या है यहाँ मेरा प्रयोजन ? क्या कहूँगा मैं ?
किस ज़बान में ? किससे ?
यह निर्णय चाकू के वार की तरह मुझे चीर जाता है
यह मुझे शोकाकुल करता है, और यह उतना बुरा नहीं,
यह केवल चीख़ता-भर है
अपनी नन्ही चीख़ों से छूता है आसमान
दावा मगर करता है हैसियत से ज़्यादा
मगर यह भी सम्पूर्ण नहीं,
यह केवल आधा है जो आसमान फाड़ रहा है
इतना काफ़ी नहीं

क्योंकि अपनी भूख में चिंघाड़ता हुआ यह देश
स्वयं अपने हाथों अपने टुकड़े कर रहा है सफ़ाई के साथ,
स्वयं में विभक्त यह देश,
छिपा हुआ, भीतर से विभक्त एक हृदय
बेमतलब धड़कता हुआ, एक चर्बी का बम,
एक रिसता हुआ अनुपस्थित घाव

जर्मनी, मेरे देश, राष्ट्रों के अपवित्र हृदय*
और देशों में साधारण लोगों के बीच
बदनाम, रोज़-ब-रोज़ और भी बदनाम :
मेरे दो देश और मैं, दो अलग रास्तों पर जा चुके हैं
और फिर भी शोक-वस्त्रों और राख में
लिपटा हुआ मैं पूरी तरह यहाँ हूँ और पूछता हूँ :
क्या है यहाँ मेरा प्रयोजन ?
है मुझे प्रयोजन उससे, जो

---

* होल्डरलिन ने जर्मनी को 'राष्ट्रों के पवित्र हृदय' के नाम से सम्बोधित किया था। यहाँ यह संकेत होल्डरलिन की पंक्तियों की ओर है।

मेरी ज़बान पर डोल रहा है,
कुछ भिन्न, सम्पूर्ण
वह, जो निर्भीक खुशी-खुशी दुनिया के कन्धे-से-कन्धा मिला रहा है
और स्वयं को दलदल में नहीं फँसा रहा है।

खोई हुई इस अजनबी विभक्त मुँहबकार में,
हमारे नव जर्मनी का दमघोंट मुँहबकार,
फ्रांकफुर्तर अल्गेमाइने मुँहबकार,
(और यह उतना बुरा नहीं)
एक कुचली गई कराह जो कुछ भी नहीं जानती
अपने विषय में,
मैं कुछ भी नहीं जानना चाहता जिसके विषय में,
आदर्श देश,
हत्याघर जिसमें मैं खुशी-खुशी फेंक दिया गया हूँ
आधा धड़कता, आधा जीवित
अब मैं यहाँ रह रहा हूँ
शिकवा करता हूँ पर छोड़ता नहीं अपनी जगह
कुछ समय रुककर यहाँ
चल दूँगा और किसी देश में
लूँगा चैन, किसी साधारण देश में,
और कहीं,
यहाँ नहीं।

आन्द्रे वेज्नेसेंस्की

सिगुल्दा में शरद्

ट्रेन की खिड़की से निकाले हुए मुँह, मैं
सबको कहता हूँ, अलविदा।

अलविदा ग्रीष्म !
मेरा समय हो चुका है।
खटखटाते हैं फावड़े-कुल्हाड़ियाँ
डाचा का द्वार :

अलविदा।

जंगल झरा अपने पत्ते खड़ा है।
गुमसुम, चुपचाप
जैसे संगीत से बिछुड़कर उदास
पड़ा हो कहीं पर एकॉर्डियन का खोल।

दीवारों, माँओं और स्त्रियों को
छोड़ते हुए पीछे
(कोई विकल्प नहीं)
लोग (यानी हम) भी
रिक्त और उदास हैं :
हमेशा से यही होता आया है, यही होगा।

अलविदा, माँ,
रेशम की तरह पारदर्शी तुम
खड़ी हुई खिड़की के पास : आकाश में
तुम्हारे घिर रही है थकान,
आओ, यहाँ थोड़ी देर विलम जाएँ।

दोस्तो और दुश्मनो,
अलविदा।
सीटी बज चुकी है : समय हो चुका है,
लो, मैं तुमसे ओझल
और तुम मुझसे दूर।
मातृभूमि, अलविदा।
न मैं करूँगा आर्त्तनाद, न इकट्ठी करूँगा कोई भीड़,
चुपचाप बन जाऊँगा सितारा, नदी के किनारे नम्रा का पेड़;
शुक्रिया जिन्दगी, तुम मुझे हुई प्राप्त।

शूटिंग गैलरी में
सबसे अधिक नम्बर था दस,
बस, कहकर मैं चुप नहीं हुआ, सो
हासिल करने की कोशिश की, ख़ता की,
तुमने इज़ाजत दी मुझे खता करने की,

शुक्रिया,
तीन बार शुक्रिया

कि मेरी पारदर्शी भुजाओं में
प्रतिभा ने इस तरह प्रवेश किया
जैसे रबर-ग्लोब में एक
मर्द मुक्का।

पत्थर की कब्र में एक दिन वोज्नेसेंस्की को होना है दफन,
मगर क्या मुझको तब तक मिल सकती है
आँन्द्रे की हैसियत से
तुम्हरे कपोलों में शरण ?

वे दिन ! जंगल में पतझर।
तुमने कुछ पूछा था मुझसे, लपकते हुए मेरी भुजाओं की ओर
आया थी तुम अपने झबरे के संग : तुमने पुचकारा उसे खींची जंजीर
और वह अधीर, पता नहीं किनके लिए,
शुक्रिया उस दिन के लिए।

साबित हूँ मैं, शुक्रिया प्रसन्न सितम्बर के लिए
मुझे स्वयं को समझने में समर्थ बनाने के लिए।
याद है मुझे, घर की मालकिन ने, हमें जब
जगाया, तब वक्त था आठ, छुट्टी का दिन,
ग्रामोफोन गाता था, सारा समय, फटे हुए
सुर में, बाज़ारू गीत,
शुक्रिया उस जगह, उस व्यतीत के लिए तुमको, शुक्रिया।
किन्तु बिछुड़ रही हो अब तुम, चल पड़ती
है ट्रेन, मैं किसी और ही दिशा में हूँ,
दूसरी दिशा में हो तुम : हम एक दूसरे से या घर से
विच्छिन्न। क्यों ?

कहता हूँ मैं खुद भरपूर
अब भी साइबेरिया है दूर

जानता हूँ मैं जन्म लूँगा एक बार और

दोस्तों या सखियों या घास की पत्ती की तरह जिएँगे संग
क्या फर्क पड़ता है मेरे न होने या तुम्हारे न होने से,
कोई न कोई तो होगा,
समाप्त नहीं होता है सिलसिला।

झरते हैं पत्ते, मिटते हैं चिन्ह,
और और, उनकी जगह, जुटते हैं लाख और,
कुदरत का शुक्रिया, जिसने मुझे दी कालातीत एक ठौर।

मगर उधर, पगडंडी पर, उधर, ट्रेन के पीछे, भाग रही है
एक स्त्री, जैसे शरद का एक सुर्ख पत्ता।
बचाओ।

कोई एक स्त्री को पीट रहा है

कोई एक स्त्री को पीट रहा है।
कार में, जिसमें एकदम अँधेरा और गर्मी है
केवल उसकी आँखों की पुतलियाँ चमकती हैं।
वह फेंकती है ऊपर की तरफ अपने पैर
जैसे हमले की रोशनी झपटती हो।

कोई एक स्त्री को पीट रहा है।
इसी तरह, वह खोलती है द्वार
और मारती है छलाँग—सड़क पर।

ब्रेक रिरियाते हैं।
कोई उसकी ओर लपकता है,
उसे मारता है, औंधे मुँह
खिंची हुई घास में घसीटता है।
टुच्चा ! कैसे सलीके से उस स्त्री को पीटता है।
शोहदा, हरामी, यौधेय,
गड़ती है उस स्त्री की पसली में
उस आदमी के भड़कीले जूते की नोक।

ऐसा ही होता है दुश्मन के सैनिक के सुखों का लोक,
काश्तकारों की क्रूर आत्मतृप्तियाँ।
चाँदनी में बिछी हुई घास को कुचलते हुए पैर से
कोई एक स्त्री को पीट रहा है।

कोई एक स्त्री को पीट रहा है
सदी-दर-सदी, कोई अन्त नहीं;
पिटती है वह जो जवान है। डूबकर
गहरे अवसाद में, घंटियाँ विवाह की
बदलती हैं खतरे के प्रतीक में
कोई एक स्त्री को पीट रहा है।
और वह क्या है, वह, लो जैसा चिन्ह, जो
उछल आया है, उनके सुलग रहे गालों पर ?
ज़िन्दगी। तुमने कहा ! क्या यह
तुमने मुझसे कहा ?
कोई एक स्त्री को पीट रहा है।

—मगर उसकी रोशनी बिल्कुल निष्कम्प,
एक अनन्त संसार है
न कोई धर्म है,
न कोई सत्य,
केवल स्त्रियाँ हैं।

पानी की तरह निर्वर्ण उसकी आँखें
आँसुओं में डूबी और थिर
जंगल में गहराती छाया जितना भी
उस पर नहीं, उसका अधिकार।

और तारे ? बजते हैं नीले आकाश में,
जैसे स्याह शीशे पर
वर्षा की बूँद,
गिर-गिरकर, टूट-टूटकर उसके लोक में
वे उसके शोक-तप्त माथे को
शीतल करते हैं।

दो अजन्मी कविताओं का शोक

ऑमीन।
मैंने एक कविता की हत्या कर दी है ! अजन्मी कविता की ! भाड़ में जाए
हमें तो केवल दफनाना है।
हम दफनाते हैं कविताएँ। आओ, देखो
हम किस तरह दफनाते हैं !

काली धरती पर जहरमोहरा खाकर मरे हुए प्रेमियों की तरह
पड़ी हैं कविताएँ
        याकि हाथी दाँत की ऑपेरा-दूरबीन का एक जोड़ा
दो अधूरी ज़िन्दगियाँ एक-दूसरे से लिपटी हुई
मेरी दो सबसे संगीत-विकल
        कविताएँ
लोगों,
    ओ गूँगे लोगों,
        ओ ओस्तांकिनो के जलाशय,
            मेरी इन दोनों कविताओं की जन्मभूमि,

जागो।
ओ ज्योतिषी के लिए खुले हाथों की लिपि जैसे
ख्वाबों में जाग रहे नींबू के पेड़
उठो, शोकाहत सड़कों
    फूटे पड़ो कोलतार में,
ऊपर उठ पड़ो महानगरों के,
जैसे मस्तक पर खड़े हुए बाल।
कब्रो खिंच पड़ो
महाबली की तलवार-सी
उठो,
सर्वांतीज, पास्तेरनाक, ब्रूमान्ते,
जिन्होंने सराहा होता इन कविताओं को, वैसे ये राख हो चुकी हैं,
उठो,
और तुम, कॉमरेड गम्ज़ंतोव, सर्वोच्च सोवियत के प्रीसिडियम सदस्य,
उठो,

तय है कि अधिकृत प्रवक्ता के भाषण से ज़्यादा महत्त्वपूर्ण
कला मर चुकी है, पहुँच के बाहर जा चुकी है--
उठो
उनकी मृत्यु का फैसला हमीं ने किया था। हमीं थक चुके हैं।
उठो।

ओह, तुम जो चाहती थीं तुम्हारे बेटे का रास्ता सीधा और साफ़ हो
उठो, माँ।

उठो, तुम जो साइबेरिया में हो
    अथवा पेरिस में या कि किसी कस्बे में,
हमने कुछ नहीं किया

केवल हत्या की है,
    आत्मा की,
उठो, लैंडो, तुम जो मर गए एक भेंगे लेबारेटरी मजदूर के चोले में
उठो,
कोपरनिकस तुम जो दफन ही रह गए पराक्रमी लैंडा की रूह में
उठो,
जॉजबैंड की अस्तव्यस्त लड़की
    तुम्हारे स्कूली रिबन का
    क्या कुछ भी अब शेष है ?
नायक में यानी प्रतिनायक में बदल गए हिम्मतवर लड़कों
उठो,
(मेरा अभिप्राय पलायन या आत्मघात से नहीं,
वे, जिन्होंने अपने पुण्यजीवन को नष्ट किया)

कविताएँ मर चुकी हैं। दोस्त-अहबाब यह चीखने के लिए
अब और नहीं रुक सकते
        "चिरविदा।"
राज्यमन्त्री, बहुत पहले था तुम्हारा एक स्वप्न, खलासी बन
        यात्राएँ करना अतलान्तिक की ?

चिरविदा...
गर्वीले लिवानोव, क्या हुआ तुम्हारे उस

अनभिनीत हैमलेट का ?
चिरविदा...
हरे विचार, उठो लपट की तरह
चिरविदा...

विपन्न आशाओं और स्वप्न, क्या तुम भी गिरजे की सीढ़ियों पर बैठे
भिखारियों की पंगत में शामिल हो गए ?
चिरविदा...

ऑमीन।
मिनट भर का मौन ! वर्षों-सा लम्बा—एक मिनट।
मौन साधकर हमने अपने को भरमाया—हमने प्रतीक्षा की मौसम
के खुलने की।
आज साधकर चुप्पी, आशा करते थे तुम, कल सब सही होगा ?
चिरविदा।
आदिम एरावत की तरह लुप्त होने के लिए अभिशप्त तुम्हारी
स्मृति के प्रति

चिरविदा।
हत्या-उत्पीड़न के युग में
जो मशाल जलाए रहा
वह कालाऽतीत हो,
वही कालाऽतीत हो।

बर्फ़

(वासिली आक्सीनोव के लिए)

आरम्भ से वहाँ तक, जहाँ पर कि घोड़े अपने खुरों से
ज़मीन खोद रहे हैं, एक के बाद एक खम्भों की कतार।
वॉस्या, तुम्हारा ख़्याल है कि हम उन पर दाँव लगा रहे हैं
बात ठीक उल्टी है—वे हम पर दाँव लगा रहे हैं।

उस काली घोड़ी ने अपनी सब पूँजी मुझ पर लगा दी है—
ज़रा देखो उसके चितकबरे पुट्ठों की शान,
सुनते हो बोली वह निर्णय कर लेती है किसको चुनना है,
मैं हमेशा जीतता हूँ, मगर मुझे नहीं उसे प्राप्त होता है दाँव।

इसी तरह शासक यह सोचता है कि वह शासन करता है
जनता यह सोचती है शासकों के शासक हैं हम,
जंगलों, पहाड़ों ने हम पर लगाया है दाँव,
थकना और भागते ही जाना है नियति।

फुसफुसाते हैं, रगड़ते हैं पीठ।
एक कुत्ते की तरह खम्भे से बँधा
बरफ़ की जंजीर से, टाँग उठा पियक्कड़ पेशाब कर रहा है।
        तापमान शून्य से चालीस नीचे है।

जगमगाता है क्रिसमस का पेड़, एक चिड़िया जम जाती है।
पूर्व से खिसकती हुई रात, बर्फानी हवा में फँस जाती है,
एक टूटे हुए कैमरे का शटर।
मगर लेखकों की कालोनी पैरेदेल्किनो में
एक नहीं सोलह खिड़कियाँ खुली हुई हैं।
हर खिड़की के सामने से मुट्ठी भर जमी हुई हवा—
गर्म तह पर तह हवा।
कुछ लेखकों ने अपनी खिड़की का पर्दा खींच दिया है—
कहीं उनके बेशकीमती विचार मक्खियों की तरह बाहर न निकल जाएँ
हवा में फूलते हैं छोटे-बड़े गुब्बारे
जैसे किसी कपड़े में फेंटा गया दही।

चारों दिशाओं में फैले हुए पेड़ों के झुरमुट-सा
नगर-लिखत घोड़ों का झुंड
उन्हें देखता है।
सीटी बजाता है कौन ?
सीटी यह सोचती है कि सीटी बजाता है वह।
सिपाही सोचता है कि मैं।
कानून सोचता है कि सीटी बजाता है कानून।
परिक्रमा करती है पृथ्वी, सीटी में मटर का एक दाना।

मगर किसकी सीटी में ? बजाता है कौन—रुको।
गौर से देखो, शराबी धुत्त पड़ा है। हँसते हैं अन्य—
रूसी टट्टू, मरियल घोड़ा, तकदीर !

हँसते हैं घोड़े,
अजीबोगरीब हिनहिनाते हैं,
"आओ कविमित्र, चलो। यहाँ से चलें।"
नथुनों से निकली हुई अभी जमी भाप के मिनी-
पैराशूटों से बँधी हुई, हिलती हैं गरदनें।

तापमान शून्य से पैंतालीस नीचे है—
पियक्कड़ पहले खम्भे के नजदीक चित पड़ा हुआ है—
बाईं ओर पाँच और।
खुले हुए मुँह के समीप, चाकू से जुड़े
कॉर्कस्क्रू की तरह भोंथरी आत्मा,
स्क्रूआकार की, हवा में झूलती, बरफ की झालर—
ऐंठकर, जमकर रह गई है।

बर्फ़ में जैसे कोई पत्ता या टहनी जम जाती है
वैसे ही अन्तरात्मा की तहों में जमा हुआ है
उसके सद्कृत्यों का प्रमाणपत्र
(वास्तव में जो एक पड़ोसी के रेडियो न बन्द करने की
भर्त्सना और निन्दा प्रस्ताव है)

आत्माएँ खाली बोतलों की तरह अन्य घड़ों पर सवार हैं
लाशों के बीच एक फरिश्ता है
सड़क साफ़ करनेवाले भंगी के वेश में, घूम-घूम
बटोरता है खाली बोतलें, आत्माएँ
अँगुली फिराकर परखता है वह, टूटी तो नहीं है यह बोतल,
बर्फ़ पर गुज़रता हुआ छोड़ता है घोड़े के पैरों की छाप...

जमी हुई धुन्ध में, जैसे नाइट्रिक एसिड ने, घुलते हैं
पैर, फरिश्ता-घोड़े के, जो
मजे में घुमाता है गरदन जैसे
स्लेज में जुता हुआ पशु,
और पेट के बल फिसल चला जाता है।

खरगोश का शिकार

(मेरे मित्र यूरी के लिए)

खरगोश का शिकार ! कुत्ते घेरा डाल रहे हैं,
दौड़ते, भूँकते, मारने को व्यग्र, लपलपाते हुए चले जा रहे हैं वे,
और हम, हममें से हरेक पहने हुए पीली जैकेट,
जैसे हिमपात में नारंगी।

एक तैनात है सड़क पर। शेष, टूट पड़ने के लिए खरगोश पर,
मैं, मेरा ड्राइवर दोस्त जिसे नफरत है पुलिस के सिपाही से,
बुकाश्किन का भाई और लड़का, चले चलते हैं हम।
हमारी खटारा कार

टैकनालॉजी की उपलब्धि, उछलती हुई चलती है
रास्ता बनाती, खड़खड़ाती मडगॉर्ड। शाबास !
हम एक खरगोश के पीछे भाग रहे हैं।
यह कि हम स्वयं अपना पीछा कर रहे हैं ?

जैकेट और बूट पहन सजधज के साथ
मैं बिल्कुल तैयार हूँ शिकार को : बर्फ सुलग रही है।
मगर क्यों, यूरी, क्यों
मेरी बन्दूक के निशाने क्यों चक्कर खा रहे हैं ? जानता हूँ मैं,
अगर दहशत में, भागता हो, बर्फ पर लबालब
जीता हुआ रक्त, तो, कुछ है जो गलत है।

हत्या की इच्छा मैथुन की इच्छा-सी
अन्धी और बर्बर है। आज वह खरगोश के
गोश्त के लिए कुलबुला रही है : कल वह हो
सकती है व्यग्र आदमी के गोश्त की तलाश में।

थरथराता हुआ खुले में
पड़ा है खरगोश
श्वेत हृदय जैसे पड़ा हो
विशाल जंगल का अथवा सन्नाटे का :

गिरा हुआ बर्फ़ के कपोल पर,
अब भी है साँस,
उठता-गिरता उसका नीला प्रकोष्ठ
आँखों में शाप, गिरती है पलक और उठती है पलक।

अचानक वह उठता है, तनकर
पैरों के बल : यकायक
गूँज जाती है, हवा को बेधकर
जंगल में अँधेरी नदी पर
मनुष्य-चीख,

स्वच्छ, वहशी, अतिस्वन, जैसी किसी शिशु की पुकार।
मुझको मालूम था कि खरगोश कराहते हैं, मगर इस
तरह कराहेगा कोई खरगोश यह पता न था।
जिन्दगी की हुमक थी यह, प्रसव में पड़ी हुई
स्त्री का चीत्कार था।

नंगे, ठूँठ हुए जंगल की,
गुमसुम ही रह आई झाड़ियों की, चीख थी
मृत्यु के करीब पहुँच
जीवन की अपार्थिव पुकार;

प्रकृति एक करिश्मा है, एक महामौन है :
जंगल और झील, खेत और पहाड़ को
सुनने और अनुभव करने की इजाज़त है,
लेकिन कहने पर पाबन्दी है।

अल्फा और ओमेगा, ढलते हुए जीवन की
पहली और अन्तिम अभिव्यक्ति,
फन्दे से बचकर जिन्दगी
भरती है ऊपर उड़ान।

क्षणभर को केवल क्षणभर को, हवा में काँपी वह पुकार,
मगर उतनी ही देर को हम सब पत्थरों में
बदल गए, जैसे किसी मूवी-स्टिल में अभिनेता।

लपक रहे ड्रायवर का बूट हवा में बीचोंबीच झूल गया
लगा चार कागज़ के छर्रे, अपने निशाने के
एकदम क़रीब पहुँच ठिठक गए :
समान्तर मांसपेशियों के जरा ऊपर
गरदन रक्त-रँगे रोओं के बीच से
झाँक गई एक मुखाकृति

ढलकी-सी चौड़ी-चौड़ी आँखें
विस्मय और क्रोध से हमें देखता हुआ
एक चेहरा
जैसे डिनॉसस के किसी भित्तिचित्र में,
फरिश्ते की अथवा किसी गायक की मुड़ी-तुड़ी आकृति
चीख में विलय होती, क्षण भर को मँडलाकर
हवा में टँगी की टँगी रह गई।
तैर गई जंगल में सुनहरी धुन्ध।
जैसे कोई टाँगोंवाला फरिश्ता।
लड़के के गाल पर लुढ़कती है आँसू की बूँद।

देर रात लौटते हैं हम
हवाएँ छूती हैं हमारे कपोल, जो सुलगते हैं,
ट्रॉफिक की बत्तियों की तरह; गुमसुम, चुपचाप
हम गुज़रते हैं, घने अन्धकार में।

स्ट्रिप्टीज हड़ताल पर

हड़ताल। स्ट्रिप्टीज की हड़ताल।
सड़कों पर थिरक रहा तूफानी शोर
हड़ताली आगे बढ़ रहे हैं–
पहने हुए हैं फर-कोट और नीली जीन्स।

''तबाह कर डाला। सुन लो, हम स्ट्रिप नहीं करेंगे।''
शोषकों को बेधती हैं वे अपनी

कातिल निगाहों से, छिल जाती है देह।
पर्दे के पीछे गुँगुवाती है धुँध,
और वह उधरवाली, चेहरे पर
        मोजा पहन रही है।
श्रमबालाएँ फैशन पत्रिकाओं की।
यह इधरवाली पहने हुए है जो परोंवाली कॉलर, खुर्राट है,
तीस से कुछ ही अधिक होगी—काम की नहीं रही।
'बहनो। हमें अपने अधिकार हासिल करने होंगे।
बीमा और गड़गड़ाती हुई तालियों का एक निश्चित प्रतिशत,
वायुसेना की तरह जवानी में ही पेन्शन..."
"और जुकाम...हमारे पेशे की बीमारी।"
स्ट्रिप्टीज की हड़ताल।
"और विचार स्वतन्त्रता भी।
हम स्ट्रिप नहीं करेंगी।"

आधी मनुष्यता सिसकती है :
"भाईचारे के नाते
हम भी स्ट्रिप नहीं करेंगे।"
कपड़ों पर टाँककर नारा
("स्ट्रिप नहीं करूँगी")
पत्नी, ओवरकोट पहन
लेटी है सुहाग की सेज पर।
कुतिया पड़ी-पड़ी
मखौल कर रही है
"बिल्लियाँ तक नहीं
हो रही हैं निर्वसन..."

मरीज डॉक्टर पर चीखता है :
"ऑपरेशन करना है तो मेरे ये वस्त्र मत उतारो
कपड़ों के ऊपर से चीरो। भाईचारा अमर हो।"
"हमें नहीं करनी है मॉडलिंग।"
चिल्लाती हैं मॉडलें।
"आओ, जरा देखो तो सही
वीनस को कैसे ढँक दिया है
बैंजनी पोल्का डॉट छोटी आस्तीनवाला कोट डाल..."

संसार के एक घोंघे के भीतर छिप गया है
पंख मोड़ तितलियाँ
कोटरों में ताबड़तोड़ छिपती जा रही हैं

सिक्सटस गिरिजे की नंगी जंघाओं को
ढँकता है धर्मभीरु,
        चाहता है माइकेल ऐन्जेलो के आदम की
नाभि को स्क्रू से निकालना। सृष्टि के पहले
इन्सान के शरीर में नाभि, शायद एक दुर्योग थी।
बोब्रुइस्क के पेन्शनरों ने भी यही किया।

अमर हो, दुनिया के ढँके-मुँदे लोगों की
मैत्री, अमर हो।
वसन्त हड़ताल पर है। कलियाँ हड़ताली हो गई हैं।
पीली लोहे की दीवार खिंच गई हैं।
सत्य हड़ताल पर है। हमेशा से नंगा है सत्य,
उसे कोई नहीं छापता—
छापता भी है तो वर्क चढ़ा, ढँककर
अंजीर से,
ढूँढ़ो कहाँ है वह।

दुनिया ढँक गई है नगरों की धूल से
मनुष्य को जरूरत है नंगी
        नंगी
            नंगी दुनिया की
बेहद ज़रूरत है मनुष्य को।
स्ट्रिप्टीज हड़ताल पर।
निश्चय ही उसकी विजय होगी।

प्रतिसंसार

क्लर्क बुकाश्किन हमारा पड़ोसी है
उसका चेहरा स्याहीसोख की तरह सफेद

किन्तु नीले या पीले गुब्बारों की तरह
जगमगाते प्रतिसंसार फूलते हैं उसकी खोपड़ी पर।
उनमें बन्द है
लोलोब्रिगिडाओं की भुजाओं में पड़ा हुआ
अन्तरिक्ष का शहनशाह
प्रति-बुकाश्किन अकादमीशियन
एक जादूगर पिशाच।

मगर प्रति-बुकाश्किन स्याहीसोख का उड़ा हुआ
रंग है, अब उससे और अधिक फीका क्या होगा

'अमर हो प्रतिसंसार।' चिल्लाकर ख्वाब
देते हैं दुनिया के ढर्रे और अन्धी दौड़ का जवाब।
कुछ लोग चतुर हैं; कुछ लोगों से होती है ऊब।
कोई मरुस्थल नहीं ? तो कोई हरित् भूमि भी नहीं होगी।

कहीं स्त्रियाँ नहीं—
केवल प्रतिपुरुष हैं।
जंगलों में प्रतिमशीनें गरज रही हैं।
मैल पृथ्वी का है और नमक का भी।
अगर पृथ्वी डाँवाडोल होगी तो रुक जाएगा सूर्य भी।

आह, मेरे आलोचक, मुझे उनसे प्रेम है।
उनमें जो सबसे चुस्त है उसकी गरदन पर
अभी फूली रोटी की तरह नंगी और सुगन्धमय
चमचमा रही है एक समूची प्रति-खोपड़ी।

...मैं खिड़कियाँ खोल सोता हूँ,
कहीं पर टूटा हुआ तारा आमन्त्रण देता है
और सौ-मंजिला इमारतें
चूने के ढेर-सी दबी हुई
पृथ्वी की आँख में !
वहाँ, मुझसे बहुत नीचे
उल्टा लटके हुए,
धरती पर गड़कर त्रिशूल-से

अथवा उन्मुक्त पतंग की तरह
कहीं पर विश्रान्त,
तुम ओ मेरे छोटे-से
                    प्रतिसंसार,

तुम वहाँ हो।
क्यों आधी रात को उतर-उतर आते हैं
पृथ्वी पर प्रतिसंसार

क्यों वे बैठे हैं, चुपचाप, टकटकी लगाए
टेलीविजन पर, कोई गुफ्तगू नहीं।

कोई संवाद नहीं है उनके बीच।
अजीबोगरीब उनकी उस पहली मुलाकात को ही
                    होना था आखिरी।

उनमें से किसी के पास भी दो शब्द नहीं
बाद में, शर्मिन्दा होंगे वे बार-बार, याद में।

सुर्ख तितलियों की तरह सुलग
रहे हैं उनके कान, मँडलाकर...
एक मशहूर प्राध्यापक ने मुझको बतलाया अभी हाल
'बेमतलब है प्रतिसंसार।'

तब भी मेरा कमरा मुझे रोक नहीं पाता,
मैं नींद में करवटें बदलता, बिस्तर पर उछलता हूँ।

और रेडियो की तरह, अपनी हरी आँखों की आड़ में
अपना संसार छिपा, मुड़ी-तुड़ी लेटी हुई है मेरी बिल्ली।
उस कभी-पियानोवादक की सात अँगुलियों की पाले से
छिली हुई चमड़ी पर उठती है भाफ़
उबले हुए आलू की तरह उतर जाती है त्वचा। उनका
लावण्य, उनकी वह ज्योति और उनकी चुनौती

जैसे उत्तरी आकाश की असाधारण रौशनी।

अब तक का सारा संगीत न्यौछावर !
भारी संगीत सभाओं की शानोशौकत
और मंच, रौशनियाँ, हाँडीफानूस,

संगमरमर के खम्भे, सब न्यौछावर।
मुझमें गुर्राता है पियानो का इस्पात।
मैं उसकी कब्र में दफन हूँ
उतना ही विशाल मैं जितना यह पियानो।

प्रतिच्छवित है मुझमें ग़र्द इस खदान की,
मैं ही बन जाता हूँ भूख, आग का उजाला, मानव-आकृति,
रुका हुआ मुझमें संगीत का जुलूस,
मैं मुक्ति की प्रतीक्षा कर रहा हूँ।

एक कविता का प्रारूप

बाईस तारीख को एक स्त्री ने लिफ़्ट से मार ली छलाँग
क्या फ़र्क़ पड़ता है कहीं भी
हुई हो यह घटना वैसे मॉस्को की है,
लिफ़्ट की धार
तलवार की तरह
लपकती है उस स्त्री की ओर।
सीढ़ियों पर ताबड़तोड़ भागता हूँ मैं,
जगह-जगह खून
या मैं ही पागल हो गया हूँ।
खून दरवाजे के समीप,
फर्श पर, मेरी ऐड़ियों से
चिपचिपाता हुआ खून—
खून,
उस स्त्री का खून...

"प्रिय, मुमकिन हो धैर्य रखो,

मुमकिन न हो तब भी
धैर्य रखो।
आने को ही है ऐम्बुलेंस, जैसे
भी सम्भव हो धैर्य रखो।
मुझ जैसा नीत्र और कोई नहीं–
यदि तुम बच गईं इस बार
तुम्हें यह करने नहीं दूँगा
यदि तुम...

[2]

"क्षमा करो, प्रियतम, बात यह थी
कि मुझे अपनी मौत
रोज़ की अपेक्षा कुछ और नज़दीक लगी,
भीतर की उदासी और भी उदास।
मैं जानती हूँ मृत्यु बढ़ी चली आ रही है,
कितनी अँधेरी है यह सुरंग
जहाँ मिलता नहीं अपने प्रियतम से भी
मनमाफिक प्यार।

कोई नहीं सुन पाता दूसरे की चीख,
छोड़ जाते हैं मरने को लोग निर्मम; चांडाल।

हर आदमी कैद है एक लोहे के जंगले में,
हम अपनी खिड़की पर खड़े हैं, फिर भी पृथक् हैं,
मेरे और तुम्हारे बीच है दीवार,
मैं अपने दिल के तार-तार कर डालूँ, मुमकिन नहीं है
इस जंगले के बाहर निकल पाना।

प्रियतम तुम्हारा दोष नहीं।
फिर भी जो दोषी नहीं है
वही दोषी है।
हमने निपटना चाहा अपनी प्रेमरहित शय्या पर
जैसे हम जूझ रहे हों अपने लोहे के जंगले से।
हमने चाहा यह संसार
राख होकर रह जाए।

आत्महत्या हल नहीं।
किया अनकिया नहीं हो सकता, फिर भी क्या यह
कहना ही होगा,
आकर्षित करने को दुनिया का ध्यान
देनी ही पड़ेगी क्या मुझको जान ?

मेरे लिए आँसू मत बहाना। मेरी माँ
तुमसे कहेगी मैं अल्मा-अतॉ या कहीं और गई हुई हूँ,
और किसी स्त्री से मत करना ऐसा सलूक
दोबारा जिन्दगी में न हो ऐसी चूक।"

[3]

खुल गए घाव

रक्त सूख चला–

खुल गईं, गहरी नवजात,
और भी असहाय
स्नायु से भी ज्यादा खौफनाक,
और भी कई चीज़ें !

बिछुड़ रही हैं अनुभूतियाँ,
बिछुड़ रहा है पति,
नामुमकिन है रोकना।

जादू उतर चला
जैसे मिट्टी में सूख चला नहर का पानी
कभी-कभी यहाँ हो तुम, अभी-अभी
गुम।

हर आदमी
महज एक स्नायु है,
नीला, हरा
अथवा भूरा,

हर आदमी दूसरे में जाकर
प्रवाहित हो रहा है।
विनिमय कर रहा है
अपने अस्तित्व का :

नीला तुममें बसता है,
मैं भूरे में परिणत हो रहा हूँ
और तुम और मैं

और-और चीज़ों में
उतरते जा रहे हैं,
पता नहीं किन रातों में,
पता नहीं किस दुनिया के
अनजान विचारों में।

रोको। तुमने कहा,
मगर मुमकिन नहीं है इसे रोकना।
सड़कें बह रही हैं
नगर लोई की तरह हो रहे हैं,
मकान धुल रहे हैं

किसी के बड़े-बड़े कान
हाथी की सूँड़ की तरह झूल रहे हैं
अद्‌भुत ! और भी पराभव !

अब,
हर चीज़ बह रही है—सब की सब चीजें—
अस्त हो रही हैं
एक-दूसरे में।

छिटपुट, यहाँ-वहाँ भाग रही सड़कें,
पीतल के पाए
जले हुए रोटी के रोल में
बदल गए।
झूलते हैं कैद के सींखचे सिवइयों की तरह, या कि कन्धों पर
पड़ी हुई लट है !

हैनरी मूर;
गुलाबी कपोल वाला अंग्रेज मूर्तिकार,
दौड़ गया हाल में लगाए अपने
लॉन की मखमल-सी दूब पर।

कृतियाँ बिलियर्ड गेंद की तरह चमकदार,
खुरदरे गालों-सी पुती हुई, अन्यथा
गुर्दे के उभार-सी, बिल्कुल मुलायम।

"रुको, जहाँ हो वहीं" चिल्लाता है मूर, "सुन्दरता–रुको"
मगर वे नहीं रुकतीं।

मुस्कानों का एक छोटा-सा सिलसिला सड़क से गुजर गया।

दुनिया के दंगल में, दो पहलवान, एक काला
एक नारंगी, एक-दूसरे से गुँथे हुए,
हाँफते हैं, टिकाए हुए सीने पर सीना,
ऐसा लगता है जैसे
दो खड़े हुए पाने हों।
कैसा डरावना है दृश्य।
नारंगी के भीतर से काला झाँकने लगा
अपने भयानक धब्बों के समेत।

शुरू हो गया विनिमय :
नारंगी पहलवान ने अपने प्रतिद्वन्द्वी के कान को मरोड़ा
और स्वयं ही दर्द से चीख उठा–
अपने प्रतिद्वन्द्वी में पूरी तरह प्रस्थापित, पकड़े हुए है
वह अपने ही कान।

फिसल रहा है
जॉर्जियाई सम्राटों का राजमहल
पठान की झुर्रीदार त्वचा पर,
मानव-जाति के लिए
करुणा की हल्की-सी एक बूँद...

अकाउन्टैन्ट बुकाश्किन को जेल से रिहा कर दिया गया,
दफ्तर में वापस लिया जाकर भी
वापस नहीं लिया गया,
    और सभी चीज़ों के साथ
        दफ्तर भी बदल गया।

घर आकर पाया कि माचिस की डिबिया नहीं,
माचिस लेने को वह
    जाता है पड़ोस में

        और पाता है वह दिनदहाड़े होश में
            श्रीमती बुकाश्किन को अपने पड़ोसी की
                सेज पर।

            "क्या माजरा है, यह ?"
            "पता नहीं, शायद मैं छत की सूराख से
                नीचे टपक पड़ी, पता नहीं।"

सम्भव है :
    देह पर,
        जैसे गर्म राख पर,
                पाँच अँगुलियों की और अँगूठी की छाप
                    साथ-साथ एक पैर की।

इन्द्रधनुष
    उसके नाखून पर
        क्रीमिया पुल पर लटके हुए तारों की तरह चमक रहा है।

इगोगो-जो कबीले के मुखिया ने सामन्ती युग से
पूँजीवादी युग में प्रवेश करने का नया रास्ता
    ढूँढ़ लिया।
बहती है ढलवाँ हर चीज़
निरन्तर सतह पर
समुद्र की सतह पर।
मूर्तिकार पागल हो दौड़ता है,

मिट्टी को ढालता है, चीज़ों को
देता रूप आकार,
जिसे वही समझता है,

मगर छूटते ही हाथों से उसके
कृतियाँ अपने आदिम रूपों को लौट जाती हैं,
रबर-सिरिन्ज की तरह,
गर्म पानी के थैले की तरह, थलथल, आकारहीन।

बाढ़ के पानी पर लिफ्ट एक डोंगी की तरह ठहर जाती है।
ऊपर और नीचे
वह पम्प के हैंडल की तरह उठती और गिरती है।

ऊपर और नीचे
पम्प पृथ्वी का रुधिर फेंकता है।

"जो हुआ सो हुआ, आइन्दा, माचिस बच्चों से छिपा रखना।"
पर छिपाने की जगहें अब स्वयं ही छिप गई हैं।
ऊपर और नीचे।
शब्दों का अर्थ नहीं रहा। शब्द गड्डमड्ड होते हैं।
ध्वनियाँ नष्ट हो चुकी हैं।
केवल स्वर ही शेष हैं,
चिल्लाते हैं स्वर : "अ-आ-इ-ई-ऊ-। अ-आ-इ-ई-ऊ।"

और अब मैं हूँ जो चीख रहा है,
थामकर मुझे, वे मेरी काँख में थर्मामीटर
घुसेड़ देते हैं।

घबराकर मैं छत पर टिकाता हूँ नजर,
छत चौकोर है।

(पुनश्च)

ख्वाब में मैं गिर पड़ा हूँ
खदान में

इस विशाल गह्वर में
तेजी से गुजर रही है
मेरे सिर के करीब से लिफ्ट की धार,
डिमाक्लीस की तलवार।

बचकर चौतरफा अँधेरे से
झाँकती है रोशनी लिफ्ट से निकल-निकल
भीतर आवाज़ें कुलबुलाती हैं–
अँधेरे में आहिस्ता-आहिस्ता जिन्हें मैं पहचानता हूँ।

ये वे यात्री हैं जिन्हें भूल रहा था मैं :
बुकाश्किन, स्नान-परिचारिका तेल की शीशी लिए हुए,
बूढ़ा उपदेशक अवकाशप्राप्त,
और अन्य सब–और हाँ मेरे पालतू पशु-पक्षी।

मैंने तुम्हें ज़िन्दगी दी, नरक दिया,
दूसरे शब्दों में बेमतलब की चीज़ें दीं,
और अब, और मेरे कृतज्ञ परिवार, तुम
मुझे कुचलने को
लपके चले आ रहे हो।

मैं छटपटा रहा हूँ इस पिंजरे में, स्वर क्षीण हो रहा है।

समझ चला है अब मेरा बीमार मन
शायद इस सबके लिए मैं ही हूँ जिम्मेदार।
तो क्या हुआ ? मुझे क्या हुआ।

जब लिफ्ट मुझे कुचलती हुई नीचे उतरेगी
कब्र में सुखी होता सोचूँगा मैं
बिछुड़ चुकी हो तुम, बिछुड़कर
सम्भव है, कम से कम तुम, बच जाओ।

फैसले का दिन

तो, तुम
कवि, बीत गए समय के, पर जिसका फैसला होना था आज,
बनता चाहते थे गवाह अपना
   और '60 के वर्षा की दुनिया का ?
हाँ !
शपथ उठाते हो कि बोलोगे सच ?
हाँ !
तुम्हारी आत्मा तराजू पर है,
   ऊपर उठता है उसका भारहीन पलड़ा,
झुकता है दूसरा चाप और शर्म के बोझ से।
हाँ !
देखो—वह लोहे का स्मारक काटता है चक्कर, तराजू के बाँट की
   तरह, मृत लेखक की कब्र पर !
बोझिल है मेरा तराजू, इकट्ठा है उस पर, मृत खिड़कियों का अन्धकार
माँ-बाप गुर्राते हैं—तुम उनकी सन्तान को भटकाकर
                        कहाँ ले गए ?
तुम को वे ग़लत लगते हैं या...
नहीं।
...रहते हुए इस विशाल पृथ्वी पर, सबसे सुखी नक्षत्र पर,
मेरी चलनी से छन जो कि एक गिरा हुआ दाना है रेत का
क्या तुम चलाना चाहते थे खुद अपना प्रयोग ?
हाँ !
तुम को संगीत से प्रेम था और तुम्हारा दावा कि तुम्हारी
      नियति है संगीत ?
हाँ।
पर क्या तुम इस लायक थे या क्या तुम को पता था कि क्या है
                                    संगीत ?

नहीं।
क्या तुमने जाना था उस स्त्री को जिसके ओठ पर पिपिहरी होती थी ?
और उस मकान को, लैम्पपोस्ट के क़रीब, पानी पर जिसकी छाया
जैसे पराक्रमी योद्धा चौराहों का ?

नहीं।
उसे जो कहता था सोडा या बर्फ़ मत मिलाओ मुझे
खालिस दो ?
नहीं, नहीं, नहीं।
स्त्री को तुमने सर्वस्व दिया, क्या अब भी दावा कर सकते हो ?
नहीं।
तुमने सब कुछ भोगा—राज्याश्रय, राजनीति, धन और दरिद्ररता
सब कुछ—अपनी कविताओं को छपा हुआ देखने को;
कितनी बड़ी क़ीमत चुका तुमने पाई है यह सस्ती ख्याति ?
हाँ !
और तब भी तुम इतने अनजान हो ?
नहीं।
तुमने चाहा था एकान्त किन्तु महानगरों की ओर निकल आए।
बड़े-बड़े हरफों में अपना छपा नाम देख, क्या तुमने कुचला था
अपने अहं को ?
नहीं।
क्या तुम अपने लक्ष्य के करीब थे जब सारे स्टेडियम ने चिल्लाकर
तुमसे कहा था—'हाँ' ?
नहीं।
या शायद उस समय जब उन्होंने तुम को लौटा दिया ?
हाँ—लगभग।
तुम्हारी कविताओं में प्रश्न ही प्रश्न हैं, लोगों का उन से केवल
अहित होगा ?
उत्पादकता घटेगी तुम्हारी बकवास से; है न ?
हाँ !
और तब भी यह यकीन नए मोड़ का ?
हाँ !
ठीक है, कुछ लड़के, सम्भव है
कुछ लड़कियाँ, सम्भव है,
पर ज़माने का बोझ उनको झुका देगा...
और तुम्हारे यार-दोस्त, क्या वे सब 'दादा' कला के दीवाने थे ?
हाँ—उनमें से कुछ
गरज़ यह कि सब कुछ बेमतलब है,
और तुम्हारे होने का भी अर्थ नहीं, कवि ?
हाँ, यदि नहीं है तो।

तुमने जिस स्त्री को याद किया अपनी कविताओं में,
तुम जिसके लिए खटे,
उसे सुखी कर सके ?
हाँ, यानी नहीं।

ओ मूक-बधिर कवि, ओ नीली जीन्स,
गाते हो तुम अपना ही गला घोंट,
लौटने पर घर पाते हो संकट प्रतीक्षा कर रहा था ?
हाँ

क्या तुमने चाहा है बीसवीं सदी के आकाश को ?
हाँ !

(...चीखते हैं सारस हिमपात में
लगभग उतनी ही निःशब्द चीखती हैं
आकृतियाँ कैद अन्तरिक्षयान
में...)
क्या था गन्तव्य, क्या था उद्देश्य, क्या तुम कह सकते हो ?
नहीं।
तुम्हारे धुँधलके में कला और प्रेम दोनों अस्पष्ट थे,
साफ़ था एक प्रश्न, वीएतनाम ?
हाँ।
तुम्हारी निगाह में लोकयुद्ध शर्म और झूठ था,
दूर देशों के बच्चे प्यारे थे, अमूर्त्त विजय नहीं
हाँ।
न तो तुम्हें मृत्यु डराती है, न ठप्पा 'विदेशी एजेन्ट' का ?
नहीं ?
शून्य में प्रहार करते हुए लगातार तुमने प्रहार किया,
क्या पाना चाहते हो, 'केन्ट' पुरस्कार ?
नहीं।
क्या चाहता था पेरिस का कान्वेट, स्वाधीनता ?
क्या उसके नेक इरादे जाकर बदल गए उसके अपराधों में ?
हाँ।
तुम जिस पृथ्वी पर रहते हो—वह इतनी ठंडी है, इतनी ठंडी है,
इतनी विशाल है कि जितना चाहो उतना चिल्लाओ, कोई
नहीं सुनेगा।

हाँ।
तुमने टकरा अपना सिर तोड़ दिया द्वार अन्धकार का
और पाया कि आगे एक और अन्धकार है ?
हाँ।
तब नहीं, ओ नहीं, नहीं, नहीं, नहीं—आगे दुर्घटना है,
खुद पर रहम करो, सोचो उस माँ की,
    बचे खुचे वर्षों की...?
हाँ।
हाँ।
हाँ।
नहीं
?
हाँ
?
नहीं
यानी तुम जारी रखना चाहते हो अपना प्रयोग ? तब जाओ,
मैं आजिज़ आ चुका हूँ आत्मस्वीकार से,
    पागल, विक्षिप्त, झूठे आदर्श, दूसरों का बोझ,
क्या तुम सुधारोगे लोगों को ? नष्ट करोगे पाप को ? दोगे
क्षमादान ?
क्या है सत्य ? हाँ है या नहीं है ?
प्रश्न करने की प्रक्रिया है !

नियति और आँसू को
समेटा नहीं जा सकता सपाट उत्तरों में।
प्रश्न ही सत्य है,
कवि एक प्रश्न है।

साथ

कपिल ने कमरे में प्रवेश किया तो पाया कि रति रोशनी बुझाए बिना बिस्तरे पर लेटी हुई थी। यह अन्दाज कर सकना कठिन था कि वह सोई हुई थी या महज आँखें बन्द किए हुए थी। उसका चेहरा तटस्थ था और छाती उठ और गिर रही थी।

उसकी शान्त मुखाकृति देखकर उसे डाह हुई, मगर तत्काल उस ओर से अपना मुँह फेर वह अपने कपड़े बदलने लगा। गर्मी हालाँकि नहीं थी, उसने पंखा चला दिया और पाया कि कमरे में घुटन है। कई हफ्तों से, महीनों से कमरे में घुसते उसे यही अनुभव होता और कई बार सोचकर भी वह नहीं सोच पाता कि क्या उपाय है।

फिर उसने खिड़कियाँ भी खोल दीं। उसे झुँझलाहट हुई कि रति आज फिर बन्द करके सोई थी।

कपड़े बदलकर वह मेज पर बैठ गया था और रति का मुख देख रहा था जो अब भी निर्विकार था। क्या उसे कभी कुछ नहीं होता ? फिर उसने सामने मेज पर लगे आईने में अपना चेहरा देखा तो पाया उस पर चिढ़ और खीझ की लकीरें साफ खिंची हुई थीं। उसे फिर एक बार रति से जलन हुई।

रति देर से सोकर उठी थी और वह सुबह ही, उसके जागने के पहले ही, घर से निकल गया था और देर से वापस आया था। कई दिनों से वह यही कर रहा था। वह देखना चाहता था कि रति कब तक यह देखती है। मगर उसने देखा कि वह देर से वापस आए या जल्दी निकल जाए, रति को कोई शिकायत नहीं होती, कम-से-कम वह जताती यही है, जैसे उसके आने या जाने से उसे कोई फर्क नहीं पड़ता। क्या वह उससे इस हद तक अन्कन्सर्न्ड है ?

उसने सोचा, उसकी गैर-हाज़िरी में रति जरूर खुश रहती होगी। और अवश्य ही सोचती होगी कि उसने उसे खूब छकाया। उसने एक बार फिर रति के चेहरे को देखा और उसे झुँझलाहट हुई। उसने करवट बदल ली थी। वह इतनी देर से मेज पर बैठा हुआ है और इस तमाम देर में खटर-पटर करता रहा और उसे उसके आने की आहट भी नहीं हुई ! उसने हिकारत से रति को देखा, फिर उठकर रोशनी बुझाई और आकर रति से कुछ खिसकाकर बिस्तर पर लेट गया। वह उसे जगाना चाहता भी नहीं था। वह कोई काम ऐसा नहीं करना चाहता था, जिससे उसे सुनना पड़े कि वह हमेशा उसे तकलीफ देता रहा है। यह नहीं कि वह उसे तकलीफ देना नहीं चाहता था। मगर

तकलीफ को लेकर लड़े जानेवाले रोजाना मुकदमे में वह रति से मुकदमा हारना नहीं चाहता था। उसने पाया था कि असल तकलीफ तकलीफ पाने में नहीं मुकदमा हारने में होती है। पहले उसने तय किया था कि बराबर स्वयं तकलीफ उठा वह इस जटिल और लम्बे मुकदमे में एक दिन जरूर रति को परास्त कर दिखाएगा। मगर अब वह अनुभव करता कि अन्दर से वह चाहता है और शायद रति भी यही चाहती है कि यह मुकदमा कभी खत्म न हो। मुकदमे के आगे की जमीन शायद उन दोनों को नजर नहीं आती थी।

वह कई मिनट तक चुप पड़ा रहा। अँधेरे में केवल पास पड़ी रति की साँस सुनाई पड़ती थी। फिर उसने लेटे-ही-लेटे सिगरेट सुलगा ली और माचिस की तीली की रोशनी में देखा, उस अँधेरे में भी रति का चेहरा उसी तरह तटस्थ था। उसने एक झटके में तीली बुझाई और उसे दूर फेंकता हुआ सिगरेट का गहरा कश लिया।

सिगरेट के लम्बे-लम्बे कश लेकर उसे जल्द ही समाप्त कर उसने फेंक दी और पड़ा रहा। क्या उसे यह भी खबर नहीं कि वह उसके समीप लेटा हुआ है ? निर्मम ! एक अरसे से उसके दिमाग में यह ख्याल मँडरा रहा था कि रति का चुनाव गलत हुआ। मगर फिर उसे महसूस हुआ था कि जब उसने रति को चुना था, तब वह सही थी, चुने जाने के बाद उस रति की केंचुल छोड़कर एक और रति निकल आई थी। इस रति को वह पहचानता नहीं था और उसकी समझ में नहीं आता था कि वह उससे किस तरह पेश आए। वह शायद अभी भी एक पुराना प्रेमी था, मगर रति प्रेम को आउटलिव कर कुछ और हो चुकी थी। उसे प्रेम से कोई और बड़ी चीज चाहिए थी। यह चीज़ क्या थी ? वह समझ नहीं पाया था और काफी दिनों तक स्वयं पर झुँझलाने के बाद मन-ही-मन अब रति पर झुँझलाने लगा था।

इस समय भी उसे झुँझलाहट हो रही थी। मगर वह कतई नहीं चाहता था कि वह रति पर व्यक्त हो। वह चाहता था कि वह अन्दर-ही-अन्दर 'सफर' करता रहे और एक दिन उसकी 'सफरिंग' के लिए स्वयं को जिम्मेदार अनुभव करती हुई रति स्वीकार करे कि जिस बड़ी चीज की तलाश उसे थी दरअसल वह और कुछ नहीं, वह खुद था।

रति ने करवट बदली और उसका हाथ कपिल के सीने पर आ पड़ा। ठंडा, निर्जीव हाथ। कपिल को वह भारी प्रतीत हुआ मगर उसने उसे हटाया नहीं। कुछ क्षण बाद रति ने चौंककर आँखें खोलीं और फिर अपना हाथ हटाती हुई कपिल से कुछ दूर खिसक गई। वह मुस्कुराया। वह जानता था रति इस तमाम समय में सोई नहीं थी, केवल स्वाँग कर रही थी। कोई बात नहीं, वह उसके स्वाँग की भी उपेक्षा करेगा।

वह उसी तरह पड़ा रहा और उसने पाया कि रति भी उसी तरह पड़ी हुई है।

जब उसने बहुत देर तक कुछ नहीं कहा, तो उसने सुना, रति उससे कह रही थी, पंखा बन्द नहीं किया जा सकता ?

उसे लगा वह झल्ला पड़ेगा। यह रति हमेशा इस तरह क्यों बात करती है ? क्या वह उससे सीधे नहीं कह सकती थी, पंखा बन्द कर दो ?

उसने अपनी झुँझलाहट रोकते हुए कहा, उमस बहुत है। ओह ! उसने सुना, रति ने कहा और करवट बदल ली। वह जानता था, इस 'ओह' में एक बहुत बड़ा व्यंग्य है जो रति साल-भर पहले उस पर नहीं कर सकती थी। मगर अब उन दोनों के बीच शायद व्यंग्य के सिवा कुछ भी नहीं था।

वह चुप रहा। फिर चुपचाप उठा और पंखा बन्द कर दिया।

रति सुगबुगाकर उठी, रोशनी का स्विच दबाया और फिर उसकी ओर देखती हुई बोली, मेरी जरूरत की इतनी परवाह क्यों ? उसने कोई उत्तर नहीं दिया।

उसने देखा कि रति झुँझलाकर उससे कह रही थी, बोलते क्यों नहीं ?

उसने तय कर लिया कि वह रति के इस प्रकार के सवालों का जवाब नहीं देगा। उसने देखा, रति का चेहरा तमतमा गया था और वह हमेशा की तरह अपना ब्लाउज उतारकर फेंकने को उद्यत थी।

रति जब गुस्से में आती तो अपना ब्लाउज, यहाँ तक कि साड़ी भी उतारकर फेंक देती और घंटों रोने-खीझने के बाद निढाल हो महज पेटीकोट पहने बिस्तरे पर पड़ जाती। शुरू में उसे रति के इस दौरे से भय होता और वह रति के सामने अपने अस्त्र डाल देता। मगर अब वह अभ्यस्त हो चुका था और वह रति को हर तरह आमादा होने देता। वह समझ गया था कि उसे जितना ही रोकेगा वह उतनी ही आमादा होगी।

खैर ! अब तक अहसान करते आए रति ने तिक्त स्वर में कहा, एक अहसान और सही। और उसने हाथ बढ़ाकर बत्ती बुझा दी।

कपिल को लगा कि रति ने उस पर ठीक जगह पर चोट की है, और वह तिलमिला गया है। फिर अँधेरे में अपनी पुतलियाँ सिकोड़ते हुए सोचा, क्या उसने सचमुच अपने अहसान से रति को दबाना नहीं चाहा था ? और जब-जब वह रति को दबाने की छिपी-अनछिपी कोशिश करता है, रति उछल पड़ती है। और जगह औरत कुन्द हो, पति के इरादों को समझने के मामले में उसकी घ्राण शक्ति तीव्र होती है।

कमरे में बाहर का और भी अन्धकार आकर समा गया था और कुछ भी नजर नहीं आता था। केवल मेज पर रखी घड़ी का रेडियम-डायल चमचमा रहा था, जो जब वह अकेला होता, अक्सर उसे घूरता प्रतीत होता। वह उसकी टिक्-टिक् सुनने लगा और अपनी आँखें बन्द कर लीं। उसने सोचा, गिनती गिनते-गिनते या टिक्-टिक् सुनते-सुनते उसे नींद आ जाएगी। वह अगली सुबह भी रति के नींद खुलने के पहले ही निकल जाना चाहता था। वह किसी भी शर्त पर रति के आगे झुकना नहीं चाहता था। उसने झुककर देख लिया था। झुकने का कोई अन्त नहीं। झुकता-झुकता वह टूट जाएगा और इस टूटने का कोई पुरस्कार होता तब भी कोई बात थी। रति को सोचना चाहिए था। फुलिश वुमन !

मगर काफी देर तक घड़ी की टिक्-टिक् सुनने के बाद भी उसे नींद नहीं आई तो उसने आँखें खोल लीं। उसने गौर किया और पाया कि रति सचमुच सो गई है।

वह सुखी है। आखिर उसे क्या दुःख है ? यदि वह दुःखी होती तो क्या उसे इतनी

आसानी से नींद आ जाती ?

अपने दुःखी होने के एहसास पर उसे दुःख भी हुआ और क्षोभ भी। जब उसे कोई दुःख नहीं, तो फिर उसे क्यों हो ? बिस्तर पर उन दोनों के बीच खाली जगह थी जिस पर अँधेरा लेटा हुआ था।

इस तरह नहीं चल सकता। वह बुदबुदाया। वह इस तरह अपने-आपमें घुटता नहीं रह सकता।

उसने रति की बाँह पर अपना हाथ रख उसे अपनी ओर खींचना चाहा। उसने पाया कि रति जाग रही थी और उसके स्पर्श से ही छिटककर दूर हो गई थी।

उसे गुस्सा आया। क्या उस पर उसका कोई अधिकार नहीं ?

उसने बलपूर्वक उसे अपनी ओर खींचा और देखा कि रति प्रतिरोध कर रही थी।

इसे प्राप्त करना ही होगा। इस सबका अकेला इलाज शायद यही है कि वह उसे पूरी तरह प्राप्त कर ले।

रति निढाल होकर उसके सीने पर पड़ गई थी और भुनभुना रही थी, इच्छा के विरुद्ध जो चाहो सो कर सकते हो।

उसे खयाल आया, विवाह के पहले बहुत थक जाने, झुँझलाने या फ्रस्ट्रेट होने पर वह वेश्याओं के पास जाया करता था। हर बार वह सोचता कि उनके पास जाकर वह झुँझलाहट निचोड़ आएगा और उसमें वह कड़वाहट नहीं रहेगी। मगर हर बार उसने पाया कि वे इस बारे में बिलकुल अलग-ही-अलग रहती हैं और वहाँ से लौटकर उसकी कड़वाहट कुछ और बढ़ जाती है। रति के साथ भी उसे यही अनुभव होता। मगर हर बार वह इस उम्मीद से कदम बढ़ाता कि वह अपने आक्रामक प्यार से उसकी फ्रिजिडिटी तोड़ देगा। रति के किनारे गिरते हुए उसने अनुभव किया कि इस क्षण में उसका शरीर जरूर हलका हो गया, मगर मन भारी हो गया है। उसने अपने-आपको अपराधी अनुभव किया।

मुझे माफ नहीं करोगी ? अपराध के क्षण में उसे फौरन आत्म-ग्लानि होती और वह तत्काल उससे मुक्त होने की कोशिश करता। वह यन्त्रणा को अधिक देर ढो नहीं पाता था।

उसने देखा रति सिसक रही थी। अपने अपराध की गुरुता से कातर होकर उसने अपने होंठ रति के भीगे कपोल पर रख दिए और उसे यहाँ-वहाँ चूमने लगा। वह जैसे-जैसे चूमता जाता, रति का सुबकना बढ़ता जाता था। वह जानता था अभी थोड़ी देर में रति बुरी तरह रोने लगेगी और फिर कुछ भी नहीं हो सकेगा। वह एक बच्चे की तरह उसे मनाने लगा, मत रोओ रति ! मैं सचमुच [illegible]ाफी चाहता हूँ। फिर कभी ऐसा नहीं होगा। रति, मैं सचमुच तुम्हें चाहता हूँ। और वह खुद रोने लगा।

उसने पाया कि रति का रोना पहले से बढ़ गया था और ऐसे समय पर उसे कुछ न सूझता तो वह रति के अंग-प्रत्यंग को चूमने लगता—उसके वक्षों को, कमर को, तलुओं को, जाँघों को। रति ने एक बार उससे कहा था, तुम नाटक करते हो ! तब वह

तिलमिलाकर रो पड़ा था।

वह रति की निर्वसन देह को बहुत देर तक चूमता रहा और तब भी उसका रोना बन्द न हुआ तो उसने झुँझलाकर उसे छोड़ दिया।

तुम माफ भी नहीं कर सकतीं ? उसने झल्लाए और हारे हुए स्वर में कहा।

रति की ओर से कोई उत्तर न था। वह उसी तरह सिसक रही थी।

तब वह लेट गया और उसका मन धीरे-धीरे भरने लगा। कोई रास्ता नहीं। न रति ठीक हो सकती है और न वह ठीक हो सकता है। वह उसे माफ भी नहीं कर सकती और वह जानता है, जब तक वह उसे माफ नहीं करेगी, वह यह नहीं भूल सकता कि उसने उसके साथ जबरदस्ती की है। उसने सोचा था, उसने रति के साथ विवाह किया है, मगर अब मालूम पड़ता है, उसने आजीवन आत्मग्लानि के साथ विवाह किया था।

उसने सोचा, एक बार प्रयत्न किया जाए। उसने बुदबुदाते हुए कहा, रति, क्या अब भी मुझे माफ नहीं करोगी ?

वह सचमुच ही इस वक्त यह बिल्कुल भूल जाना चाहता था कि उसने रति के प्रति अपराध किया है। अपराध कर वह छोटा हो जाता है।

उसकी सिसकियों और कमरे के मौन के बीच, उसने सुना, रति उससे कह रही थी, कर तो दिया। कब नहीं किया था।

उसे उम्मीद नहीं थी कि रति उसे इतनी आसानी से माफ कर देगी। उसे माफ कर रति हमेशा उससे कुछ बड़ी हो जाती है और वह हमेशा रति से कुछ छोटा हो जाता है। एक बार फिर उसकी भुजाओं में पड़ी हुई रति ने उसे पराजित कर दिया।

अपनी हार के क्षण में वह झुँझलाने लगा और उसे अपने-आप पर गुस्सा आने लगा। उसने तय किया कि वह तकलीफ उठाता जाएगा और रति को यह अनुभव कराकर रहेगा कि उसकी तकलीफों के लिए वह जिम्मेदार थी।

मगर थोड़ी ही देर बाद अपने शरीर में उत्तेजना का अनुभव कर, रति की खुशी से, रति को प्राप्त करते हुए उसे लगा, वह दिन कभी नहीं आएगा। उसमें तकलीफ उठा सकने की क्षमता नहीं, वह जिन्दगी भर रति से छोटा रहेगा।

मिचली

सीढ़ियों पर चढ़ते हुए उसे हमेशा दुर्गन्ध आती थी उबले हुए अंडों और प्याज के छिलकों की, मसाले और जली हुई दाल की, सील-भरे कपड़ों और न जाने किस चीज की। वह वहाँ ठहर नहीं पाता। तेजी से भागता सीढ़ियों पर अपने ऊपर के कमरे की ओर जहाँ वह अकेला रहता था।

तीन साल पहले जब वह आया था, तब भी इस निचले तल्ले के इस कुनबे से उसे वैसा ही गन्ध और शोर आता था। कुछ ही दिनों में उसने तय कर लिया कि वह यहाँ नहीं रहेगा। मगर अब भी वह रह रहा था। तमाम गन्दगी, दुर्गन्ध और शोर के बावजूद। वह ऊपर आता हुआ नाक पर रूमाल रख लेता और कल्पना करने की कोशिश करता। दरअसल वहाँ कुछ नहीं है। उसका वहम है।

कोशिश के बाद भी जब वह इस पर विश्वास नहीं कर सका तो जानने की कोशिश की कि आखिर वहाँ है क्या ? दो-एक बार ताक-झाँक के बाद उसने पाया कि एक छोटा-सा कमरा है, जिसके एक कोने में रसोई है और दूसरे कोने में एक पुरानी-सी मेज जिसके ठीक सामने दीवार पर एक कई साल पुराना कैलेंडर है और सिनेमावालों और हनुमान का एक चित्र है। कमरे के बीचोबीच एक छोटी खाट है और उसकी बगल में एक उससे भी छोटी खाट और तीसरे कोने में एक खटोली। कमरे का फर्श इतना गन्दा है कि वह फर्श है या मिट्टी ? अन्दर की ओर एक बरामदा है जहाँ बिठाकर वह औरत छोटे बच्चे को पाखाना फिराती है। उसका जी मिचलाने लगा।

बच्चे कई हैं। लगभग सात या हो सकता है आठ। उसने गिनने की कोशिश नहीं की। स्त्री अधेड़ है। पुरुष भी। मगर उसका शरीर काला भुजंग और विकराल है। उसे देखकर उसे क्रेन की याद आती जो बड़ी-से-बड़ी चीज को अपने जबड़ों में एक खिलौने की तरह उठा लेती है। उसे अपने इस ख्याल पर मजा आया कि रात को यह आदमी भी एक औरत को इसी तरह उठा लेता होगा। मजे की बात यह थी कि उस आदमी की आवाज पतली और सुरीली थी। तब उसे हैरानी हुई कि वह इतनी कमजोर आवाज से अपनी बीवी को कैसे दबाता होगा। मगर जब उसने ढेर सारे बच्चे और स्त्री का पिलपिला शरीर देखा तो उसकी समझ में आ गया।

जब वह सीढ़ियों पर गुजरता तो कचरे के ढेर की तरह देहरी पर पड़े और द्वार पर खेलते उस घर के बच्चे उसका सूट देखकर सहम जाते, हालाँकि उसका सूट बहुत

मामूली था—कई बार रफू किया जा चुका था। उसे यह देखकर खुशी भी होती कि कोई उसके कपड़ों से भी सहम सकता है। वह चाहता कि उसके आतंक का यह घेरा कभी न टूटे, इसलिए वह और भी अलगाव के साथ उधर से गुजरता।

उसके लौटने का कोई वक्त न था। वह किसी भी समय आता और धड़धड़ाता हुआ चढ़ जाता। देर से रात को लौटने पर कमरा बन्द देख उसे जिज्ञासा होती कि अन्दर वे क्या कर रहे हैं ?

उसे बिल्कुल विश्वास था कि यह आदमी जरूर अपनी स्त्री को पीटता है। स्त्री के बियाबान और मान खाए चेहरे से ही यह साफ था। एक रात जब खुश और धुन गुनगुनाता हुआ लौटा तो सुना, कमरे के अन्दर से पुरुष के हाँफने और स्त्री के हल्के-हल्के चीखने की आवाज आ रही थी। जरूर उन दोनों में हाथापाई हो रही है। वह रुक गया और दरवाजे की सेंध से भाँपने की कोशिश की। उसने पाया कि वह चारपाई पर पड़ी हुई है और मर्द उन्मत्त होकर उसके अंगों को चूम रहा है और नोच-बकोट रहा है।

वह उसे प्यार कर रहा है। उसने कहा और चाहा कि वहाँ से हट जाए। मगर वह वहीं बना रहा और जब तक पुरुष बनकर स्त्री के पड़ोस में गिर न गया तब तक वह तनाव-भरे सुख में जकड़ा खड़ा रहा। फिर उस दृश्य को अपने अन्दर दुहराता वह ऊपर आ गया और अपने कमरे की बत्ती जलाते हुए उसे महसूस हुआ कि सब कुछ बड़ा ही घिनौना था।

सचमुच वह उनसे बहुत घिन करता था। कोई भी उसका परिचित न था जिससे उसने उनकी बात न की हो। उनके घिनौने जीवन की बात करते हुए उसे अन्दर-ही-अन्दर सुख का अनुभव होता और वह महसूस करता कि उसने अपना बदला ले लिया है।

लेकिन वह समझ नहीं पाता और भी गुस्सा आ रहा था। बदमाशों ने एक रेडियो-सेट खरीद लिया था जो सारा वक्त बजता रहता था। जब वह सीढ़ियों पर उतरता तो उसे अनुभव होता। जब वह उतरता होता है तो वे रेडियो की आवाज और तेज कर देते हैं। कमीने ! उसे सचमुच उन पर बहुत गुस्सा था। उसने बिल्कुल तय कर लिया कि वह मकान छोड़ देगा। मगर छोड़ने के पहले उन्हें सबक सिखाएगा कि याद रखें। उसने दोस्तों से जगह तलाशने को कहा भी। एक बार इस सिलसिले में मकान-मालिक के पास भी गया। मगर फिर बिना कुछ कहे लौट आया। उसने सोचा कि उसे उनके विषय में सोचना बन्द कर देना चाहिए। उसे यह मान लेना चाहिए कि वे नहीं हैं। और खुश होकर उसने अपने कमरे की खिड़कियाँ खोल दीं। पुस्तकों पर जमी धूल साफ की और तय किया कि कल से वह बिल्कुल बेलाग होकर जीवन जिएगा।

दूसरे दिन उठने पर उसने पाया कि रेडियो से कोई स्वर नहीं आ रहा है। वह कुछ खुश हुआ और कुछ उसे उत्सुकता भी हुई। शायद उनका सेट खराब हो गया है। उन्हें नुकसान पहुँचने के ख्याल पर उसे सन्तोष हुआ और उनसे कुछ सहानुभूति भी हुई।

मगर थोड़ी ही देर बाद जब एकाएक रेडियो शुरू हो गया तो वह चौंक गया। इस बार उसे लगा, हरामजादों ने उसे चौंकाने के लिए ही यह किया है।

उसने जल्दी-जल्दी कपड़े बदले, चाय भी नहीं पी और निकल पड़ा। उतरते हुए उसने उन्हें देखा भी नहीं, केवल तेजी से सड़क पर आ गया।

सारा दिन वह खोया और झुँझलाया हुआ रहा। मगर शाम को बड़ी देर टहलने और बढ़िया चाय पीने के बाद उसकी तबीयत खुश होने लगी। उसने सारी बातों पर एक सिलसिले से नजर दौड़ाई और उसे उन पर हँसी आई। अजब हैं कमबख्त।

सिनेमा देखने और बढ़िया खाना खाने के बाद जब वह टहलता हुआ लौटा तो पाया कि मकान में बुरी तरह अँधेरा है। हरामजादे सो गए। उसने बत्ती जलाई और आहिस्ता आराम से सीढ़ियाँ चढ़ने लगा। उसने सोचा अपने कमरे में जाकर कोई अच्छी-सी किताब पढ़ेगा और फिर उसे धीरे-धीरे नींद आ जाएगी और वह सुबह देर तक सोता रहेगा।

मगर उनके कमरे के पास पहुँचकर उसके पैर ठिठक गए। वह रुका और उसने द्वार पर अपने कान लगा दिए। फिर वही आवाज। उसने पाया, पुरुष फिर उसी तरह हाँफ रहा था और स्त्री फिर उसी तरह चीख रही थी। उसने सेंध से देखने की कोशिश की और देखता रहा।

कमीने ! लुच्चे !

उसके माथे की तमाम शिराएँ तन गई थीं और कमरे में लौटने के बाद उसे नींद नहीं आई। वह एक भयंकर तनाव में छटपटा रहा था। उसने संकल्प किया कि चाहे कुछ भी हो वह सुबह उनसे निपटकर रहेगा।

सुबह जब उठा तो आँखें कड़वा रही थीं और जी मिचला रहा था। थकान थी। मगर उनसे बात करनी ही होगी। इस तरह नहीं चल सकता। खीझकर उसने कपड़े पहने, तैयार हुआ और उतर पड़ा। कमरे के पास रुका और द्वार खटखटाने के लिए हाथ बढ़ाया। मगर फिर तेजी से नीचे उतरकर सड़क पर आ गया। उसने फिर निश्चय किया और इस बार मजबूत कदम उठाता हुआ द्वार के सामने आ खड़ा हुआ। अपनी काँपती अँगुलियों से हल्की-सी दस्तक दी और थोड़ी देर के बाद द्वार खुला। उसने देखा, वह स्त्री सामने खड़ी थी। उसे देखकर स्त्री ने अपना घूँघट काढ़ लिया और अन्दर चली गई।

फिर शरीर पर तौलिया लपेटे आदमी बाहर निकला और इज्जत के साथ उसे अन्दर ले जाते हुए बोला, "आप तो इधर कभी आते नहीं।"

"कमीने", वह मन ही मन बुदबुदाया और कमरे पर अच्छी तरह नजर दौड़ाने लगा। "गन्दे !" उसे उनसे फिर बहुत ही घिन्न हुई।

उसने उसे एक छोटे-से स्टूल पर बिठा दिया था और पत्नी से चाय बनाने के लिए कह रहा था।

उसने देखा उसका एक बच्चा खटोली पर पड़ा था, दूसरे की नाक से रेमट बह

रही थी। तीसरा चाक से फर्श पर तस्वीर बना रहा था। लड़की की उम्र बारह-तेरह साल थी जो मसाला पीस रही थी। सबसे छोटा बच्चा छह महीने का था, जिसे स्त्री अपनी गोद में लिए हुए थी।

चाय की प्याली उसके हाथ में थमाते हुए उस आदमी ने फिर अपना प्रश्न दोहराया, ''आप तो इधर कभी आते ही नहीं।'' उसने अपने हाथों में थमी प्याली पर गौर किया। कप की नाक टीन की, जिसके जोड़ पर मैल जमी हुई। चाय एकदम काली, दूध का नामोनिशान नहीं। सभ्यता के नाते उसने एक सिप ली और उसका जी मिचलाने लगा। अच्छा हुआ उसने चाहा कि एक बार मिचलाकर कै हो जाए। और उसे लगा उसकी कै के साथ यह सारा कमरा, यह पुरुष, यह स्त्री, यह शोर, यह घृणा, यह गुस्सा, यह समूचा दृश्य निकलकर एकबारगी बाहर आ जाएगा। मगर चाय की वह घूँट पेट में एक बार बवंडर मचाकर शान्त हो गई। उसें स्वयं पर पहली बार इतना क्रोध आया कि उसे लगा अब वह जब्त नहीं कर पाएगा।

उसने उस आदमी की तरफ देखा, घृणा में नाक सिकोड़ी और गुस्से में कहना चाहा, 'मुझे आपके बच्चे बिल्कुल नापसन्द हैं।' मगर तेज स्वर में उसके मुँह से निकला, ''आपके बच्चे बहुत प्यारे हैं।'' अपने स्वर की तेजी पर उसे जितनी खुशी हुई, अपनी जबान से निकले वाक्य पर उससे अधिक आश्चर्य।

उसने देखा कृतज्ञता से उसका पड़ोसी मुस्कुरा रहा था और उसकी स्त्री घूँघट के अन्दर से उसे देख रही थी।

''टुच्चे !'' मगर इस तरह काम नहीं चलेगा। उसे सब कुछ साफ-साफ मगर संयत होकर कह देना चाहिए।

अतः उसने अपने-आपको संयत करते हुए कहना चाहा, 'आपका यह रेडियो बहुत शोर करता है।' मगर उसके मुँह से आहिस्ते से निकला, ''आपके यह रेडियो कितने में लिया ?''

उसने सुना, वह कह रहा था, ''किश्तों में लिया है। पौने तीन सौ का है।''

'लानत है।' मुझ जैसा आदमी दुनिया में कहीं नहीं होगा।

एक सन्नाटे के साथ कप फर्श पर रखकर वह उठ खड़ा हुआ। दरवाजे की ओर बढ़ा और पूरी ताकत के साथ उसने कहा, ''देखिए, मेरी वजह से आपको कोई असुविधा तो नहीं होती ?''

और तेजी से उतरता हुआ वह सड़क पर आ गया। बहुत देर चलने और कुछ शान्त होने के बाद उसने अनुभव किया उसका जी अब भी मिचला रहा था।

दूसरे के पैर

उसने खिड़की खोली तो सर्द हवा का एक झोंका उसके गालों को बकोट गया। सुबह के दस बज चुके थे, मगर बाहर अभी भी धुँध थी। धूप का कहीं नामोनिशान न था। आसमान में वैसे ही बदली थी। लगता था आज भी पानी बरसेगा। उसने खिड़की बन्द कर ली और गले पर अपना पुलोवर कुछ और ऊपर खींच लिया। खिड़की के शीशों से बाहर की धुँध बहुत ठोस नजर आ रही थी और जिस सड़क पर इस वक्त दफ्तर भागनेवाले क्लर्कों की भीड़ नजर आती थी, धुँध से गुँथती और डूबती महज इनी-गिनी साइकिलों के सिवा कुछ भी न था।

उसने अपनी सिगरेट का पैकेट उठाया और कश लेने के पहले ही अपनी गरदन और सीना सहलाने लगा। कल रात-भर वह खाँसता रहा था। दिसम्बर के महीने में उतनी ठंड पिछले सोलह साल में नहीं पड़ी थी। पहाड़ों पर वर्षा हुई थी और हिमपात। समूचे उत्तर भारत का तापमान एकदम घट गया था और परसों अविनाश बता रहा था, अब तक सौ से कुछ ऊपर ही लोग ठंड से मर चुके हैं। अविनाश उत्तेजित हो गया था और कह रहा था, आदमी की मौत का हम लोगों के लिए क्या अर्थ है ? वह सोच रहा था अविनाश शायद ठीक कह रहा है। आदमी की मौत का क्या अर्थ है ? इतने सारे लोगों की मृत्यु के समाचार से उसे क्या अफसोस हुआ ? वह जानना चाहता था, ठंड से आदमी कैसे मर जाता है ?

उसके गले में कफ था जो सिगरेट की सेंक से छँटकर बाहर आने को व्यग्र था। पिछले चार दिनों से उसने दफ्तर से छुट्टी ले रखी थी और ज्यादातर समय घर पर ही रहा था। मौसम कोई कारण न था, बाहर निकलने की इच्छा ही नहीं हुई। उसने अनुभव किया, वह पिछले कुछ दिनों से ही नहीं, बल्कि एक अरसे से, अपने अन्दर रहा था और मौसम शुरू होने से पहले उसके अन्दर मौसम शुरू हो चुका था। शायद वह इस धुँध की प्रतीक्षा ही कर रहा था। इस धुँध में कुछ होकर ही रहेगा। कोई दुर्घटना, कोई संयोग, कोई विवाह। विवाह के ख्याल पर उसे हँसी आ गई और उसे लगा कई दिनों तक उदास रहने के बाद अब वह हँस पड़ेगा। उसने ऐश-ट्रे मेज से उठाकर स्टूल पर रख ली, राख झाड़ी, हीटर जलाया और आईना अपने सामने करता हुआ बोला, शशि, तुम ठीक कहती थी, या तो मैं इम्पोस्टर हूँ या न्यूरोटिक। उसने देखा उसकी दाढ़ी बढ़ आई थी और चेहरा उग्र लग रहा था। दाँत पीले थे जिन्हें भींचते हुए उसने कहा, मगर तुम क्या थीं ?

और एकबारगी निढाल हो गया।

डाकिया सुबह की डाक फेंक गया था, जिसे देखने का उसमें उत्साह न था। इनमें पतले अक्षरोंवाला वह लिफाफा भी था, जिसके न आने पर उसे पूरा दिन अर्थहीन जान पड़ता था। अब उसे सारा मजमून अर्थहीन जान पड़ता था। वह जानता था, शशि ने क्या लिखा होगा, बल्कि वह बता सकता था कि सोमवार को शशि क्या लिखेगी, मंगल को क्या और शनिवार को क्या...। कुछ मास पहले, उसने अपने एक दोस्त से कहा था, हम पहले प्रेम करते हैं, बाद में केवल उत्तरदायित्व के कारण प्रेम करते हैं। असल में हम अपने उत्तरदायित्व से प्रेम करते हैं। अब वह उत्तरदायित्व भी नहीं रहा। अब वह किसी के प्रति उत्तरदायी नहीं, यहाँ तक कि शशि की चिट्ठियों के प्रति भी नहीं जो मेज पर ढेर सारी अनखुली पड़ी थीं, इस भय से कि यदि उसने उन्हें खोला तो वह एक बार फिर उसी बेवकूफी में बह निकलेगा और फिर वही प्रतीक्षा, वही अन्तहीन प्रतीक्षा। वह अब बिल्कुल ही प्रतीक्षा नहीं करना चाहता था, क्योंकि उसे लगता था, यदि अब जरा भी प्रतीक्षा करनी पड़ी तो वह शशि से घृणा करने लगेगा।

हीटर पर पानी खौल रहा था। उसने चाय की पत्तियाँ डाल दीं, फिर दूध भी उसी में डाल दिया और चीनी भी। इस ठंड में वह उबली हुई चाय पीना चाहता था और अगर यह ठंड न भी होती तब भी। उसने अपनी सिगरेट के कई कश लिए और फिर उसे जूते से कुचल दिया और शीशे के गिलास में ढालकर बेहद गरम चाय पीने लगा। भाप की बूँदें पहले गिलास पर और फिर उसके चेहरे पर छलछला आईं। चाय भरा गिलास उसने हवा में ऊपर उठाया, फिर अपने होंठों तक लाकर एक चुस्की ली और बुदबुदाया, शशि तुम ठीक कहती थीं। या तो मैं इम्पोस्टर हूँ या न्यूरोटिक। और फिर एक घूँट में एक चौथाई गिलास खाली करता हुआ बोला, मगर तुम क्या थीं ? उसने अनुभव किया--चाय बेहद गरम थी।

गिलास उसने मेज पर रख दिया और देखा उसकी मेज महीनों से इसी तरह बेतरतीब है। किताबें, पुरानी और बहुत पुरानी चिट्ठियाँ, पीतल का ऐश-ट्रे और कोरे कागज पर बनी कितनी ही आकृतियाँ और ड्राफ्ट्स, चूहों की भाग-दौड़ से तमाम कागजात उलट-पुलट हो गए थे, जिन्हें सँवारने की उसी कतई इच्छा न थी। एक अच्छे छात्र की तरह अपना कमरा सजाकर जीने की उसमें कोई लालसा नहीं थी। उसने अपने मन में समझौता कर लिया था कि उसका कमरा कब्र का एक तहखाना है, जिसमें से घास की तरह फूटकर वह कभी नहीं निकल सकता। शायद शशि को उसके भविष्य का अनुमान था। वह चली गई, अच्छा ही हुआ। शशि के आने के पहले ही यह कब्र, उसमें कहीं छिपी हुई थी।

उसने अनुभव किया, वह काफी पस्त हो चुका है और उसे पता नहीं मगर वह अब बूढ़ा हो चला है। उसने आईना उठाया और इस बार उसे अपना चेहरा बेहद विद्रूप नजर आया। उसे आश्चर्य हुआ, शशि इतने 'अग्ली' आदमी से कैसे प्रेम कर सकती थी। अपने दोनों गालों पर चपत मारते हुए उसने कहा, गधा ! उल्लू का पट्ठा !

फिर आईना मेज पर रख दिया और अपने-आपसे हारता हुआ बोला, आई ऐम ए सॉन्स्टर।

दीवार के एक कोने पर एक पुराना कैनवास रखा था जिसे उसने शशि के साथ अपने आखिरी झगड़े के बाद बनाया था। एक स्त्री का चित्र, जिसके पैर पीछे की ओर थे। उसने उसे नाम दिया, 'शशि : एक लौटता हुआ प्रेम'। मगर जब शशि ने चित्र देखकर कहा था, यह मेरा नहीं तुम्हारा चित्र है; जरा गौर से देखो, ये मेरी मुखाकृति है अथवा तुम्हारी ? तो वह चौंक पड़ा था। उसने ध्यान से देखा था तो लगा था, शशि की बात में सचाई है। उसकी इच्छा हुई थी कि वह उस चित्र को नष्ट कर दे। मगर फिर उसने केवल पहलेवाली टाइटिल मिटा दी थी और किनारे पर लिख दिया : 'स्त्री के पैरों पर खड़ा हुआ प्रेम'।

अब, अरसे बाद, इस चित्र को देखने के बाद उसे अनुभव हुआ, आज भी वह शशि के पैरों पर खड़ा हुआ है और अनिच्छा के बावजूद लड़खड़ा रहा है। उसके पैरों पर उसका बस नहीं और वह नहीं जानता, वह किधर जा रहा है। वह कहाँ से होता हुआ कहाँ चला आया है, इसका भी उसे ठीक-ठीक ज्ञान नहीं। उसने कैनवास उलटकर रख दिया और तय किया कि इस बार वह चित्र जरूर नष्ट कर देगा और उसके साथ ही शशि के तमाम पत्र भी जो मेज की ड्रॉअर में और बाहर ढेर-के-ढेर पड़े हैं। उसे कोई मोह नहीं।

उसने देखा, कई महीनों पुराना लिफाफा पीला पड़ गया था और इबारत बिल्कुल निर्जीव और अर्थहीन जान पड़ रही थी..."तुमने तार कर सारे घर में मुझे नीचा दिखा दिया। मैंने तय कर लिया है कि अब मैं कभी लौटकर नहीं जाऊँगी। जिस आदमी को दूसरे की पोजीशन का ख्याल नहीं, उससे सम्बन्ध रखने में कोई लाभ नहीं। मैंने तुमसे कितना कहा था, जाते-जाते मनौती कर गई कि मुझे वहाँ खत भी मत लिखना। मगर तुम...तुम्हारे लिए तुम्हारा सेन्टीमेन्टलिज्म दूसरों की जिन्दगी और मौत से बढ़कर है।" बुजदिल ! वह बुदबुदाया और फिर ढेर सारी चिट्ठियाँ एक मुट्ठी में इकट्ठी कर मेज की ड्रॉअर में डाल दीं। यही होना था। वह भुनभुनाया। यह होने के लिए ही सब कुछ हुआ था। उसने अपने अन्तिम पत्र में शशि को लिखा था, क्या मुझे तुम्हारी सुविधा के अनुसार जीना होगा ? और फिर बाकी चिट्ठियाँ मेज के दूसरे ड्रॉअर में डाल दीं। बेंत की कुर्सी पर आराम से पसर गया, बलगम छाँटने के लिए एक और सिगरेट सुलगाई और सहसा ही उसे लगा, शशि यह सब देख रही है। वह एक चोर है। उसने शशि के घर में घुसकर किसी और आदमी के नाम लिखी चिट्ठियाँ चुराई हैं और शशि ने उसे चोरी करते पकड़ लिया है और दुखी है। मगर तब भी वह बेशर्म की तरह और डाह में भरकर शशि से पूछता है, कौन था वह ? मगर यह शशि है कि रोए जा रही है। आइ ऐम जेलस...आइ ऐम जेलस ऑव दैट मैन...। मगर वहाँ कोई नहीं था और शशि वहाँ से सात सौ मील दूर थी। दूरी के ख्याल पर उसे अपनी असहायता का एहसास हुआ और लगा वह शशि का कुछ भी नहीं बिगाड़ सकता, जबकि वह जरूर

ही शशि को क्षति पहुँचाना चाहता है। आइ वान्ट टु हर्ट हर।

प्रेम ? क्या सचमुच उसने शशि से प्रेम किया है ? उसने अनुभव किया कमरे में बहुत घुटन है और सीलन है और वह बेकार ही अपने-आपको इस अँधेरे में कैद किए हुए है। खिड़कियाँ खोलनी चाहिए, और भाड़ में जाए प्रेम, हॉट वाटर बाथ लेना चाहिए। आइ हैव नेवर लव्ड हर। वह भुनभुनाया और सोचा कि अगर इस तरह शशि यहाँ होती तो वह उसके मुँह पर कहता और साफ-साफ कहता, मैंने तुमसे कभी प्रेम नहीं किया। यू कैन गो। शशि को चले जाने के लिए कहने के विचार पर उसे ख़ुशी हुई।

वह समझता था कि शशि यह जानती थी कि वह हमेशा उसके सामने झुकता रहा है। वह अपने बारे में परिहास करता हुआ कहा करता था कि उसकी ट्रेजेडी ही यह है कि वह कुछ भी अस्वीकार नहीं कर पाया, यहाँ तक कि प्रेम भी नहीं। मगर एक दिन जब अविनाश ने पूछा था, सतीश, तुमने सोच-समझकर और पसन्द कर शशि को चुना है न ? तो उसकी समझ में नहीं आया था वह क्या उत्तर दे। वह सोचने लगा था, शशि उसमें इस तरह आई थी जैसे किसी सूने कमरे में किवाड़ तोड़ अन्धड़ चला आता है और अपना आधिपत्य कर लेता है। असल में उसने शशि से नहीं, शशि ने उससे प्रेम किया था। शायद वह वर्षों से इस अन्धड़ की प्रतीक्षा कर रहा था और शशि की जगह कोई भी आता तो वह प्रतिरोध नहीं करता, आत्मसमर्पण कर देता।

अविनाश के अपने प्रश्न ने उसे एकबारगी जगा दिया था और वह बराबर सोचता रहा था, वह शशि से बराबरी के स्तर पर प्रेम क्यों नहीं कर सका ? क्यों नहीं वह भी शशि के जीवन में एक अन्धड़ की तरह चला गया ? क्यों वह शशि के आगे इतना विवश था ?

कमजोर, बेहद कमजोर। शशि ने चिढ़कर उससे कहा था, तुम जैसा कमजोर आदमी मैंने नहीं देखा। तुम्हारी न कोई अपनी इच्छा है, न कोई अपना विवेक। एक अरसे तक तुमने नौकरी की कोई तलाश ही नहीं की और जब बिना कोशिश किए तुम्हें सर्विस मिल गई तो उसकी उलझनों पर जरा भी विचार किए बिना तुमने अस्वीकार कर दी। तुम्हारे दोस्तों ने तुम्हें पिलाई तो तुमने पी ली, मैंने कलह किया तो तुमने छोड़ दी। पता नहीं तुम अपने चित्रों के लिए रंगों का चुनाव कैसे करते हो ? मुझे तो लगता है तुम्हारे चित्र भी तुम्हारी ही तरह झूठ हैं। तुम एक मिट्टी का लौंदा हो जिसे हर कोई अपने चाक पर ढाल सकता है।

शशि ने ठीक ही तो कहा था। और इस बात की भी क्या गारन्टी है कि उसने अपनी इच्छा से पेंटिंग को अपने कैरियर के रूप में लिया था। हो सकता है यह भी एक फलूक हो। दरअसल वह खुद एक फलूक है।

उसने महसूस किया, उसकी रीढ़ के अन्दर कोई कीड़ा चल रहा है और उसके अन्दर एक असुविधा-सी हो रही है। उसने फिर एक बार आईना उठाया और बोला, असल में तुम कुछ नहीं हो। फिर दाँत भींचकर कहा, बास्टर्ड ! व्हाई कान्ट यू रेजिस्ट ?

सतीश ! उसने द्वार पर थपथपाहट सुनी और अविनाश का स्वर। किससे बात कर रहा है अकेले ?

उसने दरवाजा खोलते हुए तय किया कि आज वह अविनाश की कोई बात नहीं मानेगा और अपने से जितना बदला ले सकता है, लेगा।

कैसी सूरत बना रखी है ! अविनाश उससे कह रहा था। किसी नाटक में कोई पार्ट ले रखा है क्या ? उसने पहली बार अनुभव किया अविनाश में कहीं-न-कहीं कोई घटियापन है और वह मामूली लोगों की तरह भी बात कर सकता है। वह चाहता तो उस क्षण अविनाश को आउट-विट कर सकता था। मगर उसने सोचा, उसकी डिबेटिंग सोसायटी का अध्यक्ष होने की वय बहुत पहले गुजर चुकी है और अब जिन्दगी में इतना वक्त नहीं कि वह सारा समय अपनी प्रतिभा का प्रदर्शन करता फिरे। आज वह किसी कीमत पर अपना फैसला नहीं बदलेगा। लेट द बास्टर्ड नो।

चलो उठो, शेव करो और तैयार हो जाओ। वह समझ नहीं पा रहा था। अविनाश के स्वर में स्नेह था या आदेश। मगर उसे उससे बेहद चिढ़ हो रही थी। यदि वह इसी तरह आग्रह करता रहा तो वह अपना संयम तोड़ बैठेगा और फिर न जाने क्या कर बैठेगा। मगर उसने निश्चय कर लिया था कि वह अपना फैसला नहीं बदलेगा। और किसी को अपने इतने अन्दर नहीं आने देगा कि उसका स्वत्व ही जाता रहे।

अविनाश। वह अविनाश की ओर देख रहा था और कहना चाह रहा था कि आज वह उसके साथ नहीं जा पाएगा। मगर उसे लगा वह कुछ नहीं कह पाएगा। उसे जो कुछ कहना था, शायद वह अपने-आपसे कह चुका था।

अच्छी बात है। आखिरी बार भी सही। उसने अपना कोट डाल लिया। किसी तरह गले में टाई कसी और साथ चलने को तैयार हो गया। कहाँ चलना है ?

कहीं भी। मगर तुम इस कदर रूठे-रूठे क्यों हो ?

कुछ नहीं।

हमेशा उत्तेजित और मुखर होनेवाला अविनाश उसके इस मौन से चुप हो गया था और दोनों चुप-चुप चल रहे थे।

सर्दी बहुत थी मगर बदलियाँ चीरकर धूप निकल आई थी और कई दिनों से धूप की प्रतीक्षा कर रहे परिवार लान पर निकल आए थे। मैदान पर बच्चों ने क्रिकेट जमा ली थी, सड़कों पर बसों और टैक्सियों का आवागमन पहले से बढ़ गया था।

शशि कब आ रही है ? उसने सुना, अविनाश उससे प्रश्न कर रहा था। अजीब प्रश्न है ! उसने पूछा होता, युद्ध कब हो रहा है, तो वह बता देता। मगर इस प्रश्न का क्या उत्तर हो ?

तुमने शशि को कब से नहीं लिखा ?

उसने अपने-आपको संयत रखते हुए फिर एक बार तय किया कि वह इस प्रकार के किसी भी प्रश्न का उत्तर नहीं देगा। फिर अपने मौन से घबराकर उसने सोचा, शायद अविनाश उसकी चुप्पी का बुरा मान गया हो। मगर अविनाश जैसे अपने ही प्रश्नों का

उत्तर देता हुआ उसे बता रहा था, शशि इसी सत्ताईस को आ रही है। इस बार उसने सब कुछ ठीक कर लिया है और वह चाहती है कि अगले ही महीने सब हो जाए। तुम अपने पैरेन्ट्स से बात कर लो। उसने लिखा है कि तुमने उसके पिछले एक भी पत्र का उत्तर नहीं दिया और वह बहुत दुःखी है। बहरहाल अब वह आ रही है...।

वह जानता था शशि ने उसे लिखा होगा। वह लिख सकती थी। वह नहीं लिख सकता था। वह कहना चाहता था, अब उसे इन बातों में कोई दिलचस्पी नहीं। उसने कहा, तुम्हें शायद नहीं मालूम। मैंने नौकरी का इस्तीफा भेज दिया है।

क्या फर्क पड़ता है ! अविनाश ने धीरे से कहा और अपने में सिमटकर चुप हो गया।

दोनों मार्केट के सिरे तक निकल आए थे और सतीश को लग रहा था, वह थक गया है। असल में वह एक अरसे से थका हुआ है ! मगर न जाने क्यों चल रहा है और चलता ही जा रहा है ! उसे झुँझलाहट हुई और उसने तिलमिलाकर अविनाश से कहना चाहा, तुम दूसरों की थकान कतई नहीं समझते, समझ ही नहीं सकते।

वे दोनों एक कैफे में चले गए थे, और मेज पर बैठे हुए उसने अपनी आँखें मूँद ली थीं। उसे अनुभव हो रहा था वह अपने घर आ गया है। छोटे-से और सस्ते-से उस कॉफी घर में क्लर्कों और स्कूल के विद्यार्थियों की भीड़ थी, जिनमें लड़कियों की हँसी तैरकर लौट जाती थी।

बाहर कितना शोर था। दोस्तों का शोर, प्रेमिका का शोर, माता-पिता का शोर। उसने पूछना चाहा, अविनाश, इस शोर से तुम्हारा जी नहीं घबराता ?

मैं इस शोर में ही पैदा हुआ था। उसे विश्वास था अविनाश उसे इसी प्रकार का उत्तर देगा। उसने अविनाश को कभी घबराता हुआ या उदास नहीं पाया था। वह कभी-कभी सोचा करता था, या तो वह आदमी इन्सेन्सिटिव है या बहुरूपिया। अपने को छिपा जाता है। उसने देखा अविनाश रुचि लेकर कॉफी पी रहा था। उसे उससे ईर्ष्या हुई। मगर उसने सोचा इससे बड़ी मीडिआक्रिटी और क्या हो सकती है कि आदमी कॉफ़ी भी स्वाद लेकर पिए। यह जिन्दगी को भी स्वाद लेकर जीता है। पिग।

वह बड़ी देर तक उसे कॉफ़ी पीता देखता रहा। फिर बोला, अविनाश, तुम्हें न्यूमोनिया हो जाए, तो तुम क्या करोगे ?

डॉक्टर से इलाज। अविनाश के उत्तर पर उसे लगा कि उसका सवाल काफी मूर्खतापूर्ण था। मगर अपने को टोहते हुए उसने पूछा, "अपने को मरने नहीं दोगे ?"

नहीं। उसने देखा, अविनाश उसी शान्ति के साथ काफ़ी पीता रहा। उसे उसके संयम पर डाह हो रही थी और वह मन-ही-मन उससे घृणा कर रहा था। उसे लगा, उसके पास बैठा हुआ यह अविनाश केवल इसलिए इतना शक्तिशाली है कि वह खुद बेहद कमजोर है। शशि ने ठीक कहा था, तुम अपनी कमजोरी से दूसरों में 'स्ट्रेंग्थ' पैदा कर देते हो। उसने अनुभव किया, शशि उसकी बगल में बैठी हुई है। और उसे झँझोड़कर उससे कह रही है, बोलो, मेरी बात ठीक थी न ? मगर बगल में शशि नहीं बैठी थी,

अकेलापन बैठा था और सामने अविनाश। उसे झुँझलाहट हुई और उसने मन-ही-मन कहा, नो मोर ऑव शशि !

उसने जैसे अपनी चुप्पी से घबराकर कहा, "अविनाश, कभी तुम्हारी इच्छा मरने की नहीं होती ?"

"नहीं।" अविनाश का दृढ़ स्वर शोर को चीरकर उस तक पहुँच गया था।

वह जैसे अपने-आपसे प्रश्न पर प्रश्न किए जा रहा था। उसने पाया, अविनाश चुप था, केवल बेधती हुई दृष्टि से देख रहा था। उसे यह देखकर खुशी हुई कि सवाल से पहले ही जवाब तैयार रखनेवाले अविनाश के पास उसके अनेक प्रश्नों का उत्तर न था। अविनाश के पास जिन्दगी का फॉर्मूला है और वह जिन्दगी नहीं जीता है, नुस्खे जीता है। मगर उसके पास जिन्दगी का ऐसा कोई नुस्खा नहीं। उसके पास केवल उसकी जिन्दगी है, जो उसके पहले किसी ने नहीं जी, इसलिए किसी के पास उसका समाधान नहीं। यह तय है कि इस बार वह अपना फैसला नहीं बदलेगा। वह जेब में पड़ी चिट्ठी पोस्ट कर देगा और कल अविनाश को मालूम हो जाएगा। और मालूम होने को है ही क्या ? उसने केवल चार पंक्तियाँ लिख दी हैं कि वह जा रहा है। कहाँ ? यह वह खुद भी नहीं जानता। और अब लौटकर आना भी सम्भव न हो सकेगा।

वह जानता था अविनाश उसका पत्र पढ़कर झुँझलाएगा और उसको एस्केपिस्ट कहेगा और शशि को फौरन खबर करेगा। मगर उसे परवाह नहीं।

तो कल शाम मिल रहे हो ? उसने सुना, अविनाश उससे कल के विषय में पूछ रहा था।

बेहद सर्दी है। उसने अविनाश के प्रश्न को सुना-अनसुना करते हुए कहा, हालाँकि उसे इतनी सर्दी का अनुभव नहीं हो रहा था। शाम का कोहरा घना हो गया था और वे दोनों मोड़ पर अकेले खड़े हुए थे। अभी छह भी नहीं बजे थे मगर सड़कें वीरान थीं और चारों ओर मुरदों के जुलूस की तरह मनहूसी बढ़ती आ रही थी।

बहुत ही मनहूस शाम है। उसने अपने-आपसे कहा और पाया कि अविनाश उससे कुछ कह रहा है।

मैं शशि को लिखे दे रहा हूँ कि तुम कई दिनों से बीमार थे। अब ठीक हो।

मैं नहीं चाहता मेरी ओर से तुम झूठ लिखो। उसे लगा वह काफी कठोर है। और वह कठोर भी हो सकता है, इस ख्याल पर उसे खुशी हुई।

घर आकर उसने अपने सूटकेस में अपनी कमीज़ें और कुछ किताबें डाल लीं और 'होलडॉल' बाँधकर तैयार हो गया। एक बार इच्छा हुई, साथ अपनी कुछ तस्वीरें भी लेता चले। मगर उसने अपने पुराने सामान को डिस्टर्ब नहीं किया और निकल पड़ा और सड़क के किनारे खड़ा टैक्सी की प्रतीक्षा करने लगा।

घड़ी देखी तो छह बज चुके थे और गाड़ी पौने सात पर जाती थी। सामने फ्लैटों की कतार की कतार थीं, जिनकी रोशनी कोहरे में पेंटिंग का असर पैदा कर रही थी। पेंटिंग और यह सब ? वह कुछ भी नहीं सोचना चाहता था और इस शहर से

जल्द-से-जल्द निकल जाना चाहता था।

टैक्सी पर अपना सामान रखवाकर वह सीट पर अधलेटा हो गया और आँखें मूँद लीं। पहली बार यहाँ आने के लिए जब उसने घर छोड़ा था, तो उसे बेहद तकलीफ हुई थी। आज इस शहर को छोड़ते हुए वैसा कुछ नहीं हो रहा था। उसे लग रहा था टैक्सी एक शून्य में चली जा रही है और वह बिल्कुल भारहीन हो गया है। उसके अन्दर सचमुच कुछ भी नहीं रहा। वह खाली हो गया है और बाहर भी सब कुछ खाली ही है। चौराहे, बसें, इमारत और पोस्टर।

एक झटके के साथ टैक्सी जब स्टेशन पर रुकी तो उसने कुली को बुलाते हुए कहा जी.टी. फर्स्ट क्लास। जल्दी। अभी थोड़ी देर में वह इस शहर की सीमा से बाहर चला जाएगा और अपनी भी सीमा से और इन सब लोगों की सीमा से। अपनी सीमा का अतिक्रमण करने का अपना सुख है।

कुली ने प्लेटफार्म पर चलते हुए जब उससे रिजर्वेशन के बारे में पूछा तो उसका सिलसिला टूटा। कुली को रुकने का आदेश दे वह टिकट लेने चल दिया। उसने देखा गाड़ी छूटने में कुछ ही समय था। जल्दी करनी चाहिए। वह सोच रहा था कि अविनाश शशि को ज़रूर लिख देगा और वह जानता था कि शशि ने जब लिखा है तो वह सत्ताईस को अवश्य आएगी। मगर अब वह पुरानी दुनिया में वापस नहीं जाना चाहता। कम-से-कम एक बार वह अपना भविष्य चुनना चाहता था। उसे लगा उसने शशि से कभी प्यार नहीं किया है। वह कितनी बड़ी गलतफहमी में रह रहा था। एक साधारण-सी स्त्री और एक मामूली-सी नौकरी और एक बकवास-सी दुनिया को वह अपने अन्दर इतने बरसों कैसे पोसे रहा, इस पर उसे खुद आश्चर्य हो रहा था। अब वह बिल्कुल स्वाधीन है। उसने अनुभव किया, उसके अन्दर एक भंयकर आत्मविश्वास जाग उठा है और वह समर्थ है।

कुली उससे कह रहा था, जल्दी कीजिए साहब। किस बात की जल्दी ? उसने झुँझलाकर कहा और अपने प्रश्न पर चौंक गया। उसे किस बात की जल्दी है और वह इतनी जल्दी क्यों कर रहा है ?

रुको, उसने कोट की जेब में हाथ डाला। वह कुछ भूल रहा है। उसे याद आया वह अविनाश के नाम चिट्ठी पोस्ट करना भूल गया था। ट्रेन में ही पोस्ट करने वह बढ़ गया। लिफाफा, क्षण-भर को रुका और फिर विंडों में डाल दिया। और जैसे पस्त हो गया।

उसे लगा उसने अपने स्वभाव के विरुद्ध एक बड़ा भारी जुर्म कर डाला है और अब उस जुर्म की गम्भीरता से जकड़ गया है। उसका सब कुछ इस क्षण उससे छूटकर अलग हो गया है और वह एक भयानक शून्य में तड़फड़ा रहा है। उसने विक्षिप्त की तरह विंडो में व्यर्थ ही हाथ डालकर लिफाफा वापस निकालने की कोशिश की।

उसने देखा, उसका कुली चिल्ला रहा था। साहब, जल्दी कीजिए। गाड़ी छूट रही है। मगर उसके पैर जैसे जमीन से चिपक गए थे और वह खाली-खाली आँखों से

प्लेटफार्म पर सरकती हुई ट्रेन को देख रहा था। उसे लगा वह सैकड़ों वर्षों से इसी तरह यहाँ खड़ा है, और हमेशा ही ट्रेन छोड़ता रहा है। उसके पैर कभी भी नहीं उठ सके हैं।

प्लेटफार्म सूना हो गया था और वह जैसे अपनी जगह से चिपका हुआ खड़ा था। उसने अनुभव किया वह बिल्कुल अकेला है और वह जिन्दगी में पहली बार, सचमुच रो रहा था।

चबूतरा

गौएँ कटी हैं। सिर पर काली टोपी लगाए चबूतरे पर चढ़ते हुए गंगाधर ने कहा।

मोहल्ले के बीचोबीच एक नीम का पेड़ था, जिसके नीचे मोहल्लेवालों ने एक चबूतरा बना दिया था, जो अक्सर उनके बैठने और समय काटने के काम आता था। आसपास कुछ पौधे भी लगा दिए थे, जिससे शाम के समय वहाँ बैठकर बूढ़े लोगों को पार्क का मजा आ जाता था। चुनाव के समय वह सभामंच में परिणत हो जाता था। मगर पिछले कुछ वर्षों से मोहल्ले के कांग्रेसियों के लगातार विरोध के बावजूद जनसंघियों ने उस पर कब्जा जमा लिया था। म्यूनिसिपल कमेटी से लिखा-पढ़ी कर एक बार तो उन्होंने उन्हें उस चबूतरे से बेदखल करा दिया था; मगर कुछ दिनों बाद संघी उस पर फिर आ जमे थे और साधारणतया किसी और को उस पर सभा नहीं करने देते।

अनुभवी कांग्रेसी जानते थे कि यह चबूतरा उनके हारने की बहुत बड़ी वजह है और जब तक यह रहेगा तब तक वे हारते रहेंगे। उन्होंने तय किया इस चबूतरे के ठीक सामने वे एक और चबूतरा बनवाएँगे। सवाल था—चबूतरा बनाए कौन ? उन्होंने कई बार पार्टी को लिखा, दो-एक बार प्रान्तीय सरकार से शिकायत की, मगर किसी ने इस ओर ध्यान नहीं दिया। तब उन्होंने तय किया कि मोहल्लेवालों के सहयोग से, श्रमदान कर, स्वयं ही चबूतरा बनाएँगे। मगर श्रमदान दो दिन चलकर ठप हो गया। बात यह थी कि श्रमदान के दो प्रमुख नेताओं में झगड़ा होकर रह गया। एक ने पाया कि दूसरे ने संवाददाता को मिलाकर हाथ में फावड़ा लिए हुए अकेले अपनी फोटो अखबार में छपवा ली। दूसरे दिन वह दूसरा धूप में दोपहर भर फावड़े से मिट्टी फोड़ता रहा। मगर तब भी अखबारवाला नहीं आया। वह समझ गया कि प्रतिद्वन्द्वी ने अखबारवाले को मना कर दिया है। 'संस्था के दुश्मन संस्था के अन्दर हैं।' फावड़ा फेंकते हुए उसने कहा और अपने साथियों से प्रस्ताव किया कि वे सब असहयोग करें। आम प्रचार के लिए किए गए कार्य के भागीदार वह सब नहीं होंगे। वे सब निष्ठावान कांग्रेसी हैं। इस प्रकार जब अनेक योजनाओं के बावजूद चबूतरा नहीं बना तो उन्होंने फैसला किया कि रातोंरात जनसंघियों का चबूतरा तोड़ दिया जाए। मगर उन्होंने पाया कि अपनी लाठी सिरहाने रख हाफ-पैन्ट पहने एक स्वयंसेवक सर्दी, गर्मी, बारहों महीने चबूतरे पर सोता है। जानवर है जानवर ! उन्होंने कहा और यह निर्णय करते हुए लौट आए कि इस सम्बन्ध में वे प्रान्तीय सरकार को लिखेंगे।

चबूतरे पर बैठते हुए गंगाधर ने जब गौएँ कटने की बात कही, तो आसपास के लोग चौंक गए और खिंचकर चबूतरे की ओर बढ़ आए। "कहाँ कटी है। गायें ?" मोहल्ले के सबसे पुराने किराना-मर्चेन्ट लाला धनीराम ने अपनी दुकान से बाहर निकलते हुए पूछा। उनके साथ उनका लड़का जानकी भी निकल आया था, जो दिन-भर पड़ा-पड़ा या तो 'जेबी जासूस' पढ़ा करता था या फिल्म जगत से सम्बन्ध रखनेवाली पत्रिकाएँ। अंग्रेजी वह केवल दो क्लास पढ़ा था, मगर अभिनेत्रियों की तस्वीरों के लिए 'फिल्म फेयर' भी खरीदता था। उसने अपने कमरे की कच्ची और धुआँ-रंगी दीवारों पर जगह-जगह अभिनेत्रियों की तस्वीरें और सिगरेट कम्पनियों के कैलेंडर लगा रखे थे।

"अभी क्या है ! अभी तो हिन्दू स्त्रियाँ और बच्चे कटेंगे।" भीड़ इकट्ठी होते देख गंगाधर ने कहा। "समस्त भारत भूमि अपनी सन्तानों के रक्त में डूब जाएगी। आर्यावर्त से हिन्दू धर्म हमेशा के लिए समाप्त हो जाएगा।"

"मगर गायें कटी कहाँ हैं ?" धनीराम ने झुंझलाते हुए कहा। उसे भय था कि गायें मुहल्ले में ही न कटी हों। "करीमगंज में !" गंगाधर ने उपेक्षा से उन्हें देखते हुए कहा।

"मुसड्डों ने काटी है। ?" भीड़ को चीरते हुए मुहल्ले के कसरती शूरमा जगमोहन ने अपनी बैठी हुई आवाज में पूछा। उनका कद नाटा था और शरीर चौड़ा। उसके चौड़े शरीर पर उसका छोटा-सा सिर बेढब लगता था। पढ़ाई उसने कई साल से छोड़ रखी थी और हर समय बदन बनाता था तथा शाखा का काम देखता था। वह रोज़ पाँच सौ दंड और दो सौ बैठक लगाता। सुबह दो सेर दूध पीता और रात आधा सेर रबड़ी ! उसने आजन्म ब्रह्मचारी रहने का व्रत लिया था। पिछले पन्द्रह साल से वह नियम के साथ शाखा जाता था। बीमार वह नहीं पड़ता और जब पड़ता, खूब ठंडे पानी में नहाकर आसन करता। दवाएँ वह नहीं लेता। सुबह शाखा जाता। शाखा से लौटकर तैराकी के लिए शहर के बाहर तालाब में चला जाता और दिन चढ़े वापस आता। गीली लंगोट उसके कन्धे पर पड़ी होती। इस समय भी लंगोट उसके कन्धे पर पड़ी हुई थी।

गंगाधर ने देखा माथे पर आँचल खींचती हुई उसकी पत्नी सावित्री और हाथ में पानी का एक लोटा लिए हुए उसकी बेटी पार्वती उसकी ओर आ रही थीं। सावित्री उससे पाँच साल छोटी थी, मगर लगती उससे दस साल बड़ी थी। उसके केश पक गए थे और चेहरे पर झुर्रियाँ आ चली थीं। गंगाधर का बदन कसरती था और पचपन का होकर भी वह चालीस-बयालीस से अधिक नहीं लगता था। सारा जीवन उसने संयम के साथ निबाहा था। शुरू से ही, उसे हिन्दू धर्म में अटूट आस्था थी और तमाम उत्थान-पतन के बावजूद उसकी निष्ठा कम नहीं हुई थी। बीस वर्षों तक वह शाखा लगाता रहा और अब भी तड़के चार बजे ही उठकर मुहल्ले के लड़कों को शाखा भेजकर स्वयं टहलने जाता। शहर के बाहर अमरूद के बगीचे में जाकर दातौन करते और सूर्योदय होते-होते जब घर लौटकर आता तब उसका चेहरा दमक रहा होता, जैसे वह शहर के बाहर किसी झोपड़ी में सो रहे सूरज को झकझोरकर, जगाकर शाखा की ओर लिए चला आ रहा हो। सारा दिन वह संस्था का काम देखता और रात को सत्संग

करता। सन् अड़तालीस में जब महात्मा गांधी की हत्या के बाद अलग-अलग शहरों में गिरफ्तारियाँ हुई थीं, तब वह भी जेल गया था, जिसके संस्मरण वह अब भी सुनाता था। जब सावित्री और पार्वती—दोनों ही चबूतरे के निकट आ गई तो बेटी के हाथ से लोटा लेकर गट-गट पूरे दो गिलास पानी पीने के बाद उसने कहा, "हाँ, मुसलमानों ने काटी हैं, गायें।"

गर्मी बहुत थी और भीड़ को पसीना आ रहा था। मगर पूरी खबर जाने बिना वे वहाँ से हट भी नहीं सकते थे।

"किसने देखी हैं गायें कटती ?" धनीराम ने गंगाधर को शंका की दृष्टि से देखते हुए प्रश्न किया।

"पुजारी जी की कन्या को स्वप्न दिया है, देवी ने।"

"क्या स्वप्न दिया है ?" भीड़ चीरकर अपने लिए जगह बनाते हुए सूती और फैंसी कपड़ों के विक्रेता गजाधर प्रसाद ने पूछा। भीड़ का ध्यान प्रश्नकर्त्ता की ओर खिंच गया। मुहल्ले में अकेला तिमंजिला मकान गजाधर प्रसाद का था और लोगों ने उसके विषय में मशहूर कर रक्खा था कि उसके घर में एक तहखाना है। सेठ दिनभर कपड़ा बेचता है और रात अपने तहखाने में कपड़ा बुनता है। गजाधर को इन अफवाहों से बहुत चिढ़ थी। मगर उनसे भी अधिक चिढ़ उसे धनीराम से थी, जिसक शरीर से उसे बदबू आती थी।

"माँ ने स्वप्न दिया है कि इतने हिन्दुओं के रहते, चार गायें कटी हैं। बदले में वह महामारी से चार हजार हिन्दुओं के प्राण लेकर तृष्णा शान्त करेगी। हिन्दू-संतति नष्ट होकर रहेगी। माँ का क्रोध निष्फल नहीं जाता।" गंगाधर को लगा, वाक्य समाप्त करते-करते उसका कंठ भर आया है।

"मगर सपना गलत भी तो हो सकता है।" गजाधर ने मन ही मन डरते हुए प्रश्न किया और प्रश्न करने के बाद उसे लगा, उसने साँप की बाँबी में हाथ डाल दिया।

"क्या कहा ?" गंगाधर ने गरजते हुए कहा। "माँ की भविष्यवाणी गलत होगी ?" फिर संयत होते हुए कहा, "कुछ खबर है ! अबतक सात आत्माएँ भेंट हो चुकी हैं।" और अपनी टोपी उतारकर हाथ में रख ली।

चबूतरे के ठीक सामने बिन्दाप्रसाद टेलर मास्टर की दुकान पर बैठा हुआ मुहल्ले का कांग्रेसी उम्मीदवार रामरतन तमाम वार्तालाप सुन रहा था। उसका मकान कुछ घर छोड़कर था। मगर जब भी चबूतरे पर कोई बैठक होने लगती, वह टेलर मास्टर की दुकान पर आ बैठता और मास्टर से मशीन रुकवा कान लगाकर उन सबकी बात सुनता। पहले मास्टर ने उसे कई बार मना किया, वह उससे मशीन रोकने का आग्रह न किया करें। काम में हर्ज होता है। मगर बाद में उसे भी बातें सुनने और करने में मजा आने लगता। वह रोज हिन्दी का दैनिक समाचारपत्र ध्यान से पढ़ता और रामरतन से राष्ट्रीय और अन्तर्राष्ट्रीय समस्याओं पर बहस करता। वह रामरतन को भी मास्टर कहता था। उसने अपनी दुकान का बोर्ड भी बदलकर बड़े-बड़े अक्षरों में पेन्ट करा दिया

था, 'नेशनलिस्ट टेलरिंग शाप। खादी के कपड़ों की बढ़िया सिलाई की एकमात्र दुकान' !

मगर रामरतन को राष्ट्रीय और अन्तर्राष्ट्रीय समस्याओं में बहुत दिलचस्पी नहीं थी। वह सारा समय नगर और नगर से भी अधिक मुहल्ले की राजनीतिक समस्याओं पर विचार-विमर्श करता। वह दस साल इस वार्ड से नगरपालिका का सदस्य रहा था। मगर पिछले दो चुनावों में बराबर हारता गया था। जब वह नगरपालिका का सदस्य था, तब मोहल्लेवालों ने उससे कई बार कहा कि वह मुहल्ले में एक पक्की सड़क बनवा दे और जगह-जगह पड़े गन्दगी के ढेर साफ करवाने की व्यवस्था करे। मगर वह हमेशा यह कहकर टाल देता कि कमेटी इस पर विचार कर रही है और कमेटी मुहल्ले के लिए जो रकम मंजूर करती, उससे वह अपने घर का सहन पक्का करवाता। उसके पिछवाड़े से निकलकर सीमेन्ट की एक छोटी-सी सड़क एक नजूल प्लॉट तक जाती थी, जिस पर शाम के समय वह अपने कार्यकर्ताओं के कन्धों पर हाथ रखकर टहलता और गोपनीय चर्चा किया करता था। पहला चुनाव वह एक निर्दलीय उम्मीदवार के विरुद्ध हारा था। दूसरे चुनाव में उसने निर्दलीय उम्मीदवार को पटा लिया था और जनसंघ से पराजित हुआ था। मुहल्ले में संघियों की बढ़ती हुई शक्ति से वह परिचित हो चुका था। वह जानता था कि अगले चुनाव में भी वह उनसे हारेगा। एक बार तो उसकी इच्छा हुई कि वह तमाम ताम-झाम फेंककर जनसंघ में शामिल हो जाए। मगर एक तो कोई गारन्टी नहीं थी कि जनसंघ उसे चुनाव का टिकिट दे ही देगी; दूसरे संस्था की निष्ठा आड़े आती थी। एक बार संस्था के विरुद्ध खड़े होने पर संस्था उस पर अनुशासन की कार्रवाई कर उसे निष्कासित कर देगी। छः साल बाहर रहने की कल्पना से वह सिहर उठता था। वह संस्था का प्रमाणित सदस्य था और रोज जाकर पार्टी-ऑफिस में बैठ जाता। उसे विश्वास था, पार्टी में उसकी बात ध्यान से सुनी जाती है। उसने तय कर लिया था कि अगला चुनाव वह अवश्य जीतेगा और इसके लिए उससे जो कुछ करना पड़े, करेगा।

चबूतरे की भीड़ को वह डाहभरी दृष्टि से देख रहा था और जब गंगाधर ने देवी के सपनेवाली बात कही तो उससे नहीं रहा गया। वह उठा और तेज़ी के साथ नीचे उतर पड़ा। उसने सुना, टेलर मास्टर उसे पुकारकर कह रहा है, "मास्टर, राष्ट्र-विरोधियों की भीड़ की ओर मत जाओ।"

चबूतरे से कुछ दूर रुककर अपनी आवाज़ ऊँची करते हुए उसने कहा, "गंगाधर विध्वंसवादी है।"

"क्या कहा ?" गंगाधर ने आवेश में चबूतरे से उतरते हुए कहा। "क्या सबूत है कि पुजारी की बेटी को देवी ने सपना दिया है ?" उसे गंगाधर से कोई डर नहीं था। गंगाधर का नाम अब तक पुलिस में दर्ज था और पुलिस अब भी उस पर निगरानी रखती थी।

"जाकर पूछ लो।" गंगाधर ने चिढ़कर कहा और रामरतन की ओर मुखातिब हो रही भीड़ को अपनी ओर समेटने की कोशिश में फिर चबूतरे पर चढ़ गया। "बुलाओ उसे"। रामरतन ने भीड़ का रुख अपनी ओर देख प्रोत्साहित होते हुए कहा।

"पुजारी जी की कन्या यहाँ आएगी ?" रामरतन ने अपनी बाईं आँख दबाते हुए आत्मविश्वास के साथ कहा। उसे मालूम था कि पुजारी कभी उसके खिलाफ नहीं जाएगा। वह कई वर्षों से जानता था, जबसे बड़े पुजारी स्वर्ग सिधारे थे। बरसों पहले पुजारी जी के हाथों एक महिला को हमल रह गया था। तब उसने बहुत भाग-दौड़कर मामला रफा-दफा करवाया था। पुजारी उसके उपकार पर बिका हुआ था।

उसने देखा कि पहले ही दो काली टोपियाँ पुजारी को संग लिए चली आ रही हैं। दुबला-पतला पुजारी उनके बीच बन्दी नज़र आता था। रामरतन ने देखा और पुजारी के बिल्कुल समीप जाकर कहा, "पुजारी भैया ! क्या सपना आया था रात तुम्हारी बिटिया को ?"

पुजारी ने गंगाधर को देखा। "हाँ, हाँ कहो।" गंगाधर ने पुजारी से कहा और उस पर अपनी दृष्टि गड़ा दी। पुजारी ने एक बार रामरतन की ओर देखा, फिर गंगाधर की ओर। फिर अपना सिर झुका लिया और बोला, "मैया बोली है कि जब तक गौओं का बदला नहीं चुकेगा, महामारी नहीं थमेगी।"

"सुना ?" हर्ष में चबूतरे से कूदकर नीचे आते हुए गंगाधर ने कहा।

क्षण-भर को स्तब्ध रहकर रामरतन ने कहा, "पुजारी साला लम्पट है।"

"पुजारी को गाली मत दो।" जगमोहन ने चबूतरे पर अपनी लाठी पटकी।

"क्यों नहीं देंगे गाली ! रामरतन ने पाया कि उसकी आवाज भीड़ के शोर में खो गई है।

"जब तक मुसड्डे रहेंगे, अधर्म रहेगा।"

"जब तक अधर्म रहेगा, महामारी रहेगी।"

"मुसड्डे पाकिस्तान क्यों नहीं चले जाते ?"

टेलर मास्टर अपनी दुकान से उतर आया था और रामरतन का हाथ पकड़कर कह रहा था, "मास्टर, यहाँ से चलो। यह सम्प्रदायवादियों की भीड़ है।"

मगर रामरतन ने झटककर अपना हाथ छुड़ा लिया था और सोच रहा था, क्या किया जा सकता है ?

तभी उसने सुना, भीड़ को चीरकर किसी की आवाज आई, "यह सपना झूठ है।" उसने देखा कि भीड़ के पीछे गंगाधर का नवयुवक भानजा अपनी साइकल रोककर खड़ा था और लोगों से कह रहा था कि इस वैज्ञानिक युग में देवी-देवताओं के सपनों की बात सच नहीं मानी जा सकती। उसे बचपन से काली टोपी से चिढ़ थी। जब वह उन सब को दंड-बैठक करते देखता तो उसे बेहद कोफ्त होती।

"तू चुप रह। बड़ों-बड़ों के बीच में मुँह मारता है !" सावित्री ने अपने भानजे को झिड़कते हुए कहा।

मुहल्ले की भी स्त्रियाँ निकल आईं और सावित्री से कह रही थीं, "तुम्हारा भतीजा तो कलट्टर है। उससे कह पकड़वा क्यों नहीं देतीं मुसड्डों को !"

भतीजे का ख्याल आते ही सावित्री को लगा, वह अपराधिनी है। भतीजे ने उसे

याद नहीं किया तो क्या हुआ। उसे तो उसकी खबर लेनी थी। उसका मन आर्द्र हो उठा और उसने मन-ही-मन में फैसला किया, वह कल भतीजे के कल्याण के लिए महावीर जी के मन्दिर में लड्डू चढ़वाएगी।

स्त्रियों की बात सुन पुरुषों में से किसी ने कहा, "अफसर क्या करेंगे ! सरकार भी तो मुसड्डों की है।"

जवाहरलाल का नाम सुनते ही रामरतन को लगा उसकी भुजाओं में बल आ गया है और वह इतना कमजोर नहीं है।

"जवाहरलाल को कुछ मत कहो।" उसने चिल्लाकर कहा। उसे याद आया कि चुनाव के समय पार्टी एक पोस्टर बाँटती है, जिस पर जवाहरलाल की बहुत बड़ी तस्वीर होती है और सामने लिखा होता है, 'बैल जोड़ी छाप को वोट देकर कांग्रेस को मजबूत बनाइए।' रामरतन उन पोस्टरों के नीचे छपवा देता था, 'आप अपना बहुमूल्य मत मुहल्ले के तपस्वी कार्यकर्ता श्री रामरतन को ही प्रदान करें।'

अतः उसने चीखकर कहा, "जवाहरलाल को कुछ मत कहो।"

उसने सुना, भीड़ में भी कुछ लोगों ने उसकी बात दुहराई, "हाँ, हाँ, जवाहरलाल को इस झगड़े में लाने की ज़रूरत नहीं। जवाहरलाल को कुछ मत कहो।"

उसने देखा, काली टोपीवाले शान्त पड़ रहे थे। तब उसने नारा लगाया, "पंडित जवाहरलाल नेहरू की...?" प्रत्युत्तर में उसने पाया पाँच-सात लोगों ने कहा, "जय।"

उसने और चीखकर कहा, "पंडित जवाहरलाल नेहरू...?"

इस बार दस-पन्द्रह लोगों ने कहा, "जिन्दाबाद।"

उसने तीसरी बार गला फाड़कर नारा लगाया, "पंडित जवाहरलाल नेहरू...?"

वह बार-बार नारे लगाने लगा और नारे लगाता हुआ भीड़ को हाँक ले चला।

चबूतरे के पास गंगाधर, सावित्री, पार्वती, और दो-एक कार्यकर्ताओं के सिवा कोई नहीं रह गया था। काली टोपी लगाए और हाफ पैन्ट पहने अपने रिक्शे से उतर, गंगाधर के समीप आ, उसके कन्धे पर हाथ रखते हुए कार्यप्रमुख चिंचोलकर ने कहा, "गंगाधर ! जानते हो, हमारा सबसे बड़ा शत्रु कौन है ?"

उन सबके चले जाने के बाद चबूतरा बिल्कुल सुनसान हो गया था। केवल कुछ दूर खड़ा जानकी तल्लीन होकर फिल्मी मासिक पढ़ रहा था। जितनी देर यह सब होता रहा, वह अभिनेत्री निम्मी से एक मुलाकात पढ़ता रहा। और यद्यपि वह हिज्जे कर-कर पढ़ता था, फिर भी इस तमाम देर में उसने वह समूचा इन्टरव्यू पढ़ डाला था और बहुत अभिभूत हुआ था। अब वह सामने के पृष्ठ पर छपा, बाल घुँघराले करने की दवा का विज्ञापन पढ़ रहा था। उसने देखा था कि अधिकांश अभिनेताओं के बाल घुँघराले होते हैं। उसने तय किया कि वह अपनी दुकान तो नहीं, किसी दोस्त के पते पर यह दवा ज़रूर मँगवाएगा।

झाड़ी

वसन्त की सूनी-सूनी दोपहर के पत्ते सड़क पर उड़ रहे थे। सूखे, चुरमुराए हुए पत्तों का एक रेला सड़क पर दूर तक दौड़ता हुआ उसकी कमर से लेकर कन्धों तक लिपट गया। उसे ढँक गया। वसन्त की इस दौड़ती हुई झाड़ी से बाहर निकलते हुए अखिल ने अनुभव किया, गर्मी काफी पड़ने लगी है और पसीने से चिपककर धूल बदन पर एक अजब एहसास पैदा कर रही है। उसने माथे पर छलछला आई बूँदें रूमाल से पोंछी और सड़क पार कर तेज-तेज चलता हुआ बस स्टैंड की ओर बढ़ गया।

ऑफिस के अपने सहयोगियों से बिना कुछ कहे वह उठकर चला आया था और वह जानता था, उन सबको उसके व्यवहार पर जरूर हैरानी हो रही होगी। मगर वह उठकर न आता तब भी उन्हें हैरानी होती।

वह खुश था कि वर्षों के सोच-विचार के बाद उसने आखिरकार फैसला ले ही लिया। कई बार उसने सोचा और फिर कुछ न कर सका। और हर कुछ न कर सकने के पश्चात् उसे अपनी असहायता पर क्षोभ होता, स्वयं पर ग्लानि होती और खुद पर गुस्सा होता।

बचपन में उसके घर के चारों ओर एक काँटों की झाड़ी थी जिसे उसके हमजोली छलाँग मारकर पार कर लिया करते थे। उस ओर जाकर वे तालियाँ बजाते और अखिल को प्रोत्साहित करते कि वह भी एक छलाँग में इस ओर आ जाए। वह कई बार दूर से दौड़ता हुआ आता और आँखें मूँद लेता और प्रयत्न करता कि उछलकर छोटी-सी वह झाड़ी लाँघ जाए। मगर हर बार एक अनजाने भय से उसका मन भर जाता। उसे लगता कि उसने जरा भी छलाँग मारने की कोशिश की तो बीच में ही उलझ जाएगा और उसका शरीर काँटों से लहुलूहान हो जाएगा। काँटों में फँसने के ख्याल से उसे रोमांच हो आता और वह पाता कि वह दौड़ता हुआ आकर झाड़ी के समीप रुक गया है और उसके पैर काँप रहे हैं। आँखें खोल हमजोलियों को उस ओर देखता और पस्त हो जाता। वह कभी भी झाड़ी पार न कर सका। हारकर उसने अपने एक हमजोली से कहा कि वह उसे उस ओर फेंक दे। एक बार डर दूर हो जाने पर हमेशा के लिए जाता रहेगा। जब उसने उसे फेंक दिया तो उसने पाया, वह झाड़ी में आ पड़ा था और काँटों से उसका शरीर छिल गया था। मगर वह दर्द से अधिक शर्म और शर्म से अधिक किसी भी कीमत पर झाड़ी न पार कर सकने की स्थिति पर रो रहा था। वह जान गया था—वह

झाड़ी कभी लाँघ नहीं सकेगा।

इतने वर्षों के बाद भी, अब भी जब कभी उसे बचपन की वह बात याद आती, तो उसे लगता, इस सारे दौरान में उसके साथ-साथ बचपन की वह झाड़ी भी बड़ी होती रही है और अब भी वह उसी तरह असहाय है, अपनी झाड़ी के सामने छोटा है। अब भी यदि वह प्रयत्न करे तो दौड़ता हुआ जाकर रुक जाएगा और काँटों की वह दीवार नहीं पार कर सकेगा। अपने चारों ओर एक हमउम्र झाड़ी होने की कल्पना पर वह सिहर उठता। मगर फिर अपने ख्याल को एक झटका दे सिर झुका काम पर लग जाता।

वह जब अपने साथियों को इस कदर खुश या गप्पें हाँकते देखता तो उसे लगता, वे सब सचमुच सुखी हैं। वे या तो झाड़ी के उस पार हैं या फिर उनके चारों ओर कुछ है ही नहीं। और वह इस नतीजे पर पहुँचता कि दरअसल उनके आसपास कुछ है ही नहीं। उनकी तुलना में अपने इर्द-गिर्द कुछ होने के विचार पर उसे गर्व होता और वह अनुभव करता कि वह उनसे बड़ा है।

वसन्त की इस दोपहर में दौड़ते हुए पत्तों के झुरमुट से निकलते हुए उसने अनुभव किया, उसने आखिरकार एक छलाँग में वह झाड़ी पार कर ली है और अब वह झाड़ी कहीं नहीं है। उसने जिन्दगी में पहली बार अपने को मुक्त अनुभव किया और उसे पहली बार लगा—सारा संसार बहुत खुला हुआ है जिसमें आदमी धूल के बगूले की तरह दौड़ता हुआ कहीं भी जाने को स्वाधीन है।

बस-स्टैंड पर भीड़ लगभग नहीं थी। केवल कुछ लोग एक क्यू बनाकर खड़े हुए थे और बस की प्रतीक्षा कर रह थे। वह चुपचाप पीछे जाकर खड़ा हो गया और सामने के पेवमेन्ट पर एक महिला को वसन्ती साड़ी से मैच करते ब्लाउज की लाट देखने लगा। फिर उसने अपनी नजर हटा ली, कलाई की घड़ी पर दृष्टि फेंकी और रूमाल से माथे का पसीना पोंछने लगा। अकस्मात् उसे लगा, पसीने की बदबू उसके सीने से चिपकी बनियान से भी आ रही है और उसके अन्दर कुछ चिपचिपा रहा है। कुछ भी नहीं। अपने ख्याल को एक झटके के साथ दूर फेंकता हुआ रूमाल कमीज के अन्दर डाल वह अपनी बनियान का पसीना सुखाने लगा। किसी चीज से चिपकने के ख्याल से ही उसे घबराहट होती थी। पिछले तमाम वर्षों के अनुभव से वह जानता था, हर चीज एक जोंक की तरह होती थी। पिछले तमाम वर्षों के अनुभव से वह जानता था, हर चीज एक जोंक की तरह होती है, जो दूसरी चीज से चिपककर तब तक अलग नहीं होती, जब तक उसका लहू पी, फूलकर स्वयं न गिर जाए। कोई चीज उसका लहू पीकर, फूलकर गिर पड़ी है। नहीं, उसने स्वयं ही उसे फेंक दिया है और अब वह बिल्कुल चुस्त-दुरुस्त है और पूरी तरह स्वस्थ। दो दिन पहले वह खुद भी नहीं सोच सकता था कि वह कभी इस कदर उत्फुल्ल हो सकता है। मगर एक झटका और अलग। एक छलाँग। और लो, कहीं कुछ भी नहीं।

स्टैंड की ओर आती बस देख दोपहर में समाए हुए-से क्यू में सुगबुगाहट आने लगी और क्यू आगे बढ़ने लगी। उसके पैर भी अपने-आप आगे बढ़ गए। उसने सुना,

आगेवाला आदमी कंडक्टर से जिरह कर रहा था :

"बस मोती बाग जाएगी ?"

"नहीं ?"

"क्यों ?"

"अजीब सवाल है !" कंडक्टर झुँझलाता हुआ कह रहा था। "नहीं, इसलिए नहीं जाएगी।"

उसके होंठों पर मुस्कुराहट आ गई। बस चली गई थी और वह ऊबकर अपनी घड़ी की ओर देखता हुआ अगली बस की प्रतीक्षा कर रहा था।

टाइम क्या हुआ है ? उसके आगे खड़ी महिला ने पीछे मुड़कर उससे पूछा।

"दो-पच्चीस।" उसने संक्षिप्त-सा उत्तर दिया।

"यहाँ का बस-सिस्टम बहुत खराब है।" उस महिला ने बात बढ़ाते हुए कहा, जिसे सुनकर वह चुप रहा।

वह जानता था उसे देर हो रही थी। असल में वह जल्द-से-जल्द पहुँचकर उमा को चौंका देना चाहता था। इस समय उमा लेटी हुई होगी या फिर कोई फिजूल-सी किताब लिए पड़ी होगी। औरतों को, मालूम पड़ता है और कोई काम नहीं होता। उमा यह सोच भी नहीं सकती कि वह ऐसे समय और ऐसा समाचार लेकर आ सकता है। पहले वह दिन में कई बार उसके ऑफिस फोन किया करती थी। मगर पिछले साल-भर से यह सिलसिला बन्द था। कुछ तो वह भी थक गया था और कुछ, लगता है, वह भी थक गई थी। बात यह है कि उसे यह सब अब निहायत बचकाना मालूम पड़ता था। एक उम्र होती है जब आदमी को सब कुछ अच्छा लगता है। मगर एक उम्र होती है, जब उसे पहले जो कुछ अच्छा लगता था, वह सब बुरा लगता है—यहाँ तक कि प्रेमिका भी। गनीमत है कि उमा उसे अब भी अच्छी लगती थी। शायद यह भी एक बचकानापन ही हो। वह अपने इस ख्याल पर मन-ही-मन हँसा।

उसने अपना पैर पास खड़े शू-शाइन वाले लड़के की ओर बढ़ा दिया और जूतों पर पॉलिश कराने लगा। रोज की तरह आज उसने उसे झिड़का नहीं और सोचने लगा, ऐसा क्यों होता है कि कभी आदमी को तमाम चीजें हल्की और खुश नजर आती हैं !

जेब से चेंज निकाल पॉलिशवाले लड़के की ओर फेंक वह तेजी से बस पर चढ़ गया और आगे के कोने की सीट पर बैठ गया जहाँ पेट्रोल, और धूल की मिली-जुली गन्ध आ रही थी। बस में आगे की सीट पर बैठना उसकी आदत थी और जब भी वह यह सीट पा जाता, बैठते हुए उसे बचपन में मास्टर का कहा हुआ फिकरा याद आता, आगे की बेंच पर बैठनेवाले लड़के हमेशा होशियार नहीं होते। और वह मुस्कुरा पड़ता।

मगर, क्या वह हमेशा ही औरों से होशियार नहीं रहा है ? जब वह नौकरी पर पहले दिन आया था तो उसने पूरे दिन का काम कुछ ही घंटों में समाप्त कर डाला था और फाइलें सरका दी थीं। मेज पर वह चुपचाप बैठा हुआ था कि उसके अफसर ने

आकर उससे कहा था, अखिल, बहुत हुआ। बाकी काम कल करना। अखिल को वह पहले से जानता था। बाहर निकलते हुए उसने कहा था, "काम को काम की तरह करना चाहिए। वर्क इज़ नॉट टु बी टेकन ऐज सीरियसली ऐज लाइफ।" फिर ठहरकर कहा था, "और जिन्दगी को भी इतने सीरियसली लेने की क्या ज़रूरत है !" वह ठठाकर हँस पड़ा था। अखिल को उसका ठहाका बिल्कुल बोदा और घटिया जान पड़ा था। मगर, उसने सोचा था, कौन जाने शायद यह लॉ ही हो। आदमी इस चक्र में पड़कर ठीक ऐसा ही हो जाता हो। दस साल बाद, हो सकता है, वह भी ऐसी ही खोखली हँसी हँसे और तब किसी और को वह सस्ता और अर्थहीन प्रतीत हो।

मगर इस तमाम अरसे में वह बिल्कुली ही नहीं बदला था सिवाय इसके कि उसके सामने साफ-साफ विकल्प था, या तो वह काम पूरी तरह करे या बिल्कुल न करे। पूरी तरह करने के बाद उसने पाया था कि वह बिल्कुल ही नहीं कर सकता था। वह अपने-आपको नष्ट करता रहा था और अब कतई इस प्रवाह में बहते जाना नहीं चाहता था। कहीं-न-कहीं अपने पैर टेकने होंगे और खड़ा होना होगा, फिर इस प्रयत्न में वह चाहे उखड़ ही क्यों न जाए। एक बार ललकारना ही होगा। अपनी तमाम शक्ति के साथ। अगर नष्ट होना ही है, तो स्वयं अपने को नष्ट करना होगा।

मगर क्षण-भर को ही सही, वह अपने पैर कहाँ टेके ? क्या पता, वह भी बालू ही हो। और टिकने के बजाय वह बहता ही चला जाए, जिसके प्रवाह के प्रतिकूल वह खड़ा होने का प्रयत्न करे, फिर उसी का अंग बनकर हमेशा के लिए समाप्त हो जाए। कोई जगह भी तो होनी चाहिए। और तब उसे लगा था, वह जगह उमा है।

उसने उत्साह में भरकर उमा से कहा था। उमा तमाम देर उत्सुकता के साथ सुनती रही थी। वह जब आवेश में आ जाता था तो जोर-जोर से बोलता था और फिर कहीं नहीं रुकता था। उमा उससे कहती भी थी कि तुम बहुत लाउड हो। मगर शायद यह उसका स्वभाव ही था। वह उसे बताता रहा था कि वह काम छोड़ देना चाहता है। इस तरह नष्ट होने का कोई लाभ नहीं। प्रमोशन, तरक्की, रूटीन, आदमी क्या इन्हीं के लिए जीता है ?

फिर उसे लगा था, उमा उसी बात पकड़ नहीं पा रही है। तब उसने उसे मानो समझाते हुए कहा था, एक बार अपने को ऐसी जगह फेंक देना चाहिए जहाँ कुछ भी न हो। देखा जाए, तब भी वहाँ क्या है ? शायद अनिश्चितता ही वह चीज है, जिसमें पड़कर आदमी अपनी प्रतिभा का गड़ा हुआ धन खोद-खोदकर लाता है और दाँव पर लगाता है। सब कुछ हारकर भी वह असन्तुष्ट नहीं मरता। कम-से-कम उसे यह बात सन्तोष देती है कि दाँव पर लगाने के लिए उसके पास कुछ था। वह कंगाल नहीं था। एक हमेशा ही झूलता हुआ या एक बराबर घरघराता हुआ खतरा। इसके बाहर कुछ भी नहीं है। आदमी की तमाम कुछ कर सकने की क्षमता इस शोर में पैदा हुई है।

उसकी बातें सुनते-सुनते उमा की आँखें चमक उठी थीं। उसने सहमति दे दी थी। वह जानता था उमा की सहमति से वह अपने-आपको किसी भी भँवरजाल में फेंक

सकता था। अक्सर क्या, हमेशा ही जब अपने पर विश्वास नहीं होता तब उमा पर होता।

कृतज्ञता और आवेश में भरकर वह उमा को चूमने लगा था। उसके होंठों को, कन्धों को, वक्ष को। उमा ने शर्म और पुलक में भरकर कहा था, पागल हो गए हो क्या ! मगर वह नहीं रुका था। उसे ताबड़तोड़ चूमता रहा था।

दूसरे दिन जब उसने दफ्तर में प्रवेश किया, तो उसे लगा, उसमें पहले से कुछ अधिक आत्मविश्वास है और उसे किसी बात की फिक्र नहीं। वह कुछ भी कर सकने में समर्थ है। उसने अपना कोट हैंगर पर टाँग दिया, टाई ढीली की और चारों ओर नज़र दौड़ाने लगा। देखा कि लोग फाइल पर, टाइप पर या खाली मेज पर झुके हुए हैं या बातचीत में मशगूल हैं। आखिर यह सब क्यों हो रहा है ? किसके लिए हो रहा है ? और इस सबका क्या अर्थ है ? भाड़ में जाए। उसे इस सबसे क्या लेना-देना है !

और उसने हमेशा की तरह अपना सिर झुका लिया। मगर थोड़ी देर इसी तरह बैठे रहने के बाद उसे अनुभव हुआ कि वह कई वर्षों से और क्या पता कई जन्मों से वहाँ इसी तरह बैठा हुआ है और बूढ़ा हो रहा है और कुबड़ा हो रहा है। नहीं, अब एक मिनट भी नहीं। वह फैसला कर चुका है और उसे जरा भी सोच-विचार नहीं करना चाहिए।

वह आवेग में उठ खड़ा हुआ और तत्काल उसे लगा, लोगों ने उसे ऐसा करते हुए देख लिया था। मगर किसी ने उस पर ध्यान नहीं दिया। सब अपने-अपने काम पर लगे हुए थे।

चाय के लिए बाहर आते हुए उसने सोचा, एक बहुत बड़ा कैदखाना है और सबके पैरों में बेड़ियाँ पड़ी हुई हैं। ऊपर से नीचे तक। कोई भी नहीं बचा। सब एक-दूसरे के कैदी हैं और एक-दूसरे पर निगाह रखते हैं।

इस तरह दम घुट जाएगा और वह इस कालकोठरी में एक गुमनाम मृत्यु मर जाएगा। अब देर नहीं की जा सकती। उसका एक-एक मिनट कीमती है। लंच के दौरान वह बरामदे में टहलता रहा और जैसे ही उसके सीनियर अफसर ने अपने कमरे में प्रवेश किया, वह अपना इस्तीफा उनकी मेज पर रख आया। कमरे से निकलते हुए उसका चेहरा तमतमाया हुआ था और उसे लगा था, उस बड़े-से हॉल में बैठें हुए सब लोग उसे देख रहे हैं। मगर उस समय भी उसे कोई नहीं देख रहा था।

ऑफिस के बाहर निकलते हुए उसने अनुभव किया, उसका तनाव ढीला पड़ रहा है और वह वापस आ रहा है। जो कुछ उसने किया, उसके औचित्य-अनौचित्य पर वह नए सिरे से विचार नहीं करना चाहता था। उसे वह करना ही था।

अपनी पीठ से एक बहुत बड़े कैदखाने का बोझ फेंक वह अपने को बिल्कुल हल्का अनुभव कर रहा था। अपने को स्वाधीन, बली और बेलाग अनुभव करता हुआ वह दफ्तर की बड़ी-सी इमारत पीछे छोड़ आया था।

बस से उतरकर उसने घड़ी देखी तो तीन बजे हुए थे। इस वक्त जाकर उमा को

चौंका देने के ख्याल पर एक बार फिर उसे खुशी हुई। उसने तय किया कि वह शाम को उसे लेकर बाहर निकल पड़ेगा और किसी बढ़िया रेस्तराँ में वे दोनों चाय पिएँगे। आगे क्या करना है, इस पर वह उससे कतई बात नहीं करेगा। वह जानता था, उमा भी नहीं करेगी। उसने अपने-आपको एक अनिश्चित क्षण में एक जाल की तरह फेंक दिया था और जिन्दगी का सारा तनाव ढीला हो गया था। अब क्या होना है, इस पर विचार करना फिर उसी सिलसिले को स्वीकार करना है।

कमरे में घुसते हुए उमा सचमुच सोई हुई थी। किताब औंधी उसके मुँह पर पड़ी हुई थी और साड़ी का पल्ला वक्ष से बिल्कुल हटा हुआ था। पहले उसने सोचा, वह बैठकर उसके जागने का इन्तज़ार करे। फिर उसे शरारत सूझी। वह मुस्कुराया और उसने उमा के खुले हुए वक्ष के बीचोबीच चूम लिया। चौंककर उठते हुए उमा ने उसे झिड़का तो वह उसे बहुत आत्मीय लगी।

सुस्थिर होते हुए उमा ने उससे पूछा कि वह इस वक्त ऑफिस से कैसे ?

पहले चाय बनाओ, उसने आरामकुर्सी पर अपने को फेंकते हुए कहा। वह जानता था कि वह उमा के साथ घटिया हरकतें कर रहा है। मगर कभी-कभी घटिया, बेहूदा और फूहड़ हो जाने में न जाने कैसा सुख मिलता है। साफ-सुथरी सड़क से उतरकर कीचड़ में चलकर अपने पैर गीले करना भी कभी-कभी बहुत सुहाता है।

उमा ने स्टोव जला दिया था और चाय का पानी उस पर रख दिया था। वह उमा की ओर देख रहा था। उमा सचमुच सुन्दर थी। उसके मुख पर एक अजनबीपन था, जो उसे औरों से अलग करता था। उसका शरीर गठा हुआ था और लगता था एक अँगड़ाई में टूट जाएगा।

वह आरामकुर्सी से उठकर उमा के समीप आ गया और उससे सटकर बैठते हुए उसने उसका कर्णफूल चूम लिया। "बस ! सारा वक्त चूमने और लिपटने के सिवा कोई काम नहीं !" उमा ने तुनकते हुए कहा।

मगर वह उमा से परिचित था, जरूर ही अन्दर से उसे खुशी हुई होगी। औरतों की सबसे बड़ी कमजोरी प्यार है।

चाय की प्याली उसकी ओर बढ़ाते हुए उमा ने कहा, "बताया नहीं, इस वक्त कैसे ?"

उत्तर में उसने फिर एक सस्ती हरकती की। उसकी ठुड्डी पकड़ अपनी ओर करते हुए उसने कहा, "जरा चाय तो पी लेने दो।"

चाय पीकर सिगरेट सुलगा वह आरामकुर्सी पर पसर गया और सोचने लगा, क्या वह बिना किसी भूमिका को उमा को बता दे ? फिर उसने सोचा, इसमें भूमिका का क्या है ! उमा खुद वह भूमिका है। यदि उमा न होती, तो क्या वह यह कदम कभी उठा सकता था ?

उसने अपनी आँखों में प्यार घोलते हुए कहा कि वह इस्तीफा दे आया है।

"क्या ?"

उसने देखा, उमा के हाथों चाय की प्याली छलक पड़ी थी। उसने उमा को चौंका दिया था और तब उसे लगा, क्या उसने यह सब दरअसल उमा को महज चौंकाने के प्रयोजन से नहीं किया है।

उसने अपने आपको इकट्ठा करते हुए अपना वाक्य दोहराया।

उसने देखा कि उमा का मुँह सूख गया था। वह उठकर उसके पास आ गई और उसके हाथ पर हाथ रखती हुई बोली, "क्या सचमुच तुम काम छोड़ आए हो ?" उसने देखा, उमा का हाथ काँप रहा था और उसका हाथ इस क्षण में बिल्कुल ठंडा और निर्जीव हो गया था। एक क्षण में उसे लगा, उसके और उमा के बीच एक दीवार खड़ी हो गई है और दोनों पार्टीशन के दो तरफों से बोल रहे हैं। और यह दीवार अब कभी नहीं टूटेगी।

उमा की आँखों में भय और कातरता थी। इस भय से उसने अपनी निगाह हटा ली और अपना हाथ सरका सूखी हँसी हँसता हुआ बोला, "नहीं, मैं केवल मजाक कर रहा था।"

कह चुकने के बाद वह जैसे बिल्कुल बिखर गया। मगर उसने देखा, उमा उसकी ओर मुग्ध और आश्वस्त दृष्टि से देख रही थी। उसको कोई उत्साह नहीं हुआ। पास आकर जब उमा ने उसका मुँह अपने वक्ष में भर लिया तब भी उसे कुछ भी अनुभव नहीं हुआ।

फिर वह उठा, चुपचाप बाहर आया और सीधे दफ्तर की ओर गया। तेजी से अपने अफसर के कमरे में घुसा, उनसे अपना इस्तीफा वापस माँगा और फाड़कर टोकरी में फेंक दिया।

उसने देखा, उसका अफसर उसे हैरानी के साथ देख रहा था।

वहाँ से निकलकर वह हॉल में आया, अपनी मेज की ओर बढ़ा और अपनी कुर्सी पर अपने को फेंक दिया।

ठंड

पुरुष कुछ रुका। जेब से उसने एक छोटी-सी डिबिया निकाली। चुटकी में थोड़ी-सी सुँघनी लेकर नाक के अन्दर सुड़क ली। स्त्री और बच्चों ने उसे देखा। जब वह चला तो वे भी चल पड़े।

स्त्री का वय अधिक न था। मगर शरीर ढीला और बेडौल था। कद से वह नाटी थी और पति के पार्श्व में बौनी लगती थी। एक साल-भर का बच्चा उसकी गोद में था। दो पैदल चल रहे थे। दोनों ने कई जगह रफू किए गरम कोट से अपनी देह को बुरी तरह जकड़ रखा था, पुरुष ने बन्द गले का कोट पहन रखा था और सिर पर टोली। स्त्री का शरीर एक चादर में लिपटा हुआ था।

पुरुष ने एक बार आसमान की तरफ देखा। फिर जेब से एक मैला-सा रूमाल निकाला और जोरों से नाक छिनकी ! हवा में सर्दी कुछ बढ़ गई थी।

वे गोल बसे हुए बाजार में थे और अभी पौना चक्कर बाकी था। बाजार में रौनक नहीं थी। दुकानें वैसे खुली हुई थीं। सड़क पर भीड़ नहीं थी। मगर हर क्रॉसिंग पर पुरुष रुक जाता था और दाएँ-बाएँ देखकर क्रॉस करता था। जब वह रुकता तो स्त्री और बच्चे भी रुक जाते थे और जब वह चल पड़ता, तो वे भी चल पड़ते।

मगर इस बार वह और उसकी स्त्री आगे निकल आए थे और दोनों लड़के एक दुकान पर रुक गए थे और शो-विंडो में सजी हुई कमीजें और बुश्शर्ट देख रहे थे।

एक ने एक छपी हुई डिजाइन वाली बुश्शर्ट की ओर उँगली से इशारा किया। दूसरा दूसरी दिशा में टँगी एक दूसरे नमूने की कमीज देख रहा था। दोनों इतने समीप खड़े हुए थे कि दोनों के कन्धे लगभग सटे हुए थे। एक और कमीज की तरफ देखने की कोशिश में जब उनके कन्धे टकराए तो अचानक वे चौंके और मुड़कर उन्होंने आगे देखा।

स्त्री और पुरुष पीछे मुड़कर उन्हें देख रहे थे। पुरुष की निगाहों से स्पष्ट होता था कि अगर कुछ देर और वे इसी तरह वहाँ खड़े रहते तो वह उन्हें कान पकड़कर खींच लाता।

दोनों की निगाहें उनसे मिलीं, झुकीं और तब चोरी करते हुए पकड़े जाने के अनुभव में जकड़े वे दोनों उसके पीछे-पीछे चलने लगे। कुछ दूर जाकर छोटे लड़के ने बगल में चलते हुए बड़े लड़के को देखा। बड़े लड़के को सहमा हुआ देख उसने अपनी आँखें नीची

कर लीं। मगर थोड़ी दूर जाने के बाद उसने बड़े के कोट की आस्तीन खींची और इशारा किया। बड़े ने बेरूखी के साथ अपनी बाँह छुड़ा ली।

स्त्री के वक्ष से चिपका हुआ बच्चा सो रहा था। घंटा-भर पहले स्त्री ने उसे अफीम की घुट्टी दे दी थी। बच्चा जब भी रोता, वह उसे घुट्टी दे देती। फिर वह चुप हो जाता और थोड़ी देर में उसे नींद आ जाती।

पुरुष फुटपाथ पर एक जगह रुका। उसे रुकते ही वे सब भी रुक गए। उसने जेब से एक छोटा-सा मनीबेग निकाला और फुटपाथ पर सड़क के किनारे गरम मूँगफली और दालसेव बेचनेवाले लड़के से कहा, चार जगह दो। लड़के ने फुरती के साथ मूँगफली की चार पुड़ियाँ बनाईं और उसकी ओर बढ़ा दीं। उसने सबसे पहले छोटे लड़के को दी, फिर बड़े को, फिर स्त्री को और आखिर में स्वयं ली।

मनीबेग से उसने एक रुपए का नोट निकाला। नोट मैला-कुचैला और तेल में डूबा हुआ लगता था। लड़के ने नोट हाथ में लिया। फिर बोला, नहीं चलेगा, दूसरा दो। पुरुष ने एक बार क्रोध से उसे देखा। फिर नोट वापस ले लिया। उसने मनीबेग में हाथ डाला और कुछ रेजगारी निकाली। मगर वे पन्द्रह ही पैसे थे। तब स्त्री ने रेजगारी है, कहकर अपनी कमर में खोंसा एक रूमाल निकाला और पुरुष को दे दिया।

लड़के मूँगफली चबा रहे थे और इस बार कुछ आजादी के साथ इधर-उधर की दुकानों पर नजर फेंक रहे थे। जब चलते-चलते पिता और बेटों का फासला कुछ बढ़ गया, तो मूँगफली का एक दाना मुँह में फेंकते हुए और जूतों की दुकान में एक जूते की ओर इशारा करते हुए बड़े ने छोटे से कहा, बबुआ स्लीपर बढ़िया है।

बहुत। छोटे ने बड़े की पसन्द की दाद देते हुए कहा और उन दोनों की इच्छा हुई कि वे वहाँ रुक जाएँ।

सामने से आती हुई बस देख दोनों ने एक-दूसरे का हाथ पकड़ लिया था और जब बस गुजर गई तब हाथ पकड़े-पकड़े दोनों ने सड़क क्रॉस की और उस ओर पहुँचकर एक-दूसरे को खुशी से देखा।

स्त्री कुछ थकी-सी लग रही थी और उसका बच्चा जाग गया था। उसने इधर-उधर देखा। फिर पति से मानों आँखों-ही-आँखों में इजाजत माँगती हुई सड़क के किनारे बैठ गई और बच्चे को पेशाब कराने लगी।

कुछ दूर पटरी पर एक कॉस्मेटिक्स की दुकान थी। छोटे लड़के की नजर उस पर गई और उसने बड़े का हाथ दबाया। वह कहना चाह रहा था, अम्मा यहाँ से तेल-साबुन जरूर लेंगी। माँ के कुछ खरीदने के ख्याल से उसे ईर्ष्या भी हुई और उसने असन्तोष के साथ अपनी माँ को देखा, जो देर से वहाँ बैठी हुई थी।

इतनी देर में पुरुष ने सुँघनी एक बार फिर सूँघ ली थी और अपने नथुनों को मसल रहा था। फिर उसने अपनी टोपी ठीक की और कलाई में बँधी एक मैले-पीले डायलवाली घड़ी में समय देखा।

स्त्री उठकर आ गई थी। बच्चा उसके कन्धे पर पड़ा हुआ था और उसकी आँखें

अधमुँदी थीं। पुरुष ने अपनी चाल कुछ तेज कर दी थी और स्त्री उसके पीछे-पीछे चलने की कोशिश में हाँफ रही थी। दोनों लड़के उत्साह में थे और चाह रहे थे कि इस रफ्तार से चलते हुए पिता के आगे निकल जाएँ।

पिता के साथ वे बाईं ओर मुड़े। ठीक सामने एक बड़ा-सा सिनेमाघर था। बड़े-बड़े पोस्टर, नियॅन लाइट्स और बुकिंग ऑफिस। पोस्टर देखते हुए दोनों लड़कों के पाँव ठिठक गए। पुरुष ने सिनेमाघर पर एक उछलती हुई नजर डाली और स्त्री को साथ लिए बढ़ गया। स्त्री का ध्यान किसी ओर न था। वह केवल चल रही थी।

आगे बढ़ जाने के बाद दोनों लड़कों ने एक बार पीछे मुड़कर फिर सिनेमाघर को देखा और बगल से आती एक साइकिल से टकराते हुए बचे। उन्होंने डरकर पिता की ओर देखा, जिसकी पीठ उनकी ओर थी। उसने उन्हें टकराते हुए नहीं देखा था।

सिनेमाघर से फर्लांग-भर चलने के बाद पुरुष कुछ रुका और जब लड़के उसके समीप आ गए तो वह उन्हें लेकर पास के कई छोटे-छोटे ढाबों में से एक में घुस गया।

ढाबे में केवल तीन-चार टेबलें थीं और कुछ टीन की कुर्सियाँ। वह एक मेज पर बैठ गया और छोटे बच्चे को उसने अपनी गोद में ले लिया। कुर्सी पर बैठ स्त्री ने अपनी साड़ी सँवारी और इतमीनान की साँस ली। दोनों लड़के कायदे के साथ कुर्सियों पर तने हुए बैठे हुए थे, मगर दोनों ही नजर बचाकर सामने रखी एक काँच की अलमारी को देख रहे थे जिसमें कई प्रकार का खाने का सामान रखा हुआ था।

ऑर्डर लेनेवाला लड़का जब मेज साफ कर गया, तब पुरुष ने उससे कहा, वह तीन समोसे, एक जगह चिउड़ा और बाद में चार कप चाय ले आए।

अलमारी से निकालकर लड़का सारी चीज़ें मेज पर रख गया था। स्त्री ने चिउड़े की प्लेट अपनी ओर खिसका ली थी और बाकी प्लेटें उनकी ओर कर दी थीं। छोटा लड़का पिता के शुरू करने का इन्तज़ार कर रहा था। जब पिता ने प्लेट की ओर हाथ बढ़ाया, तब उसने फौरन अपनी प्लेट अपने और करीब कर ली और समोसे का एक काफी बड़ा हिस्सा मुँह में डाल लिया।

बड़ा लड़का धीरे-धीरे और सलीके के साथ नाश्ता कर रहा था। उसे ध्यान था कि बाहर जाकर हमेशा कायदों का ख्याल रखना चाहिए। उसने कनखी से पिता की ओर देखा, क्या वे उसके ढंग से सन्तुष्ट हैं ?

उसने अपनी प्लेट खाली कर ली और उसे खिसकाने लगा। खाली प्लेट सामने नहीं होनी चाहिए। उसने ख्याल नहीं किया कि पास ही पानी का गिलास रखा हुआ था। प्लेट के धक्के से गिलास गिरा और जमीन पर गिरकर आवाज करता हुआ टूट गया। सारा पानी उसकी माँ की साड़ी पर आ गिरा था।

उसने घबराकर आँखें मूँद लीं। वह जानता था कि करारी डाँट पड़ेगी और गर्दन पर एक जोर का तमाचा। मार से अधिक अपमान और अपनी लापरवाही के एहसास से वह बिल्कुल सहम गया था। मगर जब उसे डाँट सुनाई नहीं पड़ी, तब उसने अपनी आँखें खोलीं और कातर नजरों से पिता की ओर देखा।

पुरुष स्त्री को देख रहा था, जो वहीं बैठी हुई अपनी साड़ी के छोर से पानी निचोड़ रही थी। वह धीरे-धीरे चाय की चुस्कियाँ भी ले रहा था।

चाय समाप्त कर उसने लड़कों को देखा। दोनों अपनी जगहों पर तरीके से बैठे हुए थे और दोनों की नजरें पिता के चेहरे पर टिकी हुई थीं।

वह उठा तो वे भी उसके साथ उठे और स्त्री ने अपनी चादर ओढ़ ली।

पैसे चुकाकर बाहर आते हुए पुरुष ने बड़े लड़के को देखा, जिसका कोट पानी छलकने के कारण कुछ गीला हो गया था। चलते-चलते उसने जेब से पुराना रूमाल निकाला और लड़के की ओर बढ़ा दिया। लड़के ने तत्परता के साथ रूमाल अपने हाथ में लिया और भीगी हुई जगह पर घिसने लगा, हालाँकि पानी दरी की तरह मोटे कोट के अन्दर जाकर अपने-आप करीब-करीब सूख चुका था।

रात हो चुकी थी और ट्रैफिक पहले से भी कम हो गया था। वे सुविधा के साथ सड़क पार कर सकते थे। पुरुष ने जेब से सुँघनी निकाली और नाक के अन्दर सुड़क ली। फिर अपने नथुने मलने लगा।

बस-स्टॉप पर आकर वे क्यू में खड़े हो गए। पहले स्त्री, फिर दोनों लड़के और आखिर में वह। सर्दी एकाएक ही बहुत बढ़ गई थी। स्त्री ने अपनी छाती से चिपके बच्चे को चादर के अन्दर बुरी तरह लपेट लिया था और उसे कनटोप पहना दिया था। पुरुष ने जेब से एक गुलूबन्द निकाला और बड़े लड़के को दिया। लड़के ने उसे अपने गले और कान के आसपास लपेट लिया और सोचा, अगर वह इसे कान पर कुछ और चढ़ा ले तो कुछ भी सुनाई नहीं पड़ेगा। पुरुष का ठंडा हाथ आगे खड़े छोटे लड़के के कन्धे पर पड़ा हुआ था जिससे छोटा लड़का कुछ आत्मविश्वास और कुछ गौरव अनुभव कर रहा था।

बस पर चढ़ने के बाद स्त्री पिछली जनानी सीट पर बैठ गई थी और पुरुष अगली सीट पर। बड़ा लड़का अपनी माँ के पास बैठ गया था। छोटे लड़के की समझ में नहीं आया कि वह कहाँ बैठे। तब उसने पिता की ओर देखा, जिन्होंने खिड़की का काँच गिराकर अपनी आँखें बन्द कर ली थीं। वह कुछ संकोच में पड़ा। फिर कुछ डर और कुछ अधिकार के साथ जाकर अपने पिता की बगल में बैठ गया।

चॉकलेट

कमरे में कोई नहीं था और अकेलापन वह जरा भी बरदाश्त नहीं कर पाते थे। क्षण-भर को भी अकेले होने पर, उन्हें अपनी जिन्दगी निरर्थक लगने लगती और तबीयत होती, वह भागकर सड़क पर निकल आएँ, जहाँ लोग उन्हें देखकर रास्ता छोड़ने लगें और सिर झुकाने लगें और वह सबके नमस्कार का प्रत्युत्तर अपनी संयत मुस्कान से देते हुए आगे बढ़ते जाएँ और बढ़ते जाने का यह सिलसिला कभी खत्म न हो।

मगर आदमी को पाँच मिनट के लिए तो अकेला होना ही पड़ता है। फाइल तो देखनी ही पड़ती है। दस साल के मन्त्रित्वकाल में, वह पाँच मिनट से अधिक अकेले कभी नहीं रहे।

उन्होंने जमुहाई ली और मेज पर लगा बटन दबा दिया। निजी सचिव के आने पर फाइल खिसका दी। फाइल पर हरे चिट पर नोट लगा था, 'देख लिया' और नीचे उनका टेढ़ा-मेढ़ा हस्ताक्षर था। जेल के दिनों में उन्होंने कहीं पढ़ा था, बड़े आदमियों के अक्षर खराब होते हैं। तब से वह अपना हस्ताक्षर भी बिगाड़कर करते थे और अब तो उनके अक्षरों का बिगड़ना इस हद तक स्वाभाविक हो चुका था कि यदि वह कभी अपनी पुरानी हस्तलिपि देख लेते तो यह तय था, कि वह चौंक पड़ते। मालूम नहीं उस पर उन्हें डाह होता या आक्रोश ? मगर यह जरूर है कि अपनी पिछली जिन्दगी पर विचार करने की फुर्सत उन्हें कभी नहीं मिली। केवल पाँच साल में एक बार उन्हें अपने अनुभव, योग्यता और देश-सेवा का ब्यौरा देने की जरूरत पड़ती थी। इसमें कोई मुश्किल न थी।

उन्होंने देखा, निजी सचिव ने उनके दैनिक कार्यक्रम की डायरी रख दी थी। वह निजी सचिव को बैठ जाने का इशारा करते हुए, डे-डायरी देखने लगे। 10-15 से 10-30 तक नीति और प्रशासन के विषय में सचिव से वार्तालाप; 10-30 से 11-15 तक सार्वजनिक कार्यकर्ताओं से भेंट; 11-15 से 12-5 तक संस्था के लोगों से चर्चा; 12-5 से 12-15 तक सरकारी कामकाज; 12-15 से 12-45 तक विश्राम, 12-45 से 12-50 तक निजी सचिव को आवश्यक आदेश; 12-50 से 1 तक सामान्य जन से भेंट। 1 से 2 तक लंच; 2 से 3-15 तक विश्राम; 3-15 से 3-30 तक चाय; 3-30 को एक स्कूल के वार्षिकोत्सव के उद्घाटन के लिए प्रस्थान; 3-40 से 4-40 तक उद्घाटन भाषण; 4-45 से 5-15 तक मुख्यमन्त्री के आवास पर हाजिरी; 5-20 को अन्तर्प्रान्तीय बैडमिंटन क्रीड़ा महोत्सव के उद्घाटन के लिए प्रस्थान; 5-30 से 6-30 तक भाषण और क्रीड़ा

समारोह में उपस्थिति; 6-30 को एक लेखक सम्मेलन में भाषण के लिए प्रस्थान; 6-40 से 7-15 तक साहित्यिक आदि विषयों पर भाषण एवं पुष्पहार ग्रहण; 7-15 को संगीत सभा की अध्यक्षता के लिए प्रस्थान; 7-20 से 7-45 तक संगीत पर भाषण; 8 बजे जिलाध्यक्ष द्वारा आयोजित रात्रि-भोज में सम्मिलित एवं भोज की समाप्ति पर परिवार नियोजन पर संक्षिप्त भाषण; 9-15 को बँगले पर वापस और 9-15 से 11-15 तक संस्थान और अपने क्षेत्र के कार्यकर्ताओं से भेंट और संस्था में बढ़ती गुटबन्दी और आगामी आम चुनाव क्षेत्र में संस्था की स्थिति पर वार्तालाप। अन्त में दुग्धपान।

एक नजर में तमाम इंगेजमेंट्स देख लेने के बाद, वह कलाई में बँधी अपनी घड़ी देख रहे थे और ऊब का अनुभव कर रहे थे। जब भी विभागीय सचिव के आने का समय होता, उन्हें अजीब-सी नीरसता का भान होने लगता। प्रशासन, वित्त, व्यय, सुविधाएँ, माँग, प्रदाय ! एक बार तो उनकी इच्छा हो गई थी कि वह सचिव से कह दें, जैसा करना हो, वैसा करो और हमेशा के लिए छुट्टी पा लें।

निजी सचिव चला गया था और विभागीय सचिव उनसे अन्दर आने की अनुमति माँगता हुआ कमरे में चला आया था। उसे बैठने का आदेश देते हुए वह स्वयं भी अपनी कुर्सी पर टंच हो गए। सचिव अंग्रेज जमाने का अनुभवी और रौब-दाबवाला आदमी था। मगर वह जानते थे, जब तक वह उसे आदेश नहीं देंगे, बैठने का साहस वह नहीं कर सकेगा। कभी-कभी वह उसे खड़ा भी रखते थे। कभी तो व्यस्तता का स्वाँग कर कमरे के बाहर ही। और झल्लाते तो अक्सर ही, जब भी वित्त और प्रदाय का मामला बढ़ने लगता।

सचिव ने फाइल अपने सामने से उनकी ओर खिसका दी थी और वह कागजात उलट-पुलट रहे थे। जब भी वह फाइल देखते, उनकी समझ में नहीं आता कि इसमें गलती कहाँ पर है; वह बहुत ढूँढ़ने की कोशिश करते और जब हार जाते तब कहीं-न-कहीं टाइप की गलतियाँ ढूँढ़ लेते और अनुभव करते, उनकी दृष्टि बहुत सतर्क है और प्रशासन उन्हें उल्लू नहीं बना सकता।

मगर आज यह गलती भी ढूँढ़ने का उत्साह उनमें न था। दरअसल वह बहुत थके हुए थे। कल तमाम दिन और देरी रात तक इंगेजमेन्ट्स रहे कि उनका दिमाग थका हुआ था और उन्हें रह-रहकर जमुहाई आ रही थी। जब वह अपने प्रशंसकों से घिर जाते, और ऐसा अक्सर होता, तब वह बचपन में किसी किताब में पढ़ी हुई कहावत दुहराते, 'अनईजी लाइज द हेड दैट वियर्स द क्रॉउन।' और वाक्य समाप्त करते-करते उन्हें लगने लगता, उनके सिर पर एक काँटों का मुकुट रखा हुआ है, जिसकी कीलें उनके मस्तक में अन्दर चुभती जा रही हैं। मगर जैसे-जैसे वे अन्दर उतरती जा रही हैं, एक दबा हुआ सुख बाहर आने को विकल होता जा रहा है। उन्हें लगता, वे इस अद्‌भुत पीड़ा के सुख में किलकारी भर उठेंगे।

सचिव उन्हें बता रहा था कि कटौती का क्या परिणाम होगा; मजदूरों के व्यवहार की वस्तुओं के मूल्य-सूचक अंक उस अनुपात में कहाँ तक बढ़ जाएँगे और इससे

औद्योगिक सम्बन्धों में कितना तनाव आएगा; मगर उनका चित्त इन बातों में जरा भी न था। उन्हें लग रहा था, उनके सामने एक टेप-रिकार्डर रखा है, जो अपने-आप बज रहा है। उन्हें कल की बातें याद आ रही थीं। एक सार्वजनिक सभा में वह दो-तीन घंटे जमकर बोले थे। उन्हें याद नहीं आता, इतनी बड़ी सभा में इससे अधिक कभी वह बोले हों और जनता ने उनका भाषण इतनी उत्सुकता के साथ सुना हो। भाषण देते समय, लोगों का उत्साह देख रह-रहकर उनके मन में अपनी जनता के प्रति प्यार उमड़ता, और वह अनुभव करते-ऐसे देश में जन्म लेकर, वह सचमुच धन्य हुए। इस समय उन्हें अपना एक-एक वाक्य याद आ रहा था और वह मन-ही-मन अपनी कही हुई बातों और अपने कहने के ढंग और अपनी सभा-कुशलता पर मुग्ध होते हुए कल के दृश्य-प्रवाह में बह रहे थे।

वह जानते थे, वह चाहते तो इतनी ही देर और सभा बाँधकर रख सकते थे। उन्हें बचपन से अभ्यास था। नाटक-कम्पनियों में पार्ट लेने और लम्बे-लम्बे डॉयलॉग बोलने में उन्हें रुचि थी। जब वह छोटे-से थे, तभी से उन्हें रामलीला में जानकी का रोल सौंप दिया जाता और वह ऐसा अभिनय करते और ऐसा विलाप कि जानकी माई के दुःख से श्रोता-वर्ग खासकर महिलाएँ कातर और दुःख-विह्वल हो उठतीं और उस दिन चढ़ावे में देर तक चावल और नकद के अलावा स्त्रियों की सोने-चाँदी की चूड़ियाँ और छोटे-मोटे अनेक जेवर आते रहते। कभी-कभी वह ये चूड़ियाँ पहन लेते और सोचने लगते, क्या मैं सचमुच ही सीता नहीं हूँ। उन्हें अपने घर में भी अभिनय करना अच्छा लगता था। बचपन में माँ जब सामने थाली परोसकर, उन्हें प्यार से निवाला कराने लगती, तब वह कभी अकारण हँसने लगते, हँसते ही जाते और फिर बीच में ही अपनी हँसी रोक रोने लगते और इस कदर रोते कि न जाने कहाँ छिपे आँसुओं की झड़ी लग जाती और जब माँ परेशान हो जाती, तो अचानक खिलखिलाकर हँस पड़ते। कभी तिरंगा लेकर छत की मुँडेर पर खड़े हो जाते, कभी मौन साध लेते, कभी पैरों में घुँघरू बाँध लेते, कभी जोश में आ जाते और कभी तीन-तीन दिनों तक खाना छोड़ बैठते। फिर छिपकर सुना करते कि कौन उनके बारे में क्या कह रहा है। उनके कमरे में एक आईना लगा हुआ था जिसमें अक्सर वह घंटों अपनी छवि देखा करते और उनकी समझ में नहीं आता कि वह इतने सुन्दर क्यों हैं ? एक बार जब आईना टूट गया था और उन्हें अपनी शक्ल विकृत नजर आने लगी थी, तब महीनों तक अपने कमरे में जाते हुए उन्हें डर लगता था। लगता था, कोई और है जो मौका पाते ही उन्हें धर दबोचेगा। अपने सुदर्शन बेटे का बखान करती हुई उनकी माँ कहा करती थी, मेरा लड़का तो कृष्ण है ! लीलामय ! आज जब कोई गम्भीर बात कहने की इच्छा होती, तो वह कहते, संसार क्षणभंगुर है। मगर आज भी कोई दिल पर हाथ रखकर पूछता कि सच-सच कहना, संसार क्या है, तो यह तय है कि वह कहते, संसार लीलाभूमि है।

सचिव ने अपनी बात समाप्त कर ली थी और उन्होंने 'ओके' कर फाइल उसकी ओर बढ़ा दी थी। सचिव उन्हें धन्यवाद देता हुआ, उसी अदब के साथ चला गया था।

सचिव के चले जाने पर उन्हें कुछ वैसी ही राहत मिलती, जैसी उन्हें अपनी स्कूल मास्टरी के दिनों में इन्सपेक्टर ऑफ स्कूल्स के मुआइना कर चले जाने के बाद मिलती थी। उन्हें याद है, जब वह पहली बार मन्त्री हुए थे और अपने दौरे में उनकी मुलाकात एक परिचित इन्सपेक्टर ऑफ स्कूल्स से हो गई थी तो वह क्षण-भर को तो घबरा ही गए थे कि कहीं वह उनसे पूछ न बैठें कि जॉग्रफी में 'सायल इरोजन' का लेसन देने के लिए आप कौन-सा मेथड एप्लाई करते हैं। मगर तभी उन्हें ख्याल आया था कि वह अब एक जॉग्रफी-टीचर नहीं, स्वाधीन जनता के मन्त्री हैं और अपने मन्त्री होने के एहसास पर उन्हें आत्मविश्वास हुआ था और अपने कर्मचारियों का अभिवादन विनम्रतापूर्वक स्वीकार करते हुए, वह आगे निकल गए थे।

उन्होंने अपनी टोपी मेज पर रख दी थी और सोफे पर रिटायर कर गए थे। उन्होंने चपरासी को पंखा तेज करने के लिए कह दिया था। सचमुच गर्मी ज्यादा थी, यद्यपि उन्होंने खादी में फैंसी खादी पहन रखी थी, फिर भी मोटा कपड़ा मोटा ही कपड़ा है। अपने 25 वर्षों के सार्वजनिक जीवन में एक बार भी उन्होंने स्वदेशी नहीं छोड़ी थी, फिर भी जब कभी वह किसी को महीन और बढ़िया वस्त्र पहने देखते, तो उनका मन डाह से भर उठता और उनकी इच्छा होती वह उसके पतलून में उतर जाएँ। स्त्रियों के स्लीवलेस ब्लाउज पहने देखकर उनकी बाँहों में गुदगुदी होने लगती और उनका जी करता—वह बढ़कर नंगी बाँहों को, एक बार छू लें...बस छू भर लें !

वह जानते थे, उन्हें अभी पौने घंटे तरह-तरह के पेशे के लोगों से मिलना है और तरह-तरह की समस्याओं पर विचार करना है। उनका चेहरा गम्भीर हो गया था।

जब धीरे-से द्वार खोलकर पहले मुलाकाती ने प्रवेश किया तब भी वह गम्भीर बैठे रहे, केवल उदासीनता से उसे बैठ जाने का इशारा किया। उसने बताया, वह एक सार्वजनिक कार्यकर्ता है और बीस वर्षों से समाज में कार्य कर रहा है। वह सुनते रहे और उन्हें लगता रहा, इन शब्दों का कोई अर्थ नहीं। जब उसने कहा, वह उनके दर्शन करने आया है, तब उनका ध्यान भंग हुआ और उन्होंने पूछा कि वह किस सिलसिले में आया है। उन्होंने देखा, प्रोत्साहन पाकर कार्यकर्ता सोफे पर उकड़ूँ बैठ गया था और बता रहा था कि अफसर जनता पर मनमानी कर रहे हैं और कोई सुनवाई नहीं। अफसर ! जनता ! सुनवाई ! उन्हें जमुहाई आ रही थी। उनके जी में आया कि वह उससे पूछें कि क्या वह कोई अदालत है, जहाँ सुनवाई हुआ करती है ? मगर उन्होंने उससे कहा कि वह अपने क्षेत्र के एम.एल.ए. से इस विषय में बात करें और अपनी घड़ी देखी। उन्होंने सुना, वह उनसे कह रहा था कि एम.एल.ए. भी अफसर से मिल गया है और दोनों मिलकर मनमानी कर रहे हैं। तब उन्होंने झल्लाकर कहा, तो मैं इस विषय में क्या कर सकता हूँ ? उन्होंने देखा, वह उठकर खड़ा हो गया था और कह रहा था, जी आप सब कुछ कर सकते हैं ! उन्होंने जैसे हारकर कहा, मैं कुछ नहीं कर सकता। आप जा सकते हैं। और उस क्षण उन्हें अनुभव हुआ, वह सचमुच असहाय हैं और लोग क्यों नहीं उनकी असहायता पहचानते और उनसे सहानुभूति करते !

असहायता का भी कैसा सुख है ! आदमी को कभी-कभी असहाय भी होना चाहिए।

मुँह में पान का बीड़ा दबा, अपनी असहायता चबाते हुए, उन्होंने देखा, इस बार तीन-चार महिलाएँ थीं। उन्हें लगा, मिनट-भर पहले की मनहूसी इन स्त्रियों के प्रवेश के साथ ही घुल गई। युवावस्था में उनका एक सैनिक दोस्त कहा करता था, अगर संसार में महिलाएँ न हों, तो कलर्स न रहें ! बात उन्हें जम गई थी, मगर वह पूरी बात अक्सर भूल जाते थे और कहा करते थे, अगर संसार में महिलाएँ न हों, तो लवर्स न रहें। इस अर्से में लवर्स और कलर्स का भेद मिट चुका था। मगर स्त्रियाँ आज भी उन्हें अच्छी लगती थीं; गोल-मटोल, भरी-पूरी, गोरी, सुन्दरी स्त्रियाँ। उनके बीच बैठ, उन्हें अनुभव होता वह उनमें से एक हैं। जिन दिनों वह जेल में थे, उन दिनों भी उनके दिमाग में एक ही चित्र आता था कि वे सब गोते लगा रही हैं और वह उन सबकी चोलियाँ और साड़ी चुराकर मुरली बजाते हुए डाल पर बैठे हैं। वे सब अपनी भुजाओं से अपने अंग छुपाती लाज से मरी खड़ी हैं। उन सबकी लाज की कल्पना से, वे पुलकित हो जाते और बड़ी देर तक पुलकित होते रहते।

उन्होंने दो बीड़े पान मुँह में और दबा लिए थे और निजी सचिव से कह दिया था कि वह चाय भेज दे। वह कनखी से उन सबकी ओर देख रहे थे। वे अपनी-अपनी जगह पर अपने-अपने ढंग से बैठ गई थीं।

वे कभी एक साथ और कभी अलग-अलग बता रही थीं कि वे महिला सम्मेलन के सिलसिले में आई हैं। वह सुन रहे थे और उनकी इच्छा हो रही थी वह सुनते जाएँ और सुनते जाने का यह सिलसिला कभी खत्म न हो। उन्होंने बताया, वे इस काम में उनकी सहायता चाहती हैं। वह अपनी जगह से उठकर मेज के किनारे आ खड़े हुए थे और उनका हाथ पेपरवेट से खेल रहा था। पेपरवेट का हाथ में तौलते हुए, नाटकीय मुद्रा में बोले, "बताओ ?" उन्होंने बताया, वह दस हजार चन्दा करा दें। उनकी त्योरियों पर बल पड़ा, खिड़की के बाहर देखते हुए सोचते रहे, फिर एक बार उन सबकी ओर देख मुस्कुराए और बोले, "हो जाएगा" और एक झटके के साथ पेपरवेट मेज पर रख दिया। उन्होंने देखा, वे चारों बड़ी आत्मीय दृष्टि से उन्हें देख रही थीं। उन्होंने अनुभव किया, वह सचमुच सहृदय हैं। मनुष्य को सहृदय होना चाहिए। मनुष्य का जीवन दूसरों के लिए है, देश, समाज और विश्व के लिए। जो अपने लिए जिया, वह क्या जिया ! ऐसे तो जानवर भी जीते हैं। उनकी इच्छा हो रही थी, वह वहीं पर मानवता और विश्व-बन्धुत्व पर कुछ कह बैठें। मगर उन्होने देखा, वे उठ खड़ी हुई थीं और उन्हें रोकना अपनी कमजोरी जाहिर करना होगा। उन्होंने मन-ही-मन दुहराया, अगर संसार में स्त्रियाँ न रहें तो लवर्स न रहें और लवर्स के ख्याल पर रहस्यमय ढंग से मुस्कुराए। उन्हें ख्याल नहीं आता, उन्होंने एक बार से अधिक कभी प्रेम किया था। जब वह किशोर थे, तभी विवाह उनके अभिभावकों ने कर दिया था। सार्वजनिक जीवन में एक बार अवश्य उनका सम्बन्ध एक स्त्री से हो गया था। मगर वह एक दुर्घटना ही थी, जिसे वह भूलना भी चाहते थे और याद कर दुखी भी होना चाहते थे। एक अर्से तक उन्हें प्रेम-कथा पढ़ने

का शौक रहा था और अब भी कभी-कभी समय निकालकर पढ़ लेते थे। ऐसे वक्त उनकी इच्छा होती थी कि वह भी अपनी दुखान्त प्रेम-कथा लिखें और पाठक और पाठिकाएँ उनकी कहानी पढ़कर रोएँ और उन्हें दुख-भरा पत्र लिखें, मैं भी आपकी ही तरह दुखी हूँ। दुख आदमी के लिए कितना ज़रूरी है।

विचारपूर्ण मुद्रा में वह मेज के किनारे खड़े ही थे कि दो सम्भ्रान्त महानुभावों ने प्रवेश किया। वे दोनों ही परिचित थे। उन्होंने मुस्कान के साथ उनका स्वागत किया और फिर अपने सोफे पर अपने को फेंक दिया। उन्हें लगा, वह बहुत थक गए हैं और इस थकान का कोई अन्त नहीं। ठीक सामने दीवार पर, गांधी जी का पोर्ट्रेट लगा हुआ था। कुछ निमिष वह उसे देखते रहे; फिर अपने-आप मौन भंग करते हुए अभ्यागत महानुभावों से बोले, "जानते हैं, चित्र क्या कह रहा है ?" दोनों ने पहले चित्र, फिर उनकी ओर प्रश्नभरी आँखों से देखा, जैसे वे पूछना चाहते हों, क्या चित्र भी कुछ कह सकता है ? उन्होंने पहले ठंडी साँसभर, फिर निढाल होते हुए कहा, "चित्र कह रहा है, लोग मुझे भूल गए हैं।" इस बार दोनों ने एक-दूसरे को देखा और बड़ी देर तक सिर हिलाते रहे। वह जानते थे, उन्होंने अपनी सूझ से उन दोनों को हतप्रभ और चमत्कृत कर दिया है। वह खुद हैरान थे कि इस प्रकार की असंख्य सूझें उनके अन्दर कहाँ छिपी पड़ी हैं, जो मौका पाते ही उछलकर अपनी चमक से लोगों को और लोगों से पहले खुद उनको चमत्कृत कर जाती हैं। उन्होंने अपनी आँखें बन्द कर ली थीं और उनकी बातें सुन रहे थे।

लोगों ने बताया कि नगर में नागरिकों की एक अभिनन्दन समिति कायम हुई है, जिसने इसी अगस्त में उनकी 50वीं वर्षगाँठ पर उनका अभिनन्दन करने और उन्हें एक अभिनन्दन-ग्रन्थ भेंट करने का निर्णय किया है। तैयारियाँ शुरू हो गई हैं।

उन्होंने अपनी आँखें उसी तरह बन्द रखीं और दाएँ हाथ की तीसरी अँगुली ओंठ पर रखते हुए बोले, "मगर इस सबकी क्या जरूरत है !" फिर आँखें खोलीं, उठ खड़े हुए और अपने बालों में अपने दोनों हाथों की अँगुलियाँ उलझाते हुए बोले, "अभिनन्दन, अभिनन्दन, अभिनन्दन !" फिर शान्त होते हुए बाईं ओर दीवार पर लगे पंडित जवाहरलाल नेहरू के चित्र की ओर इशारा कर कहा, "अभिनन्दन इस आदमी का कीजिए जिसने देश के लिए सब कुछ किया है। मैंने क्या किया है ?"

और वह भावपूर्ण ढंग से चुप हो गए। जब, उनके मौन के प्रत्युत्तर में, उन दोनों ने कुछ नहीं कहा, चुपचाप उनके समीप खड़े ही रहे, तब उन्होंने अपनी दोनों कोहनियाँ उन दोनों के कन्धों पर रख दीं और थके हुए-से बोले, "किस तारीख को पड़ती है मेरी वर्षगाँठ ?"

दोनों ने एक साथ कहा, "10 अगस्त।" उन्होंने अपनी पकड़ ढीली कर दी और उन्हें विदा देते हुए कहा, "याद रखूँगा !"

उनके चले जाने के बाद वह सोचते रहे थे, लोग उनकी इतनी इज्जत क्यों करते हैं ? उनका जी सचमुच आज बहुत खुश था। और खुशी में वह कोई गीत, कोई धुन,

गुनगुनाना चाहते थे।

निजी सचिव ने आकर उन्हें बताया कि एक साहित्यकार सज्जन उनसे मिलना चाहते हैं। तब तक वह सज्जन आ ही चुके थे। "आइए, आइए, आइए..." उन्होंने लेखक का स्वागत करते हुए कहा और उन्हें लगा, अगर उन्हें किसी ने रोक न दिया तो वह बड़ी देर तक 'आइए-आइए' कहते रहेंगे। अतः झटके के साथ मुस्कुराकर उन्होंने अपना वाक्य पूरा किया, "साहित्यकार महाशय !"

"इस बार आपकी लेखनी से किस महत्त्वपूर्ण रचना का सृजन हुआ है ?" अपने वाक्य पर मुग्ध होते हुए उन्होंने सोचा, वह बहुत अच्छी हिन्दी बोल लेते हैं। जाहिर है कि अगर वह मन्त्री न हुए होते तो उनका लेखक होना निश्चित था। अपनी टोपी, अपनी अँगुली में घुमाते हुए उन्होंने कहा, "कभी-कभी इच्छा होती है, सारा काम-धाम छोड़कर लिखूँ। बहुत कुछ कहने को है, बहुत कुछ सुनने को..."

लेखक ने उनकी बात तेजी से काटी। अगर अभी उसने उन्हें प्रेरित नहीं किया, तो वह फिर कभी कलम नहीं उठा सकेंगे। उसकी इच्छा हुई, वह फौरन मेज पर से कलम उठा ले और उनसे अनुनय के साथ कहे, 'लिखिए न !' मगर उसने अपनी भावनाओं को दबाते हुए कहा, "आपको तो अवश्य लिखना चाहिए।" और फिर उसे लगा, वह गलत बात कह गया है। उसे कहना चाहिए था, "आप लिखते क्यों नहीं ? आपके लेखन के बिना साहित्य कितना विपन्न है, कितनी दीन दशा में है।" वह पछताता रहा और उसने निश्चय किया, वह प्रसंग निकालकर कभी-न-कभी उनसे यह बात जरूर कहेगा।

उसने देखा, वह गमगीन हो गए थे। फिर उन्होंने ठंडी साँस भरते हुए कहा, "वक्त कहाँ मिलता है, भाई ! जीवन में कभी इतना समय नहीं मिला कि कुछ सोचूँ, कुछ कहूँ, कुछ अपनी, कुछ पराई.."

वह समझ गया था, वह 'सेफल कनफ़ेशन' के मूड में आ गए हैं और सम्भव है यह मूड देर तक जारी रहे। उसने अपने बैग में से एक चमकदार जिल्दवाली ताजी किताब निकाली और धीरे-से बोला, "आपको सादर समर्पित है।"

उन्होंने उत्सुकता के साथ पुस्तक ली, कुछ देर इधर-उधर पन्ने पलटते रहे, फिर लापरवाही के साथ समर्पणवाला पृष्ठ खोला। देखा, छपे हुए अक्षरों में लिखा था, "गिन्नी बाबू को, जो लोगों के लिए मन्त्री हैं, मेरे लिए पिता-तुल्य।" उनकी आँखें चमक उठीं और उन्होंने स्नेह में भरकर उसे देखा। फिर धीरे-से बोले, "भीतर हो आए ?"

वह उठकर उनके पासवाले सोफे पर बैठ गया था। उसने कहा, "जी, अभी नहीं गया। अम्माँ कैसी हैं ?"

"ठीक हैं। बीमार रहती हैं। मानव जीवन का क्या ? जीवन तो क्षणभंगुर है !" क्षणभंगुर शब्द पर उन्होंने इस तरह ज़ोर दिया कि क्षण-भर को तो उन्हें भी लगा कि यह शब्द उनका बिल्कुल अपना है, उन्हीं का ईजाद किया हुआ है।

थोड़ी देर चुप रहकर उन्होंने कहा, "मगर छोड़ो यह सब !" और वह उठ खड़े

हुए। वह समझ गया था कि समय हो चुका है। उसने विदा लेते हुए कहा, "जी, आजकल मैं बेकार हूँ।" उन्होंने उसे एक बार देखा और पाया कि वह उन्हें देख रहा था। उन्होंने नजरें झुका लीं और बोले, "शिक्षा-सचिव को पुस्तक की पाँच प्रतियाँ दे आना।" उनके चले जाने के बाद, पुस्तक उन्होंने मेज पर रख दी। क्षण-भर बाद पुस्तक उन्होंने उठाई, समर्पणवाला पृष्ठ खोला और उनकी आँखें फिर चमक उठीं। उन्होंने अनुभव किया, आज वह बहुत खुश हैं। अभिनन्दन, समर्पण, सम्मेलन ! संसार में इतना सुख क्यों हैं ? उनकी इच्छा हो रही थी, वह इसी समय जाकर अपनी श्रीमती को चौंका दें और पूछें—बोलो तुम्हें किस बात का दुख है ?

उन्होंने निजी सचिव को बुलाया और कहा कि वह लंच तक के तमाम इंगेजमेन्ट्स रद्द कर दें। संस्था के लोगों से वह शाम को मिल लेंगे। निजी सचिव चला गया था। गरमी बढ़ गई थी। उन्होंने अपनी टोपी दीवार पर लगे हैंगर में लटका दी और बगल का द्वार खोलते हुए अन्दर चले गए। गेस्टरूम और ड्राइंग रूम के पास-पास गुज़रते लम्बे बरामदे से होते हुए, जब वह अपने कमरे में पहुँचे, तो उन्होंने देखा, उनकी श्रीमतीजी कमरे के बीचोबीच लगे झूले में बैठी हुई उनकी कमीज के बटन टाँक रहीं थीं। बत्तीस वर्षों के विवाहित जीवन के बावजूद उनकी सहधर्मिणी में कहीं कोई परिवर्तन नहीं हुआ था, केवल शरीर पहले से और स्थूल हो गया था। वह स्वयं काफी स्थूल थे, मगर उनकी सहधर्मिणी उनसे भी अधिक स्थूल थीं और दस कदम चलकर हाँफ जाती थीं। उन्हें याद है, बहुत साल पहले एक सार्वजनिक समारोह में उनका परिचय देते हुए, संयोजकों में से एक ने कहा था, गिन्नी बाबू महापुरुष हैं और उनकी सहधर्मिणी महारानी। श्रोताओं ने हर्षविह्वल होकर जब ताली बजाई, तो बड़ी देर तक वह भी ताली बजाते रहे थे।

वह दबे पाँव झूले के पास गए, ठीक उनके पीछे खड़े हुए और फिर एक बार झूला जोरों से आगे ठेल दिया। 'मरी राम' कहती हुई उनकी श्रीमतीजी झूले पर लुढ़क गईं थीं। आगे और कुछ ऊपर जाकर झूला जब वापस आया तो उन्होंने उसे थाम लिया।

उन्होंने देखा, उनकी पत्नी घबरा गई थीं। उनकी इच्छा हुई, वह खिलखिलाकर हँस पड़ें; मगर वह जानते थे, श्रीमतीजी एक बार कोप में आकर, देर तक नहीं मानती थीं।

वह उचककर झूले पर बैठ गए और अपनी पत्नी के दोनों कपोल अपने हाथों में भरते हुए बोले, "क्या चाहिए तुम्हें ?" उन्होंने रूठकर मुँह फेर लिया था। वह उठे और मेज पर रखी तश्तरी में से बर्फी का एक टुकड़ा उठाकर जबरन उनके मुँह में ठूँस दिया। उन्होंने देखा, वह और भी क्रोध में आ गई थीं। देर तक वह उन्हें मनाते रहे और जब देखा कि गुस्सा शान्त हो चला है, तो उचककर उनसे प्रायः सटकर बोले, "मन्त्राणी जी, क्या चाहिए तुम्हें ?"

वह मुँह नीचे किए-ही-किए बोलीं, "बड़े भैया का रोज़गार मन्दा है। लड़कों की नौकरी के लिए कितनी बार कह चुके हैं। तुम्हारी आँखों का तो शरम मर गया है।"

प्रफुल्लित होकर उन्होंने अपनी पत्नी का सिर अपनी गोद में रख लिया और माथा

सहलाते हुए बोला, "बस, इतनी-सी बात ! कौन-सी नौकरी चाहिए तुम्हारे भानजे को ? डिप्टी कलक्टरी, लाट बनवा दें ?" भानजे का लाट बनवाने का ख्याल करते हुए उन्हें अनुभव हुआ, वह सर्वशक्तिमान हैं। वह जिसे जो चाहें सो बनवा सकते हैं। अपनी शक्ति के विषय में सोचते हुए शरीर में पौरुष की लहर दौड़ गई। पत्नी को अपने आलिंगन में कर लिया।

चौंककर उन्होंने उसे छोड़ दिया। देखा, नौकर पर्दे के बाहर देहरी पर खड़ा था। दरवाजे तक आते हुए, खिसियाकर उन्होनें पूछा, क्या है ? नौकर ने बताया कि कोई आदमी है, बाहर उत्पात कर रहा है। पी.ए. साहब ने बहुत मना किया। कहता है, साहब से बिना मिले नहीं जाएँगे।

उनकी इच्छा हुई, वह खींचकर एक चाँटा नौकर को लगाएँ और दूसरा निजी सचिव को। तेज़-तेज़ वह अपने मुलाकात के कमरे तक आए, टोपी हैंगर से उठाकर सिर पर रख ली और झुँझलाकर बोले, "भेज दो उसे !" हाथी-दाँत का पनडिब्बा खोलकर इकट्ठे चार पान उन्होंने मुँह में भर लिए थे। जब वह क्रोध में आते, तब चार बीड़े पान मुँह में दबा लेते—उनका स्वभाव था। उन्होंने देखा, सामने एक ताड़-सा लम्बा और काला आदमी खड़ा था। वह परेशान दिख रहा था और उसकी कमीज बाँह के पास फटी थी।

उन्होंने उसे बैठने के लिए नहीं कहा। मगर वह थका हुआ-सा था और हत्थे का सहारा लेकर कुर्सी पर बैठ गया।

उसने झिझकते हुए कहा, "आपसे मिलने आया हूँ।"

उन्होंने कोई जवाब नहीं दिया। गुस्से में पान चबाते रहे।

"शायद आपने मुझे पहचाना नहीं !"

उन्होंने फिर कोई उत्तर नहीं दिया।

"मैं आपके साथ स्कूल में पढ़ा हूँ।"

"मुझे याद नहीं।" उन्होंने पान की पीक निगलते हुए उसी गुस्से में कहा। "आपको काम क्या है, साफ़-साफ़ कहिए।"

उसने बताया कि खयानत के जुर्म में उसकी नौकरी छूट गई थी। अब इन्क्वायरी के बाद उसे बेकसूर पाया गया है। तब भी उसे नौकरी पर बहाल नहीं किया जा रहा है।

"तो आपने मुझे क्या समझ रखा है ?" वह उठकर खड़े हो गए थे और चीख रहे थे और उन्हें लग रहा था कि जब वह चीखते हैं, तब सारा संसार स्तब्ध हो जाता है, यहाँ तक कि पेड़-पौधे भी हिलना बन्द कर देते हैं। "क्या मैं नौकरी दिलाने का दफ्तर हूँ ?" दफ्तर ! सचमुच बेहूदी चीज़ है दफ्तर ! अगर उन्हें चौबीस घंटे दफ्तर रहना पड़े, तो, उन्होंने सोचा, उनका दम ही घुट जाए। उन्होंने अपना हाथ गले पर रखा और सहलाने लगे। पान की पीक साँस की नली में जाते-जाते बच गई थी। "जी, मैंने बहुत कोशिश की। मगर अफसरों में मेरी सुनवाई नहीं हुई। मैं दो साल से इसी हालत में हूँ। आप मेहरबानी..."

उन्हें लगा, कुछ देर और इस आदमी ने बकवास की तो वह अपना गुस्सा नहीं रोक सकेंगे।

निजी सचिव कमरे के अन्दर आ गया था और इशारा कर उसे अपने साथ बाहर ले गया था।

वह धम्म-से सोफे पर गिर पड़े। उन्हें लगा, वह सचमुच एक बहुत परेशान आदमी हैं। सारी दुनिया की मुसीबतें उनके सिर पर हैं। नौकरी दिलाओ, मिनिस्ट्री चलाओ, संस्था का काम देखो ! एक अकेला आदमी क्या-क्या करे ? और फिर उन्हें कहावत याद आई, 'अनईजी लाइज द हैड दैट वियर्स द क्रॉउन।' और उन्हें लगा, सोने के काँटे उनके माथे के अन्दर उतरते जा रहे हैं। पीड़ा और सुख ! सुख, और पीड़ा।

उन्होंने आँखें खोलीं, तो उनकी नजर कुर्सी के पासवाले स्टूल पर रखे, चमकदार कागज में लिपटे एक टुकड़े पर पड़ी। चौंककर वह उठे। देखा, चॉकलेट थी। चॉकलेट ! वह चौंक-से गए। उन्होंने निजी सचिव को बुलाया और पूछा, "क्या नाम था उस आदमी का ?"

"गिरीलाल।"

गिरीलाल। चॉकलेट। उनके सामने स्कूल के दिनों का वह चित्र उभर गया, जब पहले-पहल गिरीलाल ने उनसे पूछा था, "तुम्हें कौन-सी मिठाई पसन्द है।" "चॉकलेट।" उन्होंने तपाक से कहा था। दूसरे दिन गिरीलाल ने उन्हें चॉकलेट दी और उन्हें ले गया। पहले उन्होंने आनाकानी की, फिर चॉकलेट के लोभ से कोई विरोध नहीं किया। तीन वर्ष गिरीलाल उनका सहपाठी रहा और वह रोज़ उन्हें एक चॉकलेट देता और ले जाता। यहाँ तक कि स्कूल के लड़कों को भी बात मालूम हो गई थी और वे उन्हें चॉकलेट के नाम से चिढ़ाते। स्कूल और मुहल्ले की दीवारों पर भी लिख दिया था, 'चॉकलेट !'

वह पसीने-पसीने हो गए थे और उनके हाथ के पसीने में गीली होकर चॉकलेट लिजलिजी हो गई थी। उन्होंने चौंककर चारों ओर देखा, किसी ने उन्हें इस हालत में देखा तो नहीं। मगर कमरे में कोई न था। निजी सचिव पार्टीशन के बाहर टाइप कर रहा था। उन्होंने चॉकलेट मुट्ठी में दबा ली, दरवाजे की ओर बढ़े; फिर दरवाजे के किनारे रखी गोपनीय फाइलोंवाली आलमारी खोली और चॉकलेट की वह गोली, चिपचिपी डली, रख दी। अलमारी में ताला बन्द किया और राहत की साँस लेते हुए कुर्सी पर बैठ गए। कलम उठाई, मेज पर रखी गिरीलाल की अपील अपनी ओर खींची और किनारे पर लिख दिया, "नौकरी पर बहाल किया जाए।" फिर निजी सचिव को बुलाकर कहा, इसे सेक्रेटरी के पास अभी भेज दो। अपील लेकर जब निजी सचिव चला गया, तब आत्मस्थ होते हुए, वह सोफे पर पसर गए। उन्होंने अनुभव किया, उन्होंने गिरीलाल से बदला ले लिया।

अरथी

जिस आदमी से मैं जीवन-भर, मन-ही-मन घृणा करता रहा, जिसकी मृत्यु की अभिलाषा मैं कब से सँजोए हुए था, आज उसकी अरथी में मैं दुःख-कातर चला जा रहा हूँ।

सवेरे उठकर बैठा ही था कि पड़ोसी ने आकर बताया, "मदनलाल नहीं रहा।"

"ऐं ?" मैंने कहा।

"हाँ।" उसने कहा, "कल रात उसे दिल का दौरा पड़ा और वह चल बसा। मैं उधर ही जा रहा हूँ।" यह कहकर वह चलता बना।

मैं पिछली शाम ही मदनलाल से मिला था। उसने हमेशा की तरह मुझ पर रौब गाँठने की कोशिश की। मैं भी ऐंठा। मैंने उसे इस तरह देखा जिससे वह समझ जाए कि उसकी अकड़ मुझ पर कारगर नहीं होगी। तब उसने मुझे आँखें निकालकर देखा। एक बार तो मैं डर गया। मुझे लगावह मुझे निगल जाएगा। और मैं उधर से आगे बढ़ गया।

कमज़ोर मैं ही पड़ता था—यह हमारा-उसका पिछले अट्ठाईस वर्षों का रिश्ता था। सब कुछ बदल गया, मगर इसमें कोई फर्क नहीं पड़ा। मैंने कभी उसकी आँखों में करुणा नहीं देखी—कम-से-कम अपने लिए। मैं उसे जितना आतताई समझता था, वह मुझे उतना ही टुच्चा मानता रहा।

लेकिन हम दोनों खानदानी थे। अपनी अन्दरूनी बात को हमने कभी मशहूर नहीं किया। बातूनी और डरपोक होने के कारण मैंने अपनी पत्नी को जरूर बता दिया था। मगर उसे छोड़, तीसरा कोई इस राज को नहीं जानता था। कुछ तो मुझे डर भी था कि अगर यह बात मेरे मुँह से कहीं निकल गई तो फिर वह भी कोई कसर नहीं रखेगा। वह तगड़ा और जानदार था, साथ ही गुस्सैल भी। वैसे भी सड़क पर पिटने के ख़्याल से मुझे दहशत होती थी।

जो भी हो, यह तय है कि मैंने उसको कभी पसन्द नहीं किया। अब केवल इसलिए कि वह मर गया है, मैं यह नहीं कहूँगा कि मेरे मन में उसके लिए स्नेह था। जैसा मैंने कहा, मैं एक अरसे से उसकी मृत्यु की अभिलाषा सँजोए हुए था।

मगर जब पड़ोसी ने यह बताया कि वह नहीं रहा तो मुझे लगा किसी ने मेरी खिड़की का शीशा अचानक एक झपाटे में तोड़ दिया और पंख फैलाकर उड़ गया।

इसलिए मेरे मुँह से निकला, "ऐं ?" और मैं हड़बड़ाकर उठ बैठा।

मेरी पत्नी आँगन में बैठी बासन माँज रही थी। उसने वहीं बैठे-बैठे, सिर झुकाए हुए कहा, "हो आओ।"

यह कहने की ज़रूरत क्या थी ? मैं तो हो ही आता। मैंने चिड़चिड़ी निगाह से पत्नी को देखा, जो पूर्ववत् बरतन मलने में व्यस्त थी।

मदनलाल का घर, मेरे घर से करीब चार फर्लांग था। मैं नंगे पाँव निकल पड़ा था। और भी कुछ लोगों को नंगे पाँव चलते देख, मैंने अन्दाज़ा लगाया, वे भी उधर ही जा रहे हैं। दो-एक को मैं जानता भी था।

"बुरा हुआ।" उनमें से एक ने कहा।

"बहुत।" दूसरे ने कहा।

मैं उनके पीछे-पीछे आ गया। धूप निकल आई थी। सुग्गे पेड़ों की ओट से निकल-निकलकर तीर की तरह छूट रहे थे। उनमें से एक ने, जिसके बदन पर धोती को छोड़ कुछ नहीं था और जो देर से एक दातौन किए जा रहा था, कहा, "आना-जाना तो लगा ही रहता है।" उसके पैरों में खड़ाऊँ भी थी।

"सो तो है। मगर यह बुरा हुआ।" पहलेवाले ने कहा।

दातौनवाला निर्विकार दातौन करता रहा। मैं चाल बढ़ाकर उनके साथ हो लिया था। एक बार उड़ती दृष्टि से उन्होंने मुझे देखा, फिर अपनी बातचीत में मशगूल हो गए।

"कै बजे गए ?" खड़ाऊँवाले ने दातौन हिलाते हुए पूछा।

"ठीक सवेरे तीन बजे नहीं रहे।"

"कल तक तो भले-चंगे थे।"

"यही तो मैं भी कह रहा हूँ।" मेरे मुँह से निकला। मैं उनके बिल्कुल साथ हो गया था। उन्होंने अपेक्षाभरी दृष्टि से मुझे देखा और चुप हो गए।

घर के सामने थोड़े-से लोग इकट्ठा थे।

"अभी भीड़ नहीं हुई है।" मेरे साथवाले ने कहा।

"हो जाएगी।" दूसरे ने विश्वास के साथ कहा।

घर के बाहर एक चबूतरा था, जिस पर दो-तीन नौजवान बाँस की खपचियों से अरथी बना रहे थे। एक के कन्धे पर गमछा था, बाकी ने धोती को ही इस तरह लपेट लिया था कि उससे कन्धे ढँके नज़र आते थे।

मैं ज़रा दूर हटकर खड़ा हो गया। मुझे लगा मैं बिना बुलाए ही आ गया हूँ। तो क्या हुआ ? कोई दावत थोड़े ही है। क्रिया-कर्म में सबको शामिल होना चाहिए। आदमी, आदमी के मरने पर नहीं जाएगा तो उसकी मिट्टी पर कौन आएगा ?

अभी मैं अपने से ये बातें कर ही रहा था कि घर में से एक तीस-पैंतीस का नौजवान निकला। उसने क़िसी को सम्बोधित करते हुए कहा, "लकड़ी के लिए कह दिया है ?"

"तुम फिकर मत करो। लकड़ी पहुँच गई है।" चबूतरे पर बैठे अरथी के काम में

लगे लड़कों में से एक ने कहा।

"यह कौन है ?" मेरे बगल में खड़े एक बूढ़े से सवाल किया, "बड़ा लड़का है ?"

"नहीं। यह भतीजा है। बड़ा लड़का बम्बई रहता है। कल के पहले कैसे आ सकता है ?"

"कपाल-क्रिया कौन करेगा ?" बूढ़े ने अपना कपाल खुजलाते हुए कहा।

"छोटा।" दूसरे ने कहा और ज़मीन पर पिच्च से थूक दिया।

मैं उन दोनों की बातचीत ध्यान से सुनने लगा था। मुझे मालूम नहीं था कि मदनलाल के बड़े लड़के ने, इस बीच, अपना कारोबार बाहर कर लिया है। मैं समझता था वह बाज़ार देखता है। साल-भर पहले मदनलाल ने सेक्रेटरी को घूस खिलाकर म्युनिसिपैलिटी से भैंसा-बाज़ार का ठेका ले लिया था। मुझे जब यह खबर मिली थी, तब मैंने, माथुरिया पंडित से, जो सड़क पर बैठकर, कान में जनेऊ चढ़ा, पेशाब कर रहा था, कहा था, "हराम की कमाई नहीं फलती। कुत्तों की मौत मरेगा।"

माथुरिया पंडित ने, जो सेर-भर पेशाब करता है और इतना ही हगता है, सड़क के किनारे की दीवार पर हाथ टेककर सहारा ले, उठते हुए कहा, "कोई नहीं मरता कुत्ते की मौत—पैसा हो तो जस भी होता है। तुम्हारे पास है पैसा ?"

"माल कितना छोड़ा है ?" कमर पर हाथ रख बुड्ढा पूछ रहा था।

"मुझे पता है।" मेरी इच्छा हुई कहूँ, "मैं भी तो बुड्ढा हो गया हूँ। पचपन की उमर हो आई। मुझसे पूछो मदनलाल के बारे में। मुझे सब पता है।" मेरा गुस्सा, जो हमेशा मदनलाल को देखकर उमड़ता था, इन दोनों बुड्ढों की बातचीत सुनकर फनफनाने लगा।

धूप बरामदे पर चढ़ने लगी थी, जहाँ बहुत-सी स्त्रियाँ घूँघट काढ़े, सिर झुकाए बैठी हुई थीं। वे बड़ी देर से चुप थीं। शायद बड़े सवेरे रो चुकी थीं। हो सकता है रात-भर रोती रही हों।

बेचारियाँ ! मेरा मन आर्द्र होने लगा। इनमें मदनलाल की बेबा कौन-सी है ? मैं उसे पहचानता था। घूँघट के बावजूद मैं उसे दूर से ही चीन्ह सकता था। उसका शरीर भारी-भरकम था और वह हाँफ-हाँफकर चलती थी। मुझे ख्याल आया वह भीतर मदनलाल के शव पर होगी। चूड़ियाँ फोड़ दी गई होंगी और सिन्दूर ? बेचारी ! मेरा मन और भी आर्द्र हो उठा।

शव कब बाहर लाया जाएगा ? मैं उत्सुक हो उठा था। इस वक्त तक भीड़ इकट्ठी हो चली थी। अमीर-उमरा, सभी तरह के लोग थे। मगर ऐसों की तादाद ज़्यादा थी, जिन पर कभी-न-कभी मदनलाल का कर्ज़ रह चुका था।

"दानी था, महात्मा था।" जो कुछ बातचीत हो रही थी उसका सार यही था : "मदनलाल ने किसी का बुरा नहीं चाहा। इसको भी दिया, उसको भी दिया। सबसे उसका खाना-पीना था।"

"आप लोग एक ओर हो जाइए।" अचानक कहीं से एक स्वयंसेवक प्रकट हो गया

था। यह सबको एक ओर हटा रहा था। जनता काफी थी। ऐं ? डेढ़ सौ से कम क्या होगी ? थोड़ी देर में एक जीप आकर रुकी, तब समझ में आया, किसके लिए रास्त बनाया जा रहा था।

जीप की अगली सीट से म्युनिसिपल कमेटी का चेयरमैन मेसर्स सुखदेवप्रसाद नीचे उतरता नजर आया। उसके पीछे उसका सहायक और तीन-चार और लोग थे। सहायक के हाथों में फूल-मालाएँ थीं। जब वह आगे घर की ओर बढ़े तो बाकी भीड़ भी अनुयायी की तरह उस ओर चली।

"आप लोग यहीं रुकें। चेयरमैन साहब अकेले जाएँगे।" सुखदेव प्रसाद बरामदा पार कर, औरतों और बच्चों पर उछलती नज़र डाल, भीतर कमरे में चला गया, जहाँ मदनलाल का शव रखा हुआ था।

सुखदेव प्रसाद मेरा क्लासफेलो था। मैं हर चुनाव में उसके खिलाफ वोट देता हूँ, बल्कि भरसक प्रयत्न करता हूँ कि चाहे जो हो, वह चुनकर न आए। महा रंडीबाज़, महा घमंडी, महा कायर। मगर इस बार वह चुनकर आ ही गया। मेरा कोई अखाड़ा तो है नहीं जहाँ उसे चित कर दूँ। दस-बीस लोगों से जान-पहचान है। उन्हीं के बीच अपनी राजनीति चलती है।

सुखदेव प्रसाद, मदनलाल के छोटे लड़के के कन्धे पर हाथ रखे हुए बाहर निकल रहा था। उसने होंठों-ही-होंठों से उससे न जाने क्या कहा कि लड़का 'चाचाजी' चिल्लाकर उसके कन्धे पर सिर रख धाड़ मारकर रो पड़ा। सुखदेव प्रसाद ने रूमाल से अपनी नाक पोंछने का नाटक कियां, फिर लड़के की पीठ पर हाथ फेरता रहा।

पाखंडी ! पातकी ! लुगाईबाज़ ! मैंने मन-ही-मन उसे गालियाँ दीं। इससे तो अच्छा मैं हूँ। ढोंग तो नहीं करता। पैसे के बल पर बना फिरता है।

जब वह जीप की तरफ चला तो लोगों ने उसे घेर लिया, जैसे उसके पास मदनलाल के बारे में, उसकी मृत्यु के विषय में, कोई नई खबर हो। मैं दीवार की ओर मुँह कर खड़ा हो गया। कहीं उसकी नज़र मुझ पर न पड़ जाए।

"मिट्टी कितने बजे होगी ?" भीड़ में कोई कह रहा था।

"ग्यारह बजे।" उसे जवाब मिल गया।

"नौ तो बज ही गए।" वह आदमी अपनी घड़ी देख रहा था। उसे शायद, जल्दी थी। कितने छोटे हैं ये लोग ! मैं सोच रहा था, आदमी की मौत पर भी इन्हें जल्दी है। मुझे कोई जल्दी नहीं। मैं मन-ही-मन भिनभिनाया और उनसे बड़ा हो गया।

"आइए। आप लोग आइए। एक-एक कर आइए।" एक गठे शरीरवाला आदमी सबको पुकारता हुआ कह रहा था, "जूते उतार दीजिए। अन्दर ज़्यादा देर न रुकें।" वह मदनलाल का फुफेरा भाई था। मदनलाल की उससे कभी नहीं पटी। दोनों में एक औरत को लेकर झगड़ा था। दोनों बारी-बारी से उसके पास जाते थे और बरसों तक दोनों को पता नहीं चला कि वह औरत दोनों को उल्लू बना रही है। जब पता चला तो दोनों में ठन गई, बातचीत बन्द हो गई। बाद में वह औरत शहर छोड़ भाग गई।

सुनता हूँ, गिनोरिया से मरी। मदनलाल को भी गिनोरिया था। इलाज पर बहुत पैसा खर्च किया था। आखिर में चाँईबासा वाले बाबा ने ठीक किया था। मुझसे पूछो न ! मुझको सब पता है—एक-एक की जानता हूँ।

मदनलाल के मकान के सामने एक लम्बी 'क्यू' लग गई थी। लोग एक-एक कर भीतर जा रहे थे। बरामदे में औरतों और जूतों का अम्बार लगा हुआ था। बरामदे से लगा हुआ ही कमरा था, जिसमें एक तख्त पर उसका शव रखा हुआ था।

तो मैं क्या करूँ ? क्या मैं भी कतार में लग जाऊँ ? अन्दर जाना ठीक होगा ? हाँ-हाँ, क्यों नहीं ? किसी ने रोक दिया तो ? कोई नहीं रोकेगा। चलो अन्दर !

मैं लाइन में लग गया। लोग उसी दरवाज़े से अन्दर जाते थे और उसी से बाहर निकल आते थे। दरवाज़ा सँकरा था। मगर कोई बात नहीं। लोगों में शिस्त है। देखो न, कैसे नियम से आ-जा रहे हैं, जैसे चींटियाँ।

औरतों का रोना शुरू हो गया था। जैसे ही यह आर्त्तनाद मेरे कानों में पड़ा, मेरी आँखें डबडबाने लगीं। देखो तो कितने लोग उसके लिए रो रहे हैं।

मगर मेरी आँखों में आँसू क्यों ? क्या मैं मदनलाल की मृत्यु पर रो रहा हूँ ? क्या मेरा मन अपने बैरी के लिए पसीज चला है ? नहीं, कतई नहीं। मरने से आदमी बदल नहीं जाता, मदनलाल ऐसा आदमी था ही नहीं, जिससे प्रेम हो। फिर मैं रो क्यों रहा हूँ ?

औरतें एक बार और धाड़ मारकर रोईं। उनकी चीख़ें कलेजे को पार कर गईं। बहुत-से मर्द भी रो रहे हैं। गुमसुम, चुपचाप। उनकी आँखों में आँसू देखकर मेरी आँखें और भी डबडबा आईं। माफ़ करना भैया, मैं अपने को रोक नहीं पाऊँगा। मैं बहुत कच्चे दिल का हूँ।

मेरी बारी आ गई थी। मैं दरवाज़े के बिल्कुल करीब पहुँच गया था। क्या करूँ ? लौट चलूँ ? उन लोगों ने पहचान लिया तो ? कहीं का नहीं रहूँगा। तो क्या फैसला किया ?

पीछे से जरा-सा धक्का पड़ा और मैं कमरे के अन्दर था।

"हाय बप्पा !" जैसे ही मैं अन्दर घुसा, चीख मेरे कानों में पड़ी। मदनलाल का लड़का तख्त पर सिर पटक रहा था। दो दबंग आदमी उसे सम्हाले हुए थे। मदनलाल की पत्नी के आँसू सूख गए थे। वह वहीं, पति के शव के पायताने, तख्त पर कुहनी टेके, बैठी हुई थी—विस्फारित नेत्रों से लाश को देख रही थी।

एक बार उसकी दृष्टि टकराई। मैं सहमा। उसने मुझे पहचान तो नहीं लिया। मगर वह किसी और संसार में थी। मैं उसे 'मदालसा' कहा करता था। अपने दुश्मन की पत्नी का मखौल उड़ाने में अनोखा सन्तोष मिलता है।

मदनलाल का चेहरा विकृत लग रहा था। मृत्यु के पहले वह अवश्य कातर हुआ होगा। अपने सामने खड़ी मौत से उसने ज़रूर भिक्षा माँगी होगी, पैरों पर गिरा होगा, बिलबिलाया होगा। और अन्त में, मौत को अटल देख, वह विदा लेने के लिए, संसार

की ओर मुड़ा होगा—उसी वक्त मौत ने उसकी पीठ पर छुरा भोंक दिया होगा। और वह दो शब्द भी नहीं बोल पाया। अटपटाकर रह गया। उसके मुख पर यही अटपटापन था।

हे ईश्वर !

हे रामचन्द्र !

हे कृष्ण जी !

हे बजरंगबली !

प्राणी को ऐसे मत मारो।

अब से किसी की मौत पर नहीं जाऊँगा। मुझसे नहीं देखा जाता।

"खड़े क्या हैं। आगे बढ़िए।" मेरे पीछे का आदमी मुझे धकियाता हुआ बोला। मैं आगे बढ़ता हुआ शव की लगभग परिक्रमा कर गया। कमरा छोटा था और घुटा हुआ था। रोशनी के लिए लट्टू जला दिया गया था। सिरहाने लोबान की गन्ध उड़ रही थी। शव को चादर उढ़ा दी गई थी—केवल मुख खुला हुआ था ताकि लोग देख सकें। कमरे में दबी हुई सिसकियाँ सुनाई पड़ती थीं।

बाहर आकर मैं फिर उसी जगह खड़ा हो गया था जहाँ थोड़ा देर पहले उधेड़बुन में था। बड़ा दर्दनाक दृश्य था। आदमी कैसे अपनी मौत को झेलता है। हे प्रभु ! हे दीनानाथ !

लोगों का ताँता समाप्त हो चुका और अरथी बनकर तैयार थी। चार आदमी उसे उठाकर घर के भीतर ले जा रहे थे। तो अब अरथी पर लिटाया जाएगा। बरामदे में हलचल हुई और कमरे में क्रन्दन हुआ। मैं समझ गया, मदनलाल का शव तख्त से उतारकर अरथी पर रखा जा रहा है। मेरे दिल की धुकधुकी फिर बढ़ने लगी। और आखिर में अरथी बाहर आ ही गई। रोना-धोना कुछ भी काम नहीं आया।

मदनलाल की बेवा बिल्कुल पागल हो गई थी। वह अरथी का रास्ता रोक रही थी। और लड़का ? लड़के को आधा दर्जन लोग सँभाले हुए थे। भगवान किसी को ऐसा दिन न दिखलाए।

अब अरथी में और भी लोग जुट गए थे। मदनलाल का शव फूलमालाओं से ढक गया। बाहर आकर अरथी क्षण-भर को रुकी, फिर उत्तर की ओर मुँह कर चल पड़ी। श्मशान उसी ओर था—दूर है, कम-से-कम तीन मील है। पहुँचते-पहुँचते बारह बज जाएँगे।

जैसे ही अरथी रवाना हुई, घर की स्त्रियों ने इकट्ठे रोना शुरू किया और मदनलाल की विधवा पछाड़ खा-खाकर गिरने लगी।

चलो, चलो, आगे चलो। अब यहाँ और रुकना ठीक नहीं। अरथी चल पड़ी थी। सबके साथ-साथ मैं भी चल पड़ा था। अच्छा ही किया जो नंगे पाँव आया। ज़्यादातर लोग नंगे पाँव आए हैं। बाबू लोगों की बात और है। मगर हैं कितने बाबू !

कुछ भंगी और शोहदे भी शामिल हो गए थे—पैसे के लोभ से। अरथी के

आगे-आगे पैसे लुटाए जा रहे थे, जिन्हें वे दौड़-दौड़कर चुनते। भीड़ के पैरों कुचले बिना, पैसे चुनना भी कारीगरी है—वह भी ऐसी फुर्ती के साथ।

अभी हम सौ गज ही गए थे कि कलरव हुआ। शायद जय-जयकार हो रही है। किसी के बिछुड़ने पर जब जय-जयकार होती है, कीर्तिगान होता है तो मेरी आँखों से अविरल अश्रु बहने लगते हैं—चाहे वह कोई हो। पता नहीं क्यों ?

मैं जल्दी-जल्दी चल नहीं पाता और वे लोग तेज़-तेज़ चल रहे थे—भागे जा रहे थे। मैं पीछे न रह जाऊँ। मैंने भी अपनी चाल तेज़ की। अचानक मुझे सुनाई पड़ा, 'मदनलाल...।' और मेरे मुँह से भरपूर कंठ निकला, 'अमर है।' सब लोगों ने मुड़कर हैरत से मुझे देखा। ओह ! मुझसे गलती हो गई। मदनलाल का नाम शायद नहीं लिया गया था।

अब उस खड़ाऊँवाले ने, जो भीड़ में था, अपनी चाल धीमी कर दी ताकि मैं उसके साथ हो लूँ। जब मैं उसके बिल्कुल साथ हो गया, तब उसने मुझे घूरकर देखा। उसके चेहरे पर तेज था। वह अपना शरीर बनाए हुए था।

"कौन अमर है ?" उसने गुस्से में भरकर कहा, "जो आएगा सो जाएगा। तुम क्या समझते हो, अमृत पीकर आए हो ?"

वह मुझको जिस तरह खटखटा रहा था, उससे लगता था, दह जानना चाहता था कि क्या मैं यह मानता हूँ कि मैं कभी नहीं मरूँगा।

मरूँगा। ज़रूर मरूँगा। नहीं मरूँगा। मेरे कंठ में बलगम आकर फँस गया था।

उसने एक बार फिर मुझको घूरा और शायद इस नतीजे पर पहुँचकर कि यह एक सिरफिरा है, आगे बढ़ गया। जुलूस काफी दूर निकल गया था। मैं भागने लगा और हाँफने लगा। क्या मैं पीछे छूट जाऊँगा ?

भीड़ को चीरता हुआ मैं एकदम आगे, अरथी के करीब निकल आया था।

"राम नाम...।"

"सत्त है।"

"राम नाम...।"

"सत्त है।"

"सबकी यही...।"

"गत्त है।"

सबकी यही गति है। ठीक ही कहता है खड़ाऊँवाला। सबको इसी तरह चार कन्धों पर चढ़कर जाना है। मुझको भी।

मुझको भी दो भाई। मुझको भी। मैं अपने-आप बुदबुदाया, किसी ने सुना या नहीं, मुझे पता नहीं, और उचककर अरथी का एक सिरा अपने कन्धे ले लिया। अरथी मुझे ढकेलने लगी, आगे, सिर्फ़ आगे।

मैं छोटे कद का आदमी हूँ (मेरे नाटे कद को लेकर मदनलाल मुझ पर फिकरे कसा करता था)। अपने कद के कारण मुझसे लम्बे-लम्बे डग नहीं भरे जाते। अक्सर पिछड़

ज़ाता हूँ। मगर इस समय अरथी मुझे धक्का लगा रही थी। चलो बेटा, चलो।

मेरा कद गड़बड़ियाँ कर रहा था। अरथी का सन्तुलन बिगड़ रहा था। अरथी, जिसको हमारी बोली में 'उलार' होना कहते हैं, उलार हो रही थी। वज़न से मेरे कन्धे भी दुख रहे थे। मरे हुए आदमी का इतना बोझ होता है। मदनलाल आदमी भी तो खाया-पिया था।

अरथी के सन्तुलन को बनाए रखने के लिए मैंने पंजों के बल चलना शुरू कर दिया। मगर इससे भी काम नहीं बन रहा था। आखिर मेरे साथ-साथ चल रहे एक आदमी ने आकर मुझे हटा दिया और अपना कन्धा लगा दिया।

"हाँ, अब तुम ले लो।" मैंने हाँफते हुए कहा।

मैं फिर भीड़ के पीछे रह गया था। वैसे अब भीड़ भी अधिक नहीं रह गई थी। लोग तितर-बितर होते जा रहे थे। केवल मदनलाल के खास लोग, स्वजन-सम्बन्धी बचे रह गए थे। तब भी काफ़ी लोग हैं। मैंने अचरज किया।

"लड़का किधर है ?" मेरे साथ चल रहे दो लोगों में गुफ्तगू शुरू हो गई थी। वे लोग मदनलाल के लड़के को पूछ रहे थे।

"वह क्या है ? आगे-आगे गंगाजल लिए।" मेरे मुँह से अचानक निकला, "बुलाऊँ उसको ?"

"नहीं, रहने दो।" उनमें से एक ने मुझे झिड़का और मुझे इस तरह देखा, जैसे में उनकी बातचीत में खलल डाल रहा हूँ।

मैं संकोची आदमी। हट गया। मगर पीछे-पीछे चलते हुए भी उनकी बातचीत सुनने का लोभ नहीं छोड़ सका।

"यह कौन ?" वे मेरे बारे में जिज्ञासा कर रहे थे।

"होगा कोई। मदनलाल के जाननेवाले भी तो तरह-तरह के थे।"

"सो तो है।"

जुलूस फिर आगे निकल गया था। केवल वे दो और उनसे कुछ फासले पर चलता हुआ मैं। हम तीन आदमी पीछे थे। हम इस तरह चल रहे थे जैसे हमें कोई जल्दी नहीं। तुम पहले पहुँचकर करोगे भी क्या ?

सहसा उनमें से एक आदमी रुक गया। उसके रुकते ही डरकर मैं भी रुक गया—कहीं वह यह न समझ ले कि मैं उसके नज़दीक पहुँचने की कोशिश कर रहा हूँ।

वह सड़क पर खड़ा होकर बड़ी ज़ोर से हवा छोड़ रहा था। अगर आसपास कोई जानवर होता तो ज़रूर चौंककर बगटुट भाग निकलता।

"यही तुममें बुरी बात है।" दूसरावाला कह रहा था, "जहाँ जो चाहा वहाँ छोड़ दिया।" हँसी के मारे उसका हाल बेहाल था। वह अपना सीना पकड़कर हँसे जा रहा था।

उसे हँसता देख मैं भी हँसने लगा। मैंने भी अपना सीना पकड़ लिया।

"बुढ़ापा है, बुढ़ापा।" दूसरेवाले ने स्वस्थ होते हुए कहा। अचानक दोनों मेरी ओर

मुड़े। मैं अब तक हँसे जा रहा था। मुझे हँसता देख दोनों की मुखाकृति सिकुड़ी और दोनों घृणा से मुझे देखकर आगे बढ़ गए।

मैं उनके साथ या पीछे या फासले पर नहीं चलूँगा। वैसे भी मुझे जुलूस में होना चाहिए—लोग क्या कहेंगे ?

मैंने अपनी चाल दुगुनी, तिगुनी, चौगुनी कर दी और बदहवास आदमी की तरह भागता हुआ भीड़ में आ मिला। मेरा दम फूल गया था।

"अब कितना बचा है ?" ज़बान से निकला। चौंककर एक नौजवान-से आदमी ने, जो निश्चय ही नौजवान नहीं था, अपने चोर-बदन के कारण नौजवान लगता था, मुझे देखा, हँसा और बोला, "थक गए ?"

"नहीं, यह बात नहीं।" मैंने बात छिपानी चाही, मगर बात उसकी सच थी। इस तेज़ दौड़ ने मुझे थका दिया था। मगर उसको देखो, उस खड़ाऊँवाले को, कैसी अकड़ से चला जा रहा है। उसकी चाल में थकान का कोई लक्षण नहीं। देह हो तो ऐसी हो।

"अब आ गए।" वह नौजवाननुमा आदमी मुझको तसल्ली दे रहा था।

"मदनलाल को तुम कब से जानते थे ?" उस आदमी ने मुझसे पूछा। वह यह बात मुझसे क्यों पूछ रहा है ? मैंने सन्देह से उसे देखा। लेकिन वह निश्चिन्त था।

उसकी निश्चिन्तता से निश्चिन्त होकर मैंने जवाब दिया, "बहुत साल से। और तुम ?"

"मैं उसे नहीं जानता था।"

"फिर तुम क्यो आए हो ?" मेरा सवाल बेहूदा था। और इसीलिए उसने दो टूक जवाब दिया, "क्यों, आदमी की मौत में शामिल होना गुनाह है क्या ?"

"नहीं-नहीं। गुनाह क्यों होगा।" मेरे मुँह से निकल पड़ा, "मेरे को माफ करना।"

वह हँस पड़ा। फिर उसने मेरे कन्धे पर थपकी दी और बोला, "डग बढ़ाओ।"

मैं कितना भी डग बढ़ाऊँ, औसत ऊँचाई के आदमी के बराबर नहीं चल सकता—इसे साफ करने के लिए मैंने कहा, "मदनलाल अच्छा आदमी नहीं था।" वह चुप रहा। तब उसका मन लेने के लिए मैंने कहा, "खैर, जाने दो, अब वह रहा नहीं।"

"क्यों, क्या हुआ ?" उसने तन्द्रा से चौंककर कहा।

"नहीं, तुम कुछ कह रहे थे।"

शह पाकर मैंने कहा, "नहीं अच्छा आदमी नहीं था। महापातकी, महाशैतान।" इसके बाद मैंने चालाकी बरती। कुछ देर की चुप्पी साध ली। जब उसने उत्सुक होकर मुझे देखा, तब मैंने कहा, "मदनलाल के बारे में मुझे एक ऐसी बात मालूम है, जो मेरे सिवाय किसी को नहीं मालूम। बता दूँ तो वह कहीं का नहीं रहेगा।" मैं दाँत किटकिटा रहा था।

"कौन-सी बात ? कौन-सी बात ?" वह आदमी फुसफुसाता हुआ मेरे नजदीक आ गया था। हो सकता है वह सचमुच ही नौजवान हो।

मैंने आवेश में भरकर कहा, "मदनलाल अपने बाप का नहीं था। उसकी माँ दर्ज़ी

के साथ फँसी थी, बाद में वह उसी के साथ भाग गई। यह उन्हीं दिनों हमल में आया था।''

''तुमको कैसे मालूम ?'' वह मुझ पर सन्देह कर रहा था।

''इसका बाप मेरे बाप का जिगरी दोस्त था। मेरा बाप ही इसकी माँ को मनाकर दर्ज़ी के घर से वापस लाया था। इसका बाप मेरे बाप से कुछ भी छिपाता नहीं था। जब यह पैदा हुआ था, तभी इसके बाप ने मेरे बाप को यह बात बता दी थी। वह खूब रोया था।'' मैंने इस तरह कहा जैसे मैं उस समय वहाँ उपस्थित था और रोना मैंने अपनी आँखों से देखा था।

''हो सकता है।'' उसने कहा और सिर झुकाकर चुपचाप चलने लगा।

''हो सकता है नहीं, है। यह बात मेरे सिवाय किसी को नहीं मालूम।'' मैंने इस बात पर इतना ज़ोर दिया कि इतना स्वयं मुझको यह विश्वास दिलाने के लिए काफी था कि जो कुछ मैंने कहा है वह राई-रत्ती सही है, हालाँकि मदनलाल के कुल के बारे में मैंने जो भी कहा था, वह सरासर झूठ था। उसके बाप को मैंने कभी देखा भी नहीं और मेरे विचार में मेरे बाप ने भी शायद ही उसे जाना हो। मगर इससे क्या फर्क पड़ता है ?

घंटाघर के नजदीक पहुँचकर अरथी धीमी पड़ गई थी। सड़क पर सौदा बेचनेवालों की भीड़ थी। इस भीड़ में वह, मेरे साथ का वह गपोड़ी, कहीं रुक गया। अच्छा ही हुआ। वह ज़्यादा देर मेरे साथ टिक नहीं सकता था।

घंटाघर से आगे चलकर जुलूस एक गली में घुसा, जिसे पार करने पर वह पुल मिलता था जिसके दूसरे छोर पर मरघट था। गली में घुसते ही मैंने अपनी नाक बन्द कर ली। जगह-जगह बच्चों ने हगा-मूता था, जिन पर मक्खियाँ भिनभिना रही थीं। दीवारों पर सिनेमा के पोस्टर है, वैद्यनाथ प्राणदा का विज्ञापन और गेरू से लिखी हुई गालियाँ थीं। मेरा बस चलता तो मैं आँखें भी बन्द कर लेता।

राम-राम कर गली तय की। गली में घुसते ही अरथीवाले भी चुप पड़ गए थे, जैसे बैलूनी पार कर रहे हों—बाहर निकलते ही फिर चीखने-चिल्लाने लगे—'राम नाम, सत्त है।'

'सबकी यही गत्त है।' मुझको खुशी हुई कि कम-से-कम एक बार मेरी आवाज़ मुक्त कंठ से निकली। मगर संसार का रवैया देखिए। अरथी में कुल पन्द्रह-बीस आदमी रह गए हैं। बाकी चूतड़ झाड़कर चलते बने। यही होता है। अन्त तक कौन साथ देता है !

खड़ाऊँवाला ज़रूर अब भी साथ चला जा रहा है। पट्ठे में दम है। बैसवाड़ी है न। मेरे दादा भी बैसवाड़ी के थे—मगर हम लोग बम्हन नहीं हैं। बम्हनों से मुझको बहुत चिढ़ है। जब भी कोई बम्हन घर आता है मेरी पत्नी 'आइए महाराज' कहकर उसके चरण छूती है। सीधे स्वर्ग जाना चाहती है न। पुल पर कदम रखते हुए एक ने हाँक लगाई, 'गंगा मैया की जै !' गधा ! इस सड़ियल नदी को गंगा कहता है, जिसमें दोनों

शाम आधा शहर हगता है और आधे शहर की औरतें नंगे नहाती हैं। मैं नास्तिक हूँ, नास्तिक। सबको नेस्तनाबूद कर दूँगा। इस पुल को भी।

"अब आ गए हैं।" मेरे बगल में चलते हुए नाई ने कहा।

"हाँ, आ गए हैं।" मैंने बुजुर्गों की तरह कहा।

"कै गंडा आदमी बचे ?" उसने पूछा।

"मुझे पता नहीं।" मैंने बेरुखी से जवाब दिया।

"कै कौड़ी रुपए लुटाए हैं ?"

"मैं रुपए-पैसों का हिसाब नहीं रखता।" उसे सकपकाया देख, मुझे गहरा सुख हुआ। नाई का यहाँ क्या काम ?

पुल पर अरथी की रफ्तार चिउँटी जैसी हो गई थी। सब लोग पता नहीं क्यों चुप पड़ गए थे। थक गए हैं। उनकी थकान के ख़्याल से मुझमें स्फूर्ति पैदा हुई। मैंने आगे बढ़कर अरथी पर अपना कन्धा लगा दिया। मदनलाल ! भैया मदनलाल ! मुझको माफ करना। मैं बहुत नीच आदमी हूँ। तुम्हारे बारे में पता नहीं क्या-क्या कह गया। माफ करना भैया। मेरी आँखों में, मुझको लगा, आँसू उमड़ आए हैं। मगर आँसू उमड़े नहीं थे, उमड़ने को थे। मैंने अपने को सम्हाल लिया। रोना ठीक नहीं।

पुल पारकर अरथी घाट पर उतर गई थी—चार आदमियों ने अरथी अपने कन्धे से उतार ज़मीन पर रख दी थी। अब मदनलाल को स्नान कराया जाएगा।

जो नौजवान, मदनलाल के चबूतरे पर, उसकी अरथी तैयार कर रहे थे, वे ही आगे बढ़े और शव को नंगा कर दिया। मदनलाल का नंगा शरीर देखकर मैं चौंका। उसकी देह फूली हुई थी। रात-भर में खराब नहीं हो गई ? नहीं, यह ऐसे ही रही होगी।

कहीं से एक पंडित निकल आया। ज़रूर वहीं रहा होगा। उसने मदनलाल के लड़के को मन्त्रोच्चार कराना शुरू किया। लड़का मन्त्र पढ़ता जाता था और पंडित के आदेश पर पिता के शव पर गंगाजल छिड़कता जाता था। उसकी आँखों में आँसू नहीं थे। उसे देखकर मेरे मन में कचोट हुई। हाँ, कचोट ही हुई—यह बात मैं झूठ नहीं कह रहा हूँ।

पंडित ने जल्दी-जल्दी मन्त्र समाप्त कर कहा, 'हो गया स्नान।' शव को न नहलाया गया, न धोया गया, बस हो गया स्नान। ठग है, ठग। यह बम्हन ठग है। इसीलिए तो क्रिया-कर्म करानेवाले बम्हन को 'महाब्राह्मण' कहा जाता है। लूट है, लूट। इसी के पाँच रुपए ले लेगा। ज़्यादा।

ज़रा-सी दूरी पर चिता सजाई गई थी। उधर से एक आदमी, 'देर क्या है' कहता हुआ आया। शव को फिर अरथी पर ढक दिया गया और उसे चिता के करीब ले जाया गया।

मुझसे यह नहीं देखा जाएगा। मैं रोने लगा था। मुझको डर लगता है। मुझको पता नहीं कोई चीज़, जिससे डर लगता है।

"मदनलाल तुम्हारा क्या लगता था ?" एक अनजान आदमी मेरे आँसुओं से खिंचकर मेरी तरफ चला आया था।

"क्यों ? आदमी की मौत में शामिल होना गुनाह है क्या ?" मेरे मुँह से निकला। वह निरुत्तर दूसरी तरफ चला गया था।

शव चिता पर रख दिया गया था और लकड़ियों पर घी छिड़का जा रहा था। बस, एक लौ की ज़रूरत है। लड़का कितनी निष्ठा से क्रिया-कर्म किए जा रहा है। लड़का मुझको अच्छा लगने लगा था। कपाल-क्रिया वही करेगा। कपाल-क्रिया की याद आते ही मुझे घबराहट हुई। मेरी कपाल-क्रिया कौन करेगा ? मेरी कोई सन्तान नहीं। तभी तो मेरी पत्नी कहती है, "तुम्हें सरग नहीं मिलेगा।" कोई बात नहीं। सुनते हैं, महाबम्हन को पैसा देने से मामला ठीक हो जाता है।

चिता धधक उठी थी। हे परमपिता परमेश्वर ! हे नारायण ! हे गंगोत्री ! हे जमनोत्री ! क्या-से-क्या गति होती है !

चिता की लपटें किस तरह उठ रही हैं। सब कुछ स्वाहा हो रहा है, खाया-पिया, भोगा-अनभोगा, सब कुछ। एक बार तो लगा ये लपटें मेरी ओर दौड़ी आ रही हैं, मुझको छू लेंगी, मैं डरकर पीछे हट गया। फिर धीरे-धीरे लपटें नीचे गिरने लगीं, आग का गुस्सा ठंडा पड़ने लगा।

"फूल परसों चुने जाएँगे।"

लोग जाने की तैयारी कर रहे थे। कुछ तो चले भी गए थे। लड़का सिर झुकाए हुए खड़ा था। उसके कुरूप सलाहकार ने पंडित का भुगतान कर दिया था। जब केवल दहकते हुए अंगारे रह गए तब वे तीन-चार लोग लड़के को सहारा दिए ले चले। उनके साथ-साथ यह खड़ाऊँवाला भी था।

उन्होंने एक बार मुड़कर देखा और पाया कि मैं अब भी वहीं खड़ा हूँ। तब खड़ाऊँवाले ने वापस आते हुए कहा, "तुम यहाँ क्या कर रहे हो ? जानेवाला तो गया।"

"यही तो।" मैंने कहा। मैं समझ नहीं पा रहा था कि क्या कहूँ।

"तब चलो।" उसने मुझे डाँटा।

उसकी डाँट खाकर मैं उसके पीछे-पीछे चलने लगा। उसकी खड़ाऊँ चट-चट बजती थी और मैं हर बार सहमता था।

थोड़ी दूर चलने के बाद उसने मुझसे अनोखी बात कही।

"तुम जानते हो यह लड़का किसका है ?"

"उँहूँ।" मैंने घबराकर उत्तर दिया।

"यह मदनलाल का लड़का नहीं है। इसकी माँ यानी मदनलाल की स्त्री हलवाई के साथ फँसी थी। बाद में वह उसके साथ भाग गई। यह उन्हीं दिनों हमल में आया था।"

"तुम्हें कैसे मालूम ?" मुझे रस आने लगा था।

"मैं ही इसकी माँ को मनाकर हलवाई के घर से वापस लाया था। जब यह पैदा हुआ था, तभी मदनलाल ने मुझको यह बात बताई थी। कई दिन तक रोया था।"

"हो सकता है।" मैंने कहा।

"क्या कहा ? हो सकता है ? जो मैं कह रहा हूँ, वह झूठ है ?" खड़ाऊँवाले ने आँख तरेरी।

"अगर मैं यह बात सबको बता दूँ तो इस लड़के को जायदाद-वायदाद कुछ न मिले।"

मैने कोई उत्तर नहीं दिया—उसकी बात पर विश्वास करने का प्रयत्न करता रहा। पुल पारकर वह मुड़कर नदी के किनारे-किनारे निकल गया था। मैं सीधे गली में घुस गया और नाक बन्द कर ली। एक मकान की दीवार पर चढ़कर एक लड़का बड़े-बड़े हरफों में मनपसन्द गाली लिख रहा था।

शवयात्रा

केवल एक खाट रखने की जगह थी। कोठरी से बाहर निकलकर सिपाही ने सड़क पर इकट्ठे कुछ लोगों से पूछा, इसका कोई वारिस है ? जब उसे कोई जवाब नहीं मिला तो उसने अपने-आपसे कहा, आखिर इन्तजाम तो करना पड़ेगा।

हिन्दू थी या मुसलमान ?

अपनी साइकिल की सीट पर पीठ टिकाए हुए एक कमउम्र लड़के ने कहा, रंडी थी।

मालूम है। कॉन्स्टेबल ने डपटते हुए कहा।

सिपाही जी, सेवावालों को दे दो। कॉस्टेबल की तरफ बीड़ी का बंडल बढ़ाते हुए एक और आदमी ने कहा।

लाश कल से रखी हुई है। कुछ मालूम है ? ज्यादा वक्त करोगे तो पसीज जाएगी। कॉन्स्टेबल साहब, कुछ इसका इन्तजाम जल्दी करो !

बीड़ी का धुआँ अपनी नाक से निकालते हुए कॉन्स्टेबल ने कहा, आखिर मालूम तो हो इसका वारिस, रिश्तेदार, भाई-भतीजा कोई है। पहले तो रपट लिखानी होगी, नहीं तो सारी कोतवाली में बोम पड़ जाएगा। हरामजादे मुझी को कहेंगे। कुछ मालूम तो हो। और बीड़ी के कश लेता हुआ वह गहरी चिन्ता में पड़ गया। कुछ लोग सिपाही के पास चुपचाप खड़े थे और कुछ दूर हटकर बातचीत कर रहे थे।

आसपास कुछ छोटे-छोटे मकान, कोठरियाँ और झोपड़ियाँ थीं। सड़क पक्की नहीं थी। मगर मुरुम पड़ने के कारण रंगीन लगती थी। सारा दिन हवा में इस मुरुम की धूल उड़ती थी और बस्ती कुछ और निर्जन हो जाती थी।

दो-तीन साल से इमरती आखिरी स्त्री थी—वहाँ रह रही थी। कई बार रोक-टोक कलह के बाद भी गई नहीं। बस्ती के लोगों ने भी अब उसे स्वीकार कर लिया था। जानते थे वे उससे लड़ नहीं सकते थे। अधिक-से-अधिक वे उससे बात नहीं कर सकते थे और बात करने का कोई प्रसंग भी नहीं था सिवा उन घड़ियों के जब वह सँवरकर पान की दूकान पर जा खड़ी होती थी।

सुबह से लेकर आधी रात तक फिल्मी गाने-बजानेवाले द सिन्ध हिन्दू होटल में भी शाम के समय जब वह अपने लिए गोश्त का शोरबा लेने आती तब भी वह अपना वक्त जाया नहीं करती थी। शायद अपने अनुभव से उसने पहचान लिया था, यहाँ बैठनेवाले

मुफ्तखोर होते हैं। और मुफ्तखोरों से उसे जन्मजात चिढ़ थी। उसने एक छोकरे को पैसा दे रंगीन चॉक से सुडौल अक्षरों में अपनी दीवार पर लिखवा रखा था, उधार मुहब्बत की कैंची है।

इमरती बाई दुनिया से अलग रंडी है। उसके चले जाने के बाद पानवाला कहा करता था। वह ज्यादा बात नहीं करती है।

उसके पास ग्राहक भी थोड़े जाते थे। और आखिर के दिनों में तो इक्का-दुक्का ही कोई आता था। उसके पास आएगा भी कौन ? वह कहता था—न वह गाती है न कूल्हे मटकाती है। आदमी खाली जिस्म ही थोड़े चाहता है। बखत-बखत की बात है।

यह कहकर टोके जाने पर कि लोग उसके पास नाच-गाना सुनने के लिए नहीं शरीर के लिए आते हैं, वह जवाब देता। मगर शरीर में भी तो लोच चाहिए। उसके पास वह अदा नहीं। इमरती बाई साफ-साफ रंडी है।

इस समय भी वह दूकान पर पान लगाता हुआ अपनी बातें दोहरा रहा था और कह रहा था, मैं जानता था यही हाल होगा। मैंने कहा भी था, इमरती बाई इलाज करा लो। अब भी बच जाओगी। मगर कमबख्त जिन्दगी-भर सारी दुनिया को बीमारी बाँटती फिरी। अब मरी तो कोई उठानेवाला भी नहीं। मगर कुछ भी कहो इमरती बाई साफ-साफ रंडी थी। मुझे उसकी सब बातें मालूम हैं।

फिर उसने वहीं बैठे-बैठे पान पर कत्था लपेटते हुए आवाज दी, हवलदार जी मुरदा जल्दी उठवा लो। बीमारी से मरा है।

हवलदार उस समय काँच के गिलास में भरी गरमागरम चाय फूँक-फूँककर पी रहा था। उसकी बात सुनकर वह उसकी ओर मुड़ा और कुछ कहना चाहा। मगर तभी सामने से म्युनिसिपैलिटी की मैला ढोनेवाली भैंसागाड़ी गली में घुसती नजर आई।

चाय का एक घूँट लेकर गिलास होटलवाले लड़के को थमा गाड़ी की तरफ झपटता हुआ वह बोला, क्या नाम है बे तेरा ?

गाड़ी से उतरते हुए गाड़ीवान ने जवाब दिया, बंसीलाल।

कहाँ जा रहा है ?

ड्यूटी पर जा रहा हूँ। उसने बेरुखी से जवाब दिया। उसे सिपाहियों से खौफ नहीं था। अगर भीड़ वहाँ उसे दिखाई नहीं देती तो वह रुकता भी नहीं। गाना गाता हुआ गुजर जाता। इमरती बाई बाहर आए या न आए, इधर जब भी उसकी ड्यूटी पड़ती गुजरता हुआ एक बार गीत जरूर छेड़ देता।

सुन बे बंसीलाल। सिपाही ने उसे तरेरते हुए कहा। ड्यूटी कैन्सिल करो। मरघटी जाना होगा।

कौन मरा ? बंसीलाल ने अपना चाबुकनुमा डंडा गाड़ी में रखते हुए कहा।

इमरती बाई ! भीड़ में से एक ने कहा।

क्या कहा ? उसे विश्वास नहीं हुआ और उसने फिर पूछा, क्या कहा ?

मुरदा यहाँ से जल्दी उठाओ और ठिकाने लगाओ। समझे। मैं चलता हूँ कोतवाली।

रपट देनी होगी। सिपाही ने उसका कन्धा थपथपाया। फिर जेब से एक मैली-कुचैली नोटबुक निकाल पेन्सिल से कुछ लिखता हुआ आगे बढ़ गया।

उसने गाड़ी सड़क के किनारे रोक दी थी। जरा देखूँ, कहता हुआ वह अन्दर की ओर बढ़ गया। अभी तक वहाँ इकट्ठे लोगों में से कोई अन्दर नहीं गया था। वह चला तो उनमें से कुछ उसके साथ हो लिए।

शव चारपाई पर रखा हुआ था। किसी ने उस पर चादर भी नहीं उढ़ाई थी।

बंसी इस कोठरी में पहली बार आया था और अन्दर घुसते हुए उसे हल्की-सी कचोट भी हुई।

इमरती को उसने बहुत बार देखा था और उसने मंसूबा बना रखा था। एक-न-एक दिन वह वहाँ आएगा। गोरी गुलाबी देह और बदन जो इतना चल चुकने के बाद भी कसा हुआ लगता था।

मगर वह जा कभी नहीं सका। इतने पैसे ही नहीं आए। वह जानता था इमरती के ग्राहक भले ही कम आएँ रेट उसका ऊँचा है और वह उससे नीचे नहीं उतरेगी। और अगर उतरेगी भी तो उसे क्यों पसन्द करेगी। वह अपने रूप-रंग से वाकिफ था। उसे पता था कि वह बदसूरत है और कद छोटा होने के कारण वह दूसरों की दया और हँसी का पात्र है। इस दया और हँसी से सामना पड़ने पर वह अपना गुस्सा पीकर आगे बढ़ जाता।

ड्यूटी बजाने के बाद शाम वह सफेद कुरता और महीन धोती पहन सिनेमाघर तक टहलने निकलता और बाँसुरी पर फिल्मी गाने बजाकर छोकरों को जमा कर देता। बाँसुरी के कारण उसकी अपनी महफिल हो गई थी।

इमरती का मुँह बिल्कुल विकृत हो गया था और होंठ कुछ खुले हुए थे। छाती से धोती उघड़ी हुई थी और जाँघ भी काफी खुली हुई थी। उसका यह रूप देखकर उसे कुछ दुःख हुआ। देर नहीं की जा सकती। यह सोचता हुआ वह बढ़ा और धोती शरीर पर ढक दी।

चारपाई बाहर निकालने की जरूरत नहीं। उसने अपने-आप कहा। फिर लाश को पायताने से पकड़ उसने कहा, जरा मदद कीजिए। एक आदमी ने गरदन और दूसरे ने पीठ पर सहारा दिया और लाश बाहर निकाल ली गई।

जरा रुकें। उसने फुरती से कहा। थोड़ा गाड़ी धो लें। मुरदे ढोने का उसे अभ्यास था। मगर यह पहला मौका था जब उसे एहसास हुआ कि शव को इस तरह गन्दी गाड़ी में नहीं ले जाया जा सकता।

भैंसे की पीठ पर डंडे टिकाता हुआ वह गाड़ी बम्बे के पास तक ले गया, नल चालू किया और मजा ले-लेकर गाड़ी धोने लगा। हथेली से वह पानी के बाहर और भीतर उलीचता, फिर एक मैले कपड़े से रगड़-रगड़कर साफ करता। एक बार उचककर वह भैंसे की पीठ पर बैठ गया और अपनी साफ-सुथरी गाड़ी को कुछ प्रसन्न होकर निहारा। फिर अपने-आप ही—"जरा और धो लें" कहता हुआ उतरा और जुट गया।

लाश के आसपास दस-बीस लोग इकट्ठे हो गए थे। गाड़ी बड़ी तेजी से हाँकता वह उनकी ओर लाया। जरा हटिए। जरा जगह दीजिए। फिर कुछ हाँफता हुआ-सा उतरा और अपने को जैसे एक बार इकट्ठा कर आवाज लगाई, जरा मदद कीजिए। लाश को सहारा दीजिए।

कुछ लोग आगे बढ़े और लाश फिर पहले की तरह उठाई गई। जरा सँभाल के।

वह गाड़ी पर चढ़ गया था और लाश रखने की जगह बना रहा था। मगर जगह इतनी नहीं थी कि शव को लिटाया जा सके। उसे कुछ परेशानी हुई और कुछ म्युनिसिपैलिटी पर गुस्सा आया। इतनी छोटी गाड़ी में तो बच्चे की लाश भी नहीं जा सकती।

इस तरह नहीं। इस तरह। उसने और दो लोगों की सहायता से शव को गाड़ी में आधा लिटा दिया। कन्धे पर की गमछी उतारी और शव के सिरहाने तकिया-सा बनाकर रख दिया। इतना सब कर चुकने के बाद उसे कुछ सन्तोष-सा हुआ।

गाड़ी पर खड़े-ही-खड़े एक बार उसने उन सब पर उचटती हुई नजर डाली और अपने को उनसे कुछ ऊँचा अनुभव किया। इसके पहले कि उनमें से कोई कुछ कहे उसने गाड़ी हांक दी और खुद इतमीनान के साथ बैठ गया।

कुछ दूर जाकर मुड़कर उसने पीछे देखा तो भीड़ तितर-बितर हो रही थी। एक आदमी बढ़कर इमरती बाई के घर का साँकल लगा रहा था।

उसने गाड़ी और तेज कर दी और ठीक मोड़ पर आकर रुका। उतरा और उतरकर देखा। वह ठीक तो है। लाश वैसी ही आधी लेटी हुई थी। केवल इस आपाधापी में वस्त्र खिसक गया था और सारा शरीर लगभग नंगा हो गया था। एक बार उसकी निगाह उस पर गड़ी। फिर उसे शर्म-सी आई। और उसने फुरती के साथ शरीर को वस्त्र से ढँक दिया। फिर पान की दुकान की ओर बढ़ा।

उसकी जेब में सात रुपए थे। तनख्वाह से बचाकर रखे थे। उनसे जो-जो चीजें उसे लेनी थीं उनकी फेहरिस्त उसके दिमाग में कई दिनों से थी। रुपए उसने जेब से निकालकर हाथ में ले लिए, फिर दुकान की ओर बढ़ता हुआ बोला। इतनी रेजगारी नहीं है।

मगर उसने सुना-अनसुना करते हुए कहा, जरा जल्दी करें। वक्त हो रहा है।

उसने देखा पानवाले ने एक कपड़े के थैले से ढेर सारी रेजगारी निकाली और गिनने लगा।

थैली हाथ में आते ही उसका हौसला ऊँचा हुआ और वह लपककर बैठ गया।

हाँकते हुए उसने देखा पानवाला और दो-तीन लोग उसे देखकर मुस्कुरा रहे थे और पानवाला कत्थे की डंडी हिला-हिलाकर उसे भद्दे इशारे कर रहा था।

उसने मन-ही-मन उन्हें गाली दी और कसकर एक डंडा भैंसे की पीठ पर रसीद किया।

मुहल्ले से बाहर निकलकर उसने फारिग अनुभव किया। धूप तेज थी और इतने

परिश्रम के बाद उसे पसीना आ रहा था। पटरियों पर लोग आ-जा रहे थे और दुकानें लगभग खुल चुकी थीं।

वह एक बार पीछे मुड़ा और देखा लाश किस हालत में हैं सब ठीक था केवल सिरहाना कुछ नीचे खिसक गया था। गाड़ी रोककर वह उतरा और सिरहाना उसने फिर ठीक कर दिया।

इधर-उधर करने से शव जब जरा-सा हिला तो अचानक वह थरथरा गया। उसके जीवित शरीर को छूने के विचार से उसे कँपकँपी-सी हुई और नाड़ियाँ जोर से धड़क उठीं। वह फिर अपनी जगह पर बैठ गया था और सोच रहा था अगर शरीर पर बढ़िया साड़ी होती तो कितना बढ़िया होता। उसने कई बार रंग-बिरंगी साड़ियाँ पहने दरवाजे पर खड़े देखा था। रानी रूपमती। हर बार उसे लगता था वह किसी की प्रतीक्षा में खड़ी है। गली में पैदल घुसते ही उसका दिल धड़कता और दरवाजे के सामने से गुजरते हुए तो और भी जोरों से धड़कने लगता। वह बहुत चाहकर भी उससे नजरें नहीं मिला पाता। शर्म में गरदन नीची किए हुए आगे निकल जाता। जब काफी दूर आ जाता तो मुड़कर जरूर उसे देखता और पाता कि वह अब भी वहीं खड़ी है। रानी रूपमती। उसके वहाँ खड़े होने और अपने उधर से गुजरने में एक नाता उसने जोड़ लिया था। एक-न-एक दिन मैं उसके पास जरूर जाऊँगा।

उसने गोद में रखी हुई थैली टटोली, उस पर प्यार से हाथ फेरा। फिर मुट्ठी-भर सिक्के निकाल इधर-उधर देखा और ऊपर की ओर फेंके। क्षण-भर बाद सड़क पर बरसते हुए पैसों की झनझनाहट से दुकानों पर बैठे और पटरियों पर चलते हुए लोग चौंक गए। कुछ छोटे-छोटे लड़कों और भिखारियों का हुजूम उस ओर लपका। उसने गाड़ी रोक दी और उन सबको सिक्कों पर टूटते और झपटते हुए देखता रहा। जब सारी सड़क सिक्कों से बुहर गई तब उसने थैली में हाथ डाल मुट्ठी-भर सिक्के और निकाले और फिर ऊपर की ओर फेंके और भर्राए हुए कंठ से उसने नारा लगाया, राम नाम सत्त है।

सबकी यही गत्त है ! पैसों पर झपटते हुए उन सबने मशीनी ढंग से दोहराया।

उसने मौज में गाड़ी हाँक दी। जानवर की पीठ पर दनादन दस-बीस डंडे लगाए और भागने लगी गाड़ी और गाड़ी के पीछे पैसे लूटनेवालों की भीड़।

अगले मोड़ पर उसने भागती हुई गाड़ी एकाएक रोकी और चिल्लाया, राम नाम सत्त है।

सबकी यही गत्त है।

अब तक गाड़ी के आगे और पीछे अच्छी-खासी भीड़ हो गई थी, जिसे वह हाँक रहा था। कुछ लोगों ने गाड़ी पकड़ ली थी और गाड़ी अचानक ही मानो अरथी में परिणत हो गई थी।

उसके आसपास चलता हुआ एक भिखारी, राम नाम के शोर में फुसफुसाता हुआ बोला, सेठजी, बाजा कर लो।

भीतरी विह्वलता में उसकी आँखें प्रायः बन्द थीं। अपना सुझाव दोहराते हुए भिखमंगे ने कहा, ले आऊँ सेठजी !

ले आओ। मुट्ठी-भर पैसे उसने इस बार सड़क के बाईं ओर फेंके और पानी के कटाव की तरह भीड़ उस ओर मुड़कर झपट पड़ी।

एक दूसरा भिखारी इस बीच ढेर सारे फूल और कुछ मालाएँ ले आया था। गाड़ी रुकी। वह उतरा और सारे फूल और मालाएँ उसने शव पर बिखरा दीं।

कौन था ? उसने सुना, पटरी पर खड़े कुछ लोग बात कर रहे थे।

इमरती बाई। माला फेंकते हुए खुशी में उसका हाथ काँपा।

इमरती बाई कौन ?

रंडी थी। गुस्से में उसकी नजर उठी।

मशहूर रंडी। उसने गर्व के साथ उन्हें देखा।

बाजा अब तक आ गया था।

बजवाऊँ सेठजी ?

बजवाओ।

वह उचककर फिर अपनी गाड़ी पर बैठ गया और बाजा बजने लगा। बाजे के कारण भीड़ और जुट गई थी। उसने थैली में से पैसे निकाल लिए और सड़क पर छींटने और छितराने लगा।

राम नाम सत्त है।

सबकी यही गत्त है।

इतनी बड़ी भीड़ देखकर वह समझ नहीं पा रहा था, वह इसे कैसे सँभाले। मगर उसे विश्वास था वह सँभाल लेगा। एक बार उसकी इच्छा हुई, वह इस अरथी की दिशा मोड़ दे और हाँकता हुआ ले जाकर ठीक इमरती के दरवाजे रोक दे। उसके मन में गुदगुदी हुई मगर अपनी गुदगुदी को छिपाते हुए उसने रफ्तार तेज कर दी। धूप तेज हो गई थी। सारा क्रिया-कर्म जल्द ही निपटाना होगा। सब कुछ जल्द निपट जाने और खत्म हो जाने के ख्याल से उसे कसक भी हुई। इसी तरह चलता रहे।

उसने सिर ऊपर उठाया और देखा नौजवान और बूढ़ी स्त्रियाँ छतों पर निकल आई थीं और भीड़ और बाजे से अधिक उसे देख रही थीं। उसने निडर और साफ उन्हें देखा और सुनना चाहा वे क्या कह रही हैं ?

उसने बाजे के शोर में दो-एक शब्द पकड़े, "अरे कुछ नहीं बंसी मेहतर है।"

"मेहतर" शब्द सुनते ही सब कुछ किरकिरा हो गया और उसने ऊपर और घरों के दरवाजों पर खड़ी स्त्रियों और बच्चों को गुस्से से देखा।

वह अपना मेहतर कहा जाना कभी बरदाश्त नहीं कर पाता था। वह औरों से साफ रहता था और अपनी जाति के तमाम नवयुवकों से कह रखा था, अगर कोई तुम्हें मेहतर कहे तो मैला मत साफ करो।

अपने लिए मेहतर सुनकर उसे झुंझलाहट हुई। उसने अपने पास-पास चलते

भिखारी से झल्लाकर कहा, बाजा जोर से बजवाओ।

थैली टटोलते हुए उसने पाया कि बहुत थोड़े-से सिक्के रह गए हैं और उसे सँभालकर खरचना चाहिए। पैसे फेंकने के बजाए वह अपनी गाड़ी की टीन की पटरी पर खड़ा हो गया। राम नाम सत्त है।

शहर के बाहर नदी थी। और नदी के दूसरी तरफ मरघट। दूर से पुल नजर आता था।

उसने थोड़े-से पैसे हाथ में लिए और पूरी ताकत के साथ फेंके ताकि वे दूर-दूर तक बिखर जाएँ। चौंधियाकर तितर-बितर होती भीड़ को उसने खुश होकर देखा।

जब गाड़ी पुल तक पहुँच गई तो उसने रोक दी। भिखारी को थैली समेत पैसे सौंपते हुए उसने कहा, वापस ले जाओ।

बाजा बन्द हो गया और छोकरों और भिखमंगों की भीड़ लौटने लगी। केवल तीन-चार राहगीर अब वहाँ खड़े थे।

उसने सुना उनमें से एक कह रहा था, मैं कहता हूँ हिली है।

क्या हिला है उनकी ओर लपकते हुए उसने कहा।

तुम्हारा मुरदा।

क्या सचमुच हिला है ? मुरदों के जिन्दा हो जाने की कहानियाँ उसने सुनी थीं। उसने सुन रखा था कि कई बार चिता पर से भी मुरदे उठ बैठते हैं। मरे हुए आदमी के प्राण फिर से वापस आ जाते हैं। यह कैसे होता है पता नहीं। मगर डॉक्टर मानते हैं कि दफनाने के पहले एक बार पूरी शिनाख्त कर लेनी चाहिए।

वह भागकर उस पर झुका। उसने देखा कि शव कुछ खिसक जरूर गया था। उसका हाथ खुशी और अविश्वास से काँप रहा था। उसने चादर के अन्दर से शव का हाथ खींचकर बाहर निकाला और नाड़ी पर उँगलियाँ रख दीं। कुछ धड़क तो रहा था। बड़ी जोर-जोर से। मगर बदन ठंडा है और नाक के पास हाथ ले जाने में साँस नहीं। फिर धड़क क्या रहा है।

अपने सीने पर उसने हाथ रखा और पाया कि दिल के दौरे के मरीज की तरह उसका दिल जोर-जोर से धड़क रहा है। बड़ी-बड़ी जोर-जोर से। गाड़ी उसने फिर हाँक दी थी और पुल पर से चला जा रहा था। दोनों ओर पानी का विस्तार था और किनारों पर रेत के टीले जिन पर धूप चमचमा रही थी। भीड़ से रुखसत पाकर वह बिल्कुल अकेला हो गया था और कहीं कोई न था। केवल उसकी गाड़ी का पहिया बोल रहा था।

पुल पारकर उसने गाड़ी ढाल पर उतार दी और मरघट में घुसते हुए उसे भाँय-भाँय-सा लगा।

किनारे पर एक मुरदा जल रहा था जिसकी दुर्गंध उसकी नाक में घुस गई।

गाड़ी उसने ठीक मरघट के चौकीदार के घर के सामने रोक, बिल्कुल धीरे और सँभालकर।

कौन आया है ? चौकीदार ने अपना रजिस्टर खोलते हुए कहा। जलाना है, दफनाना है ?

नाम ?

इमरती बाई।

उम्र ?

बत्तीस साल। उसने बेखटके कहा।

पति का नाम ? चौकीदार ने अपनी निगाह उठाते हुए सवाल किया।

वह कुछ रुका, इधर-उधर देखा जैसे कोई सुन तो नहीं रहा है फिर कहा, वंसीलाल बाल्मीकि। और उसने हाथ बढ़ाकर दस्तखत कर दिया।

बाहर आकर सँभालकर उसने शव उतारा। धोती उस पर पूरी तरह ढँक दी। फावड़ा उठाया और गड्ढा खोदने लगा।

घर

एक स्त्री और एक पुरुष मेरे अहाते में आए। मैंने झाँककर देखा। पानी के लक्षण थे।

स्त्री के कपड़े मैले-कुचैले थे और पुरुष के भी। स्त्री की गोद में बच्चा था और पुरुष का हाथ पकड़े हुए भी। पुरुष अन्धा था और इसीलिए वह आगे थी।

वर्षा का डर दोनों को था। स्त्री को कुछ अधिक। वह घबराई हुई थी। मर्द को वह जैसे खींचती हुई लिए आ रही थी।

दो सीढ़ियाँ चढ़ वह मेरे बरामदे पर आ पहुँची और गोद का एक-डेढ़ साल का बच्चा, जो एक लम्बी कमीज में करीब-करीब पूरी तरह खो गया था, फर्श पर सुला दिया। पुरुष ने हवा में हाथों-ही-हाथों कुछ टटोलते हुए पूछा, "आ गए ?"

"आ गए।" स्त्री ने जवाब दिया।

"कोई है।"

"कोई नहीं है।" स्त्री ने फिर उत्तर दिया और अपनी ओढ़नी सँवारने में लग गई।

"मैं जरा पेशाब कर लूँ।"

"कर लें।" स्त्री ने अपने में बुझे-ही-बुझे कहा। "जरा सँभल के। दूसरी तरफ दीवार है।"

"चुप।" मर्द ने डपटते हुए कहा, "मुझे सीख देती है।"

और वह मेरे घर की दीवार की तरफ मुँह कर बैठ गया।

फारिग होकर वह फिर स्त्री की तरफ आया और अपनी पीठ घुमाता हुआ बोला, "पीठ खोल।"

उसकी पीठ पर से एक बड़ा भारी गट्ठर खोल दिया जो धप्प की आवाज करता हुआ फर्श पर आ गिरा।

मैदान और पेड़ों पर दौड़ती हुई बौछार तेजी के साथ आ रही थी और पहले झपाटे में उन दोनों को भिगो गई।

बरामदे में एक कोने की तरफ लपककर सिकुड़ते हुए पुरुष ने कहा, "लौंडा भी भीग गया ?"

स्त्री ने कोई उत्तर नहीं दिया। लम्बी कमीज दोहरी-तिहरी कर बच्चे को उसी में लपेटने में लगी रही। फिर अपने-आप ही बुदबुदाई, मैंने इसे घुट्टी दे दी थी। तबई मैं कहूँ कमबक्त कैसे आराम से सोया है ?

मेरे कमरे का द्वार ठीक वहीं खुलता था, जहाँ वे दोनों इस समय अपनी जड़ें फेंक रहे थे।

मैं अपने घर में अकेला हूँ। मैंने ब्याह भी नहीं किया। कोई इरादा भी नहीं है। घर पर भी कम ही रहता हूँ। अपने पड़ोसियों से भी सरोकार मुझे लगभग नहीं है। अधिकतर के मैं नाम भी नहीं जानता—सूरत से जरूर वाकिफ हूँ।

मैं अपनी खिड़की के पास बेंत की एक कुरसी पर बैठ गया, बाहर की ठंडी हवा के झोंके खाने लगा।

स्त्री एक दूसरे कोने पर जाकर बैठ गई थी। उसने बच्चे को फिर अपनी गोद में ले लिया था। पुरुष मेरी खिड़की के बिल्कुल सामने आकर खड़ा हो गया और अब के मैंने उसे नजदीक से देखा।

डील-डौल से वह अच्छा-खासा था और उसकी काठी भी मजबूत थी। हालाँकि उम्र उसकी पैंतालीस से कम नहीं जान पड़ती थी। वह बार-बार आँखें मिचमिचाता या शायद अपने अन्धकार में कुछ टोहना चाहता था।

पानी बाहर पड़ने लगा था और बौछारें भीतर तक आ-आकर बरामदे को भिगो रही थीं।

"पानी कब तक गिरेगा ?" अन्धे ने अपने मैले सूती कोट के कालर में अपने को छिपाते हुए कहा। जब उसे कोई उत्तर नहीं मिला तो उसने झुँझलाकर फिर अपना सवाल दुहराया, "अरी सुनती नहीं है क्या ? पानी कब तक गिरेगा ?"

जब उसे तब भी उत्तर नहीं मिला तो उसने अपने दोनों हाथों से दीवार को टटोला, फिर फुसफुसाया, "कहीं चली गई क्या ?"

"अरे क्या बड़बड़ा रहा है जब से ! मैं पड़ी तो हूँ यहीं।"

अपने दोनों हाथ दीवार पर पूरी तरह रखकर, जैसे चिपकाकर, उसने कहा, "चुप रह, हरामजादी।"

"तू भी चुप रह।" स्त्री ने दीवार के सहारे उठँगे-ही-उठँगे और बच्चे को गोद में लिए, जबाव दिया, "बैठ जा वहीं।"

थोड़ी देर की चुप्पी को तोड़ते हुए अन्धे ने कहा, "बहुत बरस रहा है !"

"बहुत।" स्त्री ने छोटा-सा उत्तर दिया।

वह थोड़ी देर चुप रहा। फिर अपनी गठरी टटोलते हुए कहा, "जरी सुलगा दे।"

स्त्री अपनी जगह से उठी और गट्ठर खोल दिया जिसमें मैले-कुचैले कपड़े, कथरी और छोटे-छोटे कुछ बरतन थे। उसने एक छोटी-सी पोटली से बीड़ी का एक बंडल निकाला, फिर उसमें से एक बीड़ी निकाली। माचिस से सुलगाया और खुद एक कश लेकर उसके इन्तजार कर रहे होंठों में खोंस दी। अन्धे ने पहला ही कश खूब गहरा लिया और मजे में दीवार के सहारे अधलेट गया, अपनी टाँगें दूर तक फैला दीं।

स्त्री ने उसके नजदीक आते हुए कहा, "बधार है।"

"हूँ।" उसने अपने मजे में कहा और उसे टटोलने के लिए हाथ बढ़ाया। यह देख

स्त्री फुर्ती से उठ खड़ी हुई।

अगर मैंने भी वही फुर्ती न बरती होती तो निश्चय ही इस बार उसकी नजर मुझ पर पड़ी होती। मुझे लगा अगर उसने मुझे देख लिया तो पलक मारते वे दोनों खो जाएँगे। मैंने लपककर अपना सिर नीचे कर लिया। उस एक क्षण में मैंने देखा स्त्री का शरीर स्वस्थ था और उसकी आयु भी तीस से अधिक नहीं थी।

स्त्री फिर अपनी जगह आकर बैठ गई थी।

इस बार स्त्री ने बात शुरू की, ''बारिश थम रही है।''

''अँधेरा हुआ ?''

''बाकी है।''

''घर किसका है ?''

''होगा किसी का।''

''किसका ?''

''तू पता कर।''

''मैं क्या पता करूँ, मेरे कोई आँखें हैं।''

''तेरे पैर में आँखें हैं।''

''तेरे होंगी। कुतिया कहीं की।''

उन दोनों के बीच फिर सन्नाटा बैठ गया जिसे कुछ ही समय बाद तोड़ते हुए अन्धे ने कहा, ''लौंडा बुरी तरह सो रहा है।''

''बुरी तरह।''

''जागने का टैम हो रहा होगा। जरा सँभल के।''

स्त्री ने उसे कथरी पर सुला दिया और गठरी खोलकर उलट-पुलट करने लगी।

''एक और लगा।'' पुरुष ने कहा जिस पर स्त्री ने कोई ध्यान नहीं दिया। फिर धीरे-धीरे छोटे-छोटे बरतन और कुछ छीनियाँ निकालकर अलग रखने लगी।

''क्या कर रही है ?'' अनधे ने गौर से उसकी खटपट सुनते हुए कहा।

''ठैर जरा ईंट ले आऊँ।''

''टैम हो गया।''

''हो गया।''

मैं समझ गया, वह चूल्हा जलाने की तैयारी कर रही है।

बारिश बिल्कुल बन्द हो गई थी। उसने एक बार ऊपर को देखा, फिर उठी और तलाश में बाहर चली गई।

उसकी पदचाप जब दूर चली गई तब अन्धा फर्श पर खिसकता, अन्दाज करता हुआ बच्चे तक गया, उसे टोहकर उसके गाल पर एक चुटकी काटी और बुड़बुड़ाया, ''क्यों बे लौंडे, सोया ही रहेगा ?''

उसकी चुटकी से लड़का जाग गया और जागकर रोने लगा।

बच्चे का रोना सुन स्त्री आसपास से बटोरी हुई ईंटों और पत्थरों को फर्श पर

पटककर फौरन उसकी ओर लपकी और झुँझलाती हुई बोली, "तूने जगाया ?"

"जाग गया। टैम हो गया था।" अन्धे ने छत की ओर देखते हुए कहा।

"अब तुई सुला।" स्त्री ने बच्चा उसकी ओर बढ़ा दिया और खुद ईंट और पत्थर जमाकर चूल्हा तैयार करने में व्यस्त हो गई।

"सो जा। सो जा। सो जा।" पुरुष उसे अपनी गोद में लिए हुए उसे थपकियों की रिश्वत देकर सुलाना चाह रहा था।

"मूता है।" थोड़ी देर बाद अन्धे ने कहा और उसे उसके नन्हे-नन्हे पैरों पर खड़ा कर सी-सी करता हुआ पेशाब कराने लगा।

"ठहर।" स्त्री ने कहा। वह चूल्हा जला चुकी थी और मिट्टी के एक बरतन में आटा गूँथ रही थी। उसने अपना आँचल खोला। एक पुड़िया निकाली और छीनी अँगुली से एक काली-सी चीज निकालकर बच्चे को चटा दी। मैं समझ गया उसने उसे अफीम दी है। बच्चे और पुरुष से मुँह मोड़ वह फिर अपने काम में जुट गई।

लड़का सचमुच ही चुप हो गया और शायद उसे नींद भी आ रही थी, क्योंकि अन्धा उसे धीरे-धीरे थपकियाँ दे रहा था। फिर उसने फुसफुसाते हुए कहा, "दूध पिला दिया था ?"

"पिला दिया था।" स्त्री ने निर्विकार उत्तर दिया और लाल दहकते हुए अंगारों में बाटियाँ सेंकने लगी।

अँधेरे के कारण सन्नाटा छा गया था। आग के उजाले में उस स्त्री का दमकता हुआ चेहरा, आकर्षक और तीखा, साफ, हालाँकि तमतमाया हुआ नजर आता था।

"सौंधी हैं।" अँधेरे में पड़ा हुआ और सूँघता हुआ पुरुष बोला।

"खूब सेंक ले। लाल हो जाने दे।" उसने फिर कहा।

"सिंक गई हैं ?" वह अपने-आप ही उत्तर दिया।

कुछ देर बाद बच्चे को फिर से कथरी पर लिटा वह स्त्री की ओर बढ़ने लगा।

"वहीं बैठा रह। अभी हुई जाती हैं।" स्त्री ने उसे आँच की ओर बढ़ते हुए देख, कहा।

"चुप हरामजादी।" वह तमतमाया।

स्त्री ने तीन-चार बाटियाँ निकाल मिट्टी के एक ठीकरे में उसके सामने रख दीं। वह उन्हें फौरन ही हाथ में उठा, तोड़, मुँह में डाल, लार टपकाने लगा।

"गड़ी गरम हैं।" लार के कारण उसके मुँह से साफ-साफ शब्द नहीं निकल रहे थे।

"तू भी खा।" उसने स्त्री को आमन्त्रित किया।

"पहले तू खा ले।" स्त्री ने दो ताजी बाटियाँ उसे और परोस दीं।

"बढ़िया पकी हैं।" अन्धे ने एक पूरा-का-पूरा कौर निगलते हुए कहा।

"तेरे लिए हैं ?"

"हैं।"

"न हों, पका ले।"

"पका लूँगी।"

"पानी कहाँ से मिला ?" अन्धे ने बातचीत बढ़ाते हुए कहा।

"बम्बे से।"

"बम्बा किसका था ?"

"पता नहीं।"

"जरा आचमन करा दे।"

स्त्री उठकर उसके हाथ धुलाने लगी। खाना समाप्त कर उसने खुद ही डटकर पानी पिया था और थकी हुई महसूस कर रही थी।

बचे हुए जल से छींटे मार-मार वह आग बुझा रही थी और पुरुष गठरी से कथरियाँ निकाल सोने की तैयारी कर रहा था। वहीं दीवार के किनारे वह पूरी तरह लेट गया था और एक बीड़ी उसने सुलगा ली थी, दूसरी स्त्री ने।

स्त्री ने अपना बिछौना उससे कुछ दूर पर बिछाया था और बच्चे को लेकर उस पर सो गई थी।

पड़े-पड़े अन्धे ने कहा, "परमात्मा ने तुझे भी आँखें न दी होतीं तो बड़ी मुसकुल होतीं।"

"बड़ी।" स्त्री ने बीड़ी के मजे में कहा।

"रात हो गई ?" अन्धे ने जमुहाई लेते हुए सवाल किया।

"नहीं।"

"कितनी देर है ?"

"हो गई।"

"कितनी हुई ?"

"सो जा।" स्त्री ने उसे झिड़कते हुए कहा।

"इधर आ।" अन्धे ने कोई उत्तर न पा कहा, "मैं ही उधर आता हूँ।"

"नहीं, नहीं।" स्त्री ने फिर उसे झिड़कते हुए कहा।

"क्यों, कोई है ?" अन्धे ने शंकित होते हुए प्रश्न किया।

"नहीं।"

"फिर ?"

"कोई आ जाएगा।"

"पुलुस।"

"पुलुस यहाँ कहाँ आएगी ?" और वह उसकी ओर खिसकने लगा।

"नहीं, नहीं।" स्त्री ने फिर प्रतिरोध किया। "एक और पेट में है।"

"होने दे।" इस बार अन्धे ने उसे हाथ से पकड़कर अपनी तरफ खींच लिया और उसने कोई विरोध नहीं किया, चुप रही।

"तू हो गई।" अन्धे ने तृप्त और कृतज्ञ स्वर में उससे पूछा।

"तू तो हो गया ?" स्त्री ने संक्षिप्त-सा उत्तर दिया। फिर वह उठी और बाहर गई।

अन्धे ने बीड़ी सुलगा ली थी और जमुहाई ले रहा था। जब वह लौटकर आई तब तक वह खर्राटे भरने लगा था।

स्त्री ने अपना बिछौना व्यवस्थित कर लिया था और जमुहाई ले रही थी। फिर उसने कहा, "लौंडा भी बाप पर गया है। एक बार सोता है तो जागता नहीं।" उसने बच्चे को अपनी ओर खिसकाते हुए अपनी छाती से चिपका लिया।

दूसरी बार

एक

मेज़ पर एक अन्तर्देशीय लिफाफ़ा पड़ा हुआ था। मैंने उठाया और लिखावट देखकर आश्चर्य और आश्चर्य से अधिक उत्सुकता हुई। अन्दर तीन-चार पंक्तियाँ थीं, जिनमें मिलने के लिए कहा गया था।

एक मेज़ पर अगर दो आदमी घंटों मौन बैठे रहें और तय कर लें कि वह पहले अपना मुँह नहीं खोलेंगे, प्रतिपक्षी को अपना मौन तोड़ने पर मजबूर करेंगे, चाहे कितना ही समय लग जाए और कितनी ही तकलीफ़, तब मुद्दत बाद एक की चुप्पी टूटने पर दूसरे को जो आत्मविश्वास प्राप्त हो सकता है, कई साल बाद बिन्दो की चिट्ठी पाकर मुझे वैसा ही अनुभव हुआ। फ़र्क यह था कि मैं और वह एक मेज़ पर नहीं बैठे थे। इस बीच मैं जाकर एक दूसरी मेज़ पर बैठ गया था।

मैंने जल्दी-जल्दी कपड़े बदले और छत पर आकर अपना शरीर सेंकता हुआ साफ-सुथरे आसमान की ओर देखा जहाँ एक ग्लाइडर सुख में चक्कर काट रहा था। कई दिनों बाद दिन मुझे अच्छा लगा।

सर्दियों के दिन थे और ग्यारह बज रहे थे। उसने मुझे यही समय दिया था। मगर, मैंने सोचा, मुझे कुछ रुक जाना चाहिए ! मेरे पास कुछ नुस्ख़े हैं जिन पर अब मैं अमल करने लगा हूँ। स्त्री के पास समय पर पहुँचना अगर उसे नहीं तो उस समय को अपनी नियति मान लेना है। और औरों से अधिक अच्छी तरह यह बात स्त्रियाँ जानती हैं। अगर वर्षों तक मैं इस तरह हमेशा समय पर न पहुँचता होता तो मैंने इतनी तकलीफ़ न उठाई होती।

मैंने सोचा मैं कुछ दूर पैदल ही चल लूँगा और इस तरह मुझे कुछ देर हो जाएगी। मेरे लिए, कुछ समय पैदल चलना, अपने से नहीं, उससे बदला लेना है।

लगभग आध घंटा देर कर जब मैं पहुँचा तो मैंने सोचा मुझे वह असन्तोष और गुस्से से देखेगी और तब मुझे अपने पर खुशी होगी।

पास पहुँचते हुए मुझे एक बार स्वयं पर अविश्वास हुआ कि मैं उसके घर जा रहा हूँ और एक क्षण को लगा मैं ग़लती कर रहा हूँ। मैं एक पुरानी डायरी खोलने जा रहा हूँ जिसमें अपनी इबारत पढ़ने का आत्मविश्वास मैं खो चुका हूँ। मगर जिस डायरी को

में केवल एक संग्रह की वस्तु मानकर स्वीकार चुका हूँ उसे बेलाग खोलने में कोई हर्ज नहीं। इबारत कैसी भी हो ! मैंने सोचा और आगे बढ़ गया।

मैंने उसे देखा तो मेरा ख़्याल ग़लत निकला। उसके मुख पर असन्तोष नहीं था। केवल एक कठोरता थी और उसके भीतर क्या है ? समझ पाना मुश्किल था ! मेरे आने पर एक बार उसने मुझे देखा और अपनी जगह पर बैठी रही। उसने मुझसे बैठने के लिए नहीं कहा। मुझे यह देखकर भीतर कुछ खुशी भी हुई और उसे अब भी विश्वास है कि इतने वर्षों में भी यह समझौता टूटा नहीं है कि उसे कहना नहीं होगा, मैं खुद अपनी जगह ले लूँगा। मगर दूसरे ही क्षण मेरे मन में प्रतिहिंसा उत्पन्न हुई, किस बूते पर वह विश्वास करना चाहती है !

जब मैंने अपने-आपको एक अपरिचित और नवागुन्तक की तरह पेश करते हुए कहा, क्या मैं बैठ सकता हूँ ? तो उसने आँखें उठाकर देखा जिसमें शायद हिकारत भी थी और तकलीफ़ भी। शायद वह उम्मीद कर ही रही थी कि मैं उसके साथ ऐसा ही बर्ताव करूँगा।

उसने कुर्सी मेरी ओर बढ़ा दी थी और मैं उससे आँखें न मिलाने की कोशिश में कमरे और कमरे की चीज़ों को देख रहा था जिनमें कहीं कुछ नहीं बदला था, केवल वह एक अकेलेपन से ग्रस्त थी।

शेल्फ पर मेरी नज़र गई तो मैं कुछ चौंका। मगर यह सोचकर कि कहीं वह मुझे भाँप न ले मैंने फिर अपने को संयत कर लिया। मेरी तस्वीर अभी भी रखी हुई थी जो उसे फेस कर रही थी। शायद उसने जानबूझकर यह किया है। मैंने नज़र बचाकर उसे देखा और पाया कि उसकी आँखें खाली-खाली-सी हैं और उनमें कुछ नहीं है। मुझमें कुछ करुणा-सी उत्पनन हुई। मगर मैंने फिर अपनी दृष्टि शेल्फ पर कर ली।

कई साल बाद अपने एक पुराने चित्र का दीख पड़ना एक चौंकानेवाला अनुभव है, खासकर किसी ऐसे चित्र का जिसके साथ कई आत्मीय प्रसंग जुड़े हों। तस्वीर से मोह होता है और मन विश्वास करना चाहता है, मैं वही हूँ।

चित्र मैंने बिन्दो के कहने से खिंचवाया था। जब कभी मैं उसके कमरे में होता मुझे लगता मेरा चित्र मेरा और उसका गवाह है और मेरे हर व्यवहार पर नज़र रखता है। मैं जानता था स्नान के बाद जब वह कमरे में यहाँ-वहाँ अगरबत्ती सुलगाती है तो दो अगरबत्तियाँ मेरे चित्र के समीप थी।

"तुम बिल्कल ही पिछड़ी हुई हिन्दू लड़की हो। इस ज़माने में भी चित्र पूजती हो। इससे तो अच्छा था मुझे पूजती।"

"पूजा नहीं, पवित्र बनाने की कोशिश, अपनी प्रिय मगर दुर्भाग्यवश अपवित्र चीज़ों को।"

शेल्फ पर रखा हुआ मेरा चित्र अगर इतने वर्षों बाद अब मेरी ओर मुड़कर देखे तो उसे अपने और मेरे बीच बहुत बड़ा फ़र्क दिखाई देगा और मुझे विश्वास है वह मेरी ओर से विमुख हो जाएगा।

बिन्दो अब भी खाली-खाली आँखों से बाहर की ओर देख रही थी और मैंने अनुभव किया मेरे और उसके पास बात करने को कुछ भी नहीं है। मैंने आकर ग़लती की।

शायद उसने अपनी सहज बुद्धि से यह भाँप लिया था। जब नौकर चाय लेकर आया तो उसने कहा वह कुर्सियाँ बाहर लगा दे।

बाहर गरम धूप थी और वहाँ आकर मुझे कुछ उष्णता का अनुभव हुआ। एक बार फिर दिन ताजा और स्वस्थ लगा।

वह चाय तैयार कर रही थी। केतली सम्हाले हुए बिन्दो की उँगलियों को मैंने देखा जो कुछ-कुछ कत्थई हो गई थीं। उसका पुलोवर हरा था और लॉन की इस पृष्ठभूमि पर बढ़िया लग रहा था।

उसने चाय की प्याली मेरी ओर बढ़ा दी और तीन चम्मच चीनी डाल दी। वह भूली नहीं है। मैंने सोचा।

चाय की चुस्कियाँ लेते हुए जब दस मिनट हो गए तो मुझे ऊब का अनुभव हुआ। आख़िर इस तरह कितनी देर चल सकता है। अगर यही सब होना था, और वह जानती है कि अब कुछ भी नहीं हो सकता, तो मुझे बुलाने की क्या ज़रूरत थी !

एकाएक मैंने उसकी ओर देखा और पाया कि वह मुझे देख रही थी। उसने मुझ पर से आँखें नहीं हटाईं, उसी तरह चाय पीती रही।

वह नहीं तो मैं। सारा समय उसे दोष देते बैठे रहना बेकार है। औपचारिकता की यह शुरुआत मैं भी तो कर सकता हूँ।

वह चाय की दूसरी प्याली तैयार कर रही थी। मुझे मालूम था वह बेमन कोई काम नहीं करती, रस लेकर और पूरी तरह करती है। चाय की एक प्याली उड़ेलते हुए वह अपने-आपको उड़ेल देती है। इस समय उसका चित्त उस ओर है और यही ठीक समय है ! उसे भी अस्वाभाविक नहीं प्रतीत होगा।

"कहाँ रही ?" मैंने धीरे-से कहा।

वह चाय ढालती हुई रुक गई जैसे उसके कान देर से मेरे प्रश्न का इन्तज़ार कर रहे थे ! उसने कनखी से मुझे देखा, कुछ आशा और अविश्वास के साथ ! क्या फिर मुझे छल रहे हो ? फिर उसने अपने आँचल से अपना मुँह पोंछते हुए उत्तर दिया, "पूना, पंचमढ़ी, अमृतसर।"

"अजीब कम्बिनेशन है ! उत्तर, मध्य, पश्चिम।"

"किस सिलसिले में ?" मुझे कुछ उत्सुकता भी हुई।

"रिसर्च।"

"मगर रिसर्च तो तुमने छोड़ दी थी !"

"जब करने को कुछ न हो तो पुराना ही काम फिर से शुरू किया जा सकता है !"

"इस उम्र में ?" मैंने कहा और अपनी जीभ काट ली ! आदमी की ज़बान उसके विवेक को धोखा देती है, बल्कि बदला लेती है ! मुझे अफ़सोस हुआ और अपराधी की

तरह मैंने अपना मुँह फेर लिया।

मगर, मैंने देखा, उसके चेहरे पर विकार नहीं था ! शायद वह आहत नहीं हुई।

मैं हमेशा ही यह अनुभव करता रहा हूँ कि बिन्दो की तुलना में मैं ओछा पड़ता हूँ। मैं हमेशा ही अपने इस ओछेपन से घबराता भी रहा हूँ और अपने को समझाता भी रहा हूँ कि मैं ओछा नहीं हूँ। बहुत कम पुरुष यह जानते हैं कि वे जिसे ओछापन मानते हैं स्त्रियाँ उसी से प्यार करती हैं क्योंकि वे जानती हैं कि इसके पीछे एक सरलता है, धोखा न दे सकने की लाचारी है !

मैंने फिर अपने को गम्भीर और परिष्कृत प्रदर्शित करने की कोशिश की।

"लंच तो बाहर लोगी !"

"कहीं भी !" उसका यह 'कहीं भी' पुराना 'कहीं भी' था जिसका मतलब होता था इस वक़्त मैंने अपने-आपको तुम्हें सौंप दिया है। मुझे इस बात से घबराहट हुई। मैं बिन्दो की सड़क से उतरकर एक अलग गली में आ गया हूँ। अब फिर उसी सड़क को पकड़ना कुछ दूर जाकर फिर अनिश्चित हो जाना है।

वह अन्दर से साड़ी बदलकर आ गई थी और अपने दोनों हाथों से अपना ढीला, रूखा जूड़ा सँवार रही थी। मैंने उसे देखा और एक बार मुझे उससे मोह हुआ। मैं जानता था बिन्दो जैसी खूबसूरते स्त्री कहीं-ही-कहीं होती है। इतना तराशा और सँवारा हुआ शरीर, बिखरता हुआ रंग और इतना नुकीलापन ! जब मैं बिन्दो को छोड़कर गया था तब मुझे गर्व भी हुआ था कि मैं एक इतनी सुन्दर स्त्री से भी असम्पृक्त हो सकता हूँ। बढ़िया धूप और लॉन में खड़ी हुई बिन्दो को देखकर मुझे उसके प्रति एक तीखा आकर्षण हुआ और अन्दर-ही-अन्दर एक मीठे सुख की अनुभूति भी कि यह शरीर बरसों मेरा रहा है और इसे मैंने नग्न देखा है !

जब वह चलने को तैयार मेरे क़रीब आ गई तो बाहर सड़क पर आते हुए मुझे कठिनता का अनुभव हुआ। मैं उससे कुछ हटकर चल रहा था और सोच नहीं पा रहा था कि मैं उसके संग किस तरह चलूँ। जब सम्बन्ध स्पष्ट न हों तो यह निर्णय करना कठिन होता है कि किस तरह चला जाए, कुछ आगे या साथ या कुछ हटकर ! अगर यह दुविधा न होती तो शायद मैं सड़क से गुज़रती हुई टैक्सी को न रोकता, ठीक स्टैंड पर जाकर ही लेता ! मगर इस परिस्थिति में मुझे जैसे ही टैक्सी नज़र आई, मैंने रोक दी और जब वह रुक गई तो मुझे सचमुच ही बहुत बड़ा छुटकारा-सा मिला।

मैंने तेज़ी से टैक्सी का दरवाज़ा खोल दिया। मगर वह ठिठकी रही। मैं यह भूल चुका था कि हमेशा मुझे पहले बैठना होता था। और जब मैं बैठ जाता था, वह मेरे बाईं ओर बैठती थी। इसलिए जब मैं उसी तरह खड़ा रहा था तो एक बार आँखें उठाकर उसने मुझे देखा। एक क्षण के सौवें भाग-भर की तिलमिलाहट उनमें कौंधी जिसे तुरन्त ही उसने पी लिया।

बिन्दो के साथ इन सड़कों पर और इस तरह मैं इतनी बार गुज़रा था कि कुछ अर्से बाद तो सड़कें ही मर गई थीं। मगर यह पहला अवसर था जब सड़कें मुझे अटपटी

प्रतीत हो रही थीं और लग रहा था मुझे जबर्दस्ती एक टैक्सी में मेरे प्रतिद्वन्द्वी के साथ ठूँस दिया गया है।

सामने लगे आईने में मुझे बिन्दो का चेहरा नज़र आ रहा था जिसमें फिर से उसका संयम वापस आ चुका था। शायद उसे कोई अड़चन महसूस नहीं हो रही है। मुझे झुँझलाहट हुई। बिन्दो के जाने के बाद मैंने उसके बारे में एक बार नए सिरे से सोचा था और जैसे सतह की काई हटा देने के बाद एक दूसरा ही चेहरा उभरता है वैसे ही बिन्दो का एक दूसरा ही चित्र सामने आया था ! उन्हीं बातों, उन्हीं घटनाओं और उन्हीं मुद्राओं का अर्थ बदल गया था और मैंने पाया था कि बिन्दो एक बहुत घमंडी स्त्री थी और उसका हर व्यवहार मुझे अपने से छोटा साबित करने की एक कोशिश थी। उसका संयम भी एक झूठा संयम था जो मुझे हर बार यह महसूस करने पर विवश करता था कि मुझसे कहीं कोई ठहराव नहीं है, केवल बिखराव-ही-बिखराव है और जब तक मैं अपने लिए एक ठीक-ठीक शक्ल प्राप्त नहीं कर लेता, उसके लायक नहीं हो सकता ! यह अलग बात है कि वह मुझे सहन करती है ! यह अनुभव करते हुए भी मेरे मन में बिन्दो के प्रति विद्रोह होता था, भयंकर प्रतिहिंसा होती थी। मगर अन्त में अपने को असहाय पाता था। आईने में उसका संयत चेहरा देखकर एक बार फिर मेरे मन में प्रतिहिंसा जागी और मैं बाहर बनी हुई इमारतें देखने लगा।

कुछ दूर जाकर एक सामने आती ट्रक से बच निकलने की कोशिश में टैक्सी एक झटके के साथ मुड़ी और बिन्दो का शरीर लगभग मेरे समीप लुढ़क गया। अगर आज से कुछ साल पहले यह हुआ होता तो मैं फौरन ही उसे अपनी ओर खींच लिया होता बल्कि उसकी देह को अपने नज़दीक कर लेने का एक बहाना मुझे मिला होता। मगर इस बार वैसा कुछ नहीं हुआ बल्कि मुझे गन्ध-सी आई कि उसने जान-बूझकर ऐसा किया है। एक क्षण को वह मुझे घटिया स्त्री प्रतीत हुई।

कुछ समय बाद मैनें जब आईने पर दृष्टि डाली तो पाया उसका चेहरा ढला और बिखरा हुआ था जैसे टैक्सी के एक झटके में सारा बाँध टूट गया। मैं उसके चेहरे से अभ्यस्त नहीं हूँ। मैंने कुछ असमंजस, कुछ शर्म और कुछ दुःख में अपनी निगाह नीची कर ली। मेरे और उसके बीच अकस्मात् एक शोक आकर बैठ गया था।

जब टैक्सी रुकी और वह उतरी तो चलते हुए मुझे लगा जैसे मैं और वह अपने बच्चे की समाधि पर जा रहे हैं।

बच्चे का एहसास अधूरे स्त्री-पुरुषों में एक अद्‌भुत आत्मीयता पैदा करता है जिसे वह अपनी तमाम बातचीत, कसमों, चुम्बनों और झगड़ों से भी प्राप्त नहीं कर पाते। मगर मृत सन्तान स्त्री-पुरुष को जोड़ती नहीं बल्कि चुपके-चुपके अलग करती है, अन्दर-ही-अन्दर एक-दूसरे को अपनी असमय मृत्यु के लिए उत्तरदायी ठहराती है।

मैं उसे एक अच्छे मगर सादे रेस्तराँ में लाया था ! मुझमें और बिन्दो में एक बात समान थी कि हम कभी पॉश रेस्तराँ में नहीं जाते थे। जाते वहाँ भी मध्यवर्गीय परिवार ही हैं मगर इस तरह डरे और दबे हुए भोजन करते हैं जैसे वे किसी भोज में बिना बुलाए

आ गए हों और सारा समय भय से जकड़े हुए हों कि कहीं उनसे कोई कार्ड न पूछ ले !

जिस मेज़ पर मैं और वह बैठा करते थे संयोगवश वह आज भी खाली थी बल्कि क़रीब-क़रीब सारा रेस्तराँ ही खाली था। केवल दो-एक मेज़ों पर कुछ लड़के-लड़कियाँ बैठे हुए बेतकल्लुफ़ी के साथ कॉफ़ी पी रहे और लंच ले रहे थे। बैरों में से कई पुराने थे, मगर वे हम दोनों को शायद पूरी तरह भूल चुके थे। उन्होंने हमें उत्सुकता के साथ देखा, जैसे वे किसी नए युगल को देखते हैं और शक्ल से ही टिप भाँपने की कोशिश करते हैं।

सलाम कर बैरे ने मेज़ पर मीनू रख दिया था। अनायास मीनू बिन्दो की ओर बढ़ा देने के बाद मैंने महसूस किया, मैंने ग़लती की। आख़िरी दिनों में मुझे लगने लगा था कि मेरी सबसे बड़ी भूल यह थी कि हर चीज़ में फैसला करने का अधिकार शुरू में ही मैंने उसे दे दिया था। मगर तब तक बहुत देर हो चुकी थी और जैसे-जैसे मैंने दिए हुए अधिकारों को वापस लेने की कोशिश की, सम्बन्ध और भी बिगड़ते गए ! आज फिर मैंने वही लापरवाही की और मेरी लापरवाही से बिन्दो को एक बार फिर वही आत्मविश्वास प्राप्त हुआ होगा। पछतावे के साथ मैंने जब उसकी ओर देखा तो पाया कि वह बैरे, मेज़ और आसपास की चीज़ों से उदासीन थी और अगर उसे कायदों का ख़्याल न होता तो शायद वह सामने पड़े मीनू पर नज़र भी न डालती।

उसके चेहरे के रंग बदलते रहे और फिर एकाएक दुरुस्त होते हुए उसने पूछा, ''क्या लेंगे आप ?''

''आप !'' मुझे एक झटका-सा लगा। इस एक शब्द के प्रयोग ने मुझे एक झटके के साथ उठाकर फेंक दिया था।

मगर उसके प्रश्न से एकबारगी पिटकर जब मैंने उसे देखा तब वह बिना किसी मलाल मुझे देख रही थी। उसने फिर सहजता से मुझसे पूछा, ''आप क्या लेंगे ?''

वह जानती थी मेरे पास उसके प्रश्न का कोई जवाब नहीं था। उसने बैरे को उँगली के इशारे से बुलाया और धीरे-धीरे ऑर्डर देने लगी।

जब बैरा मेज़ पर सारी चीज़ें रख गया तो मैंने देखा मेरी सारी मनपसन्द डिशें वहाँ थीं। मगर उसे कैसे विश्वास है कि इस बीच मेरी पसन्द नहीं बदली है ! मैंने देखा, वह कनखी से मुझे देख रही थी। मैंने सामने रखे चिकन की ओर इशारा करते हुए बैरे से कहा, ''इसे वापस ले जाओ।'' जब बैरा चला गया तो उसने मुझसे धीरे से पूछा, ''क्यों ?''

''मेरा पेट ठीक नहीं रहता।'' उसे मालूम था कि मैं झूठ बोल रहा हूँ। इन सारी चीज़ों में मुझे सबसे अधिक पसन्द चीज़ चिकन है। और पेट अगर सचमुच ही गड़बड़ होता तब भी मैं उसे पसन्द करता।

''कब से ?''

मैंने उसकी ओर निगाह की। क्या वह मुझ पर व्यंग्य कर रही है ? एक बार मेरी इच्छा हुई मैं उससे कह दूँ, तुम्हारे जाने के बाद से। मगर वह आराम के साथ नॉन का

एक टुकड़ा तोड़ रही थी।

दुःख-सुख, हर्ष-विषाद, हर हालत में स्त्रियों को तन्मयता के साथ भोजन करते हुए देख मुझे हमेशा चिढ़ होती है और कुछ-कुछ डाह भी होता है।

अपनी कुढ़न दबाते हुए मैंने उत्तर दिया, "कुछ दिनों से !"

"डॉक्टर को नहीं दिखाया !" उसने उसी तरह निवाला करते हुए कहा।

"दिखाया था !" मेरी चिढ़ बढ़ती जा रही थी।

"क्या कहता है डॉक्टर ?"

मुझे लगा मैं झल्ला पड़ूँगा और ज़रूर कुछ-न-कुछ बक दूँगा।

मगर मुझे झल्लाना नहीं है, नाराज़ नहीं होना है, उतावला नहीं होना है और स्त्री के सामने रोना नहीं है। ये वे पाठ हैं जो बिन्दो मुझे पढ़ा गई है।

"कुछ ख़ास नहीं !" मैंने धैर्य के साथ कहा और बातचीत के बढ़ते हुए सिलसिले को बीच में ही समाप्त कर भोजन करने लगा।

आख़िर वह चाहती क्या है ? ज़ाहिर है वह मेरे पास फिर से नहीं आई है। मैंने उसे ढकेलकर बाहर नहीं किया था, वह अपनी इच्छा से, अपने संकल्प से गई थी। वह नहीं, मैं रोया था। उसने नहीं, मैंने मनाने की कोशिश की थी। फिर वह क्यों आई है ? क्या वह अपनी स्त्री-दृष्टि से यह देखने आई है कि उसके बिना मैं किस तरह रह रहा हूँ ? मूर्ख !

उसने अपना भोजन समाप्त कर लिया था और शायद बड़ी देर से मुझे निहार रही थी।

जब मैंने बैरे को बुलाकर बिल के लिए कहा तब उसने बीच में ही रोककर कहा, "कॉफी !"

कॉफी ढालकर उसने प्याली मेरी ओर बढ़ा दी थी। सामने बैठे हुए लड़के-लड़कियों का गिरोह उठकर चला गया था। कम-से-कम जब तक वह था ध्यान दूसरी ओर करने के लिए मेरे पास एक साधन था। रेस्तराँ में बिल्कुल अकेले बैठे हुए मुझे और भी घुटन हो रही थी। कभी-कभी शोर, घटिया संगीत और भीड़ भी ज़रूरी चीज़ें मालूम पड़ती हैं। अगर इस जगह एक मूक बाक्स होता तो शायद मैं कुछ देर और इस परिस्थिति में भी बैठ सकता था।

दोपहर को देर से भोजन करने पर मुझे सिर में दर्द होता है। जब मैं बाहर आया तो वह हमेशा का दर्द फिर शुरू हो गया था। पेवमेन्ट पर चलते हुए एक फूलवाला लड़का पीछे हो लिया।

"मोतिए की बहार ! बीवीजी गजरा !"

उसने पर्स से एक चवन्नी निकाली और गजरा ले लिया। शुरू-शुरू में मैं उसे गजरा लेकर सड़क पर रुककर कभी वेणी में और कभी कलाई में गजरा पहनाया करता था और मुझे गर्व होता था। मैं सोचता था कई लोग मुझे डाह से देख रहे होंगे। बाद में भी जब भी वह गजरा खरीदती मैं ही उसकी कलाई में बाँधता और तमाम कलह के

बाद भी वह मुझे मुग्ध होकर निहारती !

मैंने उसे स्टैंड पर पहुँचा दिया था। मगर मेरी समझ में नहीं आ रहा था मैं क्या कह कर उससे विदा लूँ ! जब वह बैठ गई और मैं बिना कुछ कहे ही जाने को हुआ तो उसने मुझसे कहा, ''सुनिए, आप कुछ देर और नहीं रुक सकते ?''

'नहीं रुक सकता !' एक बार मेरी इच्छा हुई मैं उससे साफ़-साफ़ कह दूँ। मगर मैंने उसकी आँखों में देखा और पाया वह सचमुच चाह रही थी कि मैं कुछ देर रुक जाऊँ।

''कहाँ चलना है ?'' मैंने बगल में बैठते हुए कहा।

''किसी भी तरफ़ !''

अगर 'किसी भी तरफ़' जाना था तो वह गई क्यों थी ? फिर मुझे ही निर्णय लेने देना था।

''कुतुब !'' मैंने बिना कुछ सोचे ड्राइवर से कह दिया।

वह बार-बार गजरा अपनी कलाई में लपेट रही थी और उससे खेल रही थी।

मुझे यह जानना है कि वह मुझसे बात क्या करना चाहती है ? कई साल बाद अपनी इच्छा से बिन्दो आकर मेरे कटघरे में खड़ी हो गई है। मैंने उसके लिए कोई वारन्ट जारी नहीं किया था, कोई इश्तिहार नहीं छपवाए थे। बल्कि उसके आने के पहले यह कटघरा भी नहीं था। वह अपने साथ स्वयं अपना कटघरा लिए हुए आई है।

नवम्बर और दिसम्बर के दिनों में कुतुब पर आनेवालों की भीड़ बढ़ जाती है। लेकिन मैं यहाँ अप्रैल और मई के महीनों में भी आया हूँ, जब कहीं कोई नहीं होता। गुमसुम खंडहरों और परित्यक्त झाड़ियों में से गरम हवा छनकर आती है और सारा संसार बिल्कुल सूना प्रतीत होता है। ऐसे में अपने जीवित होने का अनुभव अधिक व्यक्तिगत होता है। इन झाड़ियों में बिन्दो के पास पड़ा हुआ मैं सोचता था, अगर इधर से कोई गुज़रे तो एक बार ठिठक जाएगा और उसे भ्रम होगा कि झाड़ी के अन्दर काई नर-चीता-मादा से जूझने के बाद उसे दुलारता हुआ थका पड़ा है।

पिकनिकवालों की भीड़ आज भी थी। मैं उनसे कतराता हुआ बढ़ गया और कुछ दूर जाकर घास पर बैठ गया ! उत्साही नवयुवक-नवयुवतियाँ अपने-आपको कुतुब की पृष्ठभूमि पर खड़ाकर कैमरे से एक-दूसरे की तस्वीरें खींच रहे थे। एक गाइड कुछ विदेशी टूरिस्टों के साथ लगा हुआ था। और लॉन पर बैठी हुई कुछ स्त्रियाँ सन्तरे खाती हुई छिलके यहाँ-वहाँ छितरा रही थीं।

बिन्दो मेरे पास आकर बैठ गर्ठ थी। उसने अपना पुलोवर उतारकर घास पर रख दिया और अपनी साड़ी का पल्लू ठीक कर रही थी, जो बार-बार उसके कन्धों से फिसल जाता था।

''चाय पीनी है ?'' उसने सामने रेस्तराँ की ओर देखते हुए मुझसे सवाल किया।

''नहीं ! मेरे सिर में दर्द है।''

''ओह !'' उसने कहा और चुप हो गई। फिर उसने बगल के ग्रुप की तरफ़ देखा,

जिन पर से होती हुई धूप गुज़र रही थी। उसने अपनी कलाई में बँधी घड़ी देखी और कहा, "आपकी घड़ी में क्या वक़्त हुआ है ?"

"पाँच-पन्द्रह।"

"ओह ! यह कुछ आगे है !"

मैं फिर चुप रहा। बातचीत का यह छोटा-सा सिलसिला वहीं समाप्त हो गया। कुछ देर मौन रहने के बाद उसने कहा, "उठें !"

लेकिन जब मैं उठा तब भी वह बैठी हुई थी। एक क्षण उसने मुझे देखा। फिर उसने अपना पुलोवर उठाया और चल पड़ी। उसकी चाल में तेज़ी आ गई थी। साथ चलते हुए उसने कहा, "मुझे कुछ बातें करनी थीं।"

'बातें ! कई साल तक बातों के अलावा और क्या हुआ ! अब क्या बात हो सकती है !' मैंने तिलमिलाकर कहना चाहा।

"मैं रुक सकता हूँ !" मैंने अपने को रोकते हुए कहा।

"नहीं। कोई ज़रूरत नहीं !" उसकी चाल में और भी तेज़ी आ गई थी।

घमंडी औरत ! मुझे उससे इस तरह चिढ़ हो रही थी कि मैं सोच रहा था, किस तरह सवारी मिले और मैं उससे पीछा छुड़ाऊँ !

थोड़ी ही दूर पर एक गाड़ी मिल गई। बैठते हुए मैंने जमुहाई ली और अपनी जगह पर क़रीब-क़रीब पसर गया। वह अलग बैठी रही। ज़िन्दगी में पहली बार उसके पास बैठकर मुझे अनुभव हुआ मैं उससे छोटा नहीं हूँ। जब टैक्सी उसके घर के पास जाकर रुकी तो उसने उतरते हुए कहा, "देखिए, मुझे आपसे एक माफ़ी माँगनी थी !"

मैं सब कुछ देख रहा था। जब उसने मुझसे माफ़ी की बात कही, तो मैंने उत्सुक आँखों से देखा ! मेरे मन में उस समय उसके प्रति कुछ दया उत्पन्न हुई। इसके पहले कि यह दया छलककर बाहर आए, उसने अपनी चतुर और संवेदनशील आँखों से मेरे अन्दर झाँक लिया था।

"मेरे कारण आपको आज सारा दिन कष्ट हुआ।" और वह मुड़कर चली गई। एक मिनट को उसने मुझे हतप्रभ कर दिया।

फिर धीरे-धीरे अपने को सुस्थिर करते हुए मैंने खिड़की के बाहर देखना चाहा, क्या अब भी उसकी चाल में तिलमिलाहट है या शिकस्त ? मगर उसमें कुछ भी न था ! केवल वापसी थी।

घर वापस आकर मैंने अपना कमरा रोशन किया और नौकर से कह दिया कि मेरी तबीयत ख़राब है। वह मेरे लिए खाना न बनाए।

कपड़े बदलकर मैंने बत्ती बुझा दी और बिस्तर पर लेट गया। तीसरे तल्ले की उस खिड़की के नीचे, सड़क पर मोटरों के हॉर्न, पुकार, धीमी और ज़ोर की बातचीत—तरह-तरह की आवाज़ों का आर्केस्ट्रा था, जो बज रहा था। अन्दर के अन्धकार और बाहर के शोर के किनारे पड़ा हुआ मैं बहुत दिनों बाद बेचैनी का अनुभव कर रहा था, एक ऐसी बेचैनी जिसे केवल स्त्री का शरीर ही अपने अन्दर दुह सकता

था। स्त्री का शरीर प्राप्त करना मेरे लिए उस समय ही नहीं, किसी भी समय, आसान था ! मगर अपने को दे देने का डर उससे बड़ा था।

दो

सवेरे देर से उठने पर आँखों में कड़ुवाहट थी। कमरे के बाहर, खिड़की से चिड़चिड़ाई हुई नज़र डाली और आँखें मूँद लीं। सिर भारी था।

रजाई के भीतर बेचैनी थी। रजाई मैंने पैरों से पलंग के किनारे फेंक दी और तकिए में सिर गड़ा सीने के बल सोने की कोशिश की।

मगर नींद के बजाय गुज़रे हुए दिन की पटकथा याद आने लगी।

मैं इस तकलीफ़ से कई बार गुज़रा हूँ। मैं जानता हूँ नरक क्या होता है !

जो भी हो ! तैयार होने के पहले सिर का दर्द मिटाना ज़रूरी था। नौकर से मैंने कहा, ''दो टिकियाँ ले आए।''

''एनासिन या एस्प्रो ?''

''कुछ भी !''

उठकर मैंने अपना सिर नल के नीचे रख दिया। ठंडा पानी बालों से निथुरकर गरदन और पीठ पर चलने लगा। शरीर में सर्दी और दिमाग में ठंडक !

कुछ जल से, कुछ दवा से और कुछ अपने इरादे से शरीर ने फिर स्फूर्ति का अनुभव किया। धूप का स्पर्श पाने की इच्छा हुई। चलकर कहीं कॉफ़ी पीनी चाहिए। कहाँ ?

कहीं भी !

इस जुमले ने मुझे चौंका दिया। यह उसका था।

सड़क पर चलते हुए मैंने अपनी टाई ठीक की और अपने में मशगूल गुज़रता गया। दोनों तरफ़ बाज़ार है। थोड़े-थोड़े फ़ासले पर चायघर हैं। लेकिन मैं और दिनों की तरह इन सबको पीछे छोड़ता गया। जब तमाम छोटी-छोटी दुकानों का सिलसिला समाप्त हो गया तब मैं सवारी का इन्तज़ार करता हुआ राह के किनारे खड़ा हो गया।

ज़रा-सी दूर पर बस-स्टॉप था जहाँ लम्बी 'क्यू' लगी हुई थी ! सड़क पर साइकिलों का ताँता था। इस जगह दफ़्तराना अन्दाज़ से सुबह होती है और घरेलू तर्ज़ पर शाम !

शाम को जितनी मुर्दनी होती है सवेरे उतनी ही ग़रीबी !

इस वक़्त कुछ भी नहीं मिलेगा ! एक बार इच्छा हुई 'क्यू' में जाकर खड़ा हो जाऊँ !

आगे निकलकर सवारी पकड़ने के इरादे से मैं चल पड़ा। मेरे आगे एक लड़की थी। पर्स दबाए चली जाती थी। बीच-बीच में मुड़कर पीछे देखती जाती थी।

ज़रा चलने में सुस्त चाल से चला जाता स्कूटर नज़र आया जिसे मैंने लपककर पकड़ा।

कनॉट प्लेस के एक परिचित रेस्तराँ में मैं घुस गया। यहाँ का अँधेरा अच्छा लगता

था। यह अँधेरा जरूरत पड़ने पर एक-दूसरे को नज़दीक ला देता है और मौक़ा पड़ने पर दीवार बनकर खड़ा हो जाता है।

शौक़ीन लड़के-लड़कियों का गिरोह जगह-जगह बैठा हुआ था। उनकी बातचीत फुसफुसाहट की तरह लगती थी।

कोने की एक टेबल पर मेरे तीन परिचित बैठे हुए थे। मुझे अपनी ओर मुख़ातिब देख, उन्होंने कहा, "यहाँ आ जाओ।"

मेरी ओर से कोई उत्तर न पा उनमें से एक, जिसे मैं सबसे कम समय से जानता था, उठकर मुझ तक आया।

"कोई आनेवाला है ?" उसने मुझसे सवाल किया। मैंने झाँककर देखना चाहा। उसकी आँखों में बदमाशी तो नहीं !

"नहीं।" मैंने कहा और मेरी समझ में नहीं आया, मैं उसके साथ कैसा बर्ताव करूँ। उसे बैठने के लिए कहूँ, उससे कॉफी के लिए कहूँ, या क्या ? उसने मुझे उलझन से निकाल लिया। वह खुद ही लौट चुका था। तीनों फिर मशगूल हो गए। मैंने आराम का अनुभव किया और पीछे पत्थर की दीवार से टिककर बैठ गया।

बैरे को कॉफी के लिए कहकर मैं फिर उसी तरह दीवार से टिक गया था और आँखें बन्द कर ली थीं। आसपास के स्त्री-पुरुषों की महक और सुरीली हँसी धीरे-धीरे बदन में समाने लगी और अब पहली बार महसूस हुआ सुबह हो रही है।

फिर अचानक मैंने आँखें खोलीं। ध्यान आया, शायद कोई मेरे इस व्यवहार को देख रहा हो। अपने देखे जाने का ख़्याल काँटे की तरह चुभा ! मगर सब अपने-अपने में लगे हुए थे।

सामने की टेबल पर चार लड़कियाँ थीं, जिनके ढंग से ही लगता था कि वे चार लड़कियाँ हैं। पड़ोस में एक युगल था, जो प्रेमातुर था। एक-दूसरे पर मुग्ध था। दाईं ओर एक विदेशी और एक हिन्दुस्तानी था, जिनकी टेबल नाश्ते की चीजों से भरी हुई थी।

मेरे सामने मेरी कॉफी रखी हुई थी, जो, छूकर मैंने देखा, ठंडी हो चुकी थी।

मैंने ठंडी हो चुकी कॉफी प्याली में उड़ेली और स्वाद से पीने लगा। कॉफी पीते-पीते स्थिरता आई और अनुभव होने लगा मैं यहाँ अजनबी नहीं हूँ, इस परिवार का एक सदस्य हूँ। मैं बरसों बाद यहाँ आया हूँ--जब आता था तब परिवार में ही आता था !

क्या वह अब भी यहाँ आती है ? अपने सामने खड़े बैरे को देखकर, जो दुबारा ऑर्डर की प्रतीक्षा में था, झुँझलाहट हुई। दरवाज़ा खुला और फरफराती हुई साड़ियों की महक और चूड़ियों की खनक रेस्तराँ में तैर आई।

"और कुछ नहीं चाहिए !' मैंने बैरे से कहा। मैंने सोचा वह चला जाएगा। मगर उसने शायद मेरी बात सुनी नहीं। वह दूसरी ओर देखने लगा था।

"सुनो !" मैंने झुँझलाकर कहा, "बिल ले आओ !"

बैरा अपनी रोज़मर्रा चाल से बिल लाने चला गया।

मुझे चिढ़ हो रही थी, जैसे मेरी खिड़की के शीशे को किसी ने तोड़ दिया हो। मैंने एक बार फिर घूरकर बैरे की ओर देखा और बिल लाता देखकर और भी क्रोध हुआ।

"रुक जाआ !" मैंने कहा, "कॉफी और ले आओ।"

बैरा कॉफी लाने वापस चला गया।

पहले की भीड़ चली गई थी। दूसरी भीड़ ने पहले की जगह ले ली थी। जगह पहले से ज़्यादा गुलज़ार हो गई थी। लेकिन उस वक़्त बहुत-से लोगों का वहाँ होना मुझे अच्छा नहीं लगा। क़रीब-क़रीब सभी अपरिचित थे। जिन दिनों मैं आता था, उन दिनों भी दिन के साढ़े ग्यारह बजे यहाँ भीड़ हो जाया करती थी—मैं हर आकृति को पहचानता था। मगर यह एक दूसरा ही संसार था, जो भरभराकर रेस्तराँ में समा गया था।

कॉफी पीने के बाद इत्मीनान से बैठूँ, तब तक मेज़ के क़रीब कॉफीवालों का एक जत्था आकर मेरे उठने का इन्तज़ार करने लगा। इस तरह के दृश्य अक्सर नज़र आते हैं जब चार आदमी एक आदमी से उठने का गुमसुम तकाज़ा करते हैं और एक आदमी असम्पृक्त जुगाली करता बैठा रहता है।

बाहर रोशनी में आते ही, संसार फिर अपनी जगह लौट आया। निरुद्देश्य घूमने के सिवा कोई काम नहीं था। कनॉट प्लेस का एक पूरा चक्कर काटने के बाद समझ में नहीं आया, कहाँ जाऊँ !

जनपथ पर इस समय ज़्यादा चहल-पहल होती है। स्त्रियाँ होती हैं जिन्हें सारा दिन बाज़ार करने के सिवा कोई काम नहीं होता। जवान लड़कियाँ होती हैं जो अपनी बड़ी और छोटी छातियों को पैकेटों और बंडलों से दबाए हुए इस दुकान से उस दुकान डोलती हैं या बीच-बीच में कोकाकोला पी लेती हैं।

जनपथ पर टहलते हुए अचानक एक दुकान पर रुका। तरह-तरह की साड़ियों की बहार थी, जो खरीदारों के आकर्षण के लिए ही बाहर लटकाई गई थीं। बेबात ही इच्छा हुई कि उन्हें एक बार छू लूँ।

"अन्दर आ जाइए।" दुकानदार ने हाँक लगाई और मैं अपनी नादान इच्छा को कुचलता हुआ आगे बढ़ गया।

जनपथ की दुकानों के आख़िरी छोर से लौटते हुए कोफ़्त और बढ़ गई। सब लोग खा रहे हैं, पी रहे हैं, दोस्तों के साथ हैं या पढ़ रहे हैं ! इस समूचे नगर में मैं अकेला आदमी था जो बेमतलब, बेबुनियाद वक़्त बिता रहा था।

मैं खुश होने के लिए बाहर निकला था। मगर इस समय केवल दो बजे थे। अभी सारी दोपहर और सारी रात पड़ी थी।

घर जाने के ख़्याल से दहशत हुई। एक बार तबीयत हुई कुछ वक़्त लायब्रेरी में जाकर बिताऊँ। मगर यह इच्छा भी मर गई। ऐसा नहीं है कि ऐसा पहली बार हुआ हो। पहले भी ऐसे ही, ठीक ऐसे ही होता था। मगर इस बीच दुनिया पाने और खोने से आगे निकल चुकी थी। प्लेटफार्म से ट्रेन को गुज़रे इतना वक़्त बीत चुका था कि यह एहसास ही मर चुका था कि गाड़ी कभी यहाँ रुकी थी।

कनॉट प्लेस के घेरे में दोबारा फँसकर मैं ठीक उसी जगह पहुँचा जहाँ पिछली दोपहर, इसी वक़्त उसके साथ खाना खाया था। दिल एक बार धड़का। हाथ कोट की जेब में गया और मेरी अँगुलियों में बिन्दो का ख़त निकली आया जिसके बाद से और जिसकी वजह से यह सारा सिलसिला शुरू हुआ था।

मैंने ख़त को खोलकर एक बार फिर पढ़ा और मुझे उसकी लिखावट बनावटी जान पड़ी। पटरी से उतरकर सड़क पर आते हुए मैंने उसे फाड़ा और उसकी चिन्दियाँ हवा में उड़ने लगीं। काश ! ये चिन्दियाँ उसके घर तक उड़ती हुई उसके मुँह पर जा पड़तीं। टुच्ची !

मैंने तेज़-तेज़ सड़क पार की और लॉन पर आ गया जहाँ कुली-कबाड़ी और निठल्ले गपशप में मस्त थे या पड़े हुए थे। मैंने एक किनारे पर जाकर अपना रूमाल बिछा दिया। कुछ देर बैठने के बाद अपना कोट उतारकर मुँह पर डाल लिया और धूप में पड़ गया। और कार्यक्रमों से यह बेहतर था।

जब धूप सीने में उतरकर पैरों से होती हुई दूर चली गई तब सर्दी दूसरी बार महसूस होने लगी। फिर वही घिनौना अन्धकार सिमट रहा था। वहाँ से उठकर कोट पहना और कनॉट प्लेस की भीड़ में घुसते हुए बुदबुदाया, "मैं इस चक्रव्यूह से कभी नहीं निकल सकता !" एक विदेशी युगल मेरे कन्धों को छीलता हुआ ठाठ से आगे निकल गया था।

आख़िर बिन्दो चाहती क्या है ? कुहरे के बढ़ने के साथ-साथ मेरी चिढ़ भी बढ़ती जाती थी।

फ़ैसला करना ही होगा। मगर, टैक्सी पर बैठते हुए, मैंने खुद से कहा, "क्या फ़ैसला पहले ही नहीं हो चुका था !"

टैक्सी बिन्दो के घर के क़रीब जब रुकी तब मैंने पाया, उसके कमरे में रोशनी थी। मैं ठीक वक़्त पर पहुँचा था ! मुझे उससे केवल एक वाक्य कहना था, "तुम यहाँ क्यों आई हो !" मैं अहाते के भीतर घुसा। और वहाँ पहुँचते ही, मुझे एकाएक यह एहसास हुआ, मैं पागलों जैसी हरकत कर रहा हूँ। यहाँ आने की क्या सचमुच ही कोई ज़रूरत थी ? अगर उसने मुझे देखा तो क्या समझेगी ? शायद वह सब, जो मैं नहीं चाहता ! उसकी आँखें चमक उठेंगी !

मैं मुड़ा और बाहर आ गया। खिड़की से उसकी आकृति साफ़ नज़र आती थी। वह हमेशा की तरह बुनने में व्यस्त थी। उसके चेहरे पर स्थिरता थी।

दग़ाबाज़ ! मैं बुदबुदाया और जल्दी-जल्दी दूर निकल आया। अच्छा ही हुआ। धीरे-धीरे सब छँट जाएगा और शान्ति वापस आ जाएगी।

अब चलकर कहीं खाना खाना चाहिए और घर पहुँचकर कोई पुस्तक पढ़नी चाहिए। लगभग दो मील पैदल चलकर घर पहुँचा तो रात काफ़ी हो चुकी थी। नौकर झुँझलाया नज़र आता था। मैं उससे कुछ भी कहकर नहीं गया था—शाम खाना खाना है या नहीं ! हो सकता है उसने अपने लिए भी कुछ न बनाया हो। मगर मैं उस वक़्त मुक्त और उत्फुल्ल था। बिन्दो की स्थिरता ने मुझे भी स्थिरता दे दी थी और मैं सोच

रहा था यह सारा तनाव व्यर्थ है ! मैं अपनी जगह ठीक हूँ।

मैंने जेब से निकाल कुछ पैसे नौकर को दिए और कहा, वह बाहर खा आए। उसके चले जाने के बाद मैं जूते उतारे बिना पलंग पर पड़ गया। मुझे लगा, अब मैं अच्छी तरह हूँ। अब नींद में कोई खलल नहीं होगी। नौकर अभी बाहर गया ही था कि वापस आ गया।

"आपका फ़ोन था !" वह मुझे बताना भूल गया था।

"किसका था ?" मैंने पड़े-ही-पड़े सवाल किया।

"नाम नहीं बताया।"

मैने अपने तमाम परिचितों की फ़ेहरिस्त दोहराई समझ नहीं आया फ़ोन किसका हो सकता था ! सहसा दिमाग में बिजली कौंधी और मैंने उठते हुए पूछा, "मर्द या औरत ?"

"कोई बाईजी थीं।"

"ओह !" मैंने कहा। नौकर फिर बाहर चला गया। जाते-जाते मैंने उससे पूछा, "क्या कहा था ? दोबारा फ़ोन करने के लिए कहा था ?"

"कुछ कहा नहीं था।"

मैं जानता था यह बिन्दो का फ़ोन था ! उसके फ़ोन करने के ख़्याल से मुझे खुशी हुई। मैं अपनी खुशी में सीटी बजाने लगा।

ऐसा नहीं हो सकता फ़ोन दोबारा न आए। बिन्दो से एक बार परिचित होना हमेशा के लिए परिचित होना है। मगर वह मुझसे कहेगी क्या ? वह मुझसे क्षमा माँगेगी, यह ख़्याल मुझे और भी उत्फुल्ल करने लगा।

वैसे मैं अब तक सो चुका होता। मैंने उठकर स्टोव जलाया और कॉफी के लिए पानी रख दिया। अपने लिए कॉफी बनाने में कई साल बाद रस आया। कॉफी में स्वाद था भी। घड़ी देखी तो दस बज चुके थे। जैसे छुट्टियों में रिजल्ट का इन्तज़ार होता है और छुट्टियाँ दूभर हो जाती हैं वैसे ही मुझे फ़ोन की घंटी घनघनाने का इन्तज़ार था।

मुझे पक्का विश्वास था कि अगर मैं बिन्दो को ज़रा भी जानता हूँ तो यह फ़ोन ज़रूर आएगा। मगर, मैंने देखा, क़रीब ग्यारह बज चुके थे। मैं अपनी जगह से उठा और कमरे में बेचैन टहलने लगा। बाहर बिल्कुल चुप्पी थी। पुलिस का सिपाही बिजली के खम्भे के पास खड़ा अपने कोट का कालर खड़ा कर अपने को सर्दी से बचा रहा था।

अगर वह उसका फ़ोन नहीं था तो किसका था ? और उसने मुझे फ़ोन किया क्यों ? मुझे उसके चेहरे की स्थिरता नज़र आई और अबकी बार मैंने महसूस किया, वह नकली थी।

फ़ोन मैंने पलंग के नज़दीक ही खिसका लिया और अन्धे आदमी की तरह उसका नम्बर घुमाया। मैं जानता था वही आएगी। जब उसने रिसीवर उठाया तब मैंने उससे

सीधे-सीधे सवाल किया, 'फ़ोन तुमने किया था ?''

''नहीं !'' उसने छोटा-सा उत्तर दिया। मुझे लगा उसने मुझे पलंग से नीचे ज़मीन पर पटक दिया। ज़मीन से उठकर पैन्ट झाड़ते हुए मैंने तमतमाकर कहा, ''तुम झूठी हो !''

''जी !'' इस बार उसके स्वर में विस्मय था। मैं जानता हूँ कि अगर यही बात मैंने उन दिनों कही होती तो उसने ओंठ टेढ़ेकर कहा होता, ''आपको यही शोभा देता है।'' और यह कर उसने फ़ोन रख दिया होता। मगर इस बार उसका अन्दाज़ ऐसा था गोया गलत नम्बर मिल गया हो।

रिसीवर पकड़े हुए मेरी अँगुलियाँ काँप रही थीं। मैंने थरथराते हुए स्वर में कहा, ''आख़िर तुम चाहती क्या हो ?'' मुझे लगा इस प्रश्न के साथ ही मैं थक गया हूँ और बूढ़ा हो गया हूँ। दूसरी ओर से न कोई उत्तर आया न रिसीवर रखने की आवाज़।

''जवाब क्यों नहीं देती ? तुम चाहती क्या हो ?'' मेरे कंठ से अधिक मेरी शिराओं में क्रोध था जिसे व्यक्त करना कठिन था।

''और कुछ कहना है।'' उसने छोटा-सा निर्विकार उत्तर दिया। मुझे लगा मैं फिर चित कर दिया गया हूँ। अबकी बार उठने का साहस मुझमें नहीं था।

''आपने बताया नहीं !'' उसने उसी लहजे में कहा।

मैंने रिसीवर रख दिया और पलंग पर पड़े-ही-पड़े जूते और कपड़े उतारकर दोनों ओर कुर्सियों पर फेंक दिए। मुझे बरछियों से छेदा जा रहा था और मैं बिन्दो के लिए तमाम गालियाँ निकाल रहा था।

टुच्ची ! धोखेबाज़ ! झूठी ! बेईमान !

किसी औरत को गाली देने के बाद लज्जा का अनुभव होता है। मगर बिन्दो के लिए यह सब निकालते हुए ऐसा कुछ भी नहीं हुआ।

गालियाँ दे चुकने के बाद तटस्थ होते हुए मैंने पाया ये वे गालियाँ नहीं थीं जो पराई स्त्री को दी जाती हैं बल्कि वे थीं जो अपनी स्त्री को दी जाती हैं।

तीन

यह मेरे कठिन दिनों की कहानी है। मैं नहीं जानता बिन्दो के लिए ये दिन कैसे थे !

सब कुछ हो चुकने के बाद अब मैं अच्छी तरह इस निष्कर्ष पर पहुँच चुका हूँ कि मैं अपने अन्दर एकदम अनिश्चित और क्लीव हूँ। बाहर से मैं कैसा भी लग सकता हूँ ! कई ढंग हो सकते हैं। और केवल ढंग देखनेवाले, मुझे पता है, मेरे बारे में ग़लत नतीजों पर पहुँच सकते हैं। वे मुझसे दब भी सकते हैं, पराजित भी हो सकते हैं।

मगर बिन्दो मेरे हर पुर्ज़े से भली-भाँति परिचित थी। उसे पता था, कहाँ घुमाने से क्या होता है। मैंने अपने बारे में बहुत सोचा है और उसने मेरे बारे में कभी नहीं सोचा। मगर मैं अपने को जितना जानता हूँ, वह मुझसे अधिक मुझे पहचानती थी।

कोई मुझे जानता है, यह ख़्याल डर पैदा करता है। मैं उन दिनों को नहीं भूल सकता जब बिन्दो से टूटते हुए, यह डर मेरा ज़रूरी अंग बन गया था। आख़िरी बार, अलग होने के पहले उसने कहा था, "मैं अच्छी तरह समझती हूँ, तुम क्यों घुटने टेकते हो। अगर मैं तुम्हें जानती न होती तो तुम कुछ और होते !"

मेरे और उसके बीच हज़ारों बातें हुईं। मगर उसका यह एक मुहावरा मुझे कभी नहीं भूलेगा। उसने इतना बड़ा सच कहा था कि इस एक सच के लिए कई झूठ माफ़ किए जा सकते हैं।

अपने-आपको खोलते जाना और आख़िर में यहाँ तक नंगे हो जाना कि बीच में कुछ भी न रहे, इससे ज़्यादा ख़तरनाक खेल कुछ भी नहीं होता। मैं शुरू से ही नंगा हो गया था। मुझे उसके सामने अपने तमाम कपड़े फेंकते जाने की जल्दी थी। जितनी जल्दी यह खेल शुरू हुआ उतनी ही जल्दी ख़त्म हो गया। अकेले रह जाने पर अपनी नग्नता पर शर्म आती है। मेरी शर्म भी बिन्दो के चले जाने पर शुरू हुई थी।

वह केवल शर्म नहीं थी। उसमें क्रोध भी था। उसके जाने के बाद ही मुझे महसूस हुआ कि उसने मुझे नंगा किया था।

यह दूसरी रात थी जब मुझे नींद ठीक से नहीं आई थी। सवेरे आँख लगने पर देर तक सोता रहा था। आँख खुलने पर पाया कि एक दूसरी ही दुनिया में जाग रहा हूँ। कमरे की तमाम चीज़ें वैसी की वैसी थीं—केवल इस छोटी-सी जगह में एक भयानक रिक्तता समा गई थी।

दिमाग़ जितना खाली था, दिल उतना ही भरा हुआ था। नींद से कोई फ़र्क नहीं पड़ा। पहले अपनी घृणा को व्यक्त कर देने के बाद तसल्ली हो जाया करती थी। मगर शायद मुझी में कोई बहुत बड़ा असर आ गया था—मवाद को निचोड़ देने के बाद मवाद फिर भर गया था।

कमरे में यहाँ-वहाँ सिगरेट के टुकड़े थे। सिगरेट जो मैंने गुस्से और नफ़रत में पी थी। अपना ही कमरा डरावना प्रतीत हुआ। क्षण-भर को लगा मुझ पर चढ़ बैठेगा।

नौकर वैसे सफ़ाई कर रहा था। वह इतने आहिस्ता और निःशब्द झाड़ रहा था कि उसका ढंग और दिनों से कुछ अलग जान पड़ा। क्या उसने जान लिया है ? मैंने आँखें उठाकर उसे देखा और पाया वह अपनी चाकरी में मगन है। उसकी सबसे बड़ी समस्या धूल है !

हर रोज़ सवेरे अख़बारवाला अख़बार फेंक जाता है। मैं पहला काम यही करता हूँ एक अख़बार के बाद दूसरा, दूसरे के बाद तीसरा। सवेरे के दो-ढाई घंटे इसी में चले जाते हैं। पिछले दो दिनों के अख़बार, जिन्हें न मैंने देखा था, न देखने की उत्सुकता थी, बोझ की तरह रखे हुए थे।

मैले कपड़े एक किनारे पड़े हुए थे। बिस्तर में सलवटें थीं, जैसे किसी ने बुरी तरह कुचल दिया हो। मैंने एक-एक चीज़ पर गौर किया। हर चीज़ अपनी जगह बेतरतीब और ग़लत थी। मैं खुद ग़लत था।

अपने ग़लत होने का ख़्याल भी सान्त्वना देता है। मगर इस वक़्त मुझे सान्त्वना की ज़रूरत है क्या ? इसका निर्णय कर पाने की स्थिति में मैं नहीं था।

अपने को सँवारकर बाहर निकलते हुए मैंने संकल्प किया कि मैं इस तरह चलने नहीं दूँगा।

बीमार पड़ने पर आदमी डॉक्टर, हकीम, वैद्य के पास जाता है। मैं, जो बीमार था भी और नहीं भी, कहाँ जाऊँ ! महँगी-से-महँगी फीस देकर भी अगर मैं इस सबसे छुटकारा पा सकता हूँ, तो मैं तैयार हूँ !

मेरी सारी कहानी एक आदमी जानता है। मैं नहीं चाहता था कि वह मेरा गवाह बने—मगर वह था ! दोष मेरा नहीं था। यह बिन्दो के सोचने की बात थी। मगर जाते-जाते वह सारा सब उसके आगे खोल गई थी। यह नहीं कि उसे आभास नहीं था। शायद उसे पता था, ठीक-ठीक पता था ! उसे शुरुआत भी मालूम थी और आख़िर भी। वह जानता था कि मोड़ कैसे आए ! मगर मेरा या बिन्दो का बयान लेने में उसने कभी कोई दिलचस्पी नहीं दिखाई थी।

शायद उसके मौन ने ही मुझे और बिन्दो को आकर्षित किया था। मैं भी यह जानता था और बिन्दो भी यह जानती थी कि इस रिश्ते की बारीकियों को उससे अधिक और कोई नहीं समझ रहा है।

फिर भी, मैंने अपनी ओर से, इन कई वर्षों में फैले हुए सम्बन्धों की उलझनें अनिल को कभी नहीं बताईं।

अजब संयोग है कि जब मैं फूटने को था, वह फूट पड़ी। अगर बिन्दो कुछ रोज़ और रुक गई होती तो मैंने खुद ही सारी बातें अनिल को खोल दी होतीं। शायद वक़्त आ चुका था। और मेरे पास इसके सिवाय कोई रास्ता भी नहीं था कि बिन्दो से रिश्ते टूटने के पहले की सारी परेशानी का गवाह किसी को बना सकूँ। मगर बिन्दो ने, जो कभी जल्दबाजी नहीं करती थी, अपनी जल्दबाजी से मुझे बचा लिया।

मुझे अब भी लगता है अगर बिन्दो ने अनिल से कह न दिया होता और अगर अनिल ने मुझे यह न बताया होता कि बिन्दो ने उससे कह दिया है तो यह रिश्ता अन्तिम रूप से न टूटता।

मगर शायद वह कहना चाहती ही थी। वह कहकर मुक्त होना चाहती थी। कहते ही उसने अपना ओहदा ऊँचा कर लिया था। वह अनिल से यह कहने गई थी कि अब आगे नहीं चल सकता और यह कि वह मुझे ख़बर कर दे !

मैं अब अच्छी तरह समझता हूँ कि उसने यह बात सीधे-सीधे मुझसे न कह, अनिल के जरिए क्यों कही। वह चाहती तो आकर मुझसे ही साफ़-साफ़ कह सकती थी। मैं जो भी रहा होऊँ, वह भीरु नहीं रही !

मगर वह संकल्प करना चाहती थी। शायद मेरी विह्वलता उसे संकल्प न करने देती।

कोई यह विश्वास नहीं करेगा कि आदमी स्त्री के पैरों पर गिर भी सकता है। दूर

जाने के भय ने, अकेले हो जाने की आशंका ने सम्बन्धकाल में मुझे कई बार उसके पैरों पर गिरने को विवश किया। अगर मैं पैरों पर न गिरता तो वह जाती भी नहीं। बार-बार गिर-गिरकर मैंने उसे इतना उठा दिया था कि आख़िरी दिनों में उसकी एकमात्र हथकड़ी मैं हो गया था।

यह और भी विचित्र बात है कि मेरे गिरने से न केवल वह बड़ी हो जाती थी, बल्कि अपनी नज़र में मैं स्वयं बड़ा हो जाता था। मुझे लगता था यही मेरी शक्ति है।

उसने मेरी इस शक्ति को पहचान लिया था--इसके पहले कि मैं कातर होऊँ, उसने एक झटके में तोड़ दिया और एक तीसरे आदमी के आगे अपने को मुक्त करते हुए विच्छेद को दस्तावेज़ में बदल दिया।

अनिल की जगह का फ़ासला अधिक नहीं था। सुबह के इस वक़्त वह तैयारी कर रहा होता है। मैं जब पहुँचा तब वह हीटर जलाए हुए अपने को सेंक रहा था। सुबह से सर्दी कुछ ज़्यादा थी। बाहर धुँध थी और आसमान भी साफ़ न था। हो सकता है बारिश हो।

कई महीनों बाद इस तरह मुलाकात करते हुए मुझे संकोच हुआ। कमरे में घुसते हुए एक बार इच्छा हुई, लौट चलूँ। मगर मैंने हिम्मत कर, गोया कोई जुर्म करने जा रहा हूँ, पैर आगे बढ़ा दिए।

आरामकुर्सी पर बैठे-ही-बैठे गरदन मोड़ उसने मुझे देखा। मुस्कुराया।

"तुम्हें दफ़्तर तो नहीं जाना है ?" मेरा सवाल बेहूदा था।

"क्यों, क्या तुम्हें जाना है ?" उसने मुझे ठीक वैसा ही जवाब दिया।

"आज की छट्टी ले सकते हो ?"

"बात क्या है ?" वह अपनी जगह से उठा और कुर्सी मेरी ओर खिसका ली।

वह मेरा हुलिया देख रहा था। मेरे कपड़े ठीक थे, बाल भी सँवरे हुए थे, जूतों पर पालिश थी और टाई भी ग़लत नहीं थी। मेरे बजाय वह बेतरतीब था। वह ऊपर पुलोवर पहने हुए था और नीचे तहमद बाँधे हुए था। पैरों में मोजों पर चप्पलें थी। लगता है उसने अभी मुँह भी नहीं धोया था।

"इत्मीनान से बैठो।" मैंने पाया वह मुझे उत्सुकता से देख रहा है।

अक्सर इस तरह की उत्सुकता मुझे घिनौनी लगती है। दूसरों के कमरों में झाँककर देखने की प्रवृत्ति मैंने अधिकतर लोगों में पाई है—यहाँ तक कि लोग चलते-चलते पराए घरों की खिड़की में मुँह डाल देते हैं। उन्हें लगता है भीतर शायद ऐसा कुछ है जिसमें नाटक है या तमाशा है, जिसे चूककर वह बहुत कुछ चूक जाएँगे।

अनिल इस मामले में, आख़िरी बार को छोड़, हमेशा औरों से भिन्न रहा है। उसने यह जानने की कभी कोशिश नहीं की कि कहाँ नाटक है, कहाँ झाँका जा सकता है ! मेरी और उसकी दोस्ती का यह बहुत बड़ा, शायद अकेला आधार था कि जब तक मैं न कहूँ वह अपनी ओर से शुरुआत नहीं करेगा।

मैं हमेशा से यही चाहता रहा हूँ कि कोई मुझे न उघाड़े। अगर निर्वसन होना ही

है तो मैं स्वयं अपने टाँके खोलूँ—किसी और के दबाव में नहीं बल्कि स्वयं अपने दबाव में।

दूसरे के दबाव से अधिक चिढ़ मुझे किसी और चीज़ से नहीं। हर बार बिन्दो ने मुझे नंगा होने पर विवश किया। इतना दबाव, इतना अधिक दबाव कि लगता था कन्धे टूट जाएँगे और मैं पूरी तरह बिखर जाऊँगा। ज़रा भी दबाव महसूस होते ही लगता था मेरी स्वतन्त्रता पर पहरा फिर शुरू हो गया।

अनिल से मिलकर छुट्टी का अनुभव होता था—किसी तरह का आग्रह नहीं, माँग नहीं। वह तो उन्मुक्त था ही, मैं भी उन्मुक्त हो जाता।

"मुझे कुछ ज़रूरी बातें करनी हैं !" मैंने कहा और शंका भरी दृष्टि से उसे देखा।

"पहले चाय पियो।" उसने उसी सुविधा के साथ कहा।

वह स्टोव पर पानी रखने चला गया। कमरे में हर चीज़ सलीके से रखी हुई थी।

अनिल का कमरा देख हमेशा यह धारणा पक्की होती थी कि सलीके से रहने का ठेका केवल परिवारियों का ही नहीं। अकेला आदमी किस तरह तमीज़ से रह सकता है, इसकी तमीज़ मुझे अनिल से सीखनी चाहिए थी—न कोई अपव्यय, न कोई तनाव।

"बात ही तो करनी है, न ! मैं दफ़्तर देर से चला जाऊँगा।"

असल में मैं उससे कहना चाहता था कि क्या वह आज का दिन मेरे साथ नहीं बिता सकता !

"बारिश के आसार हैं।" अनिल ने उसी बेफ़िक्री से कहा। "बारिश हुई तो सर्दी बढ़ जाएगी। ग़रीबों की मुश्किल है !" वह अपने-आपसे बात किए जा रहा था।

"हाँ, मुश्किल है।" मैंने बेमन उसकी बात में शामिल होने की कोशिश की।

"हर मौसम में ग़रीब ही मारा जाता है—गर्मी में लू, बरसात में बारिश, सर्दी में पाला।"

मैं चुप था। वह पानी खौला रहा था।

"अपने देश का मौसम ही ऐसा है कि कुछ नहीं हो सकता। आधी ज़िन्दगी मौसम से लड़ने में गुज़र जाती है।" वह अपनी ही बात में रत था। मुझे हल्की-सी झुंझलाहट हुई। मगर, मैंने चालकी के साथ सोचा, मुझे उसकी शर्तें निबाहनी चाहिए। आख़िर मैं यह उम्मीद क्यों करूँ कि वह मेरे मामले में वैसी ही दिलचस्पी लेगा जैसी कि मैं ले रहा हूँ। वह क्यों उतावला हो। वैसे ही उतावलापन उसके स्वभाव में नहीं। मेरी जगह वह होता तो अपने को इस तरह न खोता। उसके लिए स्त्री समूचा संसार नहीं—दुनिया की विशाल पार्श्वभूमि में हज़ारों आकृतियों में से महज़ एक आकृति है। उसका ढाँचा मुझसे बिल्कुल अलग है—यह मैं जानता हूँ और इसके लिए मैं न उसे दोषी ठहरा सकता हूँ न अपने आपको !

"चीनी कितनी लोगे ?" उसने मेरी आँखों में आँखें डालते हुए कहा।

क्या वह मुझे तौल रहा है ? मैंने पलक उठाकर उसे देखा। वह अब तक अपना प्रश्न थामे हुए था।

"दो चम्मच !" मैंने घबराकर कहा। घबराकर कुछ और न कह देने के भय से अपने को संयत करने के प्रयत्न में मैंने कहा, "मुझे तुमसे कुछ बातें करनी हैं।"

"मुझे पता है।" अनिल ने चाय की चुस्की लेते हुए कहा, "मौसम इतना ख़राब है कि अपनी बनाई चाय तक अच्छी लगती है !"

वह मेरी बात टाल गया। क्या वह मुझे बेवकूफ समझता है। वह बिल्कुल इत्मीनान से चाय पी रहा था। उसने अपना पुलोवर कुछ खिसका लिया था। उसके चेहरे से लगता था चाय का असली मज़ा वही ले रहा था। हर बार वह चाय इस तरह सिप करता जैसे मुझसे कहना चाहता हो, तुम चाय पीना नहीं जानते। मुझे देखो। मैं कैसे मज़े में हूँ !

मुझे अनिल पर दोबारा चिढ़ हुई। उस जैसा मेधावी व्यक्ति मेरी बेचैनी को न समझ पाए यह नामुमकिन था। फिर वह इस तरह बर्ताव क्यों कर रहा है ? वह क्यों मुझे नज़रअन्दाज़ कर रहा है ? कहीं वह मुझसे कतरा तो नहीं रहा !

"जब ज़बान कुछ कहने को छटपटा रही हो तो उस पर मिसरी रख दो। वह बात की बजाय मिसरी का रस लेने लगेगी।" कई साल पहले उसी की कही हुई बात मुझे याद आई। शायद वह मुझे कुछ कहने से रोक रहा था।

उसे भ्रान्ति है। शायद वह सोच रहा है कि मैं उससे बाहरी समस्याओं पर किताबी बातें करूँगा और वह ऊबता और जमुहाई लेता रहेगा। ऐसी हर एकतरफ़ा बहस के बाद वह मुझसे कहता था, "हर सवाल, अपना सवाल है। उसमें दूसरा कोई दख़ल नहीं दे सकता।" यह कहकर वह मेरी सारी सम्पत्ति बिखरा देता था।

"मैं आज बहस करने नहीं आया हूँ।" मैंने कहा।

"शादी की बात करने आए हो ?" वह मुस्कुराया।

"इस समय मेरा मज़ाक का मूड नहीं।" मैंने कहा। मैंने सोचा मेरा गम्भीर स्वर सुन वह भी गम्भीर हो जाएगा।

"तो मैं कौन मज़ाक कर रहा हूँ ?" अपनी प्याली में चाय ढालते हुए पूछा, "चाय और लोगे ?"

"नहीं !" मैंने अपनी प्याली रख दी थी।

"ले लो। गर्मी कुछ और आ जाएगी।" मैंने कोई उत्तर नहीं दिया।

अनिल का शरीर रोबीला था—तहमद में कुछ और रौबीला हो गया था। उसकी देह की बनावट पर दृष्टि फेरते हुए मैं सोच रहा था, कहाँ से शुरू करूँ।

"मौसम की वजह से तुम कुछ और सिड़ी हो गए हो।" उसने अपनी बेतकल्लुफ़ आलोचना से मेरा ध्यान भंग किया।

"मुझसे ज़्यादा तुम हो गए हो। तुम्हें किसी की बात सुनने की फुर्सत ही नहीं।" मैं सचमुच नाराज़ हो चला था। "मैं डेढ़-घंटे से यहाँ बैठा हूँ। देख रहा हूँ तुम्हें मौसम और चाय को छोड़ तीसरी किसी चीज़ में दिलचस्पी ही नहीं।"

"और है क्या दिलचस्पी लेने के लिए ?" हमने को केवल एक वाक्य में टाल देने का कौशल अनिल के पास शुरू से था। और शायद इसीलिए वह सुखी भी था।

वह अपनी जगह से उठ इस्तेमाल किए हुए बर्तन ट्रे पर रखने में लग गया था। उसे स्त्री होना चाहिए था। वह एक-एक चीज़ इतने सलीके से बटोर रहा था कि गृहिणी की सधी हुई अँगुलियों का धोखा होता था।

"बूँदा-बाँदी हो चली है।" उसने चीखकर कहा। मैंने देखा सचमुच बूँदें गिर रही थीं।

"मैंने कहा था न, बारिश होगी।" वह अपनी भविष्यवाणी सच निकलने पर खुश था।

मुझे बिन्दो से अधिक अनिल पर क्रोध आ रहा था। वह मेरे साथ खिलवाड़ कर रहा था। वह जानता है मैं उद्विग्न हूँ—इसीलिए वह इतना निर्विकार है। एक आदमी का आत्मबल दूसरे ही आत्महीनता पर निर्भर करता है।

उसने मेरी हलचल को भाँप लिया था। बर्तन सजाकर वह करीब आकर बैठ गया। उसने अपनी सिगरेट सुलगा ली थी, मैंने अपनी।

"इनते दिनों क्या किया ?" उसने मेरे और क़रीब आते हुए कहा।

"भाड़ झोंका।"

"कहाँ ?'

"यहीं।"

"मैं सोचता था कहीं बाहर चले गए।"

"बाहर क्यों जाता ?" मैंने हैरानी से उसे देखा।

"यों ही।" वह मज़े में सिगरेट पी रहा था।

"शादी का ख़्याल बिल्कुल छोड़ दिया ?" उसने उसी इत्मीनान से सवाल किया।

"हाँ।"

"मैं सोचता था तुम इस बारे में फिर से सोचोग और अपना फ़ैसला बदलोगे।"

"यह कम-से-कम तुम्हें तो नहीं सोचना चाहिए था।" मेरा तीखा उत्तर सुनकर उसके होंठों पर हल्की-सी मुस्कुराहट खिंच आई। फिर उसने एक निहायत घटिया हरकत की—अपने ओठों को सिकोड़ा और धुएँ का एक छल्ला बनाकर आसमान की ओर उछाल दिया। छल्ला कुछ ऊपर उठा, फिर पतला होकर विलीन हो गया।

अपनी सिगरेट ऐशट्रे में बुझाकर मेरे नज़दीक खींचते हुए उसने कहा, "तुम शायद कोई ख़ास बात करना चाहते थे।"

"नहीं।" मैंने चिढ़कर कहा।

वह फिर व्यंग्य करता हुआ-सा मुस्कुराया। "अच्छा जाने दो।" उसने कहा, "अगर तुम्हें नहीं करनी है, तो मुझे करनी है !"

"तुम्हें मालूम है ?" वह रुकता हुआ-सा बोला।

"क्या ?"

मुझे अचानक ही अपने प्रति उत्सुक देख उसकी आँखें चमकीं।

"तुम्हें मालूम है—बिन्दो यहीं है !"

मैं अपनी जगह पर क़रीब-क़रीब उछल पड़ा। मुझे हड़बड़ाया हुआ देख वह

आश्वस्त हुआ। अपनी जगह पर जम गया।

"तुम्हें मालूम होगा !" उसने कनखी से मुझे देखा।

"तुम्हें कैसे मालूम ?" मैंने सम्हलते हुए कहा।

"तुमसे मिली थी ?" उसकी चुप्पी पर प्रहार करते हुए मैंने दोबारा सवाल किया।

"नहीं !" उसने सख्त-सा उत्तर दिया, "दिखी थी !"

"कहाँ ?"

"रीगल के नज़दीक।"

रीगल के नज़दीक बहुत-सी दुकानें हैं, सिनेमा हॉल है और दो-एक अच्छे रेस्तराँ हैं, जहाँ जाना उसे पसन्द था। मगर वह अकेली कभी नहीं जाती थी। हमेशा मेरे साथ। वह कहती भी थी, "अकेले यह सड़क पार करते हुए मुझे भय होता है—मुझे बराबर यह ख़्याल होता है कि मैं एक दिन यह सँकरी-सी सड़क पार करते हुए ही मरूँगी-कुचल दी जाऊँगी।"

"किसी के साथ थी ?"

उसने मेरे स्वर की घबराहट भाँप ली और मेरे स्वर पर अपना स्वर बिछाते हुए कहा, "अगर हो भी तो तुम्हें क्या करना है !"

"किसके साथ थी ?" मेरा स्वर कठोर हो चला था।

"अकेली थी। मगर तुम इतने बेताब क्यों हो रहे हो !"

मुझे चुप पा उसने सिलसिला आगे बढ़ाया, "जो भी हो, तुम्हें क्या फ़र्क पड़ता है। मुझे तो इसी पर हैरानी है कि तुम इतने परेशान क्यों हो रहे हो।"

दूसरी ओर देखते हुए मैंने महसूस किया अनिल में बहुत अन्तर आ गया है। पहले की बात नहीं रही। पहले वह मुझे नंगा नहीं देखना चाहता था। मुझे नंगा देखने के ख़्याल से ही उसे दहशत होती थी। अब वह मुझ कुरेद रहा है। मुझमें झाँक रहा है !

मैंने वितृष्णा से अपना मुँह फेर लिया। बाहर अभी भी बारिश हो रही थी खिड़की का शीशा धुँधला हो गया था। मौसम बिल्कुल मनहूस था और अनिल की संगत में पहली बार मुझे काँटे महसूस हो रहे थे।

"कॉफी पियोगे ?" उसने हम दोनों के बीच छा गया सन्नाटा तोड़ा।

"यह बारिश अब बन्द नहीं होगी !" वह अपने-आप कहे जा रहा था। "सर्दी में बारिश होती है तो मुझे हमेशा घुटन-सी होती है—न दफ़्तर में काम करने की तबीयत होती है, न घर पर पड़े रहने में शान्ति मिलती है। मगर बजे कितने हैं ? मैं दफ़्तर कैसे जाऊँगा !"

मुझे लगा अनिल कायर है—आम है। दफ़्तर, घर और वह खुद ! उसकी दुनिया इतनी छोटी है। शायद उसने छोटी कर ली है। पहले ऐसा नहीं था। मगर उसे चेहरे पर चिन्ता नहीं थी। मैंने पाया वह निश्चिन्त बैठा हुआ था। शायद वह मुझे यह महसूस कराना चाहता है कि मैं उसका वक़्त बरबाद कर रहा हूँ। मैंने गौर से उसे देखा।

जब मैं उठने लगा तब उसने मुझे टोका। "इतनी बारिश मैं कैसे जाओगे !"

"चला जाऊँगा।"

"अभी थोड़ी देर में पानी बन्द हो जाएगा तब चले जाना।" जब उसकी बात अनसुनी कर मैं आगे बढ़ा, तब उसने कहा, "इस वक़्त अगर तुम चाहो भी तो उससे मुलाकात नहीं हो सकती।" यह मुझ पर बिल्कुल क्रूर व्यंग्य था ! मैंने देखा उसका चेहरा अचानक सख़्त हो गया था !

और मौक़ों पर वह अपने तनाव को ढीला कर लेता था और सहज हो जाता था। मगर इस वक़्त वह मेरा सामना कर रहा था ! "मुझे सब पता है !" उसने अपनी जगह पर बैठे-ही-बैठे कहा।

"क्या पता है ?" मैं जानता था कि उसे कुछ पता नहीं।

"यही कि वह तुमसे मिली थी।"

उसके जवाब ने मुझे चकित नहीं किया। मुझे मालूम था कि वह अन्दाज़ कर रहा था, मुझे टटोल रहा था। एक बार मेरी इच्छा हुई कि मैं कहूँ, 'तुम बेवकूफ़ हो !'

"तुम्हारी हुलिया बता रही है कि तुम उससे लड़कर आए हो !"

मुझे कुछ भी टिप्पणी न करते देख उसे आश्चर्य हुआ—शायद उसने सोचा होगा कि मैंने इतनी शक्ति कैसे सँजो ली।

सड़क पर पानी में भीगते हुए मैंने सोचा कि मैं अनिल से दीक्षा लेने आया था, मगर उसे सबक सिखाकर जा रहा हूँ। मेरे निकलते-निकलते वह चिल्लाया था, "ठहरो, मैं भी चलता हूँ।" मगर मैं आगे बढ़ आया था !

पानी में भीगते और भागते हुए टैक्सी पकड़ना मेरे लिए कोई नई बात नहीं। कितनी ही बार इसी तरह ऐसी ही ठंड और बारिश में, उसे किसी दुकान या आड़ में खड़ाकर मैंने दौड़कर टैक्सियाँ पकड़ी हैं और टैक्सी में बैठने के बाद रूमाल से अपने सिर और चेहरे का पानी पोंछा है। इस तरह की हरकत अजीब होती है, आदमी खुद अपने को 'हीरो' लगने लगता है ! मैं भी कई बार 'हीरो' बना हूँ।

मगर अनिल के मकान से निकलकर पानी में काफ़ी देर भींगने के बाद मैंने अपने को 'हीरो' नहीं बल्कि बेवकूफ़ अनुभव किया। अगर मैं दस मिनट रुक ही जाता तो क्या बिगड़ जाता ! मुझे क्या जल्दी पड़ी थी ? आख़िर मैं अचानक क्यों निकल पड़ा !

जब टैक्सी-स्टैंड तक पहुँचने पर टैक्सी मिली तो भीतर बैठते हुए मैंने सोचा, 'मैंने अनिल के अलावा खुद को भी नुकसान पहुँचाया है।'

"रीगल," मैंने कहा और टैक्सी दूसरी तरफ़ मुड़ गई ! मेरे कपड़े ख़राब हो चुके थे। मगर मैं घर कतई नहीं जाना चाहता था। बारिश भी थम रही थी।

लगातार दो घंटे वर्षा से सुनसान हो गई थी। होटलों में उपस्थिति लगभग नहीं के बराबर थी। मैं एक होटल के बरामदे में खड़ा हुआ बारिश पूरी तरह बन्द होने की प्रतीक्षा करने लगा। वैसे पानी से मुझे कोई उकताहट नहीं थी। अगर वर्षा दिन-भर भी होती रहे तो मेरा क्या !

बाहर फुटपाथ बिल्कुल नंगी थी। पान-सिगरेट सजानेवालों का कहीं ठिकाना नहीं

था ! अन्दर थोड़े-से लोग चाय या अख़बार पर झुके बैठे थे।

"रीगल के नज़दीक !"

"किसी के साथ थी ?"

"अगर हो भी तो तुम्हें क्या करना है !"

मेरी और अनिल की बातचीत अब भी मुझे खटखटा रही थी। ऐसा कैसे हो सकता है ? अकेले जाना बिन्दो की आदत नहीं। उसे हमेशा साथ चाहिए। एक ऐसा साथ जो उसे नहीं दूसरे को सालता है। उसका रुग्ण सहवास उसे नहीं दूसरे को घोंटता है। वह संग से नहीं, अकेलेपन से भागती है।

उसका यह कहना केवल विनोद नहीं था कि मुझे अकेले सड़क पार करते हुए भय होता है !

शायद उसके अकेलेपन ने ही मुझे उसकी ओर आकर्षित किया था। यदि वह और लड़कियों की तरह जुड़ी हुई होती तो मे। उसकी ओर नहीं खिंचता। शुरू में ही मैंने समझ लिया था कि उसके अकेलेपन को भेदकर उसमें पैठना मुश्किल है।

यह मेरी और उसकी पहचानी हुई जगह थी। जब तबीयत बहुत प्रसन्न होती, वह ठीक इस इमारत के आगे रुक जाती। मैं समझ जाता यह पान का इशारा है। उसके लिए मुलायम पान का बीड़ा बनवा मैं उसे देता। पान स्वीकार करते हुए उसकी आँखों में हल्की-सी झिड़की होती। मुझे स्मरण आता मैं क़िमाम लगवाना भूल गया था। फिर से उन बीड़ों पर क़िमाम लिपटवा जब मैं उसकी ओर आता तो पाता वह अपनी जगह से आगे बढ़ गई है !

पानी बिल्कुल थम गया था। लोग सड़कों पर निकलने लगे थे। सड़क के बीचोबीच और किनारों पर यहाँ-वहाँ रफ़्तार के साथ पानी भागा जा रहा था। आसमान में बदलियाँ अभी तक थीं। ठंड पहले से और बढ़ गई थी। मैं अपने भीगे कपड़ों को शरीर से चिपकाए हुए था। अगर कमीज़ गीली होती तो कोई बात न थी। मगर पानी हजमकर कोट वजनी हो गया था और ठंड मेरे शरीर में घुसी जा रही थी।

मैं सड़क पर आया। बाहर आते ही गरमागरम चाय की इच्छा हुई। चाय से न केवल यह ठंड जाती रहेगी बल्कि मैं कुछ तन्दुरुस्त भी अनुभव करूँगा !

इर्विन रोड पर कुछ छोटी-छोटी दुकानें हैं जहाँ मैं अब भी अपने बहुत अकेले क्षणों में जाता हूँ। इन जगहों में जाते हुए किसी अपरिचय की भावना नहीं होती क्योंकि यहाँ अपना कोई परिचित नहीं होता। बिल्कुल ग़रीब तबका यहाँ आता है—जहाँ चाय पर या केवल बैठने के लिए बहुत ख़र्च नहीं करना पड़ता।

सड़क पर बहते हुए रेलों को लाँघता, अपने को बचाता एक छोटी-सी दुकान में घुस मैंने इत्मीनान महसूस किया। काँच के गिलास में भरी हुई चास सिप करने से शरीर में कुछ गर्म आई। बिन्दो को अब भी यह नहीं मालूम कि मैं इन जगहों पर आता हूँ। अगर पता होता तो वह इसी बात पर मुझसे हिकारत करती। यह नहीं कि उसे वर्ग-द्वेष है, बल्कि यह कि एक अर्से तक उसे विश्वास रहा कि मुझे गन्दगी और अस्वच्छता को

पालने का शौक़ है। मैं इससे इन्कार भी नहीं कर सकता कि बिन्दो के सम्पर्क में आने पर ही मुझे पहली बार अपना एहसास हुआ था। उसके पहले मैं होकर भी नहीं था। कपड़ों से लेकर बालों तक का सलीका बिन्दो के बाद से ही शुरू हुआ था।

पानी में भीगने से हरारत-सी हो आई थी। साधारण स्थिति में मैं पड़ गया होता। मगर पिछले दो दिनों की दुनिया से जूझते हुए मुझमें एक अनोखा संकल्प पैदा हो गया था—लगता था मैं एक और ही दुनिया में आ गया हूँ जिसमें हर चीज़ मेरे विरुद्ध है और जैसे-जैसे मुझे यह मालूम पड़ता जा रहा है कि कुछ भी मेरे अनुकूल नहीं, वैसे-वैसे मैं दृढ़ होता जा रहा हूँ।

लेकिनी सारी दृढ़ता, सारा संकल्प क्षण-प्रवाह मात्र होता है। कोई मामूली दृश्य, कोई साधारण घटना विचलित कर जाती है और फिर सब कुछ भंग हो जाता है। कई बार इसकी भी ज़रूरत नहीं पड़ती—अपने-आप ही सब कुछ बिखर जाता है।

चाय देनेवाले लड़के ने रेडियो तेज़ कर दिया था जिससे फिल्मी धुनें कानों के पर्दों से टकराने लगीं। पुकार बाहर थीं मगर लगता था चीख़ अन्दर है। अचानक ही मेरे अन्दर कोई चीज़ हड़बड़ाने लगी थी और अभी क्षण-भर पहले की दृढ़ता घहराने लगी। मैंने फिर प्रयत्नकर अपने को समग्र किया और बाहर की गूँज और भीतर की पुकार को कुचल कर शान्ति का ढोंग करता चाय पीता रहा।

अपना कोट मैंने उतारकर बगल में रख दिया था और टाई ढीली कर दी थी। हालाँकि इससे बदन को और भी सर्दी लग रही थी, मगर भीगे हुए कोट का वजन ढोने से यह अच्छा था।

दिन के ढाई बज गए थे, मगर मौसम के कारण पता नहीं चलता था कि दोपहर भारी हो गई है। पैसे चुकाकर मैं उस छोटी जगह से बाहर आया। आसमान अब भी साफ़ नहीं था। लगता था बारिश फिर होगी। दोपहर कितनी सूनी हो सकती है, इसका सबसे तीखा अनुभव दिल्ली में ही किया जा सकता है, जहाँ लोग मौसम अनुकूल होते ही बाहर भिनभिनाने लगते हैं और प्रतिकूल होते ही पता नहीं कहाँ गायब हो जाते हैं।

घर पहुँचते-पहुँचते एक अजीब-सी व्यर्थता ने घेर लिया था। लग रहा था न अन्दर कुछ है, न बाहर कुछ ! मैं एक अनन्त शून्य में हाथ-पैर मार रहा हूँ। अवसाद, छोटा शब्द है। इससे बहुत आगे, जहाँ अवसाद भी नहीं है, पता नहीं क्या है।

बैठा हुआ नौकर मेरी प्रतीक्षा कर रहा था या ऊँघ रहा था, मैं नहीं जानता !

उसकी उपेक्षा करता हुआ मैं अन्दर गया और पाया सोफ़े पर बैठी हुई बिन्दो ताश के पत्ते बिछाए हुई थी।

चार

बिन्दो को अपने घर पर पा एक साथ कई अनुभूतियाँ हुईं। गर्व, घृणा, सुख, प्रतिहिंसा और आश्चर्य ! चेहरे पर कई परछाइयाँ आईं। बिन्दो ने मुझे देखा और पहले की तरह

ताश के पत्ते बिछाती रही।

मैंने उससे कुछ भी नहीं कहा और कपड़े बदलने भीतर चला गया। बाथरूम में वैसे मुश्किल से दो मिनट लगते हैं। मगर मैंने जान-बूझकर देर लगाई। साफ़ और सूखे कपड़े पहनकर और अपने को सजाकर जब मैं लौटा तब वह पत्ते समेट चुकी थी।

मैं दूसरे कोने की कुर्सी पर बैठ गया जो उससे इतनी दूर थी कि मैं बड़ी आसानी से उसकी उपेक्षा कर सकता था। उसकी निगाहें दूसरी तरफ़ थीं—या तो वह उस ओर लगा कैलेंडर देख रही थी या मुझसे मुँह मोड़े हुए थी।

"कितनी देर हुई ?"

"बहुत नहीं।" उसने अपना मुँह दूसरी ओर किए हुए ही जवाब दिया।

मैं समझ गया वह झूठ बोल रही है। उसे आए ज़रूर काफ़ी वक़्त बीत चुका है। वह बारिश में आई थी। उसकी साड़ी यहाँ-वहाँ भीगी हुई थी। एक बार इच्छा हुई, कहूँ, 'सुखा लो !'

खाने का मौसम गुज़र चुका था। इस समय उससे भोजन के लिए कहने में बनावट होगी।

"क्या पियोगी ?"

उसने नज़र उठाकर मुझे देखा, फिर कहा, "मैंने चाय के लिए कह दिया है।"

उसने सचमुच कह दिया था। नौकर ट्रे पर चाय की चीज़ें लिए आ रहा था ! वह मेरे क़रीब की मेज़ पर रखने ही लगा था कि बिन्दो ने टोककर कहा, "इधर !"

उसका इशारा उसके पास पड़ी तिपाई की ओर था। शायद वह चाय के लिए उठकर मेरे पास आना नहीं चाहती थी।

उसने इतने अधिकार के साथ चाय अपने क़रीब लाने का हुक्म दिया था कि मैं चौंक गया। अन्दर-ही-अन्दर मुझे भय हुआ। वह मुझसे बेफ़िक्र होकर प्यालियों में चाय ढालने लगी थी। नौकर ने एक बार उसे और एक बार मुझे देखा—फिर, कुछ समझ पाने में असमर्थ, चला गया। उसके जाते ही मैंने राहत की साँस ली। वह कुछ देर और वहाँ खड़ा रहता तो उसे यह भाँपने में मुश्किल नहीं होती कि मैं अपने अन्दर बेइज़्ज़त हुआ हूँ।

चाय तैयार थी। तिपाई पर दो अनिर्णीत प्यालियाँ रखीं हुई थीं। इन प्यालियों का क्या हो ? वह यह फ़ैसला नहीं कर पा रही थी कि वह मेरी प्याली मुझ तक पहुँचाए या इन्तज़ार करे। सभ्यता का तकाज़ा यह था कि मैं खुद उठकर उस तक जाता और प्याली उसे थमाता। मगर मैंने अपनी जगह पर, इस समूचे घटनाक्रम से उदासीन, बैठे रहना ही पसन्द किया।

यह सारा झमेला स्वयं उसने मोल लिया। चाय अपनी ओर मँगाने की कोई ज़रूरत नहीं थी। जो कुछ, अब उसे करना पड़ेगा, दूसरी हालत में, मैं करता।

कुछ क्षण इसी तरह गुज़रे। फिर उसने कनखी से मुझे देखा। उसकी दृष्टि में व्यंग्य भी नहीं था और तिरस्कार भी नहीं—केवल मुझे तौलने की एक कोशिश थी। मैंने अपनी

निगाह नहीं फेरी। उसी तरह अविचलित रहा। तब वह उठी। प्याली उसने मेरी ओर बढ़ाई और कहा, "इसे ले लीजिए।" फिर एक तश्तरी पर बिस्कुट रखती हुई बोली, "यह भी ले लीजिए।" वह अपनी जगह से उठ केवल आधी दूर तक आई थी–जैसे आधा सफ़र तय करने को, मेरे लिए छोड़ दिया हो।

मगर मुझे कोई सफ़र तय नहीं करना था। मैं अपनी यात्रा बहुत पहले ही पूरी कर चुका था। मैंने अपने पास की तिपाई इस तरह बढ़ा दी कि मुझे उठना भी नहीं पड़ा और उसे चाय लिए खड़ा भी नहीं रहना पड़ा। तिपाई पर चाय रखते हुए उसने एक तेज़ नज़र मुझ पर डाली और अपनी जगह पर बैठ बिस्कुट कुतरने लगी।

वह फिर पहले की तरह निश्चिन्त लगने लगी थी। चाय पीते हुए उसके चेहरे पर ताज़गी वापस आने लगी थी। सर्दी के कारण उसने अपना पुलोवर और भी खींच लिया था। तब भी, लगता था, भीगने के कारण, वह सर्दी से पूरी तरह मुक्त नहीं हो पा रही थी। मैं उठा और पीछे पड़ा हीटर उससे ज़रा दूर पर रखने लगा।

"रहने दीजिए। इसकी ज़रूरत नहीं।" इसका मतलब था, ज़रूरत है !

"आप और चाय लेंगे ?" उसने चाय की प्याली खाली करते हुए कहा।

उसके सवाल से मुझे याद आया, यह प्रश्न उसे मुझसे नहीं, मुझे उससे करना चाहिए था। घर मेरा है और सत्कार का कर्त्तव्य मेरा है। मगर बिन्दो शुरू से जिस ढंग से पेश आ रही थी अगर वह कुछ देर और चलता रहा तो मुझे मान लेना पड़ेगा कि घर मेरा नहीं और मेज़बान भी मैं नहीं हूँ, वह है।

इस कौशल से मैं परिचित नहीं था। यह, लगता है, उसने इन बीच के वर्षों में सीखा था। यह नहीं कि पहले उसने इस घर में अपना हुक्म नहीं चलाया–यह भी नहीं कि उसने मुझे कभी यह महसूस न कराया हो कि मुझे सलीका नहीं। बल्कि अक्सर ही उसकी यह कोशिश रही। वह मुझे हमेशा दाँव में ले लेने के ताक में रहती।

मगर उसे इस तरह अनधिकार चेष्टा करते, पहली बार देखा था। अब वह किस ज़मीन पर खड़ी होकर धौंस ले रही है ? क्या वह ज़मीन अब भी पैरों के नीचे है ? या वह मुझे यह अहसास कराना चाहती है कि ज़मीन उसके साथ वापस आ गई है ?

अगर मैं बिन्दों को ठीक समझता न होता तो यह गुत्थी बनी रहती। मगर उसने मुझे बेवकूफ़ मान लिया था–मैं उसे कभी नादान नहीं मान सका। उसकी हर बात में अर्थ होता है। अपनी बात को और भी ठोस ढंग से रखने के लिए वह बात से अधिक इशारों और भंगिमाओं से काम लेती थी। औरतों में यह ख़ास बात होती है कि अगर आपने उनका इशारा नहीं समझा तो वे आपके लिए मन में घृणा पोसने लगेंगी।

"आप चाय और लेंगे ?" मुझे सोच में पड़ा देख उसके ओंठों पर मुस्कान खेलने लगी थी। "नहीं," मैंने अपने को कसते हुए कहा।

मेरे उत्तर की प्रतीक्षा किए बिना वह अपनी प्याली में चाय उँड़ेलने लगी थी। उसकी लम्बी गोरी अँगुलियों में प्याली इस तरह सधी हुई थी कि लगता था उसमें कहीं कुछ ढीला नहीं हुआ है। वह इतने सबके बाद भी अपने को थामे हुए थी। चाय पीते हुए

वह आनन्द में थी। इसके पहले जो तनाव उसमें रहा होगा, अगर रहा होगा तो, वह कहीं नहीं था। उसे देखकर कतई नहीं लगता था कि वह बेचैनी में आई है।

उसके प्रकृतिस्थ होने से मुझे जितना कौतूहल हो रहा था, उतनी ही ईर्ष्या। वह उसी नपे-तुले अन्दाज़ से चाय पी रही थी। इस बीच नौकर एक बार झाँक गया था—शायद यह पूछने के लिए कि किसी चीज़ की ज़रूरत तो नहीं। या यह देखने के लिए कि क्या हो रहा है। जब वह दुबारा आया तो बिन्दो ने उससे कहा कि वह सामान हटा ले !

बिन्दो के व्यवहार से मुझे जितनी हैरत हुई थी उससे अधिक नौकर को हुई होगी। उसने एक बार सशंक बिन्दो को देखा, फिर एक-एक चीज़ चुनने लगा। उसके जाते ही बिन्दो फिर अपने पुलोवर को कभी ढीला करने और कभी कसने में व्यस्त हो गई।

मैंने तय किया था कि मैं अपना मौन नहीं तोड़ूँगा। जिस तरह बरसों की चुप्पी मेरा दम घोंटती रही है, उसी तरह उसे भी इस यातना से गुज़रना होगा। मगर उसने, मेरी मौन-प्रतिज्ञा को पढ़ लिया था। और शायद वह मेरी प्रतिज्ञा तुड़वाने ही आई थी। बजाय इसके कि वह विजेता होकर यहाँ से जाए मुझे ही अपनी समरनीति बदल देनी चाहिए और एक दूसरे मोर्चे पर उससे मुठभेड़ करनी चाहिए।

"तुम चाहो तो कपड़े बदल लो—तुम भीग गई हो।" मैंने कहा

उसने मुँह बिदकाया।

"मेरे ख़्याल में बदल लेना चाहिए। जुकाम हो सकता है !" देखा जाए इस धमकी का क्या असर होता है।

"कपड़ों के लिए घर जाना होगा।" यह बात मुझे सूझी ही न थी। उसने इस तरह मुँह बनाया जैसे सवाल कर रही हो कि क्या तुम चाहते हो कि घर चली जाऊँ।

मैं इतनी जल्दी बाज़ी हारना नहीं चाहता था। अगर उसने मुझे इस मोर्चे पर भी मात दे दी तो ?

"तुम चाहो तो अन्दर जाकर सुखा सकती हो। मुश्किल से दस मिनट लगेंगे। मुझे डर है तुम्हें जुकाम हो सकता है।" मैंने दुहराया।

"अच्छा !" उसकी आँखों में चमक आई। वह अपनी जगह से उठी। उठते-उठते उसने मुझे देखा और एक बार मेरे अन्दर तक झाँक गई। शायद वह मेरा कपट समझ गई थी।

जब वह अन्दर चली गई तब मैंने अपने को उलझन में पाया। यह नहीं कि मेरे और उसके बीच शर्म थी। यह भी नहीं कि पहली बार उसने मेरी उपस्थिति में कपड़े बदले हों। दरअसल मुझे उम्मीद नहीं थी कि वह इस प्रस्ताव के लिए इतने जल्द तैयार हो जाएगी। मैं सोचता था वह ज़िद करेगी और मैं उसे उलझन में डालने में सफल होऊँगा।

अन्दर खटपट से मैं समझ गया वह सचमुच कपड़े बदल रही है। थोड़ी देर में वह शाल ओढ़े हुए निकली। "साड़ी कुछ ख़ास नहीं भीगी थी। पुलोवर और ब्लाउज़ मैंने

हीटर के क़रीब सूखने के को रख दिया है। यह शाल मिल गया !"

वह शाल अपने सीने और कन्धों से लपेटे हुए थी। कसे हुए शाल में वक्ष की गोलाइयाँ ज़्यादा उभर आई थीं। मेरी निगाह उससे मिली तो मुझे लगा उसने मुझे चोरी करते पकड़ लिया हो। उसने विजेता की तरह मुझे देखा। एक बहुत महीन-सी मुस्कुराहट उसके ओठों पर तैर गई।

वह इस बार मुझसे दूर न बैठ, नज़दीक ही सोफ़े में धँस गई। उसके पास आ जाने से मैनें असुविधा का अनुभव किया। मैं अब तक कुर्सी के हत्थे पर पैर रखकर आराम से बैठा हुआ था। उसके क़रीब आते ही मुझे लगा कि मुझे ठीक से बैठना चाहिए और ज्यों-ज्यों मैं कायदे में फँसता गया, वैसे-वैसे घुटन बढ़ती गई।

बदन की आँच से कोई बच नहीं सकता। मगर यह बदन की आँच नहीं थी—अगर होती तब तो मामला आसान था। यह एक अनोखी घुटन थी—सारे घर में धुआँ और बाहर निकलने का कोई रास्ता नहीं।

वह समझ गई कि मैं असुविधा में हूँ। उसके चेहरे से लगा, उसे इससे खुशी हुई। मैंने चिढ़कर उसे देखा।

पिछली शाम मैं उससे लड़ चुका था। बल्कि मैं उसे वह कुछ कह चुका था जो स्वयं उसे खुद उसकी नज़र में गिराने के लिए काफ़ी था। मगर बिन्दो इन तमाम वर्षों में और भी चालाक होकर आई थी। वह कल की बातों को इस तरह भुलाए हुए थी जैसे किसी बच्चे के लड़कपन को कोई बड़ा क्षमा कर दे। मगर मैं न तो कल को भूल सकता न उसे क्षमा कर सकता था। यह मेरे स्वभाव में ही नहीं।

मैंने कलाई में बँधी अपनी घड़ी पर निगाह डाली—गोया मैं अफ़सर हूँ और वह एक साधारण मुलाक़ाती। मगर यह तरक़ीब उस पर कारगर नहीं हो सकती थी। वह बिल्कुल निश्चिन्त मुद्रा में थी—कम-से-कम लगता यही था।

"तुम शायद कोई ख़ास बात करने आई हो।" आख़िर यह मौन मुझे ही तोड़ना पड़ा। कहना तो मैं यह चाहता था, 'तुम यहाँ क्यों आई हो ?' मगर अपने को दबा गया। उसने मेरी बात पर ध्यान नहीं दिया, जैसे सुना ही न हो। यह उसके टाल जाने का ख़ास ढंग था। जब भी वह सामना नहीं करना चाहती अपने में व्यस्त होने का ढोंग कर जाती। दो-चार बार कोशिश करने पर वह घोंघे से बाहर निकल आती भी—मगर तब उसकी दृष्टि में पराजय नहीं, दुत्कार होती। अगर मैं अपना सवाल दोहराऊँ तो उसका नतीजा भी यही होगा। वह मुझे अनुभव कराएगी कि मैं निर्मम हूँ।

मगर यही तो मैं चाहता हूँ—मैं चाहता हूँ कि वह अनुभव करे कि मैं निर्मम हो सकता हूँ। कई साल साथ रहने और कई बार कोशिश करने पर भी मैं यह साबित नहीं कर सका कि मैं सख़्त हो सकता हूँ। अब जबकि मेरे और उसके बीच कुछ भी नहीं बचा है—यही मौक़ा है। तो क्या कहूँ ? 'तुम यहाँ क्यों आई हो ?' अगर मैं यह सवाल करूँ तो उस पर क्या असर होगा ? क्या वह यह समझेगी कि यह मैं कौतूहलवश पूछ रहा हूँ या कि मैं अपने घर पर अपना अधिकार जता रहा हूँ ?

एक ज़माना था जब मैं सुनी और पढ़ी हुई बातों को व्यवहार और सम्बन्ध पर लागू करता था। अधिकार प्राप्त करने के लिए धौंस, प्रेम प्राप्त करने के लिए करुणा, प्रशंसा पाने के लिए शौर्य ! मगर इनमें से कुछ भी पूरी तरह सच नहीं निकला। अलग-अलग स्त्री-पुरुषों के सम्बन्धों की दुनिया अलग-अलग होती है। सबमें कुछ समानताएँ होती हैं, जिनसे फार्मूले बनते हैं। मगर ये फार्मूले कुछ ही दिनों चलते हैं—तभी तक हैं जब तक कि स्त्री-पुरुष एक-दूसरे को जानते नहीं। एक-दूसरे को जानना, एक-दूसरे से अलग होना या एक-दूसरे से जुड़ना—इसके बारे में क्या कहा जा सकता है ? क्योंकि जो जिससे जितना जुड़ता है उतना ही टूटता है, जो जिससे जितना प्रेम करता है उतनी ही घृणा। प्रेम करना घृणा करना है और घृणा करना प्रेम करना है। व्याख्याएँ करते हुए दिमाग़ उलझने लगता है और इससे सबसे पहले जो चीज़ टूटती है, वह है आत्मविश्वास। आख़िर में टूटा हुआ आत्मविश्वास ही रह जाता है।

मैं कैसे दावा कर सकता हूँ कि बिन्दो के साथ जो व्यवहार कर रहा हूँ, उसके पीछे वे ही प्रेरणाएँ नहीं जो ऊपरी तौर पर कामयाबी की ओर मगर वास्तव में मुझे विफलताओं की ओर ले गई थीं।

"आप शायद कुछ कह रहे थे।" उसने मुझे इस संकट से उबार लिया। अब मैं चाहता तो कहता, 'तुम यहाँ क्यों आई हो ?' मगर किसी चीज़ ने मुझे एक झटके के साथ रोक दिया। अपने अन्दर झटका खाकर मैं अपनी जगह पर हिला और उसकी ओर मुड़ा। वह मुझे टकटकी लगाए देख रही थी। शायद वह प्रतीक्षा कर रही थी। उसकी कलाई में घड़ी नहीं थी। दोनों ही कलाइयाँ चूड़ियों से भरी हुई थीं। अक्सर उसकी कलाई नंगी होती थी—केवल प्लास्टिक का एक छल्ला होता था। इस सिंगार पर मैंने पहले गौर नहीं किया था।

"शायद तुम कोई ख़ास बात करना चाहती हो।"

"हाँ, मैं करना चाहती हूँ।" उसने इतनी दृढ़ता से कहा कि मुझे लगा मैं अपनी जगह पर लुढ़क गया हूँ। मैं नहीं सोचता था कि वह इस तरह पाँसा पलट देगी।

मैंने सम्हलते हुए कहा, "कहो।"

मेरी ओर से छूट पा वह मुस्कुराई और अपनी रंग-बिरंगी चूड़ियों से खेलने लगी। वह चूड़ियों के साथ मुझसे भी खेल रही थी। वह जानती थी कि मैं अपमानित हुआ हूँ उसकी मुस्कुराहट पहले से बढ़ गई थी।

मुझे चिढ़ा हुआ देख अपना मुँह दूसरी तरफ़ कर लिया था। फिर अचानक वह मेरी ओर मुड़ी, "मैं अपनी चिट्ठियाँ वापस लेने आई हूँ।"

अलग होने के पहले भी उसने मुझसे अपनी चिट्ठियाँ माँगी थीं, जिन्हें मैंने सहेजकर रख दिया था। उन चिट्ठियों से मुझे कोई मोह नहीं था। उनमें कोई ख़ास बात नहीं थी। समय-समय पर उसने यहाँ-वहाँ से मुझे लिखा था। उसके ख़तों के बाद में पढ़ने पर, मैंने पाया था कि उनमें प्रेम नहीं था, चालाकी थी। हर बात सम्हाल-सम्हालकर लिखी गई थी। वह कुछ भी साफ़-साफ़ नहीं कहना चाहती थी। उसके जाने

के बाद मुझे स्वयं हैरानी हुई थी मैं इन चिट्ठियों को इतने दिनों तक प्रेम-पत्र कैसे समझता रहा। मैं उन्हें तभी वापस कर देता मगर वह, न अपना पता छोड़ गई थी, न ठिकाना।

"तुम मुझसे लड़ने आई हो ?" मैंने कहा।

"मैं अपनी चिट्ठियाँ वापस लेने आई हूँ।" उसने उद्विग्न हुए बिना उत्तर दिया।

"मेरे पास तुम्हारी कोई चिट्ठी नहीं।" मैं उत्तेजित हुआ।

"झगड़ा मैं करना चाहती हूँ या तुम ?"

"तुम जो भी समझो।"

"मैं अपनी चिट्ठियाँ वापस लेकर जाऊँगी !"

"क्या है तुम्हारी चिट्ठियों में—हीरा-मोती-जवाहरात ?"

"तो वापस कर दो !"

"वापस न करूँ तो क्या करोगी ?"

"तुम्हारे सोचने की बात है !"

इस बीच वह सोफ़े से उठकर पड़ी कुर्सी पर जा बैठी थी और अपना जूड़ा ठीक करने लगी थी। शाल उसके कन्धे से गिर गया था और छातियाँ लगभग नंगी हो गई थीं। अचानक मेरे मन में बर्बरता उत्पन्न हुई। इच्छा हुई उसे उठाकर सोफ़े पर पटक दूँ और मसल दूँ। उसके साथ बलात्कार करने के आवेग को दबाते हुए मैंने कहा, "तुम अपने को क्या समझती हो ?"

उसने मुझे फिर अनसुना किया। "मेरे कपड़े सूख गए होंगे।" कहती हुई वह उठी और अन्दर चली गई। ज़रा देर में वापस आने पर उसका शरीर अधिक सँवरा हुआ था। शाल उसने भीतर छोड़ ब्लाउज़ पहन लिया था, मगर ऊपर के दोनों बटन इस तरह खुले थे कि छातियाँ अब भी नंगी लगती थीं। पता नहीं उसने जान-बूझकर किया था या यह केवल लापरवाही थी। मुझे लगा वह बाज़ारू औरतों की तरह हरकत कर रही है।

"मेरे पास तुम्हारी चिट्ठियाँ ही नहीं," मैंने कहा, "और भी बहुत कुछ है।" मैंने तय कर लिया था कि मैं उसे पूरी तरह गिराकर चैन लूँगा। यह साबित करके रहूँगा कि वह एक बाज़ारू औरत है।

"मुझे केवल चिट्ठियों से मतलब है और किसी चीज़ से नहीं !"

"चिट्ठियाँ अब तुम्हारी सम्पत्ति नहीं—उन पर मेरा अधिकार है।"

"मेरी किसी भी चीज़ पर तुम्हारा अधिकार नहीं।"

"चिट्ठियाँ मुझसे ही वापस लोगी या औरों से भी ?"

"और किससे ?" वह तमतमाई। वार निशाने पर लगा था।

"मुझे बदनाम करना चाहते हो !" मैंने कमज़ोर जगह को कुरेद दिया था। "तुम्हें यही शोभा देता है।" उसने वितृष्णा से मुझे देखा।

उसके पिटने पर मुझे खुशी हुई और हौसला बढ़ा।

"इसमें बदनामी की क्या बात है ! तुमने अपना रास्ता पकड़ लिया है, मैंने अपना !"

"कौन-सा रास्ता पकड़ लिया है, मैंने ?" वह क्रोध में आ गई थी।

मेरी ज़बान पर आया, 'जहन्नुम का ?'

"बोलते क्यों नहीं !" वह गुस्से में थरथरा रही थी। पहले के दिनों में मैं उसके गुस्से से सिहर उठता—शायद उससे माफ़ी माँगने लगता। मगर ये पहले के दिन नहीं थे, बल्कि उनका बदला था।

"बोलते क्यों नहीं, बोलो !" वह क़रीब-क़रीब चीखने लगी थी।

स्त्री अन्ततः बेवकूफ़ होती है। यह स्वयं अपना कोई कोना किसी को छूने नहीं देगी, मगर दूसरों पर अपना जन्मसिद्ध अधिकार मानकर चलेगी।

आवेश में बिन्दो अपनी जगह पर उठ खड़ी हुई थी। वह रण खो चुकी थी।

"इस तरह चीखने-चिल्लाने की ज़रूरत नहीं !" मैंने बैठे-ही-बैठे कहा। "मैं नहीं चाहता कि शोर हो।"

"तो तुम चाहते क्या हो ?" उसने सोफ़े पर बैठते हुए कहा, "मुझे तबाह करना चाहते हो ?"

"मैंने न किसी को तबाह किया है, न करना चाहता हूँ।"

"फिर मुझे पर झूठा इल्ज़ाम क्यों लगाया ?"

"मैंने क्या इल्ज़ाम लगाया !"

"तुमने कब मुझे किसी के साथ देखा ?"

"तुम क्या कहना चाहती हो—सती-सावित्री हो ?"

"हाँ-हूँ !"

"नहीं हो।" मैं आख़िर तक तर्क करने का हौसला रखता था। मैंने फ़ैसला कर लिया था कि इस बार मैं उसे परास्त करके रहूँगा। बिन्दो जैसी ज़िद्दी औरत से निपटना मुश्किल था; मगर मुझे किसी और से नहीं उसी से निपटना था। अपने गुस्से में वह कुछ भी कर सकती थी—मगर मुझे इससे कोई मतलब नहीं। उसे जो कुछ भी करना हो करे। मैं उसकी धमकियों में नहीं आऊँगा।

"मैंने किस-किस को दिया है !" उसका स्वर दुबारा चढ़ने लगा था। उसकी आँखों में तीव्र घृणा थी और नथुने फुफकार रहे थे।

मुझे अचानक हँसी आ गई। मेरे हँस पड़ते ही वह बाज की तरह टूट पड़ी, जैसे अवसर की प्रतीक्षा ही कर रही थी।

"मेरे साथ खेल रहे हो। तुम्हें शर्म आनी चाहिए—एक स्त्री की इज़्ज़त को लेकर इस तरह खिलवाड़ करते हो। मैं वेश्या हूँ ? मुझे नहीं पता था तुम यहाँ तक गिर सकते हो !"

उसकी आवाज़ भर्रा आई थी और आँखें अब-तब थीं। मैंने नहीं सोचा था कि मैंने जो शुरुआत की थी उसकी परिणति यह होगी। मैं उसे नाराज करना चाहता था, रुलाना

नहीं। जब वह सचमुच रोती, मुझे घबराहट होती थी। मेरी समझ में नहीं आता था, क्या करूँ ? घबराकर मैं उसे मनाने लगता था, उससे ताबड़तोड़ माफ़ी माँगने लगता था। जैसे-जैसे मेरी याचना बढ़ती जाती वैसे-वैसे उसके आँसुओं का प्रवाह बढ़ता जाता। फिर एक जगह जाकर यह दृश्य थमता और वह आँसुओं में से निखरकर बाहर आती। यह चरम स्थिति थी जो ज़रूर होती। मैं नहीं चाहता था कि यह भूला हुआ दृश्य फिर नज़र आए। अगर मैंने एक बार भी माफ़ी माँग ली तो सबका सब घहराकर गिर पड़ेगा।

दूसरे मैंने बिन्दो को अनजाने में दुःख नहीं पहुँचाया था—दुःख तो मैं पहुँचाना चाहता ही था। मुझे उसके नतीजों के लिए तैयार रहा चाहिए था। बल्कि मुझे तो पहले ही सोच लेना चाहिए था कि इसका नतीजा यह होगा और ऐसी हालत में मैं यह करूँगा।

चुप रहकर मैंने उसे भी चुप होने का मौक़ा दे दिया था। वह रो तो नहीं रही ! मैंने देखा और जब विश्वास हो गया कि उसने सम्हाल लिया है तब आहिस्ता से जेब से निकाल मैंने सिगरेट सुलगाई जैसे इस सारे तनाव का अन्त यही होना था।

मगर तनाव समाप्त नहीं हुआ था। अगर हो चुका होता तो वह चली जाती। उसने अपने को पहले की तरह कर लिया था और क्रमशः वापस आने लगी थी। मैंने सोचा भी यही दाँव अपनाना चाहिए। वह जिस भाषा मैं पसन्द करें उसी भाषा में बात करनी चाहिए—यह ज़रूर है कि इसके पहले कि वह धावा मारे, मुझे हमला कर देना चाहिए। अच्छा यह होगा कि नौकर इस वक़्त बाहर चला जाए। उसके रहने से बिन्दो को कोई रुकावट न हो, मुझे है। मगर मैं उसे साफ़-साफ़ नहीं कह सकता था। इससे बिन्दो भी सतर्क हो जाती और वह भी सूँघने लगता।

मैंने भीतर जाकर उससे पूछा, "शाम के लिए क्या बन रहा है ?"

"क्या बनेगा ?"

"क्या है ?"

"बैंगन है, आलू और गोभी।"

"और कुछ नहीं ?"

"कुछ मिला नहीं।"

'जाकर ले आओ।"

"क्या लाऊँ ?"

"कुछ सब्ज़ी ले आना, फल और मछली !"

'मछली' पर मैंने जोर दिया। मैं जानता था और चीज़ें यहीं नज़दीक मिल जाएँगी, मछली के लिए उसे दूर जाना होगा। कुछ वक़्त तो निकल ही जाएगा।

नौकर के बाहर जाते ही बिन्दो ने मुझे शंका से देखा। उसे शायद लगा होगा कि कुछ गड़बड़ है। मगर उसमें भय नहीं था। शायद वह भी चाहती ही थी कि और कोई न रहे।

एकान्त होते ही एक संकोच-सा पैदा हो गया। शाम घिर आई थी, एकदम घुटी-घुटी-सी। गली में खेल रहे लड़कों के शोर के बावजूद मनहूसी टूटती नहीं बढ़ती

लगती थी।

कायदे से बिन्दो को अब तक चला जाना चाहिए था। नए सिरे से मैं और वह दो अजनबी थे। पराए आदमी का इतना लम्बा साथ ऊब और थकान ही पैदा करता है। मगर क्या सचमुच ही वह अजनबी है ? या यह केवल मेरी इच्छा है कि वह अजनबी हो जाए ?

उसके मुख पर प्रश्न था—जैसे वह जानना चाहती हो कि आख़िर मेरी इच्छा क्या है ?

"मुझे अपनी चिट्ठियाँ चाहिए।" उसने धीमे-से मगर शक्ति के साथ कहा। शायद अन्दर से वह अपनी ग़लती महसूस कर रही थी—उसे चीखना नहीं चाहिए था। वह उन स्त्रियों में से थी जो अपनी कमजोरी जाहिर नहीं करतीं, दूसरों को फूट पड़ने का बढ़ावा देती हैं।

मैं उसकी चिट्ठियाँ रखना तो चाहता था नहीं। मेरे लिए वे घर के किसी कोने में बने हुए जाल-से, जिसे साफ़ करने की कभी इच्छा ही न हुई हो, अधिक कुछ नहीं थीं। मगर मैं उसकी ज़िद के आगे घुटने नहीं टेक सकता था।

"चिट्ठियाँ मैंने तुम्हें तभी लौटा दी होतीं। मगर..." मैंने उत्तर दिया।

"मगर क्या ?"

"मगर तुमने," मैंने उसकी उत्सुकता को ताड़ते हुए कहा, "मेरे साथ जो सलूक किया !"

"क्या सलूक किया ?" उसके स्वर में दृढ़ता और साथ-ही-साथ छिपी हुई खुशी भी थी।

"तुमने मेरी बदनामी की।"

"क्या बदनामी की ?"

"मेरे बारे में हर तरह की बात की।"

"क्या बात की ? साफ़-साफ़ कहते क्यों नहीं ?"

"तुम जानती हो !"

"मैं कुछ नहीं जानती।"

उसका झुँझलाया हुआ स्वर सुनकर मुझे भय हुआ कि शायद वह फिर झगड़ पड़ेगी। कलह से मैं डरता नहीं हूँ। इसके विपरीत मैं चाहता ही था कि कलह हो। मगर वह मुझ पर हावी हो जाए, यह नहीं होगा !

"जब यह तय हो चुका था कि अब नहीं चलेगा, तब तुमने औरों से जाकर अपने और मेरे बीच की वे सब बातें क्यों कहीं ?"

मुझे यह तो उम्मीद नहीं थी कि मैं बिन्दो को यह महसूस करा दूँगा कि वह अपराधी है—इस इरादे से मैंने यह कहा भी नहीं था—मगर, मैं यह ज़रूर सोचता था कि उसके चेहरे से एक पर्दा, क्षण-भर को ही सही, हट जाएगा। पुरानी स्मृति कहीं-न-कहीं कारगर होगी ! मगर ऐसा कुछ भी नहीं हुआ। वह सख़्त पत्थर की तरह

बैठी रही।

पुरानी बातों पर नई रोशनी पड़ती है, और या तो रोशनी ग़लत होती है या पुरानी बातें ! सम्बन्ध-विच्छेद के बाद, जब भी तटस्थ होते हुए मैंने बिन्दो के बारे में सोचा, इसी नतीजे पर पहुँचा कि वह एक न्यूरोटिक स्त्री है। इस नतीजे पर पहुँचकर मुझे अनुपम तृप्ति मिलती थी।अचानक एक दिन मुझे स्मरण आया कि उसने कहा था कि "तुम्हारे साथ कुछ दिन और रही तो पागल हो जाऊँगी।" यह बात याद आते ही मुझे भयानक बेचैनी हुई। यह सवाल मुझे देर तक परेशान करता रहा कि क्या उसकी 'न्यूरोसिस' मैं था और क्या मुझसे अलग होकर अब वह स्वस्थ है !

सर्दी बढ़ जाने से मैंने दूसरा हीटर भी जला दिया था, नज़दीक होने के कारण जिसकी आँच पैरों और पिंडलियों में लगने लगी थी।

"मुझे ज़रूरत नहीं।" वह तुनकी। उसने सोचा होगा मैं खुशामद कर रहा हूँ। मगर वास्तव में मैं अन्तराल दे रहा था।

"तुमने बताया नहीं।" मैंने दुहराया।

उसने अपना मुँह फेर लिया था। वह मेरा सामना नहीं करना चाहती थी। यह सुविधा की स्थिति थी। वह अपना स्पष्टीकरण भी दे सकती थी और मेरे प्रति जवाबदेह होने से इनकार भी कर सकती थी। यह अनुभवी और होशियार लड़कियों की ख़ास अदा होती है—शुरू में जिसे न समझ पाने पर आदमी फँसता है।

"क्या तुमने अनिल से जाकर रोना नहीं रोया था ?" उसकी दृढ़ता से मैं विचलित होने लगा था।

"रोया था।" उसने 'अगर' कहा भी तो क्या लोगे की मुद्रा में कहा।

"तुमने यह क्यों कहा कि मैंने तुम्हारा इस्तेमाल किया ?" जवाब न पा मैंने अपना सवाल आगे बढ़ाया, "क्या इस्तेमाल किया था मैने तुम्हारा ?"

उसने भृकुटि टेढ़ी की, गोया सवाल करना चाहती हो, 'क्या मुझसे लड़ना चाहते हो ?' लड़ना मैं उससे नहीं चाहता था, मगर हथियार डालना भी उचित नहीं था। बिन्दो-जैसी युद्ध-कला में निपुण स्त्री के आगे ढीला पड़ने के नतीजे क्या हो सकते हैं, मुझे अच्छी तरह पता है।

"वह कौन होता है ?" इस बार उसने तीखे स्वर में कहा।

"वह कौन ?"

"अनिल।"

"यह तुम जानो !"

"फिर तुम बार-बार उसका हवाला क्यों दे रहे हो ?"

"तुमने उससे जाकर सब बातें कहीं ?"

"कहीं थी। उस वक़्त ज़रूरी था।"

"क्यों ज़रूरी था ?" मैंने चीखते हुए कहा।

"शायद मेरे और तुम्हारे बीच ग़लतफ़हमी रह जाती।"

उसका गम्भीर चेहरा देखकर क्षण-भर को संशय हुआ। क्या वह सचमुच चाहती थी कि कोई भ्रान्ति न रह जाए ? मगर ग़लतफ़हमी के लिए बचा ही क्या था ! जितना उसे मैं जान चुका था, उससे अधिक वह मुझे जान गई थी। उसे विवाह के बिना वे सब सुविधाएँ प्राप्त थी जिनसे स्त्री पुरुष को तौलती है और मुझे वे सब अवसर थे जिनसे पुरुष स्त्री को परखता है।

कमरे में अँधेरा हो चला था। मैंने उठकर बत्ती जलाई। देखा वह अपना पर्स खोलकर कुछ तलाश कर रही थी।

"नौकर नहीं आया ?" उसने पूछा।

"नहीं।"

"मुझे पानी चाहिए।" उसकी हथेली में एनासिन की दो टिकियाँ थीं।

पानी माँगने के उसके लहज़े पर हैरानी हुई। अभी थोड़ी देर पहले जो लड़की अधिकार के साथ चाय बना रही थी, अब वही इतनी अजनबी हो गई कि उसे भीतर जाकर स्वयं पानी लेने में संकोच हो रहा है।

"इसके साथ चाय ठीक रहेगी।" मैंने कहा।

"नहीं, चाय की ज़रूरत नहीं।"

"पानी के साथ असर नहीं करेगी।" मुझे भूख तो लग ही आई थी—चाय के बिना भी बेचैनी हो रही थी।

उसने आपत्ति नहीं की। मैंने किचन में जाकर केतली पर पानी रख दिया। भीतर भी अँधेरा था। बत्तियाँ जलाकर मैंने बाथरूम में हाथ-मुँह धोया। जैसे ही आईने के सामने हुआ, चौंक पड़ा। मेरे सामने कोई और आकृति खड़ी हुई थी। मेरा चेहरा काला पड़ गया था। यह मैं नहीं, 'कोई और मैं' था। यह कई साल पहले की, ठीक उस दिन की आकृति थी; जब मैं बिन्दो से लड़कर अलग हुआ था। उस दिन भी यही तनाव था, यही रस्म-अदायगी थी और यही बेचैनी थी। मेरा चेहरा मार खाया हुआ था—मैं सब कुछ हार चुका था। आज अचानक चेहरे पर का मोम पिघल गया और असली सूरत उभर आई। घबराकर मैंने बत्ती बन्द कर दी और तेज़ी से बाहर आया।

नौकर सामान लेकर आ गया था। चाय वह पहले की तरह बिन्दो के सामने रख रहा था। उसे देखते ही मुझे चिढ़ हुई। बेवकूफ़ ! गधा ! मैंने मन-ही-मन उसे गालियाँ दीं।

बिन्दो ने चाय प्याली में डाली। मगर इस बार प्याली बढ़ाकर मुझे नहीं दी। वह दो टिकियाँ मुँह में डाल चाय पीने लगी थी। बिस्कुट मैंने उसकी ओर बढ़ाया तो उसने मना कर दिया।

"खाना कितने जनों का बनना है ?" नौकर ने दुबारा कमरे में घुसकर निहायत भौंडा सवाल किया।

'बदतमीज ! पता नहीं इसे कब अक्ल आएगी !' मुझे कहना चाहिए था। मगर मेरी इच्छा हुई कहूँ, 'शाबास !' बिन्दो इससे ज़रूर अपमानित हुई होगी। उसके

अपमानित होने का ख़्याल मुझे बल देता है। दिखावे के लिए मैंने नौकर को डाँटकर कहना चहा, 'तुम जाओ, अपना काम करो।' मगर इसके पहले कि मैं यह कहूँ, बिन्दो ने बिजली की तरह एक झपकी में मुझे देखा और फिर तुरन्त नौकर की ओर मुख़ातिब होती हुई उसे आदेश दिया, "खाली साहब का बनेगा !"

बिन्दो के अभिजात स्वर की कठोरता से सहम नौकर चला गया। बिन्दो परिस्थिति को बनाना और बिगाड़ना दोनों ही जानती थी। उसे स्वयं तो अपमान से बचना आता ही था, वह मुझे भी औरों के अपमान से बचा लेती थी। मेरा उसने जितना भी तिरस्कार किया—कोई और मेरा अपमान कर जाए, यह वह नहीं देख सकती थी। अपना यह अभिजात वह अब भी बचाए हुए थी। लेकिन मुझमें यह संस्कार नहीं था। जब भी मैंने उसे अपमान से बचाया तो प्रेम के कारण, जब अपमानित किया तो घृणा के कारण। अब उसका अपमान हो तो मुझे क्लेश नहीं होगा। उसे इसका अन्दाज़ है और इसीलिए वह स्वयं अपने को बचा गई।

चाय पीकर, लगता है, वह कुछ स्वस्थ अनुभव कर रही थी। अपने छोटे-से रूमाल से अपना मुँह पोंछते हुए उसने पूछा, "वक़्त क्या हुआ होगा ?"

"छह।"

"मुझे चलना चाहिए।" उसने 'मैं जाऊँगी' नहीं कहा, जो तुनकने पर वह कहती थी।

मेरी चाय समाप्त नहीं हुई थी। वह उसे इस तरह देख रही थी, जैसे इन्तज़ार कर रही हो कि कब चाय ख़त्म हो और कब वह उठे। मुझे जान-बूझकर देर करता देख उसका चेहरा कुछ सिकुड़ा, आँखें छोटी हुईं—मगर दूसरे ही क्षण उसने अपने को प्रकृतिस्थ कर लिया।

"मेरी चीज़ें मुझे दे दीजिए !"

मैं उठा। वॉर्डरोव में एक रूमाल में उसकी चिट्ठियाँ सहेजकर रखी हुई थीं। दो-एक बार कपड़ों के साथ उन्हें निकाला था। उनमें एक सजीव पुरानापन समा गया था। लिखावट फीकी पड़ गई थी और काग़ज़ क़रीब-क़रीब पीला पड़ चुका था। हाल में उन्हें पढ़ने या निकालने की कोई तबीयत नहीं हुई थी। बल्कि उनका ख़्याल ही कभी-कभी आता था। रूमाल में लिपटी हुई चिट्ठियाँ निकालते हुए भय हुआ—कहीं मैं ग़लती तो नहीं कर रहा ! बिन्दो को वापस करने के बाद मैं बिल्कुल निहत्था हो जाऊँगा। अब तक मेरे पास एक हथियार था, जिससे मैं बिन्दो से कुछ समय तक निपट सकता था। चिट्ठियाँ न रहने पर क्या होगा ? क्या मैं बिन्दो का सामना कर सकूँगा ? मेरा एकमात्र प्रमाण ये चिट्ठियाँ हैं, जिनमें बिन्दो की असली तस्वीर छिपी हुई है। इच्छा हुई एक बार और इनकार कर दूँ। साफ़-साफ़ कह दूँ, मैं ख़त वापस नहीं कर सकता—तुम्हें जो कुछ करना हो कर लो। अगर मैं वापस न करूँ तो वह कर भी क्या सकती है—चीख-पुकार के सिवा।

जब मैं वॉरड्रोव से वह गुलाबी रूमाल निकाल रहा था, बिन्दो मुझे सन्देह से देख

रही थी। जब मैंने चिट्ठियाँ निकालकर वॉरड्रोब बन्द कर दिया तब वह कुछ आश्वस्त हुई।

चिट्ठियाँ लेकर मैं अपनी जगह पर बैठ गया। रूमाल मेरे हाथ में था। जिस चीज़ में यह सब सहेजा हुआ था, उसका भी रंग उड़ चुका है। कितने बरस हुए ! रूमाल में एक सीली हुई गन्ध थी। यह रूमाल भी उसका था।' यह भी तुम्हारा ही है', तबीयत हुई जोर से कहूँ।

वह गौर से देख रही थी कि मैं किस तरह चिट्ठियाँ निकालता हूँ, किस तरह रूमाल ढीला करता हूँ और किस तरह उन्हें अपनी गोद में रख लेता हूँ। जब इसी तरह कुछ वक़्त गुज़र गया, तब उसने प्रश्नभरी दृष्टि से मुझे देखा। क्या मुझसे सौदा करना चाहते हो ? और वह कुछ और तन गई। मैं सौदे के लिए तैयार हूँ।

मगर मैं सौदे के लिए तैयार नहीं हूँ। मैंने कभी अपने सम्बन्धों का सौदा नहीं किया। मेरे लिए सम्बन्ध हमेशा सम्बन्ध रहे। उनकी और कोई परिणति नहीं हो सकती। बिन्दो अपनी चिट्ठियाँ ले जा सकती है। वह मुक्त है। मैं अंकुश नहीं बनना चाहता। उसका आरोप ही यह था कि मैं उसे घेरे हुए हूँ। और वह घेरे को तोड़कर चली गई थी। अब जब घेरा नहीं रहा, तब मैं चाहूँ भी तो अंकुश नहीं बन सकता। मगर ऐसे नहीं होगा ! यह अपनी पराजय है, एक बार फिर उसकी शर्तों को मंजूर करना है। ये चिट्ठियाँ मेरी हैं। इन पर मेरा हक़ है। उसे वापस लेने का कोई अधिकार नहीं। उसने मुझसे माँगी, तकरार की और मैंने समर्पण कर दिया—मैं फिर उसके जाल में फँस गया।

मैं अनजाने ही रूमाल कसने लगा। वह सहमी। उसने दुविधा में भरकर मुझे देखा।

"मुझे देर हो रही है।" उसने दबते हुए कहा।

"मैं तुमसे कुछ बातें कर लेना चाहता हूँ।"

अचानक उसका चेहरा विकृत हुआ और सारा व्यक्तित्व विकराल लगने लगा। गुस्से में उसके नथुने फड़कने लगे थे। वह उठ खड़ी हुई थी। उसके एक हाथ में पर्स था और दूसरे में रूमाल।

उसका यह स्वरूप देखकर मैं अचानक पस्त हो गया। मेरी पकड़ ढीली हुई और रूमाल की सीली हुई गन्ध और भी व्याप्त हो गई। अगर मैं अक़्ल से काम नहीं लेता हूँ तो भयानक दुर्घटना होगी। सचमुच बुरा होगा।

मैं उठकर एक पैकेट ढूँढ़ने का स्वाँग करने लगा।

"दो मिनट।" मैंने कहा, "सहेजकर देता हूँ।"

"सहेजने की कोई ज़रूरत नहीं। यह रूमाल भी तो मेरा है।" उसने रूमाल की ओर इशारा करते हुए व्यंग्य किया।

मैंने चिट्ठियाँ रूमाल में ही अच्छी तरह लपेट दी थीं। उसने नौकर को आवाज़ दी। उसने उसने आदेश दिया, वह टैक्सी ले आए और नज़दीक कहीं टैक्सी न मिले तो स्कूटर ले आए। उसकी सख़्ती से नौकर डरने लगा था। सहमता हुआ वह बाहर चला गया था। वह बैठ गई थी।

चिट्ठियाँ फिर मेरी गोद में पड़ी हुई थीं। समझ ममें नहीं आता था उसे किस तरह दूँ—क्या उसके सामने रख दूँ या उठकर हाथ में दूँ या केवल बढ़ा दूँ। मेरे-उसके बीच आदान-प्रदान का रिश्ता ख़त्म हो चुका था—केवल दूरी रह गई थी जो नज़दीक होने पर भी महसूस होती थी। आख़िरकार रूमाल उसकी ओर बढ़ाते हुए मैंने कहा, "गिन लो, सौ से ऊपर हैं।"

मैंने सोचा था वह तुरन्त ले लेगी। मगर वह उस ओर से उदासीन बैठी हुई थी।

उसे सुनाते हुए दुबारा मैंने कहा, "गिन लो।"

अब उसका हाथ बढ़ा और चिट्ठियाँ उसने ले लीं। पर्स में उन्हें रखते हुए उसने मेरी ओर देखा। उसकी आँखों में पीड़ा थी। चिट्ठियाँ उसे देते हुए मेरी अँगुलियाँ काँपी।

जब जब आख़िरी चीज़ अपने पास रहती है उम्मीद होती है। यह उम्मीद झूठी होती है। मगर आदमी इस झूठी उम्मीद को बनाए रखना चाहता है। वह इसी सम्भावना में जीना चाहता है कि एक-न-एक दिन ज़रूर होगा।

मैं जिस यन्त्रणा से कभी मुक्त नहीं हो सका था, वह प्रतीक्षा की यन्त्रणा थी। मगर क्या मुझे इसी दिन की प्रतीक्षा थी ? क्या यह आख़िरी सूत्र भी तोड़ना था। बिन्दो से अलग हुई कई साल हो चुके थे। मगर ऐसा लगता नहीं था कि मैं पूरी तरह अलग हुआ हूँ। आज ये चिट्ठियाँ उसे देने के बाद लग रहा था कि अब कुछ भी नहीं रहा। बिन्दो क्षण-भर में, मेरे लिए, पूरी तरह अजनबी हो चुकी थी।

अब उसी उपस्थिति से मुझे घबराहट हो रही थी। मैं और वह आमने-सामने बैठे थे। मगर मैं उससे आँखें नहीं मिला पा रहा था।

मैं आज तक अपने को झुठला रहा था। आख़िर मैंने चिट्ठियाँ सहेजकर क्यों रखी थीं ? क्या इसलिए कि मुझे उनसे मोह था ? इसलिए कि उनके प्रति मेरा कर्त्तव्य था ? या इस कारण कि मुझे उम्मीद थी कि एक-न-एक दिन वह इन्हीं चिट्ठियों के बहाने आएगी और मेरे-उसके बीच जो पुल टूट चुका है, वह फिर से बनेगा—वह बातचीत दोबारा शुरू होगी जिसका एकमात्र सूत्र ये ख़त हैं ?

अगर यह सही है तो फिर बिन्दो ने ख़त वापस लेने पर ज़ोर क्यों दिया ! ग़लती उसी की है। अगर वह चाहती तो इस मामले को रफ़ादफ़ा कर सकती थी। अगर वह ज़िद में न आती तो मामला यहाँ तक न पहुँचता।

मुझे पछतावा हो रहा था। मगर मैं यह स्वीकार नहीं कर पा रहा था कि इसमें दोष बिन्दो का नहीं। बिन्दो की ज़िद उसे दोबारा ले डूबी थी। पहले भी यही हुआ था। उस समय भी मैंने टालना चाहा था। मगर बिन्दो के एकतरफ़ा दिमाग़ ने सब कुछ तो ख़त्म कर दिया।

मगर यह भी तो हो सकता है कि इस बार मेरा दिमाग़ एकतरफ़ा हो। यह हो सकता है कि बिन्दो सचमुच अपने ख़त वापस चाहती हो। वैसी हालत में वह कैसे दोषी है। जब उसके मन में मेरे लिए कुछ भी नहीं तब वह क्यों अपना कोई भी चिह्न मेरे पास रहने दे ?

ठंड बहुत हो जाने से उसने साड़ी का पल्लू गले में लपेट लिया था और हीटर पर हाथ सेंकने लगी थीं। इतनी मनहूस शाम कभी नहीं आई थी। चारों तरफ़ बिल्कुल सन्नाटा था, जो काट रहा था। लगता था मैं किसी आदिम गुफा में आ गया हूँ—आसपास मनुष्य-जीवन का कहीं चिह्न भी नहीं।

अचानक फ़ोन की घंटी बजी तो यह मौन और भी चुभ गया। किसी ने ग़लत नम्बर लगाया था। मैंने अपनी कुर्सी कुछ और दूर खींच ली थी। अचानक मेरे मन में ख़्याल आया, कहीं कोई बिन्दो से तो बात नहीं करना चाहता। हो सकता है बिन्दो ने यहाँ का नम्बर दिया हो और मेरे रिसीवर उठाते ही उसने रख दिया हो। मगर आवाज़ तो स्त्री की थी।

''आपको तो कहीं फ़ोन नहीं करना है।'' मैंने कहा।

एक तो इस अटपटे प्रश्न से, दूसरे बदले हुए सम्बोधन से कुढ़कर उसने उत्तर दिया, ''नहीं करना है।''

''अगर करना हो तो कर लीजिए।'' मैंने ज़ोर दिया।

''मैंने कहा न, मुझे कहीं फ़ोन नहीं करना है।'' वह सारा वाक्या समझ गई थी। फ़ोन की घंटी से मेरे प्रश्न का क्या सम्बन्ध है, यह उसने फौरन ताड़ लिया था। ''मेरे लिए कम-से-कम आपके पास कोई फ़ोन नहीं आएगा।'' उसने इस तरह कहा जैसे मैं उसका 'शत्रु-शिविर' हूँ और शत्रु-शिविर को कोई उसका भेद नहीं देगा।

'तो कहाँ आएगा ?' मेरी ज़बान पर आते-आते रह गया। मुझे फिर झुँझलाहट होने लगी थी, जैसे सारे बदन में चीटियाँ काट रही हों। 'तुम मुझे इस तरह अपमानित कर नहीं जा सकतीं। बदचलन ! फाहशा !' मन में उसके लिए गालियाँ निकलने लगीं।

''तुम्हें तो यहाँ से रीगल जाना होगा।'' मैंने 'रीगल' पर ऐसे ज़ोर दिया जैसे कोई 'चकला' पर ज़ोर देता है।

वह हँस पड़ी। वह शायद यह जताना चाहती थी कि मुझे लड़ना भी नहीं आता। मगर यह रहस्य क्या आज खुला है ? बरसों साथ रहने के बाद भी क्या उसे पहले यह पता नहीं चला था ?

दूसरे की हँसी अपने क्रोध को ठंडा नहीं करती, बल्कि उपहास बनकर उसे हवा देती है। बिन्दो की हँसी से क्षण-भर को तो मुझ लगा कि मैं गँवई हूँ; मगर दूसरे ही क्षण मेरा अभिमान जाग उठा और क्रोध दुगुना हो गया।

मैंने बहुत प्रयत्न किया है कि मैं उससे घृणा न करूँ। मगर हर बार मैं ऊपर उठकर नीचे गिर जाता हूँ। बहुत समझा-बुझाकर, अपने मन को तसल्ली देकर, शान्त होता हूँ। मगर कुछ-न-कुछ ऐसा हो जाता है जिससे मन उद्विग्न हो जाता है और घृणा और आवेश की दुनिया वापस आने लगती है। मैंने तय किया था कि मैं शान्त रहूँगा—बिन्दो को सबक सिखाऊँगा। मगर इसके विपरीत वह मुझे छोटा कर जा रही है। अजीब बात है कि मैं हर बार यह संकल्प करता हूँ कि बिन्दो से बदला लेर मैं अपना अधूरापन ख़त्म कर दूँगा—मगर हर बार यह अधूरापन कुछ और बढ़ जाता है।

अपनी असफलता पर दुःख और निराशा को छोड़ कुछ हाथ नहीं लगता—या फिर झींखना ! तो क्या मैं सारा जीवन कुढ़ता और झुँझलाता रहूँ ! क्या मैं इस नरक से कभी छुटकारा नहीं पाऊँगा ?

मैं कातर होने लगा था। बिन्दो के सामने कातर होना बुरा होगा। दूसरी स्त्रियाँ कातर पुरुष को पुचकारती हैं, बिन्दो रौंदती है। उसके भीतर की सारी प्रतिहिंसा जाग उठती और उसकी आँखों में घृणा की लपटें सुलगने लगती हैं।

वह अब भी हँस रही थी। लगता था उसका जी हल्का हो गया है। पर्स से नेल-पालिश निकाल वह अपने नाखून रंगे जा रही थी। उसे अपने में रत देख मुझे ईर्ष्या हुई। वह सुखी है ! वह प्रसन्न है ! उसमें कोई द्वन्द्व नहीं !

नौकर ने भीतर आते हुए कहा, "साहब, टैक्सी आ गई है।"

बिन्दो के लिए उसका 'साहब' सम्बोधन यह बताता था कि उस पर बिन्दो का रौब पूरी तरह पड़ चुका है। जब बिन्दो ने उठने में कोई जल्दी नहीं की, तब उसने दोबारा कहा, "टैक्सी ले आया हूँ।"

"मालूम है।" बिन्दो ने उसी निरपेक्षता से कहा। वह अब भी अपने नाखून रंग रही थी। क्या वह जानबूझकर देर कर रही है या सचमुच ही अपना काम समाप्त कर उठना चाहती है ? मैंने भाँपने की कोशिश की। नाखून रंगने में मशगूल गरदन झुकाए हुए उसने कहा, "अनिल कैसे हैं ?"

"मुझे नहीं मालूम।" उसके हर प्रश्न का उत्तर ज़रूरी नहीं। मगर मैं हर बार उसके जाल में फँस जाता हूँ—घबराकर उसके सवाल का जवाब देने लगता हूँ।

"क्या करते हैं आजकल ?"

मैं चुप रहा। मैं समझ नहीं पा रहा था कि अचानक अनिल का प्रसंग उसने कैसे निकाल लिया ? क्या इसमें भी कोई धोखा है ? या वह यह बताना चाहती है कि आने के बाद से वह उससे नहीं मिली है। अगर मिली भी तो क्या फ़र्क पड़ता है। वह चाहे जिससे मिले, चाहे जहाँ जाए, मुझे कोई फ़र्क नहीं पड़ता।

"ऊँ।" वह अपने-आपमें डूबी हुई बुदबुदाई।

"मैंने कहा न, मुझे नहीं मालूम !"

"क्यों ? मिलते नहीं।"

"मिलता हूँ।"

"फिर ?"

"फिर क्या ?"

"क्या करते हैं, आजकल ?"

"नौकरी करता है। मगर मैंने उसका ठेका नहीं ले रखा है।"

वह मुस्कुराई। वह उठी। मैं उसे विदा देने के लिए खड़ा नहीं हुआ। अब जो हो, मैं झूठी रस्में नहीं अदा करूँगा। जिसके लिए मन में घृणा हो, उसका सम्मान करने से बड़ा ढोंग कुछ नहीं हो सकता। दूसरे मैंने उसे न्यौता नहीं दिया था। वह अपनी मर्जी

से, बल्कि मेरी इच्छा के विरुद्ध आई थी और मुझसे लड़कर जा रही है। मेरे घर घुस उसने मुझ पर हमला किया था। इसकी सज़ा यही हो सकती है कि वह यहाँ से अपमानित होकर जाए।

कुर्सी के कन्धे पर हाथ रख अफ़सराना अन्दाज़ में बैठे हुए मैंने उसे 'तुम जा सकती हो' की मुद्रा में देखा। वह अब भी खड़ी हुई थी। अगर मेरा बस चलता तो मैं उसे निकाल देता। उसने मुझे देखा भी इस तरह जैसे मुझे टटोल रही हो कि 'क्या तुम मुझे निकालना चाहते हो ?' अचानक वह तड़पी, उसका शरीर कौंध—तेजी से बाहर जाते हुए वह एक बार मुड़ी और तीखे स्वर में कहा, "मैं चिट्ठियाँ वापस लेने नहीं आई थी।"

बाहर निकलकर क्षण-भर को वह सीढ़ी पर रुकी—एक बार इच्छा हुई कि उठूँ और बाहर जाऊँ। मगर जैसे शरीर में शक्ति नहीं रह गई थी। जिस जगह मैं बैठा हुआ था, उसने मुझे जकड़ लिया था।

मैं उसके चप्पलों की आवाज़ सुनता रहा। तीन तल्ले उतरकर नीचे पहुँचते-पहुँचते यह आवाज़ खो गई।

मुझे लगा कोई भयानक दुर्घटना हो गई है, जिसके अवसाद ने मुझे घेर लिया है। यह हमेशा के लिए हुआ है ! अब फिर संयोग नहीं होगा। क्या मैं यही चाहता था ? मुझे पता नहीं मैं क्या चाहता था ?

मैंने उठकर खिड़की बन्द की। मगर बाहर की धुँध जैसे भीतर भी घुस आई थी। रोशनी थी, मगर सब कुछ अस्पष्ट था—दीवारें, गलीचा, किताबें, यहाँ तक कि मैं ! बल्कि सबसे अधिक अस्पष्ट मैं खुद था।

पाँच

छत्तीस घंटे गुज़र जाने के बावजूद कुछ भी नहीं बदला था। मौसम साफ़ हो गया था। धूप खुल गई थी और वातावरण हल्का हो गया था। अगर मन में भी ऐसे हल्का हो सकता, तो क्या था।

मैंने यह सारा समय घर पर गुज़ारा था। बाहर निकलने की तबीयत ही नहीं हुई। यहाँ तक कि उठने का भी विशेष आग्रह नहीं था। इच्छा थी कि केवल पड़ा रहूँ। बेचैनी में कभी किताब पढ़ने की कोशिश की, कभी कमरे में ही टहलने की। कहीं भी मन नहीं लगा।

सारी घटना का दबाव समूचे घर पर था। किसी की मृत्यु का असर जिस तरह हवा में घुला जाता है उसी तरह इस कांड का ख़ौफ़ धीरे-धीरे छा गया था।

मैंने सोचा था कि बिन्दो के जाने से मैं अपने अपमान, घृणा और प्रेम सभी से मुक्त हो जाऊँगा। अपनी मुक्ति के लिए ही मैं शुरू से आख़िर तक जाल रचता गया

था। मगर जाल को जाल पहचानता है। शायद बिन्दो ने तुरन्त ही समझ लिया था कि मैं उसे रौंदकर स्वयं स्वतन्त्र हो जाना चाहता हूँ।

स्वतन्त्र होने की बजाय मैं पहले से ज़्यादा परतन्त्र हो गया। मेरी इच्छाएँ जैसे मुझे छोड़कर चली गई थीं और भीतर की सारी शक्ति ने अचानक ही जवाब दिया था। अपनी दुनिया में वापस आ जाने, अपना संसार प्राप्त कर लेने की कल्पना कितनी किताबी है, यह अपने संघर्ष में पराजित होने के बाद मालूम होता है।

दुःख ने, जिसकी परिभाषा मुश्किल है, चारों तरफ़ से घेर लिया था। जो मरा हुआ है उससे कोई परेशानी नहीं—अपने अन्दर अचानक जाग उठी परछाइयाँ ही हिंस्र हो उठी हैं।

अगर केवल थकान होती तो मुक्त हुआ जा सकता था। मगर यह अवसाद भी न था और नैराश्य भी नहीं। धीरे-धीरे मैं समझने लगा था कि यह एक ऐसी ग्लानि है जिससे आदमी को एक-न-एक दिन गुज़रना पड़ता है।

यह नहीं कि मेरे मन में बिन्दो के प्रति फिर से प्रेम पैदा हो रहा था या यह कि स्मृतियाँ वापस आ रही थीं। स्मृतियों के नाम पर कलह और तनाव के सिवा कुछ भी नहीं था। बिन्दो को लेकर आर्द्र होने का सवाल ही नहीं उठता था। मेरे-उसके बीच यह रिश्ता बहुत पहले ही ख़त्म हो चुका था। मन में अब भी वही कटुता थी, जो थी। मैं अपनी कटुता छिपा पाया भी नहीं था। जिस ढंग से उसे व्यक्त होना था, वह हो चुकी थी। यह भी नहीं कि सारी कटुता, सारी घृणा से मैं हल्का हो चुका हूँ। मैं जानता हूँ यह ज़हर नहीं मरता। यह रंग बदलता है, धोखे देता है, पर मरता शायद कभी नहीं।

तख़्त पर पड़े, फ़र्श पर टहलते, धूप में बैठे मैंने डेढ़ दिन गुज़ार दिए थे। एक-एक क्षण जैसे दूभर था। अगर बाहर जाकर अपने लिए मुक्ति खरीद सकता, तो खरीद लेता। किसी की अन्तरात्मा में पड़ी हुई जंजीरों को कोई और तो तोड़ ही नहीं सकता, मगर क्या स्वयं भी वह तोड़ सकता है ? मैं नहीं जानता। मगर मैं यह ज़रूर अनुभव करता हूँ कि मैं अपने अन्दर और भी जकड़ दिया गया हूँ। मैं जो कुछ करता हूँ उसकी परिणति यह होती है कि क़ैदखाने की दीवार कुछ और ऊँची हो जाती है। बरसों से घिरते जाने के बाद आज पहली बार यह एहसास हो रहा है कि मेरा स्तत्व, शायद नहीं है।

दोपहर को भोजन के बाद धूप में पड़ा हुआ था कि किसी की आहट से आँख खुल गई। अनिल था।

"क्या पड़े हुए हो ?" मुझे सुस्त देखकर उसने कहा। वह बढ़िया सूट पहने हुए था, जिस पर वैसी ही टाई थी। "उठो-उठो," उसने मेरी पीठ थपथपाई। "इस तरह स्वर्ग नहीं मिलता।" हालाँकि यह बात उसने बिल्कुल सादगी से कही थी मगर मुझे शंका हुई। धूप में पड़ी हुई कुर्सी पर बैठ गया था। उसे चेहरे पर सुख था। उसे देखकर ही लगता था आज इतवार है।

"इस तरह क्या पड़े हुए हो, भई !" उसने फिर कहा, "तुम्हें पड़ा देखकर मुझे भी नींद आ जाएगी।" वह चुहल के मूड में था। वैसे उसका इस तरह आना मुझे अच्छा

लगा।

"खाना खा चुके हो ?" उसने धूप से अपनी आँख बचाने के लिए कनपटी एक पत्रिका से ढँक ली थी।

"हाँ। और तुम ?"

"खाकर ही निकला था।"

"किधर को।"

"यूँ ही। पिक्चर का इरादा है, बशर्ते टिकट मिल जाए।" फिर उसे अपने से ही बातचीत करते हुए कहा, "ब्लैक में मिल जाएगा।"

मैंने पड़े ही पड़े करवट ले ली थी। धूप पीठ पर पड़ रही थी और शरीर के साथ मन का भी मौसम बदल रहा था।

"चलते हो ?" उसने सिगरेट का धुआँ उड़ाया। एक बार इच्छा हुई कि तैयार हो जाऊँ। मन बहल जाएगा। मगर फिर बाहर जाने की यह इच्छा उतर गई। मैंने कोई उत्तर नहीं दिया।

"अगर चाहो तो, चलो। टिकट मिल जाएगा।" वह अब तक टिकट की ही सोच में था। उसकी सारी चिन्ता सिनेमा का एक टिकट हैं। वह सचमुच सुखी है। मैंने करवट ली और पाया कि वह मुझे गौर से देख रहा था, बल्कि घूर रहा था। मैं उसे उसकी बातों के पार नहीं देख पा रहा था, मगर वह मुझे मेरे मौन के पार देखने की कोशिश कर रहा था। आँखें मिलीं तो वह मुस्कुराया।

"उठो, उठो।" उसके कहने से मैं उठ गया था। मगर मैं जाना नहीं चाहता था। मैं जानना चाहता था कि वह क्यों आया है ! क्या वह मुझे तकलीफ़ में देखना चाहता था या यह दोस्ती का फ़र्ज़ है ? उसने ताड़ लिया। उसने कहा, "मैंने सोचा था, तुमसे मिलता चलूँ।"

हम दोनों धूप से उठकर भीतर आ गए थे। उसने दो-एक बार अपनी घड़ी में वक़्त देखा। यह चलने का इशारा था।

"मैं फिर आऊँगा।" मैंने कहा, "आज नहीं।"

"मुझे पता था। मगर मैंने सोचा, पूछता चलूँ। तुम्हारी भी तबीयत बहल जाएगी।" उसने नीचे उतरते हुए कहा। मैं उसे पहुँचाता हुआ सड़क तक आ गया था।

अक्सर दूसरों की सहानुभूति अपने होने का अपमान लगती है। मगर कभी-कभी, किसी एक क्षण में, किसी की दया का स्पर्श समूची अन्तरात्मा को कृतज्ञ कर जाता है। मैं अनिल के प्रति ऐसा ही अनुभव कर रहा था।

इस समय उसकी सहानुभूति सच्ची थी। वह खिंचकर मेरे पास आया था। उससे रहा नहीं गया। उसे पता था मैं किस नरक में था। वह मुझे इस नरक से निकालना चाहता था। मगर यह रास्ता नहीं था। मैं जानता हूँ, मैं जहाँ भी जाऊँगा, मेरी छाया मेरे साथ जाएगी। मैं उससे पीछा नहीं छुड़ा सकता, सारे संसार के बावजूद।

सड़क पार कर हम दोनों एक पान की दुकान पर रुके। उसे सिगरेट लेनी थी, मुझे

भी। सब जगह छुट्टी थी। बगल की दो-मंज़िला इमारत के नीचे पसरी हुई धूप में लड़के खेल रहे थे। दुकान के पीछे ताश बिछी हुई थी। किसी को किसी की फ़िक्र न थी, सब अपनी उमंग में थे।

अब उसने मेरे बहुत नज़दीक आकर आत्मीयता के साथ कहा, "बिन्दो बहुत दुःखी थी।" इसका मतलब है, उसे सब मालूम है। वह उससे मिली थी। और वक़्त होता तो मुझे यह सुनकर बुरा लगता। मगर इस समय न बिन्दो का विश्वास-भंग बुरा लग रहा था, न अनिल की हिस्सेदारी।

"कब मिली थी ?" मैंने इतना ही पूछा।

"परसों।"

"परसों कब ?"

"तुमसे मिलने के बाद।"

"क्या कहा उसने ?"

"कहा कुछ नहीं, दुःखी थी !"

मुझे चुप पाकर उसने कहा, "वह मुझसे केवल इतना कह गई कि वह किससे बदला ले रहे हैं—मुझसे या अपने-आपसे ?"

यह बात बिन्दो ही कह सकती थी। इस सारे कांड को जितना उसने समझ लिया था, काफ़ी था।

"मेरे ख़्याल में तुम उसे ग़लत समझ रहे हो।"

इसका अर्थ है वह अभी तक अनासक्त नहीं हुई है। या हो सकता है यह केवल एक बहस हो—यह भी एक दाँव हो।

"तुम, जहाँ उलझन नहीं है, वहाँ भी, उलझन पैदा कर रहे हो।"

अनिल मुझे नसीहत देकर चला गया था। अगर मैं सचमुच ही, खुद अपने लिए उलझन पैदा कर रहा होता, तो शायद, अपने से निपटना आसान था। मगर यह एक ऐसी परिस्थिति थी, जिस पर मेरा कोई बस न था।

मुझसे नहीं होगा ! घर लौटकर मैंने कपड़े बदले और तैयार होने लगा। जैसे आत्महत्या के क्षण में मनुष्य किसी मानवेतर संकल्प से काम करता हुआ, हर संशय से मुक्त हो जाता है, वैसे ही मैं कुछ भी सोच-विचार नहीं कर रहा था। मुझे पता नहीं, मैं क्या करूँगा ! अब यह भी नहीं जानना चाहता कि मुझे क्या करना चाहिए ? यह तय है कि अब इस तरह नहीं चल सकता।

घर से निकलकर मैं पैदल चलता रहा। इस तरह अगर मैं अनन्तकाल तक चलता रह सकता तो शायद उन नतीजों पर नहीं पहुँचता, जहाँ तक पहुँचता शायद मेरी नियति थी। बिन्दो के मकान का फ़ासला थोड़ा ही रह जाने पर एक बार हिचक ज़रूर पैदा हुई, मगर फिर मैंने इस हिचक को एक झटके के साथ ख़त्म कर दिया।

यह एक विजेता का संकल्प नहीं था बल्कि एक हारे हुए व्यक्ति की आन थी। आत्मरक्षा का और कोई तरीका नहीं था। पीछे लौटने पर दीवार थी, जिससे टकराकर

सिर फट सकता था। आगे क्या था ? पता नहीं ! हो सकता है केवल अन्धकार हो !

मेरा ख़्याल था बिन्दो लॉन पर बैठी मिलेगी—बुन रही या यूँ ही धूप का स्वाद लेती हुई। मगर घर पहुँचकर मालूम हुआ वह नहीं थी। नौकर ने बताया वह सवेरे ही कहीं चली गई थी। खाने के लिए भी नहीं आई।

अब क्या करूँ ? मैं इसी उधेड़बुन में था कि नौकर ने मुझे हिम्मत बँधाई। उसने कहा कि वह लौटती ही होंगी। इतनी देर कभी बाहर रहतीं नहीं। आज पहली बार ऐसा हुआ है। उसने प्रश्नभरी दृष्टि से मेरी ओर देखा जैसे पूछ रहा हो, "क्या आप बता सकते हैं, ऐसा क्यों हुआ ?"

कमरे में बैठते हुए एक बार फिर मेरी दृष्टि अपनी तस्वीर पर गई, जो चौखटे में मढ़ी, आले पर रखी हुई थी। उस पर धूल या बारिश का कोई असर इन तमाम वर्षों में नहीं हुआ था। इससे लगता था उसकी पूरी हिफ़ाज़त की गई थी। अपनी तस्वीर को देखते हुए लगा, मेरी तस्वीर पर मेरा कोई अधिकार नहीं। यह कोई और आदमी है जो मुझे इस कमरे में अनधिकृत बैठा देख मुझ पर नज़र रख रहा है।

नौकर बार-बार कमरे में आकर मुझे देख जा रहा था। शायद वह यह जानना चाहता था कि मुझे किसी चीज़ की ज़रूरत तो नहीं ! जब मैंने उससे कुछ भी नहीं कहा तब थोड़ी देर में वह अपने-आप कॉफी लाकर रख गया। मेरी तस्वीर से मेरा मिलान कर उसने समझ लिया था कि मैं बिन्दो का कोई ख़ास आदमी हूँ। 'ख़ास' और 'आम' के फ़र्क़ को मुँहलगे नौकर से अधिक कोई नहीं पहचानता।

उसके चले जाने पर मैंने कमरे को इत्मीनान से देखा था। थोड़ी-सी चीज़ें थीं, शायद उतनी ही जितनी बिन्दो के पास पहले होती थीं। इनी गिनी किताबें, कुछ यूनिवर्सिटी की और कुछ हिन्दी-अंग्रेज़ी के चलते उपन्यास, बुद्ध की मूर्ति, ऐश ट्रे, पायदान, कुशन और दो-एक मनपसन्द कुर्सियाँ। घर के मामले में बिन्दो की रुचि आम रुचि से बहुत भिन्न नहीं थी, जैसे कि लगभग सभी स्त्रियों की होती है। बस एक मनीप्लान्ट की कमी थी। वरना उसका यह कमरा, किसी भी नई दिल्ली वाले का कमरा हो सकता था ! इतने वर्षों के अन्तराल और इतने भ्रमण के बावजूद रुचि में परिवर्तन नहीं हुआ—आश्चर्य है !

बगल से लगा हुआ बिन्दो का सोने का कमरा था। पर्दा हिलते ही भीतर की चीज़ें दिखाई पड़ती थीं। पलंग, वॉरड्रोब, अलमारी इत्यादि ! बस ये ही दो कमरे थे। बिन्दो पहले जिस जगह रहती थी, उससे यह जगह बहुत छोटी थी। केवल लॉन का सुख था। शायद उसने लॉन के लोभ से ही यह जगह ली हो ! या वैसे ही ! उसे बड़ी जगह की ज़रूरत थी भी नहीं !

बाहर लॉन पर धूप ढल रही थी। जैसे-जैसे शाम घिरती आ रही थी, वैसे-वैसे इस कमरे का, जहाँ मैं अकेला बैठा हुआ था, अकेलापन बढ़ता जा रहा था। बिन्दो का नौकर फिर एक बार आकर देख गया था—शायद वह स्वयं बेचैन था। इसका मतलब है, नौकर ख़ैरख़्वाह है ! और बिन्दो को भी उस पर भरोसा होगा। इसीलिए उसने सारा घर उसे

सौंप रखा है।

मैं उठकर उसकी किताबें टटोलने लगा था। लगभग सारा ही अधकचरा साहित्य था। किताबों के रैक पर अचानक वह रूमाल नज़र आया जिसे चिट्ठियों समेत, दो दिन हुए मैंने दिया था। रूमाल में चिट्ठियाँ वैसी-की-वैसी लिपटी हुई थीं। चिट्ठियाँ देखकर जी एक बार धड़का। उन्हें छूने की इच्छा हुई। मगर फिर मैं अपनी जगह पर लौट आया।

जिस चीज़ के लिए वह मुझसे लड़कर गई, उसे इतनी लापरवाही से पड़ा देखकर हैरानी हुई ! इसका क्या अर्थ लिया जाए ? क्या यह कि लड़ना महज लड़ने के लिए था—चिट्ठियाँ केवल एक बहाना थीं। उसने चलते-चलते कहा भी था, 'मैं चिट्ठियाँ लेने नहीं आई थी !'' तो क्या मेरी ग़लती यह थी कि मैंने वे चिट्ठियाँ वापस दे दीं या और ? अगर मैं चिट्ठियाँ वापस न देता तो क्या अन्त कुछ और होता, या वही, जो कि हुआ ?

मुझे लगा मैंने यहाँ आकर ग़लती की। शायद मैं जल्दबाजी कर गया। मुझे अपने पर काबू पाना था। मेरा संकल्प डगमगाने लगा। अगर मैं यहाँ से चला जाऊँ तो क्या बिन्दो मेरे पास फिर आएगी ? बिन्दो के वापस आने के ख़्याल से हल्का-सा सुख भी हुआ और घबराहट भी। मैंने अपना ध्यान दूसरी ओर लगाने की कोशिश की। सामने रखी कॉफी की, जो अब तक ठंडी हो चुकी थी, चुस्कियाँ लेने लगा।

जब नौकर कॉफी की प्याली समेट रहा था तब अचानक मुझे अनिल की बात याद आई कि उसने उसे 'रीगल' के क़रीब देखा था। बिन्दो में साहस की कमी नहीं थी—मगर वह अकेले घूमनेवाली स्त्रियों में से नहीं थी। उसका इतनी देर अकेले बाहर रहना, सचमुच विस्मयकारी था।

"वह अक्सर बाहर जाती हैं !" मैंने नौकर से टोह लेना चाहा।

"कभी-कभी जाती हैं !"

"कितनी देर के लिए ?"

"घंटा-आध घंटा के लिए।" वह मेरे सवालों का उत्तर देता हुआ अपनी भी शंकाएँ सन्तुष्ट कर रहा था।

"किसी के साथ जाती हैं या अकेले ?" बिन्दो का नौकर मेरे इस सवाल से चौकन्ना हुआ। फिर उसने तेज़ी से जवाब दिया, "अकेले जाती हैं, अकेले आती हैं।"

मुझे उससे यह सवाल नहीं पूछना चाहिए था ! मगर पूछने और जवाब पा जाने के बावजूद पश्चाताप नहीं हुआ। बिन्दो के प्रति मेरे मन में वह सम्मान नहीं रह गया था, जो मुझे रोकता। इसके अलावा भी मेरे लिए यह विश्वास कर सकना कठिन था कि बिन्दो निस्संग थी। उसका चिल्लाकर इतना कह देना काफी नहीं कि मैंने धोखा नहीं किया है।

मैं जिस स्त्री को छोड़ चुका हूँ, वह किसी और के साथ है, यह ख़्याल तकलीफ़ देता है। मेरे जैसे आदमियों को तकलीफ़ से अधिक ईर्ष्या और छटपटाहट होती है। मगर मैं तब से अब तक यह चाहता रहा हूँ कि बिन्दो एक बार ग़ैर के साथ सामने पड़ जाए।

वह हर बार ऊपर उठ जाती है और मैं हर बार उसे गिरा हुआ देखना चाहता हूँ। मैं चाहता हूँ कि कम-से-कम एक बार ऐसा हो कि वह मुझसे आँखें न मिला सके। मगर ऐसा अब तक नहीं हुआ।

बाहर स्कूटर रुकने की आवाज़ आई। मेरा अनुमान सही था। बिन्दो ही थी। मैंने शेल्फ में रखी हुई एक कोई भी किताब निकाल ली और उसे पढ़ने का स्वाँग करने लगा। मैं बिन्दो के बिल्कुल सामने नहीं पड़ना चाहता था। मैं साहस और इरादे के साथ बिन्दो के घर आया था। मगर जैसे-जैसे आहट नज़दीक आने लगी दिल धड़कने लगा—उस आदमी के दिल की तरह जो नौकरी से निकाल दिए जाने के बाद 'बॉस' के कमरे में 'बॉस' का इन्तज़ार कर रहा हो।

मुझे देखते ही बिन्दो ठिठक गई। उसकी आँखें चमक उठीं। मुझे अचानक घबराहट हुई। कहीं ऐसा न हो कि वह मुझ पर बरस पड़े। अगर ऐसा हुआ—उसने मुझे घर से निकल जाने को कहा, तो क्या होगा ! बिन्दो को जितना मैं जानता था, उससे तो यह नहीं होना चाहिए था। मगर पिछले दिनों जो कुछ हो चुका था, उसका असर मेरे दिमाग़ पर था। मैं भूल नहीं सका था।

वह मेरे बिल्कुल आगे से निकलकर अपने कमरे में चली गई थी। उसके हाथों में कुछ बंडल थे, शायद कुछ फल जैसी चीज़ें थीं। उसने उम्दा कांजीवरम् साड़ी पहन रखी थी और उसकी मुखाकृति प्रसन्न थी। वैसे भी वह बहुत खुश होने पर ही खूबसूरत कपड़े निकालती थी।

कमरे में जाकर उसने कपड़े नहीं बलते। उसी साड़ी में वापस आई। उसके ओंठों पर मुस्कान थी। उराकी प्रारान्नता समझ में नहीं आ रही थी ! वह कैरो अपने-आपरो इतनी जल्दी मुक्त हो गई थी ? कटुता का कोई चिह्न भी न था। या सारी कटुता, सारा क्रोध मेरे लिए था ? मेरी ग़ैरहाज़िरी में वह फिर सुखी हो जाती है ? स्त्रियाँ कुछ चीज़ों से सुखी होती हैं। खरीदारी, सिनेमा, फूल, चुम्बन—कोई भी चीज़ उन्हें सुखी बनाने के लिए काफ़ी हैं।

मुझसे ज़रा दूर पड़ी तिपाई पर बैठते हुए उसने मुझे विश्वास की दृष्टि से देखा, जैसे कहना चाहती थी, मैं जानती थी, तुम आओगे। उसे अपनी ओर देखता पा कुछ परेशानी हुई, जिसे उसने ताड़ लिया। उसने सहज स्वर में कहा, "मैं बाज़ार चली गई थी। खाना भी उधर ही खाते हुए देर हो गई।" यह स्पष्टीकरण देने की वैसे कोई ज़रूरत नहीं थी—मैंने माँगा भी नहीं था। हो सकता है, वह मुझे आश्वस्त करना चाहती हो।

मैंने 'कोई बात नहीं' के अन्दाज़ में उसे देखा। इसके पहले कि मैं कहूँ, 'मैं कॉफी पी चुका हूँ', वह किचन की ओर जाकर कॉफी के लिए बोल आई।

मैंने गौर किया, बिन्दो की चाल में पहले से ज़्यादा आत्मविश्वास आ गया है। लौटकर वह नज़दीक बैठ गई थी। वहाँ बैठकर उसने शेल्फ की ओर देखा जहाँ रूमाल में लिपटी हुई चिट्ठियाँ पड़ी थीं। उसे उस ओर देखता देख मैंने अपनी नज़र झुका ली। गोद में पड़ी किताब के पन्ने पलटने लगा। जब निगाह उठाई तो पाया वह मुस्कुरा रही

थी। उसकी मुस्कान में आत्मीयता थी जिसने छुआ। वह भरपूर दृष्टि से मुझे देख रही थी।

"मुझे उस दिन की घटना के लिए अफ़सोस है", कहते हुए मेरा स्वर काँप रहा था। मैंने यह बात बिना किसी लपेट के कही थी। मैं उसे मनाने के लिए नहीं आया था। जैसे अन्धा आदमी सीधा जाकर एक जगह टकरा जाता है–और वही उसका गन्तव्य होता है–वैसे ही बिन्दो मेरा गन्तव्य थी। बिन्दो के लिए मेरे मन में न सुख था, न दुःख ! मगर विक्षोभ ज़रूर था।

'मुझे उस दिन की घटना के लिए अफ़सोस है।' यह सुनते ही बिन्दो की आँखें भभकीं। जिन आँखों में क्षण-भर पहले स्निग्धता थी उनमें अब प्रतिहिंसा थी–जैसे उस दिन का आदमी कोई और था, मैं कोई और हूँ। मैंने ग़लती की। शायद मुझे स्मरण नहीं दिलाना था। बिनदो का क्रोध तो दूसर ही क्षण पिघल गया था। मगर वह स्वयं को निर्विकार तुरन्त नहीं कर सकी थी–कॉफ़ी की प्यालियाँ पकड़े हुए उसकी अँगुलियाँ काँप रही थीं।

मेरी इच्छा हो रही थी मैं उससे दोबारा माफ़ी माँगूँ। शायद इस बार अपना अफ़सोस जाहिर करने से वह पूर्ववत् हो जाए। मगर इसकी ज़रूरत नहीं पड़ी। वह खुद पहले की तरह मुलायम पड़ चुकी थी। जिस आत्मीयता से उसने मेरा स्वागत किया था उसी आत्मीयता से वह मेरी प्याली में चीनी हिला रही थी। एक-दूसरे की प्याली में चीनी हिलाने का समझौता अक्सर ऐसे युगल में होता है जिसमें प्रेम बस चुका होता है। बिन्दो को चीनी हिलाते देख मैं चौंका। इतने अधिक विश्वास से घबराहट होती है। मैंने जल्दी से प्याली अपनी ओर खींच ली और गरम कॉफी की प्याली ओंठों तक लाकर चुस्की लेने लगा।

"हर चीज़ का दाम बढ़ गया है।" बिन्दो ने फिर बातचीत का सूत्र पकड़ लिया था। "मामूली-सी चप्पल पन्द्रह से कम में मिलना मुश्किल है।" यह कहकर उसने अपने पैरों की तरफ़ देखा। मैंने भी उसका साथ दिया–उसकी चप्पलें देखने लगा।

"एक बार बाज़ार जाने का मतलब है सौ रुपए ! ग़रीब आदमी तो जी ही नहीं सकता !" बिन्दो अपने-आपसे बात कर रही थी। उसकी घरेलू बातों के बावजूद मैं सुविध का अनुभव नहीं कर रहा था। लगता था फँसा हुआ हूँ।

"और कॉफी लेंगे ?" उसने अभ्यस्त गृहिणी की तरह सवाल किया।

"नहीं।" मैंने तुरन्त उत्तर दिया। दो कप कॉफी पीने से वैसे ही भारी लग रहा था।

"यहाँ बैठेंगे या बाहर ?" अपनी प्याली में दोबारा कॉफी डालते हुए उसने पूछा।

मैं क्या उत्तर देता। फिर उसने स्वयं ही अपने प्रश्न का उत्तर दिया, "बाहर तो धूप जा रही है। यहीं ठीक है।" यह कहकर उसने हीटर नज़दीक कर दिया। मुझे याद आया, दो दिन पहले मैंने हीटर उसके पैरों के निकट रख दिया था तो उसने पैर खिसका लिए थे, जैसे त्वचा झुलस गई हो। अब वही बिन्दो हीटर की गरमाई में सूरजमुखी की

तरह अपनी पंखुड़ियाँ खोल रही थी।

"यह किताब पढ़ी है आपने ?" उसने मेरी गोद में पड़े हुए 'पिकविक पेपर्स' की ओर इशारा किया। मुझे किताब में कोई दिलचस्पी नहीं थी—वैसे भी बिन्दो का सवाल फूहड़ था। लड़कियाँ जब भी साहित्य या कला पर आती हैं, कोई-न-कोई बेवक़ूफ़ी की बात कर जाती हैं—अक्सर तो शुरुआत ही बेवक़ूफ़ी से करती हैं।

इतने साल साथ रहने के बाद भी क्या उसे पता नहीं था कि किताबें पढ़ते हुए मैंने ज़िन्दगी गुज़ार दी। "हूँ" मैंने कहा। बिन्दो का सवाल जितना प्रायमरी था, मेरा उत्तर उतना ही प्रोफेसराना था। मैंने किताब सोफ़े पर बगल में रख दी थी।

वह उठी। "मैं कपड़े बदल आऊँ।" यह कहती हुई वह अपने कमरे में चली गई। उसके अन्दरे जाने से पर्दा और भी एक किनारे हो गया था। और कमरे का सारा दृश्य नंगा हो गया था। मैं बखूबी देख सकता था कि आईन के सामने खड़ी होकर वह किस तरह कपड़े बदल रही है। मगर यह देखने में मुझे कोई दिलचस्पी नहीं थी। मैंने अपना मुँह फेर लिया था।

"बैडरूम छोटा है।" उसने बाहर आते हुए कहा। "जगहें महँगी हो गई हैं। इतने-से मकान के तीन-सौ रुपए। पर लॉन अच्छा है।" वह ठीक मेरे सोफ़े पर आकर बैठ गई थी। उसने सादी साड़ी पहन ली थी और चेहरे का मेक-अप धो लिया था।

अभिनेत्रियाँ ऐसी ही होती होंगी ! मैंने सोचा। क्षण-क्षण में रूप बदलता है—प्रेम का स्थान, घृणा, घृणा का स्थान क्रोध, क्रोध का स्थान करुणा और करुणा का स्थान आत्म-प्रताड़ना ले लेती है। बिन्दो की दुनिया सचमुच विविध और नाटकीय है।

पास आने से बिन्दो के शरीर की गन्ध नथुनों में समाने लगी थी। यह मेरी पहचानी हुई गन्ध थी, जिसे मैं क़रीब-क़रीब भूल चुका था। बरसों पहले कभी छटपटाहट के क्षणों में वह गन्ध अपने भीतर से उठने लगती थी। मगर पिछले कुछ बरसों में यह बिल्कुल ही बिसराई जा चुकी थी—जैसे बीमारी के बाद ज़बान का स्वाद जाता रहे।

बिन्दो के नज़दीक आ जाने से मैंने और भी असुविधा महसूस की। जो किताब रख दी थी, वह फिर उठा ली और पन्ने पलटने लगा। बिन्दो ने ताड़ लिया था, कि मैं अपने को अड़चन में पा रहा हूँ। उसने उठकर हीटर का मुँह मेरी ओर कर दिया और फिर सोफ़े पर अपनी जगह पर बैठ गई।

"आपकी तबीयत अच्छी नहीं लगती !" सहसा उसने कहा, "ए.पी.सी. दूँ ?" मैंने उसे गौर से देखना चाहा। उसकी बात में व्यंग्य है या सहानुभूति ? कहीं वह सचमुच मेरे लिए दवा न ले आए, इस भय से मेरे मुँह से फौरन निकला, "नहीं-नहीं, मैं बिल्कुल ठीक हूँ।"

"कहाँ ठीक हैं ?" वह बच्ची की तरह मचली। "नाड़ी देखूँ," यह कहकर उसने अपना हाथ मेरे हाथ की तरफ़ बढ़ा दिया। मुझे लगा वह मेरे साथ खिलवाड़ कर रही है। मैं इस तरह के खेल से बहुत घबराता हूँ।

जब उसने मेरी नाड़ी पर हाथ रखा तब मैंने अपना हाथ खींच लिया। बिन्दो मेरा

मखौल कर रही है ! मैं उसके घर आया—ग्लानि से या विक्षोभ से, या कैसे भी ! इसका यह अर्थ नहीं कि उसे मेरी बेइज़्ज़ती का हक़ हासिल हो गया। किसी शरमीले नौजवान से ढीठ लड़कियाँ जैसा व्यवहार करती हैं, बिन्दो मेरे साथ वैसा ही व्यवहार कर रही थी ! उसे पता है कि मैं इस तरह का शरमीला लड़का नहीं हूँ। यह केवल एक परिस्थिति है—जिसका, इस स्तर पर उतरकर, फायदा सरासर टुच्चपन है ! और यह बात मेरे लिए कोई नई नहीं थी—बिन्दो में अगर कहीं कोई ऊँचाई थी तो उतना ही टुच्चापन भी था।

उसकी इस हरकत पर मुझे आवेश भी हुआ। अचानक जैसे, अपना अभिमान और पौरुष जाग उठा। जिन हाथों को वह कातर साबित करना चाहती है, उन्होंने उसका पेटीकोट भी उतारा है, उसके उन्नत वक्षों को मसला भी है और न जाने कितने अवसरों पर उसे सहारा दिया है।

आपद्धर्म से बचने के लिए वह बाथरूम की ओर चली गई थी। मगर यह मेरा वहम था। बिन्दो जैसी लड़कियों के लिए आपद्धर्म जैसी कोई चीज़ नहीं—वे दूसरों को संकट में डालती हैं। वे उलझाती हुई वहाँ तक ले जाती हैं, जहाँ से निकलने का कोई रास्ता नहीं होता।

पहली बार जब बिन्दो से मुलाकात हुई थी तब उसने स्कूटर पर बैठने का प्रस्ताव किया था। उसका यह अनोखा प्रस्ताव मेरी समझ में नहीं आया। मगर थोड़ी देर के बाद जब कन्धे-से-कन्धे टकराने लगे तो वह मुझ पर हिचकोले खाने लगी और तब सब समझ में आ गया। अगर स्कूटर न होता तब भी वह कोई-न-कोई रास्ता निकाल लेती।

दूसरी बार उसने मुझसे कहा कि मैं उसका हाथ देखकर उसका भविष्य बताऊँ। मुझे हाथ देखना नहीं आता और इस विद्या पर मुझे कोई विश्वास नहीं। मगर उसने मुझसे इस तरह इसरार किया कि मुझे यह मानना पड़ा कि मुझे यह विद्या आती है। वह भी जानती थी कि मैं झूठ बोल रहा हूँ और मैं भी जानता था कि वह जानती है कि मैं झूठ बोल रहा हूँ। हम दोनों की शुरुआत ही झूठ से हुई थी। मगर शायद सबकी शुरुआत झूठ से होती है। अगर झूठ न हो तो शुरुआत का कोई जरिया न रहे।

स्कूटर पर उसके साथ हिचकोले खाते हुए मुझे अपनी साँस रुकते हुई लगी थी और उसका हाथ देखते हुए मुझे कँपकँपी होने लगी थी। वैसे मैं भीरु व्यक्ति नहीं था। मगर प्रेम में पड़ते हुए आदमी घबराहट और आशंका का अनुभव करता है—प्रेम उसे आश्वस्त नहीं करता, अनिश्चित, शंकालु और असहाय बनाता है।

हाथ उसने बढ़ाया था और शुरुआत उसी की ओर से हुई थी। जब समय आया तब उसने स्वयं ही हाथ खींच लिया। वह अनुभवी स्त्री नहीं थी, मगर उसमें अनुभव का स्थान प्रतिभा ने ले लिया था। अपनी प्रतिभा से उसने वह किया जो और स्त्रियाँ अनुभव से करती हैं।

यह मैं नहीं मान सकता कि मुझमें पुरुषत्व की कमी थी—तब भी नहीं थी और शायद अब भी नहीं ! फिर वह क्या चीज़ थी जो मुझे घेरती गई, बाँधती गई, मुझे दास बनाती गई ? मैं नहीं कह सकता, मैं नहीं जानता। सब कुछ जानने का दावा करनेवाले

भी जानते हैं, कुछ चीज़ें जानी नहीं जातीं—किसी की ज़िन्दगी की कोई चीज़, किसी और की ज़िन्दगी की कोई चीज़। शायद बिन्दो मेरी ज़िन्दगी की वही चीज़ है।

बाथरूम से लौटकर बिन्दो ने शाल कन्धे पर डाल लिया था।

"आइए, यहाँ बड़ी सर्दी है, भीतर बैठें !" भीतर से उसका मतलब उसका निजी कमरा था। मुझे कोई आपत्ति नहीं थी—वैसे सर्दी दोनों ही जगह समान थी।

कमरे में मद्धिम रोशनी थी, जिसमें सब कुछ सोया हुआ नज़र आता था—बिस्तरा, कुशन, वॉरड्रोब और मेज़ पर रखी हुई बिन्दो की तस्वीर। एक क्षण को मुझे लगा मैं एक अजनबी संसार में आ गया हूँ। किसी स्त्री के बैडरूम में प्रवेश करते हुए वैसे हिचक होती है ! यह हिचक तो नहीं थी क्योंकि यह पहला मौक़ा नहीं था। मगर मैं भूल ज़रूर चुका था। इसलिए पहले-पहल जगह अनजानी लगी। फिर धीरे-धीरे हर चीज़ अपनी असलियत में दिखने लगी।

मैंने अब कमरे पर दोबारा गौर किया और पाया कि उसमें सादगी होते हुए भी विधवा का-सा सूनापन नहीं था, बल्कि एक अनुभवी स्त्री का तीखा आकर्षण था। थोड़ी-सी चीज़ें मगर करीने से। कमरे की पुताई, लगता है, थोड़े दिनों पहले हुई थी, शायद दीवाली के दिनों में, दीवारों पर कलई चढ़ी हुई थी।

मैं बिस्तरे से ज़रा नज़दीक पड़े सोफ़े पर बैठ गया था। उसने बेझिझक सामने रखे एक मोढ़े पर अपने कूल्हे टिका लिए थे। मैंने पाया कि उम्र के साथ बिन्दो का शरीर ज़रा भारी हो गया था—वैसे वह पहली नज़र में दुबली नज़र आती थी।

वह मेरे इतने नज़दीक थी कि उसके वस्त्रों की खुशबू मेरे वस्त्रों पर उड़-उड़कर बैठ रही थी। वह झुकी हुई थी। जैसे मेरे चेहरे की रेखाओं को पढ़ रही हो।

अचानक उसने कहा, "क्या आप पिछली बातों को भूल नहीं सकते ?" यह बात उसने अपने मुँह से पहली बार कही थी, मगर उसकी भंगिमाएँ, उसका रुख अब तक बराबर यह बात कहते थे। इस तरह के सवाल के पीछे याचना होती है। मगर बिन्दो ने जिस तरह यह बाती कही थी उससे लगता नहीं था कि वह याचना कर रही है। लगता था जैसे वह एक अर्से से झुँझलाई हुई थी और आख़िर हारकर उसने यह कहा है।

जैसे ही उसने यह सवाल किया वैसे ही मेरा सारा स्तत्व जाग उठा ! अपने अन्दर का अभिमान, अपना सारा अपमान, अपना कुचला जाना ! मुझे सवालों के सीधे उत्तर देने की आदत है—इसलिए मैं कई बार बेवकूफ़ी की बात कर जाता हूँ। इस बार भी ज़बान पर आ ही गया था कि 'नहीं भूल सकता।' मगर मैंने अपने को दबा लिया।

उसने दोबारा मुझे निगाह उठाकर देखा जैसे मुझे तौल रही हो। मैंने भी अपनी निगाह नीची नहीं की।

"मैं सोचती थी आप भूल चुके होंगे !" उसके ओंठों पर व्यंग्य की रेखा खिंच गई।

"बात क्या हुई ?" मैंने अपनी शक्ति इकट्ठा करते हुए कहा।

"मैं यही सोचकर आई थी।"

बिन्दो नाटक करना जानती थी। जब भी बात बहुत बढ़ती और टूटने की नौबत

आ जाती वह एकदम कातर हो जाती। मगर इस समय वह कातर है, नाटक कर रही है या सच्चे मन से अपने को खोल रहीं है, यह समझ सकना आसान नहीं था। बिन्दो छल को भी सच्चाई की तरह पेश करने की कला में इतनी माहिर हो चुकी थी कि असल और नकल का भेद ही समाप्त हो चुका था।

जो भी हो, मैं अपने को कैसे भूल जाऊँ। केवल बदले का सवाल नहीं। बदला लेना आसान है। बदला न लेते हुए अपनी हिफाजत कर पाना मुश्किल है ! एक तरह से बिन्दो का सवाल यही था। मैं पिछली बातों को भूल चुका था। बिन्दो ने आकर फिर से याद दिलाई। अगर वह न आई होती तो मैं इस बिन्दो को नहीं पहचानता। यह एक दूसरी ही पहचान थी और एक और ही संकट था।

"मैं बात मन में नहीं रखता।" अचानक मेरे मुँह से निकला और मैंने फौरन महसूस किया मैंने ग़लती की। मुझे यह बात कतई नहीं कहनी चाहिए थी। यह कहकर तो मैंने मैदान छोड़ दिया है। बिन्दो की आँखें चमकीं--गोया वह मुझसे यही सुनना चाहती थी। मैंने पाया उसकी आँखें में कृतज्ञता नहीं थी (कोई और स्त्री होती, तो होती) बल्कि एक दबंग और आक्रामक आत्मविश्वास था जो कि शायद मेरे इस आत्मस्वीकार से पैदा हो गया था।

मगर यह क्या सचमुच ही मेरा आत्मस्वीकार था ? क्या मैं सचमुच ही कोई बात मन में नहीं रखता ? क्या बिन्दो के लिए मेरे मन में घृणा नहीं थी ? अब मैं पाता हूँ कि नहीं थी। मुझे यह वहम था कि मैं बिन्दो से घृणा करता था।

अपनी जगह पर बैठी हुई वह मुझ पर इतनी झुक गई थी कि उसके चेहरे का अक्स मुझ पर पड़ने लगा था। उसकी पिंडलियाँ मेरे घुटनों को छूने को थीं। मैं अपनी जगह पर कसमसाया नहीं। उसे बरदाश्त करता रहा।

तब उसने मेरा हाथ अपने हाथों में लिया ! "क्या सचमुच तुमने मुझे माफ़ कर दिया ?" वह एकदम अभिनेत्री की तरह अपना डायलॉग बोल रही थी। मुझे हँसी आ गई। और कभी ऐसा हो जाने पर वह हाथ छोड़ देती तो झुँझला पड़ती। मगर इस बार उसने मुझे नहीं छोड़ा--छोड़ सकती भी नहीं थी।

उसका हाथ ठंडा नहीं था, मगर मुझमें कोई नरमाई नहीं थी। मुझे लगा बिन्दो चालाक होने के साथ-साथ पागल भी है। वह इस समय पागलों जैसा व्यवहार कर रही है। कहीं इस तरह समझौता होता है ! लेकिन बिन्दो समझौता नहीं, मिलन चाहती थी।

"तुमने बताया नहीं !"

कभी-कभी अपना ही शरीर गिलगिला लगता है। मेरा ठंडा, बदबूदार हाथ मुझे एक मरी हुई पिलपिली-सी चीज़-सा लगा। अगर मैं इसी तरह निश्चेष्ट रहा तो मेरा सारा बदन गिलगिला लगने लगेगा।

मैंने अपना हाथ छुड़ाने की कोशिश की--मगर बिन्दो इसके लिए राजी नहीं थी। उसने अपनी पकड़ ढीली नहीं की।

मैंने कोई अन्तिम बात नहीं कही थी। मगर वह मनमाने निष्कर्ष निकाले जा रही

थी। उसने यह कैसे विश्वास कर लिया कि सब कुछ हल हो चुका है, जबकि मैं पिछले दिनों से उसे यह एहसास कराने का प्रयत्न कर रहा हूँ कि कुछ भी हल नहीं हुआ है।

अचानक वह उठ खड़ी हुई। उसने शाल अच्छी तरह लपेटते हुए कहा, "खाना लगवाऊँ।" उसकी बात सुनकर मुझे फिर चकित होना पड़ा। मैं निमन्त्रण पर नहीं आया था—मैं जिस तरह आया था उसमें रस्मअदायगी की भी गुंजाइश नहीं थी। बिल्कुल ही विपरीत परिस्थितियों में किसी का इस तरह उत्साह में भर जाना और भी उलझन पैदा करता है।

अँगुली पकड़कर पहुँचा पकड़नेवाली कहावत मशहूर है। फिर बन्दो ने तो अँगुली नहीं मेरा हाथ पकड़ लिया था। मैं अब भी अपना हाथ छुड़ा सकता हूँ। केवल एक झटके की ज़रूरत है !

"नहीं, मैं खाना नहीं खाऊँगा !" मैंने तेज़ी से कहा। औरतें इस तरह की तेज़ी से आतंकित होती हैं और पहले से भी ज़्यादा लिपटती हैं, यह सोचकर मैंने ढील देते हुए कहा, "मुझे किसी से मिलना है। साथ ही खाना है !"

बिन्दो और चीज़ों की तरह मेरे झूठ को भी पहचानती थी। उसने मेरी आँखों को उलझाते हुए कहा, "जिससे भी मिलना हो, फ़ोन किया जा सकता है। कोई बहुत ज़रूरी एंगेजमेन्ट हो तो बात और है।" उसने प्रश्नभरी निगाह से मुझे देखा और कुछ देर खड़ी रही। मुझे निरुत्तर पा उसने कहा, "फ़ोन इधर लाऊँ ?" मैं जानता था यह मुझ पर व्यंग्य है। मैंने अपनी निगाह नीची कर ली !

बाहर जाकर दो मिनट में वह लौट आई जैसे कुछ पूछना भूल गई हो। और सचमुच वह भूल गई थी। मगर जो कुछ उसने पूछा, वह इतना अटपटा और आकस्मिक था कि पहली बार मैंने महसूस किया कि बिन्दो ने सचमुच अपने को एक-दूसरे ही अक्स में ढाल लिया है। पहले बिन्दो से चिढ़ होती थी, मगर अब डर लगने लगा। स्त्री का प्रस्फुटन, परिस्थितियों के साथ, किस रूप में होगा, पता नहीं चलता। वह अपनी अचानक सुन्दरता, अप्रत्याशित प्रेम में केवल मोहती नहीं, डराती भी है। यह एक छोटे-मोटे विस्फोट की तरह होता है।

कमरे की दहलीज़ पर पैर रखे हुए उसने मुझसे पूछा, "क्या पिएँगे ?"

यह सवाल वह मुझसे कभी नहीं कर सकती थी। नशे से उसे नफ़रत नहीं थी, मगर मेरा नशा करना उसे बरदाश्त नहीं था। जब भी मैंने पी होती, लड़ाई होती। वह विवाहिता स्त्री की तरह कुढ़ती और गुस्सा करती। या तो अपनी ज़िद में या मुझ पर अपना अधिकार जताकर अपनी गृहिणी की कल्पना साकार करने के लिए वह मुझे कसमें दिलाती कि आगे मैं कभी नहीं पिऊँगा—जबकि मैं खुद कभी-ही-कभी, सोहबत में या किसी दावत में ही, पीता था।

शराब ही नहीं, सिगरेट के लिए भी उसने कसमें दिलाई थीं। हर स्त्री, इसी तरह यह प्रदर्शित करती और अपने को विश्वास दिलाती है कि वह स्त्री है। अगर स्त्रियों में ये अभिमान-जनित प्रार्थनाएँ न हों तो उनमें वह चीज़ भी नहीं होगी जो कि खींचती

है और पुरुष को यह अनुभव कराती है कि वह केवल अपने लिए नहीं है—उसके स्वत्व में हाथ डालने का अधिकार किसी और को प्राप्त है !

जब तक मैं 'हाँ' या 'ना' कहूँ उसका नौकर सारा सामान लाकर रख गया। उसने मुझे निगाह उठाकर देखा भी नहीं, जैसे इस प्रसंग से और भी डर गया हो।

''बाज़ार जाकर बर्फ़ भी ले आओ।'' उसने उसे डाँटते हुए आदेश दिया। फिर अपनी ग़लती महसूस कर अपना स्वर बदला, ''बर्फ़ रहने दो, गरम पानी ले आओ !''

सामने रम की एक सीलबन्द बोतल रखी हुई थी।

''यह किसके लिए आई थी ?'' मैं सहसा ही सवाल कर बैठा। मेरी जिज्ञासा स्वाभाविक थी।

उसने मुझे इस तरह देखा जैसे कोई मैं फूहड़ सवाल कर बैठा होऊँ। तुम्हें इतना भी पता नहीं कि एक दिन तुम यहाँ आओगे और इसी तरह तुम्हारा स्वागत होगा। तुम स्वागत की इस भाषा में अजनबी हो ? मैं भी अभ्यस्त नहीं हूँ, शायद तुमसे भी ज़्यादा अजनबी हूँ।

अपनी नियति को कोई नहीं जानता। जो दूसरों की नियति जानता है, उससे अधिक ख़ौफ़नाक कोई नहीं हो सकता।बिन्दो को मेरी नियति का शायद बरसों से पता था। आँख उठाकर मैंने देखा, वह मेरे सामने, मेरी तक़दीर की तरह खड़ी थी।

गिलास में डालते हुए मैंने उसे 'और तुम ?' की दृष्टि से देखा। मेरा प्रश्न भाँपकर वह मुस्कुराई। शराब तसल्ली नहीं देती—तसल्ली के लिए मैंने कभी नहीं पी। वह नसों में गरमी पहुँचाती है। धड़कन में नई धड़कन पैदा करती है। थोड़ी देर तक घूँट लेते रहने के बाद, यह देखने के लिए कि क्या वह मुझे हिकारत से देख रही है, जब मैंने उसे कनखी से देखा तो पाया कि वह सारे दृश्य का मज़ा ले रही थी। उसकी अँगुलियाँ थिरक रही थीं।

अचानक पकड़ी जाने पर उसने अटपटाकर पूछा, ''कितने बजे हैं ?'' फिर अपने सवाल से स्वयं ही हतप्रभ होती हुई बोली, ''कोई जल्दी नहीं !''

मैं जानता था उसे कोई जल्दी नहीं। वह समझ चुकी है कि हर चक्र उसी जगह जाकर रुकता है जहाँ से आगे घूमने की शक्ति उसमें नहीं रहती है। उसे पता था कि मेरी प्रतिभा क्लान्त हो चुकी है और मुझे भी इसकी अनुभूति उसके आते ही हो चली थी जैसे रोगी को आसन्न मृत्यु का आभास होता है।

मगर शराब ने इस आसन्न मृत्यु को रोक दिया। भीतर सारा विप्लव जाग रहा था और बदन उत्तप्त हो चला था। बिन्दो के लिए जो भी क्रोध और नफ़रत थी, वह सतह को तोड़कर बाहर आने लगी थी। मैंने जल्दी-जल्दी शराब और भी ले ली !

यही मौक़ा है। फिर यह अवसर नहीं आएगा। नशे में मैं अपनी समरनीति तय करने लगा। इस वक़्त मैं बिन्दो को अपमानित कर दूँ, कुचल दूँ, तो वह पूरी तरह टूट जाएगी। उसके टूट जाने के ख़्याल से मुझे खुशी हुई।

''सिगरेट !'' मेरे मुँह से निकला। मेरी सिगरेट ख़त्म हुए बहुत देर हो चुकी थी

और अब रहा नहीं जा रहा था।

बिन्दो ने कहीं से लाकर तुरन्त हाज़िर कर दिया। तो यह इन्तज़ाम भी था। मगर अब उस पर मुग्ध होने का वक़्त नहीं—और न ही यह अवसर है। इस समय बिन्दो के सारे कौशल को चाक कर देना चाहिए। आगे बढ़ो ! मैंने स्वयं को प्रोत्साहित किया और अधिक नहीं करना पड़ा।

"घटिया !" मैंने चटखारा लेते हुए कहा।

"क्या ?" वह ज़रा-सी चौंकी।

"तुम घटिया हो !" मैंने धड़ल्ले से कहा और जानना चाहा कि उस पर क्या प्रतिक्रिया हुई।

उसकी आँखों में क्षण-भर को हिंसा की लपट उठी और बुझ गई। उसने अपने क्रूर, बर्बर आत्मा को जैसे मुट्ठी में दबा लिया। वह हँसी।

"तुम मुझे दोबारा नहीं कुचल सकतीं।"

"मैंने कहा न, क्या तुम पिछली बातें नहीं भूल सकते ?"

"नहीं भूल सकता।" मैंने सोचा था बिन्दो अब झल्ला पड़ेगी और मामला ठीक हो जाएगा। मगर वह झल्लाई नहीं। उसमें कोई बेचैनी भी पैदा नहीं हुई। उसकी आँखों में हल्का-सा दुःख नज़र आया। शायद वह पैदा हुई स्थिति से दुःखी थी।

"खाना तैयार है।" उसने पैंतरा बदला। मगर मैं भी तैयार था। "खाने में मेरी दिलचस्पी नहीं।" मैंने कहा, "मैं तुमसे साफ़-साफ़ बातें कर लेना चाहता हूँ।"

उसने कोई उत्तर नहीं दिया। उसके चेहरे पर घबराहट थी। शायद उसे यह उम्मीद नहीं थी। उसने नहीं सोचा होगा कि मैं उसे अचानक ही नंगा करने लग जाऊँगा। उसकी समझ में नहीं आ रहा था कि वह क्या करे। वह चाहकर भी, अब, इस स्थिति के नतीजों से बच नहीं सकती थी। उसकी परेशानी देख मैंने बरसों बाद अपने को ताक़तवर अनुभव किया।

"सुनो !" मैंने कहा, "तुम अगर समझती हो कि मेल हो सकता है, तो तुम्हें वहम है ! तुम जैसी औरत से किसी का प्रेम नहीं हो सकता। तुम तोड़ती हो। तुममें घमंड है। तुम अपने दर्प में किसी को नहीं पहचानतीं। तुम्हारे साथ बीता हुआ जीवन नरक था। मैं एक बार इस नरक से किसी तरह निकल आया। अब तुम दोबारा क्यों आई हो ? मुझे शान्ति से क्यों नहीं रहने देतीं। तुम जाओ या फिर मैं जाता हूँ।"
मैंने कड़वी बातें कहीं थीं। इतनी सारी बातें सुनने के बाद कोई भी स्त्री बिखर सकती थी। कमज़ोर स्त्री का हृदय तो हमेशा के लिए टूट सकता था। मगर बिन्दो अद्भुत स्त्री है। जैसे-जैसे मैं कहता गया वैसे-वैसे उसका चेहरा कठोर और भावहीन होता गया। जब तक मैं अपनी बात समाप्त करूँ तब तक वह उठ चुकी थी।

"खाना ठंडा हो जाएगा। ये सब बातें तो आप कल सवेरे भी कह सकते हैं।"

"मैं अभी कहूँगा, इसी वक़्त कहूँगा !" मेरी इच्छा हुई मैं चिल्लाकर कहूँ और उसे खींचकर एक तमाचा लगाऊँ। लेकिन वह मुझे सहारा देकर उठाने लगी थी। वह मुझे

यह अनुभव कराना चाहती थी कि मैंने ज़्यादा पी ली—यह बिन्दो के डिमॉरलाइज़ करने के कई तरीकों में से एक था। मैंने पी ज़रूर ज़्यादा थी। मगर हालत ऐसी नहीं हुई थी कि मुझे किसी का सहारा लेना पड़े।

ताव में आकर मैंने अपनी बाँहें छुड़ाई और गिलास में और भी रम डाल ली। सारा का सारा गिलास मैं लगभग एक घूँट में पी गया। अभी तक कलेजे में आग जल रही थी, इस घूँट ने अंतड़ियों में भी आग फूँक दी।

साथ लगे बाथरूम में घुसते हुए पैर एक बार ज़रूर लड़खड़ाए मगर विशेष नहीं। सब चीज़ें यन्त्र की तरह अपने-आप अपना काम रही थीं।

"मुझे भूख नहीं।" खाने की मेज़ पर बैठते हुए मैंने कहा। वैसे यह मैंने झूठ कहा था। मुझे भूख देर से लगी हुई थी और शराब ने और चीज़ों की तरह मुख को भी भड़का दिया था।

"खाना यह अच्छा बनाता है। इससे पहले कई अच्छी जगह रह चुका है। दो साल तक एक एम्बेसी में था।" वह बात को बार-बार खाने पर केन्द्रित करने का प्रयत्न कर रही थी। मैं समझ गया वह नहीं चाहती कि मैं पिछले प्रसंग पर वापस जाऊँ।

शायद खाना खिलाते वक़्त स्त्रियाँ बैर को भूल जाती हैं। उनका प्रेम खाना परोसते समय उमड़ आता है, बल्कि मैं तो यहाँ तक कहने को तैयार हूँ कि उसी समय उमड़ता है। बिन्दो इतनी आत्मीयता और तल्लीनता से, मेरे लिए प्लेटों पर सब्ज़ियाँ सजा रही थी कि मेरे मन में फिर सराहना का भाव पैदा होने लगा। मगर अब मैं भी कारीगर हो चुका था। मैंने अपनी भावना को तुरन्त दबा लिया।

अच्छी-ख़ासी दावत थी। शायद उसने नौकर को इस बीच आदेश दे दिया था। स्त्री के स्पर्श से भोजन में जो घरेलूपन आ जाता है वही इस खाने में था। बीच-बीच में वह मेरी प्लेट पर चपातियाँ, सब्जी, चटनी रखती जाती थी और स्वयं भी लेती जाती थी।

नखरा ! ढोंग ! पाखंड ! मैं अपने दिमाग़ से यह बात कभी नहीं निकाल सकता हूँ कि यह सब अभिनय है। बिन्दो मुझे बेवकूफ़ समझती है। बहरहाल, मैंने अपने अपमान का बदला ले लिया। एक नहीं, दो नहीं, तीन बार ! अब यह पछतावा नहीं रहेगा कि मैं कुछ नहीं कर सका ! मगर अब भी मेरे भीतर क्रोध शेष है। मैं इस विप्लव को सँभाल नहीं सकता—बिन्दो भी नहीं सँभाल सकती। उसने मुझे जिस तरह नष्ट किया उसकी प्रतिहिंसा कभी नष्ट नहीं हो सकती।

खाना खाकर उठते हुए मैंने एक बार दीवारों पर उड़ती हुई नज़र डाली। उन पर सम्पन्नता नहीं, मध्यवर्ग के अधूरेपन की छाप थी। यह अधूरापन बिन्दो के चेहरे पर भी था। मुझे नशे में देख उसका मुँह सिकुड़ा हुआ था। मुझे अपने पर गौर करता देख, उसने तुरन्त अभिनेत्री की तरह अपनी भंगिमा बदल दी और प्रफुल्ल लगने लगी।

सिर चकरा रहा था। खड़ा ही हुआ था कि इच्छा हुई बैठ जाऊँ। किसी तरह कमरे के अन्दर जा मैं सोफ़े पर पसर गया। उसने नज़दीक आकर कहा, "सिर दबा दूँ ?"

इस हालत में भी मुझ पर व्यंग्य किया जा रहा है ! बिन्दो काटने से बाज नहीं आ सकती। मैंने कोई उत्तर नहीं दिया था, तब भी वह मेरे पास खड़ी हुई थी। मुझे फिर उसे गालियाँ देने की तबीयत होने लगी थी। घमंडी ! धोखेबाज़ !

"तुम थोड़ी देर लेट जाओ।" उसने मेरा माथा दबाते हुए कहा। शायद मेरी आँखें देखकर उसे भय हुआ होगा। "आँखें मूँद लो तो अपने-आप नींद आ जाएगी।" उसने मुझे बच्चों की तरह समझाने का प्रयत्न किया।

मेरा शरीर शिथिल पड़ने लगा था और मैं अपने-आप सोफ़े पर पसरने लगा था। मैंने ज़्यादा पी ली है। ऐसा पहले भी हुआ है, मगर इतना नहीं। शायद यह पीने से नहीं किसी और कारण से हुआ है। मैं बिल्कुल नहीं चाहता था कि मुझे बिन्दो का सहारा लेना पड़े—वह मुझे सहानुभूति देने की स्थिति में हो। मगर जो-जो मैं नहीं चाहता हूँ, वही हो रहा है।

उसने बिस्तर से उठकर तकिया मेरे सिर के नीचे रख दिया और मैं लगभग पड़ गया था। बिजली की तेज रोशनी में आँखें चौंधिया रही थीं और अर्द्धचेतन मस्तिष्क में सैकड़ों धब्बे सिकुड़ और फैल रहे थे। नशे में प्रतिहिंसा स्वप्नचित्र का रूप बदलकर आती है। मेरे दिमाग़ में केवल एक ही तस्वीर थी और वह थी बिन्दो को नष्ट करने की।

शराब ने भीतर भयानक बेचैनी पैदा कर दी थी और आँखों से जो कुछ भी नज़र आ रहा था वह धुँधला और अस्पष्ट था। मैं एक अपंग की तरह पड़ा हुआ था और बिन्दो मुझसे थोड़ी ही दूर पर खड़ी कपड़े बदल रही थी, नंगी हो रही थी। मेरे होने का शायद उसके लिए कोई विशेष अर्थ नहीं।

जो स्त्री मेरे सामने बराबर नंगी हुई हो, उसके एक बार और निर्वसन होने से मुझे अचम्भा नहीं होना चाहिए था। मगर सम्बन्धों के टूट जाने के बाद मर्यादा की दीवार फिर खड़ी हो जाती है और उसके बाद सब कुछ केवल आड़ में हो सकता है। बिन्दो ने दीवार फिर तोड़ दी।

कभी-कभी आसमान पर थूकने की, चींटी को कुचलने की और ज़ोर से चिल्लाने की इच्छा होती है। रोशनी में उफनते हुए, ठीक ऐसी ही इच्छा हो रही थी। मगर मैं चिल्ला नहीं रहा था, रो रहा था। गर्म आँसू मेरे गालों पर लुढ़क रहे थे। चेहरा मैंने दीवार की ओर कर लिया था ताकि बिन्दो मेरी यह हालत देख न सके। अगर मेरा बस चलता तो मैं बिन्दो का गला घोंट देता।

आख़िर विवेक ने भी धोख दिया। मुझे जहाँ नहीं पहुँचना था, मैं वहीं पहुँचा; मुझे जो नहीं होना था, मैं वही हुआ। आत्मग्लानि के और भी क्षण आए हैं, मगर अपने-आपको लेकर इतना पश्चात्ताप कभी नहीं हुअ। आँसू केवल इसकी एक अभिव्यक्ति हैं। अधिकतर भीतर ही रह जाता है। मैं बिल्कुल कातर हो चुका था—केवल ज़रा-से धक्के की ज़रूरत थी। दूसरों को कुचलने का हौसला रखनेवाला स्वयं कितना कुचला हुआ हो सकता है, इसका अन्दाज़ा मुझे देखकर लगाया जा सकता था।

रात को लगभग बारह बजे अचानक आँख खुलने पर मैंने पाया मैं कहीं और पड़ा हूँ। यह सोफ़ा नहीं था जिस पर मैं हारकर पड़ गया था। यह बिन्दो के पलंग का पायताना था। मैं बिन्दो के पैरों में पड़ा हुआ था।

बिन्दो के सिरहाने एक छोटा-सा बल्ब जल रहा था जिसका नीला प्रकाश बिस्तर पर पड़ा था। मेरे जागने से बिन्दो भी हड़बड़ाकर उठ बैठी।

'मैं यहाँ कैसे पहुँचा ?'' मैंने निर्विकार पूछा।

''तुम बड़ी देर तक माफ़ी माँगते रहे, फिर यहाँ गिर पड़े।''

''यहाँ कहाँ ?''

''पैरों पर।'' बिन्दो ने डरते हुए उत्तर दिया। उसकी आँखों में सचमुच भय था। मैंने स्वयं अपनी स्तब्धता तोड़ते हुए पूछा, ''क्या कहा था, मैंने ?''

''तुम बड़ी देर तक बड़बड़ाते रहे।'' वह फिर डरती हुई बोली।

''क्या बड़बड़ाता रहा मैं ? बताती क्यों नहीं हो !'' मुझे झुंझलाहट हो आई थी।

''तुम बार-बार माफ़ी माँगते रहे। तुमने मुझसे कहा, 'तुमने मेरे प्यार को कभी नहीं समझा और अभी भी नहीं समझ रही हो।' मैंने बार-बार तुम्हें समझाने की कोशिश की। मगर हर बार तुम उठ-उठकर मेरे पैरों पर गिर जाते और कहते थे, 'मुझे माफ़ करो। मुझे छोड़कत मत जाओ। मैं तुम्हारे बिना नहीं रह सकता—मैंने प्रयत्न कर देख लिया। तुम नहीं जानतीं मैंने ये इतने साल कैसे बिताए। तुम जैसा चाहोगी मैं वैसे निभाऊँगा। मुझे मत छोड़ो'।'' यह कहकर बिन्दो ने अपनी नज़रें झुका लीं। मैं भी उससे आँख नहीं मिला पा रहा था।

''एक बार मैंने तुम्हें उठाकर ठीक से लिटाना भी चाहा।'' उसने निगाहें झुकाए हुए ही कहा, ''मगर तुमने मुझे धकेल दिया। तुमने कहा, 'मैं इसी लायक हूँ। मुझे यहीं पड़ा रहने दो।' तुम्हें नींद आ जाने के बाद मैंने दोबारा प्रयत्न किया। मगर तब भी तुमने मेरा हाथ झटक दिया।''

फिर उसने धीरे से कहा, ''माफ़ी चाहती हूँ।'' वह अपने को अपराधी अनुभव कर रही थी।

उसने नींद में ही मेरा कोट और टाई उतारकर अलग रख दी थी। शरीर पर कमीज़ और पैन्ट के अलावा कुछ नहीं था। मुझे लिहाफ़ ओढ़ा दिया गया था, इसलिए इस सारे समय में मैं सर्दी से मुक्त रहा। कुछ शराब की भी गर्मी रही होगी।

''तुम्हारे पास सिरदर्द के लिए कुछ है।'' मैंने कहा और वह उठकर पास पड़ी एक अटैची खोलने लगी।

वह लगभग नंगी थी। केवल एक पेटीकोट और ब्लाउज़ उसे ढँके हुए थे। मैंने जुर्म किया है। मैं एक पराई स्त्री के साथ इतनी देर सोता रहा और मुझे पता भी नहीं। हद है ! जुर्म का अनुभव मैं कर रहा था, बिन्दो नहीं। वह बेलाग थी। इसका मतलब है उसके मन में यह परायापन नहीं। तो फिर क्या चीज़ एकतरफ़ा है, प्रेम या परायापन ?

एक तो मैं बिन्दो के साथ इतनी देर सोता रहा, दूसर मैंने उससे माफ़ी माँगी, यह

ख़्याल मुझे साल रहा था।

आख़िर यह कैसे हुआ ? जिस स्त्री से मैंने घृणा की, जिसे मैंने कुचलना चाहा, जो मेरी निगाह में टुच्ची थी, मैंने उसी के चरण पकड़े, उसी से प्रेम की भीख माँगी।

वह मैं था या वह मेरी प्रेम-छाया थी ? मैं अपनी ही निगाह में गिर गया। शायद बिन्दो की भी निगाह में मैं गिर चुका हूँ। मगर मैं सचमुच ही उससे प्रेम चाहता हूँ तो क्या कोई स्त्री ऐसे पुरुष को प्रेम देगी जो उसके पैरों पर गिरता हो !

यह बिल्कुल झूठ है कि मैं बिन्दो के बिना नहीं रह सकता। जैसे कोई अपने मन में मन्त्र दुहराता है या सबक रटता है, ठीक वैसे ही मैंने मन-ही-मन कहा। मगर यह दुहराते हुए मन आशंकाग्रस्त था। भीतर कोई कहता था कि यही सच है। तुम बिन्दो के बिना नहीं रह सकते। अपने को अब और अधिक मत आजमाओ।

मैंने अपनी आँखें मूँद लीं और इस सारी घटना को भूलने का प्रयत्न किया। मगर आँखें बन्द करने पर वह अभिशप्त तस्वीर और भी साफ़ होकर आ गई। किस तरह मैं बिन्दो के पैरों पर गिरा, किस तरह मैंने उससे माफ़ी माँगी, कैसे रोया, यह सारा दृश्य-क्रम घुमड़ने लगा।

मनुष्य का इससे बड़ा अपमान और क्या हो सकता है ! बिन्दो भी यह नहीं देख सकी उसने ठीक ही कहा कि उसने मुझे बार-बार उठाने की कोशिश की। मगर मैं उसके पैरों पर गिरता रहा, अपने को इसी लायक करार देता रहा। मैंने अपने माथे पर अपना हाथ फेरा। मुझे लगा बिन्दो नंगी नहीं हुई है, दरअसल मैं नंगा हुआ हूँ।

बिन्दो ने मुझे टिकियों के साथ पानी का गिलास थमाते हुए कहा, "किस सोच में पड़ गए !"

"कुछ नहीं।" मैंने टिकियाँ निगलते हुए कहा।

"तुम मुझे पराया समझते हो, न ?" उसने अपनी नींद से जागी आँखें मेरी आँखों में डालीं। "मैं इस सारी देर में सोती नहीं रही, तुम्हारा ही ख़्याल करती रही !"

शायद बिन्दो सच कह रही थी। मगर मैं उस समय सच सुनना नहीं चाहता था। मैं नहीं चाहता था कि मुझे यह विश्वास होने लगे कि बिन्दो मुझे सचमुच चाहती है। मैं अपनी आख़िरी लड़ाई लड़ रहा था।

वह पलंग पर मेरे नज़दीक बैठ गई थी और अपनी बाँहें मेरे गले में डाल दी थीं। "तुम मुझे पराया क्यों समझते हो ?" उसने दोबारा कहा।

बिन्दो के स्वर में आत्मीयता थी। स्त्री की बाँहें बता देती हैं उसका यह आलिंगन झूठा है या सच—आलिंगन का झूठ सबसे पहले पकड़ में आता है। मगर इस क्षण बिन्दो के आलिंगन में झूठ नहीं था। और हो भी तो क्या फ़र्क पड़ता है।

बिन्दो ने मेरी ठोड़ी पर अपनी तर्जनी रख दी थी। वह मुझे प्यार कर रही थी। मुझ पर उसका कोई असर न देख उसने कहा, "मुझे माफ़ कर दो। मुझे पता है तुम्हारा अपमान हुआ है। मैं यह नहीं चाहती थी। तुमने स्वयं ज़िद की।"

मुझे तब भी चुप पा वह उठी। "मुझे माफ़ नहीं करोगे। लो मैं तुम्हारे अपमान

का बदला चुका देती हूँ।'' यह कहकर वह मेरे पैरों के पास बैठ गई। फिर उसने अपना सिर मेरे पैरों पर रख दिया। हड़बड़ाकर मैं उठा। ''यह ठीक नहीं।'' मुँह से निकला। मैंने नहीं सोचा था कि मेरे अपमान का बदला इस तरह चुकाया जाएगा।

मैं बिन्दो के पैरों पर गिरा, इससे मेरा जो अपमान हुआ उसके लिए वह ज़िम्मेदार नहीं थी। वह शायद अपने को इसके लिए अप्रत्यक्ष दोषी ठहरा सकती थी। मगर मैं उसे अप्रत्यक्ष भी मुजरिम करार नहीं दे सकता था। जो कुछ हुआ था उसके लिए केवल मैं ज़िम्मेदार था। फिर बिन्दो मुझसे माफ़ी क्यों माँग रही थी।

जब भी कातर स्त्री को उठाया जाता है, तब वह उम्मीद करती है कि उसे सीने से लगाया जाएगा। इस तरह उठकर वह एक नाचीज़ से इन्सान बनती है और उसके बाद वह प्रेम में अपना बराबरी का हक़ हासिल करती है। मुझे चाहिए था कि मैं बिन्दो को उठाता और उसे दर्जा देता। मगर इसके बजाय मैं छिटककर दूर हो गया, जैसे मेरे क़दमों पर कोई हत्या हुई।

बिन्दो एक बार तिलमिलाई। फिर वह स्वयं ही उठी। उसने मेरे संकट को समझ लिया था। वह जान गई कि मुझसे यह नहीं होगा। बल्कि इसके ठीक उल्टा होगा। मुझे उठाना होगा।

मेरे और उसके बीच मौन फिर आकर बैठ गया था। केवल मेज़ पर रखी घड़ी, जिसका डायल चमक रहा था, टिक-टिक कर रही थी। उसकी सुइयाँ आँखों को, बल्कि कलेजे को, चुभ रही थीं। खिड़की के बाहर लॉन पर अन्धकार था। सड़क पर थोड़ी-सी रोशनी थी जो कुछ जगह घेरे खड़ी हुई थी।

''आज ठंड ज़्यादा है !'' यह कहकर वह खिड़की तक गई, बाहर देखा और खिड़की का पल्ला बन्द कर दिया। चटाख की आवाज़ हुई और फिर उसी मनहूस और डरावनी चुप्पी ने घेर लिया।

''बत्ती बुझा दूँ।'' उसने कहा।

''नहीं, रहने दो।'' अगर यह थोड़ी-सी रोशनी भी नहीं रही तो मैं बिल्कुल ही डूब जाऊँगा।

बिस्तर पर बिन्दो पूरी तरह लेट गई थी। मैं पलंग पर अब भी बैठा हुआ था। इच्छा तो हो रही थी कि दूर जाकर सोफ़े पर बैठ जाऊँ; मगर ठंड के कारण हिम्मत नहीं हो रही थी। यहाँ लिहाफ़ की गर्मी शरीर को बचाए हुए थी।

बिन्दो ने हाथ बढ़ाकर मुझे अपनी ओर खींचा। ''ठीक से सो जाओ।'' वह मुझे बच्चे की तरह दुलार रही थी। यह दुलार बुरा नहीं लगा। बिन्दो जान भी गई थी कि इस समय मुझे इसी की ज़रूरत है।

मैं लगभग उस पर झुक गया था। उसने मुझे अपनी ओर और भी खींचा और अपने ओंठ मेरे ओंठों पर रख दिए।

पहले ऐसा नहीं होता था। उन दिनों मुझे शुरुआत करनी पड़ती थी। बिन्दो को तैयार करना पड़ता था। कभी-कभी मुझे लगता था कि बिन्दो को 'आर्गेज़्म' नहीं होता।

बाद में उसने स्वयं ही मेरी शंकाएँ दूर कर दीं। उसने बताया कि वह मुझे सताने के लिए ऐसा करती है।

मध्ययुगीन मन्दिरों की दीवारों पर उत्कीर्ण अप्सराओं के याचना भरे मुख और प्यासे ओंठों को ऊपर उठा हुआ देखकर मन में अनुपम सौन्दर्य पैदा होता है। मगर स्वयं अपने जीवन में ऐसा प्रसंग आने पर सुन्दरता नहीं, अन्धकार पैदा होता है। मोह, प्रेम और अन्धकार शायद तीनों ही उस आवेग का उत्कर्ष हैं जो कि स्नायु या मस्तिष्क में हिरण की तरह चौकड़ी भरता है।

बिन्दो ने अपने शरीर को ढीला छोड़ दिया था। उसका बदन मेरे सामने नंगा पड़ा हुआ था। शरीर के सारे कपड़े उतर चुके थे। अब कुछ भी नहीं बचा था। बिन्दो की नग्नता हमेशा ही अनिंद्य रही है। वह लोभ पैदा करती है। साधारण स्त्रियाँ जब नग्न होती हैं तब लगता है वे अपने को उघाड़ रही हैं। बिन्दो के साथ कभी ऐसा नहीं हुआ। जब वह निर्वसन होती तो लगता स्नान के लिए कुंड में उतरने जा रही है।

मैंने पाया, उसके शरीर का उतार अभी शुरू नहीं हुआ है—वक्ष ज़रूर भारी हो गए हैं। उन पर हाथ पड़ते ही वे ज़रा-सा फड़फड़ाए। बिन्दो की आँखें खुलीं और झपकीं। उनमें शर्म अब भी बाकी है।

वह आँखें मूँदे-ही-मूँदे मुस्कुराई। फिर तकिए के बल उठी और मेरे सीने पर अपना कपोल चिपका दिया।

"यह कमीज़।" वह फुसफुसाई। "मगर रहने दो। तुम्हें सर्दी लग जाएगी।"

"नहीं, मुझे सर्दी नहीं लगेगी।" मैंने कहा और कमीज़ उतारने लगा। उसे निर्वसन और स्वयं को वस्त्रों में देखकर अपनी ग़लती का अनुभव हुआ।

"तब ठहरो। मैं इन्तज़ाम कर देती हूँ।" यह कहकर वह उठी और नग्न ही चलती हुई बगल के कमरे में गई। वहाँ से दो हीटर लाकर उसने कमरा गरम होने के लिए रख दिए।

स्त्री को कमरे में नग्न चलते देखना अपने-आप में एक अनुभव है। समूची स्त्री सजीव होती है। प्रत्येक अंग का अपना सहज विन्यास होता है और कमर से ऊपर और नीचे की बनावट में एक विचित्र विरोध होता है जिससे एकरसता नष्ट होती है और स्त्री का शरीर और भी लुभावना प्रतीत होता है।

निर्वसन खड़ी हुई स्त्री साम्राज्यों को नष्ट करने की क्षमता रखती है। पुरुष का सारा मनोबल, लाख की मीनार की तरह, पिघलकर गिरता है और जैसे-जैसे पुरुष गिरता जाता है गर्वीले स्त्री-शरीर का सौन्दर्य और भी निखरता जाता है।

वस्त्र न होने के कारण दो बड़े-बड़े हीटरों की आँच अब सीधे बदन तक पहुँच रही थी। पलंग पर मुझसे लिपटकर बैठी हुई बिन्दो की पीठ पर बल्ब की नीली रोशनी और वजनी जँघाओं पर हीटर की आँच, सुर्ख पताकाओं की तरह पड़ रही थी।

मैं उसकी पीठ पर हाथ फेर रहा था और वह मुझसे और भी चिपटती जाती थी। वह मेरे शरीर में ही प्रवेश कर जाना चाहती थी। इस तरह उद्दाम मैंने बिन्दों को कभी

नहीं देखा था। उसे इस तरह देखकर कुछ अटपटा भी लगा। मगर वह जो कुछ कर रही थी वह बिल्कुल सहज था। इस बारे में हमेशा से मेरी यह धारणा रही कि स्त्री को, देते समय, पूरी तरह अपने को भुला देना चाहिए। शायद अधिकतर भुला नहीं पातीं—कम-से-कम बिन्दो नहीं भुला पाती थी।

वह अपने को दबाती थी। जब बहुत खुलती थी तो मुझसे अपने वक्ष चूमने के लिए कहती थी। उसके कन्धों से जीभ फिराता हुआ मैं उसके वक्षों को चूमता तब वह पुलकित होकर मेरे शरीर में समा जाती थी।

अबके बिन्दो को नहीं कहना पड़ा। मुझे पुरानी बात याद आ गई और मैं उसे समुद्र के थपेड़ों में फेंकने के लिए तट की ओर ले जाने लगा। पुलक में बिन्दो ने अपनी पलकें बन्द कर ली थीं।

केवल यही क्षण स्त्री के प्यार का होता है, और कुछ नहीं। केवल इसी समय वह पराधीन होती है—पुरुष उसका भाग्यविधाता होता है। बिन्दो ने एक बार फिर मुझे अपना स्वामी मान लिया। मैं उससे बदला ले रहा हूँ। या वह मुझसे बदला ले रही है ? मैं चौंका। मेरा हाथ ठिठका। ''क्या सोचने लग गए ?'' बिन्दो ने अपना मुँह छिपाए हुए पूछा।

''कुछ नहीं। ज़रा सिगरेट देना।'' मैं चाहता तो स्वयं ही उठकर सिगरेट ले सकता था। मगर मेरा स्वामित्व जाग उठा था। बिन्दो को आदेश देकर तृप्ति हुई।

वह उठकर सामने पड़ा पैकेट ले आई। जब मैंने उसमें से सिगरेट निकाल ली तो उसने माचिस की एक तीली से उसे सुलगा दिया। माचिस की रोशनी में मैंने देखा, उसका चेहरा लाल था, शर्म से, रोशनी से, या क्रोध से ?

मेरा हाथ लिहाफ़ पर पड़ा था। वह उसी पर आकर बैठ गई। उसके कूल्हों का दबाव मैंने महसूस किया। यह दबाव अच्छा लगा। हाथ हटाने की इच्छा नहीं हुई।

''तुम्हारा शरीर फैल गया है।'' मैंने कहा।

''ऊँ ?'' वह कुनकुनाई।

''तुम पहले से भारी हो गई हो।'' उसका शरीर सचमुच मांसल था। वैसे दूर से वह लगती नहीं थी।

उसने 'कोई जुर्म हो गया क्या ?' की दृष्टि से देखा। फिर अपने सारे शरीर का वज़न मुझ पर छोड़ दिया। यह भारी दबाव गुदगुदी पैदा करता है और स्नायुओं में रक्त की गति तेज़ करता है।

वह मुझे ताबड़तोड़ चूम रही थी। मैं अपनी जगह पर पड़ा हुआ था। मेरी ओर से कोई चेष्टा नहीं थी। अचानक उसने मेरी कान की लोर को मसला जैसे मेरे कान उमेठ रही हो। मुझे तकलीफ़ हुई।

''यह क्या कर रही हो ?'' मैं झुँझलाया।

''मैं देख रही थी कि तुम सो गए या जाग रहे हो ?'' वह खिलखिलाकर हँसी। ''लगता नहीं कि तुम जाग रहे हो ?'' उसने कहा, ''लगता है, केवल मैं जाग रही हूँ।''

उसने कनखी से मुझे देखा।

यह बात सही नहीं थी। मैं निस्पन्द अपने-आप नहीं, बल्कि जान-बूझकर हुआ था। और यह बात वह समझ गई थी। अपनी भाषा में वह मुझे चुनौती दे रही थी। उसकी स्त्रियोचित चतुराई पर मुझे हँसी आ गई।

उसने मेरे सारे शरीर पर क़ब्ज़ा कर लिया था और विजेता की दृष्टि से मुझे देख रही थी। वह किस तरह छली जा रही है—मुझे छलने के प्रयत्न में। मैंने सोचा।

वह किशोरी की तरह मचली, "तुम वायदा करो। अबकी बार नहीं छोड़ोगे।" जिस स्त्री के पैरों पर गिरकर, अभी कुछ देर पहले, मैं प्रार्थना कर रहा था, वह मुझसे आश्वासन माँग रही है ! अजब गोरखधन्धा है।

शायद वह मेरे भीतर के पुरुष और अपने अन्दर की स्त्री को जगाकर, सामान्य स्त्री-पुरुषों के जीवन का कौतुक देखना चाहती है। मगर क्या हम, चाहकर भी, सामान्य स्त्री-पुरुष हो सकते हैं ! बिन्दो के लिए ज़िन्दगी लिबास है, मगर मेरे लिए ? मैं जैसा नहीं हूँ, क्या मैं वैसा हो सकता हूँ। "तुमने कुछ कहा नहीं।" बिन्दो ने आशंका-भरी दृष्टि से मुझे देखा !

"अच्छा रहने दो। शायद मुझे यह सवाल नहीं करना चाहिए था !" मैंने सोचा था बिन्दो ने रूठकर यह कहा होगा। उसके रूठने के ख़्याल से मुझे डर हुआ। रूठने का मतलब है मुझे उसे मनाना पड़ेगा यानी वह मेरे लिए अर्थ रखती है !

"तुम बहुत बदल गए हो।" उसने अपनी नंगी छातियों के बीच सेमल की रूई का मुलायम तकिया रख लिया था। "अब तुम्हें गुस्सा नहीं आता, नफ़रत नहीं होती। बातें भी कम करते हो। तुम सचमुच बदल गए हो !"

'तुम्हीं ने सिखाया है !' मुझे कहना चाहिए था। यह सही है कि उन दिनों की तुलना में मैं संयत था। मगर क्या मुझे यह संयम ही प्राप्त करना था ? आदमी किसी और चीज़ के लिए बड़ी-से-बड़ी कीमत चुकाता है, यहाँ तक कि अन्त में वह एकदम ही विपन्न हो जाता है। मगर अन्त में जो चीज़ मिलती है, उसे प्राप्त करना शायद उसका कभी लक्ष्य नहीं होता।

मैं जानता था उसने यह प्रशंसा-भाव से नहीं कहा था। इसमें सराहना न होकर, ऊब थी। उसे घुटन का अनुभव हो रहा था। पहले तकरार होती थी और उससे घुटन टूट जाती थी। कलह तोड़कर जोड़ देती थी।

उसने एक बार और ज़ोर लगाया। मुझे उत्तेजित करने के लिए वह फिर मेरे बदन से बुरी तरह चिपक गई थी। उसके जिस्म में आँच थी, जो मुझे अच्छी लग रही थी।

कई साल पहले जब बिन्दो से मेरा परिचय नहीं हुआ था, मैंने एक बड़ी उम्र की सोहबत की थी। वह कई लोगों से होते हुए मेरे पास आई थी। स्त्री के शरीर का पहला स्वाद उसी से मिला था। पहली स्त्री का शरीर ही, चाहे वह चली हुई ही क्यों न हो, अपने आनन्द की स्मृति छोड़ देता है। उसे देखकर मेरे मन में कभी कुछ नहीं उपजा। शायद उसे भी इस सम्बन्ध में कोई भ्रान्ति नहीं थीं।

मेरे नीचे पड़ी हुई, वह जब भी मुँह उठाकर मुझे चूमती, मेरे दिमाग में हपेशा एक ही दृश्य आता : कुतिया अपनी कृतज्ञता और पुलक में गरदन उठाकर कुत्ते को चाट रही है। एक दिन उसी स्त्री ने इसी तरह चूमते हुए मुझसे कहा था, 'यू विल मेक ए वंडरफुल लवर !' प्रेम के रास्ते पर मुझे किसी सभ्य लड़की ने नहीं बल्कि एक गलीज़ स्त्री ने बढ़ाया। उसी ने मुझे पहली बार अनुभव कराया कि आदमी को प्रेम की भी ज़रूरत होती है !

मेरे मन में उस स्त्री के लिए दया पैदा हुई थी, जो अब भी है। उसे अपने बारे में कोई भ्रम नहीं था। उसने पहले ही मान लिया था कि वह मेरे लायक नहीं थी। उसने कोई नखरा नहीं किया। ढोंग वह कर सकती थी—मगर वह शायद इसकी उलझनों को अपने अनुभव से समझती थी। उसके-मेरे सम्बन्ध साफ़ थे। उनमें अपराध कहीं नहीं था !

मगर बिन्दो की सोहबत दूसरी तरह की थी। उसमें माँग होती थी। इस समय यह माँग और भी प्रबल थी।

मैंने उसके खुरदुरे कूल्हों पर हाथ फिराया और अपनी अँगुलियों से उसकी आँखें बन्द कर दीं। उसकी आँखों में प्रेम नहीं, भय था। मगर जैसे इस भय से लड़कर उबरते हुए उसने आँखें खोल दीं और अपनी दृष्टि मुझ पर टिका दी।

सूखे कंठ, हकलाती हुई वह बोली, "तुमने तो समाधि ही ले ली।" उसका हाथ मेरी जँघा पर था। उसका आरोप ग़लत नहीं था। पुरुष के उत्तेजित न होने का अन्तर सबसे पहले औरत ही समझ में आता है।

"नहीं, ऐसी बात नहीं !" दरअसल मैं स्वयं अपने को जाग्रत करने का प्रयत्न कर रहा था। मगर निष्फल ! 'ज़रा पानी पिलाओ।" मैं स्वयं सूखा अनुभव कर रहा था।

वह उठकर पानी लाने गई और मैंने बत्ती बुझा दी। शायद यह रोशनी के कारण हो ! अचानक सामना पड़ जाने के कारण हुआ होगा।

दूसरे कमरे से पानी लाते हुए उसने कहा, "बत्ती क्यों बन्द कर दी ! मुझे कुछ दिखाई नहीं दे रहा।" क्या वह मेरी कापुरुषता को, जिसे मैं संयम कहकर छिपा भी सकता हूँ अपनी आँखों देखना चाहती है ?

पानी पीकर कुछ तसल्ली हुई। अपने मन का डर दूर होने लगा। ऐसा कभी नहीं हुआ और आज भी नहीं होगा। मुझे उस स्त्री की बात याद आई, 'यू विल मेक ए वंडरफुल लवर !' वह मेरी पीठ से अपना सीना सटाए बैठी हुई थी। उसकी भारी वक्षों का बोझ मुझे अच्छा लग रहा था। लगता था, वह इसी तरह बैठी रहे ! फिर मैंने लिहाफ़, जो शरीर पर बेतरीके पड़ा हुआ था, पूरी तरह खींच लिया और उससे उसे और स्वयं को पूरी तरह ढँक लिया।

रक्त में चींटियाँ चली आ रही थीं। धीरे-धीरे चींटियों का यह जुलूस सारे शरीर में फैल गया। कान गरम हो गए और मांसपेशियाँ उछलने लगीं। बिन्दो को मैंने जकड़ लिया था।

जिस स्त्री का दर्प मुझे चकनाचूर करता था, जो स्त्री मुझे छोटा अनुभव कराती थी, वह मेरी मुट्ठी में है। कुछ ही क्षणों में मैं उसे कुचल डालूँगा, उसकी धज्जियाँ उड़ा दूँगा, उसकी आत्मा को, जिसे उसने सहेजकर रखा है, तहस-नहस कर दूँगा। क्या वह उसके बाद रोशनी में मुझसे आँखें मिला सकेगी ? या अपने को इस अन्धकार में छोड़ जाएगी ?

बिन्दो को देखने की लालसा एक बार फिर तीव्र हो उठी। मैंने ही रोशनी गुल की थी; मैंने ही हाथ बढ़ाकर बत्ती जला दी। बिन्दो ज़रा चौंकी। बात उसकी समझ में आई नहीं। मैंने सोचा कि बिन्दो के चेहरे पर आतंक होगा। मेरा अनुमान सही निकला। सचमुच ही उसके चेहरे पर दहशत थी। बल्कि सारा शरीर ही अकड़-सा गया था। अपने को देने का भय शरीर को बेढंगा, मुख को कुरूप और व्यक्तित्व को टेढ़ा कर देता है। जब पहली बार बिन्दो के साथ यह हुआ था तब वह बिलकुल सहज लगा था—उसमें एक स्कूल की लड़की का डर था। मगर इस समय यह एक जुआरी का भय लगता था।

अगर बिन्दो मुझे पढ़ पाती तो उसे मेरे व्यक्तित्व में अपने से कहीं ज़्यादा सलवटें नज़र आतीं। मगर वह इस समय, परिणति के अन्तिम क्षण में, अपने ही भय में इतनी सिकुड़ गई थी कि उसकी पुतलियाँ छोटी हो गई थीं और उसमें कुछ भी चैतन्य नहीं रह गया था।

आदमी ही स्त्री को मूर्च्छा से जगाता है और एक दूसरे मूर्च्छा लोक में भेजता है। स्त्री में प्रवेश कर वह स्वयं को प्रमाणित और स्त्री को आश्वस्त करता है।

साँस लेते हुए उसका कंठ घरघरा रहा था, ब्रोंकाइटिस के मरीज़ की तरह। इस प्रतीक्षा को तोड़ना ही था। ज़रा-सा ज़ोर और वह जाल टूट जाएगा, जिससे छनकर रोशनी और अन्धकार दोनों ही भीतर जाते हैं।

उसने फिर अपनी आँखें बन्द कर ली थीं। वह सिहर रही थी। उसका शरीर इस शरीर से गुँथ गया था। मेरी और उसकी हिंस्र छटपटाहट में लिहाफ़ खिसककर ज़मीन पर जा गिरा।

मुझे नहीं पता था कि मैं इतनी जल्दी फ्यूज हो जाऊँगा। वह तब भी मुझे ताक़त से पकड़े हुए थी। बहुत दिनों से रुका हुआ उबाल एकबारगी ही खत्म हो गया। पहले भी दो-एक बार ऐसा हुआ है मगर मैंने अपने को छोटा अनुभव नहीं किया। आज जब मैं उसे लगभग जीत चुका था, इस जगह जाकर हार गया।

मैंने सोचा वह मुझे हिकारत से देखेगी और मैं उससे आँखें मिला नहीं पाऊँगा। इसलिए मैं मन-ही-मन बात बनाने लगा। मगर वैसी कोई बात नहीं हुई। बिन्दो ने मुझे प्रेम से देखा। उसमें कोई शिकायत नहीं थी। क्या वह मुझे हिम्मत बँधा रही है ?

क्या वह केवल इतना ही चाहती थी ? मुझे डर लगा। कहीं ऐसा तो नहीं कि बिन्दो केवल रस्मअदायगी चाहती थी। उसे सुख की उतनी अभिलाषा नहीं।

शायद यही सच था, क्योंकि उसके बाद बिन्दो ने कोई प्रयत्न नहीं किया। उसने तौलिया मेरी ओर बढ़ा दिया। इतनी सर्दी में बाथरूम जाने की इच्छा नहीं थी। उसने

ताड़ लिया।

"गरम पानी का नल है !" उसने कहा।

वह सोचना चाहती थी। यह कैसे हो सकता है। इसमें ज़रूर कोई छल है ! मेरा दिमाग़ फिर बेचैन होने लगा था। उसकी निश्चिन्तता समझ में नहीं आ रही थी।

वह कपड़े पहनने की तैयारी कर रही थी। पेटीकोट उसने अपनी ओर खींच लिया था।

"रहने दो।" मैंने कहा।

"क्यों ?"

"ऐसे ही।"

उसने इस तरह देखा जैसे सवाल कर रही हो, क्या रात-भर ऐसे ही चलेगा ? हाँ चलेगा ! मेरी तबीयत हुई कहूँ।

"लिहाफ़ खींच लो।" मैंने कहा। उसने मेरा आदेश मानते हुए ज़मीन पर पड़ा लिहाफ़ खींच लिया। मैंने उसका और अपना शरीर गरम रजाई से ढँक दिया।

बिन्दो में फिर कपट जाग उठा है, बल्कि यह सारा स्वाँग ही इसलिए था ! वह मुझे यहाँ भी फ़िज़ूल साबित करना चाहती है ! मैं फिर चक्कर खाने लगा था ! क्या मैं उसके बारे में ग़लत सोच रहा हूँ।

अपने को तैयार करते बहुत वक़्त नहीं लगा। मैं प्रतिहिंसा के साथ तैयारी कर रहा था। उसके बगल में पड़े हुए मैंने उसे एक झटका दिया, जिससे उसकी बन्द पलकें खुल गईं। ये सब नखरे हैं। मैंने मन-ही-मन कहा।

उसने 'हाँ' या 'ना' कुछ भी नहीं की, निश्चेष्ट पड़ी रही। ठंडी, मरी हुई स्त्री ! कुछ समय पहले मैं मरा हुआ था, अब वह। मैं कुछ कहने जा रहा था। उसने मेरे ओंठों पर अपना हाथ रख दिया। इस समय कुछ कहने से ज़ायक़ा ख़राब होगा !

वह जानती है, मैंने सोचा, कि मैं दोबारा देर तक टिकूँगा। और वह यह नहीं चाहती। मैं विजेता होकर उभरूँ, यह उसे बरदाश्त नहीं। वह मेरा यह रूप देखना नहीं चाहती क्योंकि वह मुझे इस रूप में स्वीकारना नहीं चाहती।

उसकी तन्द्रा को मैंने ताड़ दिया था। उसे जगाकर मैं उसे झँझोड़ रहा था। उसने एक बार मुग्ध होकर मुझे देखा, फिर बोली, "कुछ कल के लिए भी रखोगे या सब आज ही ख़त्म कर दोगे !"

मैं उसे थकाए जा रहा था। स्वयं भी थक रहा था। जैसे-जैसे अपनी झुँझलाहट बढ़ती जा रही थी, वैसे-वैसे प्रतिहिंसा बढ़ती जा रही थी। यह बदला मैं किससे ले रहा हूँ ? उससे ? अपने-आपसे ? या नियति से ?

मेरे लिए यह बदला था। उसके लिए शायद कुछ नहीं था। वह अब शिथिल नहीं थी। उत्साह से हिस्सा ले रही थी। इस सर्दी में भी पसीना छलछला आया था।

अपने सबसे नंगे क्षणों में आदमी की तबीयत गाली देने की होती है। किसी और को गाली देकर वह अपने को तुष्ट कर लेता है। स्त्री के साथ जुटे होने पर वह बहुत-सी

अनर्गल बातें कह जाता है, जिनमें गाली भी होती है और अटपटी, अर्थहीन ध्वनियाँ भी। स्त्री इन बातों को प्यार के रूप में स्वीकार करती है।

"तुम पोली पड़ गई हो !" मैंने कहा।

मैंने सोचा था वह इससे अपमानित होगी। मगर वह जवाब में वेश्याओं की तरह मुस्कुराई।

"चोला बदल डाला है।" उसने कहा और मेरी पीठ पर अपने दोनों हाथ रखकर मुझे अपनी ओर ज़ोर से खींचा। उसमें शक्ति थी। वह अब भी निढाल नहीं हुई थी।

अपने थम जाने पर मैंने अपूर्व सन्तोष का अनुभव किया। वह बिल्कुल थकी चित्त पड़ी हुई थी।

"मैं नहीं उठूँगी।" उसने पड़े-ही-पड़े कहा।

मुझे तो उठना ही था। साफ़-सुथरा होकर मैंने सिगरेट सुलगा ली थी। मैं हल्का हो गया था। आँखों में नींद चली आ रही थी। सुख को साथ लेकर आनेवाली नींद !

मगर यह सुख नहीं, बहलावा था। आगे चलकर यही बेचैनी, पछतावे और कभी ख़त्म न होनेवाली परेशानी का सबब बन जाएगा, पता नहीं था।

सवेरे उठा तो पाया बिस्तर पर मैं अकेला पड़ा हुआ था। सामने की घड़ी में सवा आठ बजे हुए थे। मैं हड़बड़ाकर उठा। दूसरे के घर, दूसरे के बिस्तर पर नींद खुलना नया जन्म लेने के बराबर है। मुझको लग रहा था जैसे मैं जहाज के डूब जाने पर तख़्ते के सहारे किसी अजनबी द्वीप में जा लगा हूँ और धीरे-धीरे होश आ रहा है। जैसे-जैसे सब कुछ याद आता जा रहा था, घबराहट बढ़ती जा रही थी।

मैं दिमाग़ को झटका देकर याद न करने की कोशिश कर रहा था और दिमाग़ मुझे झटके देकर सब कुछ याद दिलाने का प्रयत्न कर रहा था।

मैंने जल्दी-जल्दी कपड़े पहने और सोफ़े पर आ बैठा। बगल के कमरे में जाने की हिम्मत नहीं हो रही थी। अगर नौकर ने देख लिया तो ? क्या मैं उससे आँखें मिला पाऊँगा। मुझे भय था मगर बिन्दो को नहीं। वह दूसरे कमरे में नौकर को कुछ आदेश दे रही थी।

वह चाय लेकर चली आ रही थी। वह बिल्कुल सहज थी। उसे देखकर नहीं लगता था कि उसमें कोई विकार आया। मगर मैं उससे आँखें नहीं मिला पाया।

"चाय पी लो। नाश्ता भी तैयार है।" उसने कहा और मुझसे सटकर बैठ गई। मुझे अपना ही शरीर अनर्गल लग रहा था। हालाँकि कमरे की सारी चीज़ें बिन्दो ने फिर तरतीब से कर दी थीं, हर चीज़ से जुगुप्सा हो रही थी।

किसी तरह चाय पीकर बाथरूम गया। बाहर निकला तो बिन्दो किचन में गई हुई थी।

चोर की तरह मैं चुपचाप कमरे से निकला। दूसरे कमरे पर एक उड़ती हुई नज़र डाली। शेल्फ पर मेरी तस्वीर अब भी अपना अधिकार जमाए हुए थी। उसे क्या पता कि आदमी अपनी तस्वीर से इतना अलग होता है कि उसकी कोई भी तस्वीर सही नहीं

होती !

सड़क पर आकर मैंने अपनी चाल तेज़ कर दी। अगर मेरा बस चलता तो मैं बदहवास भागता जाता और अगर आसपास कहीं समुद्र होता तो छलाँग लगा जाता।

छः

शर्म और पराजय में बँधा हुआ मैं घर पहुँचा और सीधे बिस्तर पर पड़ गया। अभी चेहरा अख़बार से ढँककर लेटा ही था कि फ़ोन की घंटी बज उठी। नौकर से मैंने कहा, "मत उठाओ।" मैं जानता था यह बिन्दो होगी। घंटी बड़ी देर तक बजती रही। फिर थोड़ी देर के लिए रुककर दोबारा बजने लगी।

मुझे यह शहर छोड़ देना चाहिए। किसी ऐसी जगह चला जाना चाहिए जहाँ बिन्दो से कभी मुलाक़ात न हो। मगर यह मुमकिन नहीं। मैं शहर नहीं छोड़ सकता। फिर उसे चला जाना चाहिए। वह आई क्यों ?

मेरा बचा-खुचा भी नष्ट हो गया। बिन्दो ने मुझे एक झींगुर की तरह मसल दिया। मैं अब किसी भी लायक नहीं रह गया हूँ—यहाँ तक कि बिन्दो के भी लायक नहीं।

नींद शायद पूरी नहीं हो पाई थी। अख़बार के नीचे चेहरा छुपाए आँख लग गई। दो-एक बार खलल हुई, जिसकी उपेक्षा कर मैं देर तक सोता रहा। क़रीब बारह बजे उठा। हजामत बनाई और नहाने चल दिया।

मैं समझ नहीं पा रहा था मैं क्या करूँ। संसार के किस कोने में चला जाऊँ। बिन्दो, बिन्दो नहीं है, अभिशाप है। मैं इस अभिशाप से कैसे मुक्त होऊँ।

रात फिर दिमाग़ में उतरने लगी—परीकथा की तरह ! मैं जिस चीज़ को भूलना चाहता हूँ वही बार-बार याद आती है।

मैंने जल्दी-जल्दी खाना खाया और चुपचाप निकल पड़ा। विजय चौक के नज़दीक जाकर घास पर पड़ गया। यह जगह मेरी बहुत पहचानी हुई नहीं थी। मगर इधर-उधर बहुत-से लोग पड़े हुए थे—कुछ दफ़्तर से वक़्त निकालकर धूप में अपने को सेंक रहे थे, बाकी निठल्ले थे। इन तमाम अपरिचित लोगों से घिरकर कुछ तसल्ली हुई। यहाँ कोई पहचान नहीं सकता था। कोई नाम लेकर पुकार नहीं सकता था। कोई अपने प्रेम से खलल नहीं डाल सकता था। कोई मुझे यह अनुभव नहीं करा सकता था कि मैं छोटा हूँ ! मैं घास पर पड़े हुए सैकड़ों लोगों में से एक था।

मैंने कोट उतारकर अपना मुख ढाँप लिया। कोई मुझे न देखे। मै। इसी तरह गुमनाम पड़ा रहना चाहता हूँ। सिगरेट का पैकेट सीने पर पड़ा हुआ था।

पास में ताश की बाज़ी चल रही थी। दूर पर सन्तरेवाला आवाज़ लगा रहा था। मैं यहीं आकर पड़ा रहूँगा। यही जगह मेरी है। घर झूठ है। बिन्दो झूठ है। जो भी जाना है, पहचाना है, झूठ है।

क़रीब घंटे-भर इसी तरह पड़े रहने पर फिर आँख लग गई। जब उठा तो क़रीब

साढ़े तीन बजे थे। सिर में हल्का-हल्का दर्द था। इच्छा हुई कहीं चाय पिऊँ। अभी उठा ही था कि दूर से एक स्त्री आती नज़र आई। हरा स्वेटर और अल्हड़ चाल। मैं चौंका। मगर शुक्र है ! पास आने पर वह बिन्दो नहीं निकली।

नज़दीक कुछ छोटी-छोटी दुकानें थीं। एक जगह रुककर चाय पी और ब्रिटिश कॉउन्सिल की तरफ़ चल पड़ा। नीचे कुछ प्रदर्शनियाँ चल रही थीं। थोड़ी देर देखता रहा, फिर ऊपर के तल्ले पर चल दिया जहाँ लाइब्रेरी है। किताबों और पत्रिकाओं में मन रम जाएगा।

साफ़-सुथरी लाइब्रेरी लगभग खाली थी। तीन-चार एकाग्रचित्त पाठकों के सिवा कोई न था। मैं एक कोने पर जाकर बैठ गया और अख़बार उलटने लगा। जब राजनैतिक समाचारों में तबीयत नहीं लगी तब एक मनोरंजन पत्रिका उठा ली। मगर उसने भी ज़्यादा देर साथ नहीं दिया।

यहाँ 'हू डन इट' साहित्य होना चाहिए था। मैं बुदबुदाया। 'हू डन इट' शब्द ज़बान पर आते ही ख़्याल आया, 'हू डन इट ?' तुम या बिन्दो ? मुज़रिम कौन है ? क्या बिन्दो वही है, जिसे मैंने जाना है या वह है जिसे मैंने नहीं जाना है ? क्या मैं अब भी यह दावा कर सकता हूँ कि मैंने उसे जान लिया है।

मुझे जानने की ज़रूरत नहीं है। मैंने स्वयं ही अपना उत्तर दिया। और पास पड़ा मेडिकल साइन्स का एक जर्नल अपनी ओर खींच लिया। अपने को जानने से बेहतर है आदमी बीमारियों को जाने। मगर उसमें हम जैसे नावाक़िफ़ लोगों के काम का कुछ न था—वह अनुसन्धान के छात्रों की पत्रिका थी।

लगभग घंटे तक अपने को इसी तरह बझाने का प्रयत्न करता रहा। छह बज गए थे और बाहर अँधेरा पूरी तरह घिर आया था। लाइब्रेरी में लेने और वापस करने वालों की चहल-पहल हो गई थी।

मैं उठा। उठकर दरवाज़े की तरफ़ बढ़ा। अचानक अपनी पीठ पर किसी के मुलायम हाथों का स्पर्श अनुभव किया देखा तो बिन्दो थी।

"तुम ? यहाँ ?" मैं हैरत में था।

"मैं उधर बैठी थी।"

"कब से।"

"क़रीब घंटे-भर से। मुझे पता था तुम यहीं होगे।"

"तुम्हें कैसे पता था ?" मैंने चिढ़कर कहा।

"था !" सीढ़ियाँ उतरते हुए उसने कहा, 'मैंने कई जगहों पर तुम्हें तलाश किया। आख़िर में यहाँ आई !" उसने मेरी बाँह अपनी बाँह में ले ली थी। रोशनी में मैंने देखा वह पहले से ज़्यादा सुन्दर और प्रसन्न लग रही थी। आँखों में उसने काजल कर रखा था। माथे पर बिन्दी थी।

नीचे उतरकर मैंने उसे प्रश्नभरी दृष्टि से देखा, अब ?

"पिक्चर चलें ?" वह मचली।

मेरी ओर से कोई उत्तर न पा वह ज़रा सहमी। फिर मुझसे एकदम लगकर बाँहों में बाँहें डाले सड़क पर चलने लगी। मेरा हाथ मरे हुए साँप की तरह झूल रहा था।

"तुम सवेरे इस तरह उठकर क्यों चले आए थे ?" उसने उलाहना दिया।

"फिर मेरा फ़ोन भी रिसीव नहीं किया।" वह मुँह फुला रही थी।

बिन्दो सचमुच कुछ नहीं समझती या बन रही है। मुझमें उसे देखने का भी साहस नहीं था।

"मुझसे नाराज़ हो ?" वह चलती-चलती मुझसे और भी लग गई थी। सड़क पर गुज़रनेवाले हमें देख रहे थे। वे सोच रहे होंगे कि कितना सुखी है यह जोड़ा। किसी को मुझे लेकर शक भी नहीं होगा। जब बिन्दो को ही नहीं, तो ग़ैर को कैसे हो सकता है।

"उधर चलें। घास पर।" बिन्दो ने नहर की ओर इशारा किया।

"घास गीली है। ओस है।" मैंने धीरे-से कहा।

"तो क्या हुआ ?" वह ज़िद पर थी।

टहलता और उसे ढोता हुआ मैं नहर के किनारे तक आया। फिर एक ज़रा सूखी जगह पर बैठने की योजना बनाने लगा। तब तक उसने अपना रूमाल बिछा दिया था। "इस पर !" उसने कहा। "पतलून गन्दी नहीं होगी।"

रोशनी और अन्धकार के छायालोक में और भी कई जोड़े वहाँ दूर-दूर बैठे या टहल रहे थे। सब अपने में तन्मय थे।

"कितनी अच्छी जगह है। पहले तुम मुझे यहाँ नहीं लाए !" उसने शिकायत भरी दृष्टि से मुझे देखा। फिर खुद ही अपना सवाल हल कर डाला, "शायद हाल में आबाद हुई है।"

एक युगह हमारे क़रीब से इत्र की गन्ध बिखेरता हुआ गुज़रा। "यहाँ कहीं फूल नहीं बिकते।" उसने अपना सिर क़रीब-क़रीब मेरे सीने पर टिका दिया था। मैंने कर्त्तव्यवश उसके बालों पर हाथ फेरा।

"उधर चलें।" वह मचलकर उठ खड़ी हुई। उसका इशारा एकदम अँधेरी जगह की तरफ़ था। शायद अँधेरा उसे अच्छा लगता है। मैं यन्त्र की तरह उसके साथ चलता चला आया। मैं बैठा हुआ था और उसने अपना माथा मेरी गोद पर रख दिया। ओस की परवाह किए बिना वह लेट गई थी।

सारा अन्धकार मेरे सीने में कफ़ की तरह जमता जाता है। कोई रास्ता नहीं। क्या सचमुच ही कोई रास्ता नहीं ?

"तुम्हें मुझमें कोई दिलचस्पी नहीं ?" उसने आराम से पड़े हुए कहा। इस एक वाक्य से मैं बहुत घबराता हूँ। उन दिनों भी यह बात वह अक्सर कहती थी। और मुझे अपनी दिलचस्पी साबित करने के लिए बहुत-से झूठे कर्म करने पड़ते थे। इसलिए मैंने उसकी बात अनसुनी कर दी।

उसने अपनी बात दोहराई। जब मैंने दोबारा भी न सुनने का स्वाँग किया तो वह

उठ बैठी। उसने घूरकर मुझे देखा। मैंने पाया उसके चेहरे पर चमक और तेज़ी थी, जैसा कि बिफरने के पहले होती थी। क्यों फिर वही होगा ? या कि मैं ही ग़लत नतीज़े पर पहुँच रहा हूँ।

मैं उठा।

"कहाँ जाओगी ?" मैंने पूछा।

उसने 'क्या मतलब ?' की दृष्टि मुझ पर डाली।

"घर नहीं जाना है ?" मैंने हौले-से कहा।

"इतनी जल्दी ?" यह कहकर उसने कनखी से मुझे देखा। "शायद तुम्हें जल्दी है।" वह मुझे ताड़ना चाहती थी।

"तो ठीक है, मैं अकेले ही चल दूँगी।" वह विद्रूप हो रही थी। वह अलग हो गई थी। वह हठी थी, ज़िद्दी थी। वह जरूर जाएगी।

क्षण-भर को वह ठिठकी। फिर उसकी चाल में तेज़ी आई और वह दूसरी सड़क की ओर मुड़ने लगी।

"ठहरो।" मैंने कहा। मैं अँधेरे में खड़ा था। अन्धकार बाहर भी था, भीतर भी। वह ठहर गई। पास जाकर मैंने कहा, "मैं भी चलता हूँ।"

ज़रा दूर चलकर मैं एक पत्थर पर बैठ गया। वह मुझसे सटकर बैठ गई। "तुम थक गए हो।" उसने मेरे कन्धे पर अपना सिर रख दिया था। "तुम बिल्कुल थक गए हो।" उसने कहा और मुझे जकड़ लिया, ठीक अमरबेल की तरह। मैं उस नहीं देख पा रहा था और वह मुझे नहीं। अँधेरे में, दूसरी ओर मुँह फेर, बाएँ हाथ से अपना सीना पकड़े, मैं ओक रहा था।

शमशेर का संसार

शमशेर और मुक्तिबोध हिन्दी कविता के दो छोर है। दोनों की कविताओं में कुछ भी समान नहीं। एक के लिए, "शब्द का परिष्कार/स्वयं दिशा है" (शमशेर); दूसरे के लिए, "स्वयं के लिए अधूरे शब्द और/टूटी हुई लाइनें, न उभरे हुए चित्र/टटोलता हूँ उनमें कि कोई उलझा-उलझा हुआ सत्य कहीं मिल जाए" (मुक्तिबोध)।

एक को भाषा की सामर्थ्य का एहसास है। दूसरे को भाषा की असमर्थता का।

फिर भी दोनों के व्यक्तित्व में कुछ समानताएँ हैं। दोनों को कुछ ऐसी चीज़ों, आकारों, धारणाओं से मोह है जो अपनी स्थिति के कारण उनके रचना-संसार का अंग नहीं बन सकतीं। बल्कि इसके प्रतिकूल जहाँ भी उन्हें शमशेर या मुक्तिबोध ने आसक्तिवश अपनी कविता का आधार बनाना चाहा है या जगह-जगह उन्हें क्षेपक की तरह जोड़ा है, वहाँ-यहाँ उनकी कविता उनसे बगावत करती हुई उनके हाथ से निकल गई है।

मुक्तिबोध अपनी रचना के क्षण में भी एक बौद्धिक व्यक्ति थे, इसलिए उनमें यह आसक्ति अपेक्षाकृत कम थी। शमशेर पर उनकी आसक्ति इस कदर हावी है कि पहली नज़र में यह पहचानना कठिन हो जाता है कि कौन-सा उनका अपना संसार है और कौन-सा पराया। पराई दुनिया को भी शमशेर अपनी निजी, एकदम निजी (शमशेर से अधिक निजी कविता का रचयिता कम-से-कम हिन्दी में कोई नहीं) सतरंगी चाशनी में लपेटकर इस तरह प्रस्तुत करते हैं कि वह उनकी निजी दुनिया लगने लगती है। उनकी आसक्तियों की दुनिया उनके अनुभव का संसार लगने लगती है। मुक्तिबोध के शुक्रवारी (नागपुर) स्थित मकान में एक छोटा-सा बरामदा था, जहाँ बैठकर वह देर रात तक लिखते, बीड़ियों का ढेर लगाते तथा अपने मित्रों से गपशप करते थे। दीवार पर मैक्सिम गोर्की का एक बड़ा-सा चित्र था और कुछ नहीं था। कच्ची दीवार पर गोर्की का चित्र बहुत सार्थक और प्रासंगिक लगता था। मगर जब मुक्तिबोध अपनी कविताएँ सुनाते तब उनकी कविताओं की नियति और स्वरूप को पहचानते समय, गोर्की का चित्र एकदम अजनबी और अप्रासंगिक लगने लगता था।

केवल इतना ही नहीं। मुक्तिबोध की प्रिय पुस्तकों के छोटे से संग्रहालय में लोककवि निकोला वेप्सरोव का एक कविता-संग्रह भी था। वेप्सरोव की कविताएँ सरल, बहुत हद तक लोकशैली में रचित और आम आदमियों के लिए हैं। इसके विपरीत

मुक्तिबोध की कविताएँ जटिल और नागर हैं और आम आदमी की बौद्धिक आवश्यकताओं के प्रतिकूल हैं।

मुक्तिबोध के मन की रचना में 19वीं 20वीं शताब्दी के यूरोपीय कवियों और दार्शनिकों की रचनाओं ने बहुत बड़ी भूमिका अदा की थी। टी.एस. एलियट से लेकर कार्ल मार्क्स और बॉदलेयर से लेकर विलियम जेम्स तक मुक्तिबोध का अन्तर्जगत दूर तक फैला हुआ है। उसकी जटिल बनावट में मैक्सिम गोर्की और निकोला वेप्सरोव का काव्य-दोष की तरह नज़र आते हैं।

मुक्तिबोध जो नहीं थे, वह होना चाहते थे। मगर उन्हें इस बात का एहसास था कि वे वह नहीं हैं, जो वह होना चाहते हैं। शमशेर के विषय में निश्चय के साथ यह बात नहीं कही जा सकती कि उन्हें इस बात का एहसास है कि वह वह नहीं हैं, जो वह होना चाहते हैं।

शमशेर का संसार इन्द्रधनुषी संसार है, जिसमें सूर्य है, नदियाँ हैं, पहाड़ हैं, चिड़ियाँ हैं, प्रार्थना है, शाम है और एक भौतिक तथा वैदिक अकेलापन है। यह संसार इतना निजी, बल्कि आत्मीय है कि वह शमशेर के लिए लक्ष्मण-रेखा बनगया है। जब भी शमशेर इस इस लक्ष्मण-रेखा को पार करने की कोशिश करते हैं कविता भंग होती है, उसकी शर्तें और बनावट चरमराती हैं। बुनियादी तौर पर रोमैन्टिक होने के कारण शमशेर को स्वर्णमृग बार-बार आकर्षित करता है और शमशेर बार-बार स्वयं अपनी ही खींची रेखा को लाँघकर एक ऐसी दुनिया में प्रवेश कर जाते हैं, जिसकी ध्वनियाँ और आकार पराए नज़र आते हैं।

मसलन शमशेर की यह कविता :

धरती करवट ले रही है।
हम और भी ठोस आधार दे रहे हैं
        एशिया की नींव को।
और भी मज़बूत कर रहे हैं।
काम बहुत है—और तुम्हें भी हाथ बँटाना ही होगा—
—मगर होश में आकर,
इस हमारी धरती की गन्ध अच्छी तरह पहचानकर,
सूँघकर, जानकर :—देखकर अक्ल की आँखों,
कि भारत हिमालय है, गंगा है,
हिन्द महासागर है।
दुनिया की अतिशय पावन शक्ति है।
बम और राकेट के एटमी खेल,
हम खेल सकते हैं

(सत्यमेव जयते : 'भारत-चीन युद्ध')

मगर शमशेर की सारी कविताएँ पढ़ चुकने के बाद केवल इस नतीजे पर पहुँचना पड़ता है कि शमशेर में और जो भी सामर्थ्य हो 'बम और राकेट का एटमी खेल' उनके बस का नहीं। उन्हें यह काम अली सरदार जाफ़री ('एशिया जाग उठा') के लिए छोड़ देना चाहिए।

मगर शमशेर दूसरों का काम दूसरों पर नहीं छोड़ना चाहते। जगह-जगह कविता महज़ कविता न मान कविता के जरिए सामाजिक ज़िम्मेदारी निबाहने की इच्छा से शमशेर बर्बर, क्रूर और पहचान रहित युद्ध-भूमि को भी इन्द्रधनुष में परिणत कर देते हैं।

वह पहाड़ी नदी एक रायफल की बाढ़ है।
जिसके किनारे दलाई लामा खड़ा है,
और कवचधारी पंचशील लड़ रहे हैं।
हमारे खुले बदन पंचशील से।
इस धोखे का नाम दोस्ती है और इस दोस्ती को हम चीन कहते थे।
कोई हिमालय पर कालख पोत सकता है ?
कोई ब्रह्मपुत्र से खिलवाड़ कर सकता है ?
हमारे होंठ अस्सी करोड़ गुना बल से भिंच गए हैं
वर्ना जाने क्या चबा डालेंगे।

(सत्यमेव जयते)

जिन्हें सम्बोधित कर यह कविता लिखी गई है, वे इसे पढ़कर महज़ इतनी ही टिप्पणी करेंगे : 'शमशेर का गुस्सा सर-आँखों पर।'

भारतीय समाज में साहित्य की स्थिति और भूमिका अस्पष्ट है। एक ओर साहित्यकार को क्रान्तिद्रष्टा, मनीषी और समाजस्रष्टा माना जाता रहा है, दूसरी ओर उससे भाँड, विदूषक और दरबारी और ख़्वाजासरा का काम लिया जाता रहा है। दूसरे शब्दों में लेखक गऊ भी है, ब्राह्मण भी, राणाप्रताप का चेतक भी और शंहशाह अकबर का दरबारी भी। ज़रूरत के अनुसार उससे हर तरह का काम लिया जा सकता है। पिछली कम-से-कम दो शताब्दियों में भारतीय कवियों और लेखकों ने इस गुत्थी को सुलझाने, अपनी स्थिति को स्पष्ट करने का कोई महत्त्वपूर्ण प्रयत्न नहीं किया। समाज ने उन्हें जो भूमिका दी, कभी खुशी से, कभी दबी जबान शिकायत के साथ, उसे उन्होंने स्वीकार कर लिया।

ब्रिटिश उपनिवेशवाद ने मध्यवर्ग की सृष्टि कर भारतीय कवियों की नियति निर्धारित कर दी। पश्चिमी शिक्षा और सामन्ती संस्कारों के दोहरे दबाव से पैदा हुई आधुनिक भारतीय कविता की अन्तिम नियति यूनिवर्सिटियों और कॉलेजों की

पाठ्य-पुस्तकें हैं। भारतीय कवि को अंग्रेजी शिक्षा के उत्तराधिकारी के रूप में जो भाषा मिली है, उससे ग़ैर-किताबी साहित्य की रचना लगभग असम्भव है। दो सौ वर्षों में उसका मन जिस साँचे में ढलकर निकला है, वह सामाजिक भागीदारी में पूरी तरह असमर्थ है। प्रत्येक भारतीय लेखक को अपनी विफलता का बोध है। अन्तर इतना है कि कुछ लोग अपनी विफलता पर आवरण डाले हुए हैं, कुछ को पश्चात्ताप है।

शमशेर उन थोड़े-से कवियों में हैं जो अपनी विफलता पर चादर नहीं डालते, जिन्हें पश्चात्ताप और ग्लानि होती है। उनमें सामाजिक हिस्सेदारी न कर सकने का अपराधबोध है।

एक कवि के लिए अपनी विफलता या कि अपने अपराध की अनुभूति काफी होनी चाहिए। स्वयं अपराधबोध में महान साहित्य के सृजन की क्षमता होती है। आखिरकार दाँते से लेकर दॉस्तोव्स्की तक नरक के अनन्त सिलसिले की रचना अपराधबोध से ही हुई है। अन्ततः सारा-का-सारा पश्चिमी साहित्य आत्मस्वीकार है।

यदि आज भी भारतीय साहित्य पूरी तरह आत्मस्वीकार नहीं बन सका तो इसका कारण सम्भवतः यह है कि अपराधबोध और आत्मस्वीकार भारतीय सभ्यता के लिए अजनबी चीजें हैं। वे अपने उत्स में ईसाई धारणाएँ हैं। एक हिन्दू को अपराध (पाप) के बाद गंगा में डुबकी लगाने की आवश्यकता महसूस होती है।

क्या विडम्बना है कि शमशेर के पास इतना बड़ा आत्मबोध है, पर इस आत्मबोध को ही अपनी कविता का स्थाई आधार मानने के बजाय वह अपने ही संसार से घबराकर हर पाँचवीं या सातवीं कविता में गंगा-स्नान करने लगते हैं।

आखिरकार शमशेर को समसामयिक घटनाओं पर, चाहे वह भारत-चीन युद्ध हो या मुक्तिबोध की मृत्यु हो या मोहन राकेश का असामयिक निधन या अकाल, टिप्पणी करने की ज़रूरत क्यों महसूस होती है ?

शायद इसके पीछे मध्यवर्गीय मन है जो टूटा हुआ ही नहीं, छूटा हुआ भी अनुभव करता है; जो घटनाक्रम को प्रभावित कर सकने में असमर्थ भारतीय कवि की लाचारी का एहसास है।

मगर जैसा कि स्वयं शमशेर ने अपनी एक कविता में लिखा है, 'जो नहीं है, उसका गम क्या।' यदि कोई कवि या लेखक घटनाक्रम को बदल सकने में असमर्थ है तो उसे स्थिति को स्वीकार करना चाहिए। यदि वह इस स्थिति को स्वीकार करने के बजाय इतिहास को भीतर से नहीं बाहर से बदलने का प्रयत्न करेगा तो अन्ततः उसे एक और लाचारी ही हाथ लगेगी।

एक कवि के रूप में अपनी विडम्बना पर शायद अनजाने ही शमशेर ने सबसे अर्थपूर्ण पंक्तियाँ लिख दीं :

हम तुम, वे सब
इस मौन तांडव के चारों ओर

असहाय से चक्कर लगा रहे हैं,
समझ पा नहीं रहे हैं,
कुछ सोच नहीं रहे हैं,
केवल कुछ कर पा रहे हैं ऐसे
कि मानो कुछ कर पा नहीं रहे हैं।

शमशेर की कविता का ढाँचा बुनियादी तौर पर एक सिम्बॉलिस्ट कवि की कविता का ढाँचा है। वह घटनाओं का संहारकर, स्थान और स्थितियों का लोपकर, केवल संगीत और चित्र की सृष्टि करता है। मसलन :

जागरण की चेतना से मैं नहा उट्ठा।
सूर्य मेरी पुतलियों में स्नान करता है
केश वन में झिलमिला कर डूबते हैं
कमल
मधु चेतन कुमार
दल
जागरण की चेतना से
प्राण मेरी
दृष्टियाँ अनुक्षण
परस्पर देखतीं
खुल मुँद
असंख्य
चपल शीतल दृग
पुलक पल लिए
अपरम्पार।
रवि
कमल के नाल पर बैठा हुआ मानो
एक एड़ी पर टिकाए
मौन।

('प्रभात')

एक कवि 'प्रभात' को अपने भीतर जितना अनुभव करता है, उतना ही काफी होना चाहिए; लेकिन कर्त्तव्यबोध से पीड़ित शमशेर 'प्रभात' को केवल अनुभव ही नहीं करना चाहते, देखना भी चाहते हैं, और यह स्वीकार करना चाहिए कि दृश्य-जगत का प्रभात अनुभव-जगत के प्रभात से कहीं अधिक व्यापक है। उसमें केवल सूर्य-स्नान नहीं, उठते हुए बिछौने भी हैं, मज़दूरों की बस्तियाँ और रात के पसीने की दुर्गन्ध भी हैं। विवश

होकर स्वय अपने ही ढाँचे को तोड़कर अपनी ही लक्ष्मण-रेखा को लाँघकर शमशेर को लिखना पड़ता है :

फिर वह एक हिलोर उठी–
गाओ !
वह मज़दूर किसानों के स्वर कठिन हठी !
कवि हे, उनमें अपना हृदय मिलाओ !
उनके मिट्टी के तन में है अधिक आग,
है अधिक ताप !
उसमें, कवि हे
अपने विरह मिलन के पाप जलाओ !"

('एक प्रभातफेरी')

वैसे सुनने में क्रूर और अमानवीय लग सकता है, मगर क्या यह सत्य नहीं कि जिस संसार को हम अनुभव नहीं कर सकते, केवल देख सकते हैं, वह कितना ही यथार्थ, कितना ही अनिवार्य क्यों न हो, कवि-कर्म के दौरान हमें उसका निषेध ही करना होगा। मगर अदृश्य जगत के कवि शमशेर उस समस्त दृश्य-जगत के स्वागत में बाँहें फैलाए नज़र आते हैं, जिसे वह अनुभव नहीं करते, महज देखते ही हैं, अन्धा कहलाने का भय स्वाभाविक है। मगर क्या ऐसी स्थिति में, जबकि अनुभव न हो रहा हो, मगर देखने की ललक औसत से कुछ अधिक ही हो, आँखें मूँद लेना बेहतर नहीं ?

वैसे यह बात शमशेर ने 'मनीषियों' और 'प्राचार्यों' पर व्यंग्य करते हुए लिखी है कि "यह कविता नहीं मात्र मेरी डायरी है।" मगर मुझे दुःख के साथ यह टिपपणी करनी पड़ रही है इस संग्रह की कुछेक कविताएँ सचमुच ही मात्र डायरी हैं। दुःख इसलिए कि शमशेर कलाकार हैं। वह हिन्दी की उन थोड़ी-सी विभूतियों में से हैं, जिन्होंने कविता को इस लायक बनाया है कि वह कविता कहला सके। दधीचि की तरह उन्होंने अपने हाड़-मांस को खपाकर कविता के एक अपराजेय शिल्प की रचना की है।

बरसों पहले निराला ने लिखा था, "अभी न होगा मेरा अन्त"। आज जब शमशेर यह दावा करते हैं कि, "चुका भी हूँ मैं नहीं/कहाँ किया मैंने प्रेम/अभी/जब करूँगा प्रेम/पिघल उट्ठेंगे, युगों के भूधर/उफन उट्ठेंगे/सात सागर," तब यह उनका दर्प नहीं लगता।

जहाँ इस संग्रह में शमशेर की मरीचिकाएँ हैं, वही उसमें एक ऐसा आत्मालाप भी है जो उनकी कविता की सबसे बड़ी विशिष्टता है। वास्तविकता यह है कि यह आत्मालाप ही शमशेर की कविता की पहचान है, प्रलाप की सीमा तक पहुँचा हुआ आत्मालाप।

तो इसमें और कुछ नहीं।
कोई संगीत नहीं। केवल प्रलाप।
केवल तम।
केवल प्रलाप ! केवल मैं और आप ! अनाप-शनाप।

('एक नीला दरिया बरस रहा')

रिम्बो ने अपनी रचना 'प्रलाप' में लिखा, मैंने "धर्मयुद्ध, अलिखित खोज यात्राओं, अशान्त गणतन्त्रों, अवरुद्ध साम्प्रदायिक संघर्षों, रीति-रिवाज़ों की क्रान्तियों, जातियों के दिस्थापन और महाद्वीपों के स्वप्न देखे : समस्त आचार्यों में यकीन किया।...मैंने मौत को लिखा। मैंने रात को लिखा। जो अभिव्यक्त नहीं किया जा सकता था, उसे मैंने अभिव्यक्त किया।"

रिम्बो का लगभग समस्त काव्य एक लम्बा प्रलाप है। जो अभिव्यक्त नहीं किया जा सकता था, उसकी अभिव्यक्ति केवल प्रलाप के जरिए सम्भव हुई।

शमशेर हिन्दी के पहले कवि हैं जिन्होंने प्रलाप की सीमा तक पहुँचकर उस सबको अभिव्यक्त किया, जिसे अभिव्यक्त करना पहले ही नहीं, आज भी कठिन है। इसका सबसे उम्दा उदाहरण है, उनकी कविता 'एक नीला दरिया बरस रहा'। आखिरकार शमशेर ने अपनी इस कविता में क्या व्यक्त किया है—शान्ति का समुद्र ? उजड़ी इच्छाओं के पठार ? अशान्त गणतन्त्र ? पछतावे की दृश्यावलियाँ ? धुँधुआता आकाश ? आदिम अन्धकार ? न शमशेर इसका कोई उत्तर दे सकते हैं, न ही उसका कोई भाष्यकार। अधिक-से-अधिक वह रिम्बो के-से अभिमान और विनम्रता के साथ यही कह सकते हैं, "मैंने मौत को लिखा। मैंने रात को लिखा।"

दरअसल यह सवाल ही फिजूल है। क्या कोई कवि यह जानता है कि वह क्या व्यक्त करना चाहता है ? एक कवि और आर्किटेक्ट में फ़र्क़ होता है ? अभिव्यक्ति की प्रक्रिया में उस सबका रूपान्तरण हो जाता और अर्थ बदल जाता है, जिसे अपनी समझ में रचनाकार व्यक्त कर रहा होता है। फिर शमशेर जैसे कवि से, जिसके लिए प्रक्रिया ही कविता है, परिभाषाएँ माँगना उनकी कविता की शर्तों के प्रति अपनी नामसझी जाहिर करना है।

मुश्किल यह है कि न केवल दूसरे लोग, बल्कि स्वयं शमशेर स्थान-स्थान पर परिभाषाएँ करने लगते हैं और उनका संसार उजड़ता है।

एक अपरिभाषित संसार का कवि जब एक परिभाषित संसार का रचयिता बनने का प्रयत्न करता है, तब एक उलझन और खीझ होती है। अन्यथा, 'एक नीला दरिया बरस रहा', 'योगासन' और 'सूर्यास्त' के तत्काल बाद 'प्रेम की पाती' जैसे निश्चित अक्षरों और निर्धारित अर्थों वाली कविता की क्या संगति हो सकती है ?

बहुत सम्भव है शमशेर के लिए 'प्रेम की पाती' तथा 'ईश्वर ! अगर मैंने अरबी में प्रार्थना की' जैसी कविताएँ अर्थ के संसार में लौटकर अर्थहीन संसार की सृष्टि के

लिए ज़रूरी ध्वनियाँ जुटाने का उपक्रम हों। बहुत सम्भव है कि सॉनेट या ग़ज़ल के फॉर्म में लिखकर शमशेर इस बात की छान-बीन कर रहे हों कि अपने अनुभव-जगत को विविध शिल्पों में बाँधने पर उन्हें उसके कितने अंशों की कुर्बानी देनी होगी ? बहुत सम्भव है कि शमशेर ऐसा कुछ भी न कर रहे हों, महज़ रियाज़ कर रहे हों। आखिरकार उस्तादों को भी समय-समय पर रियाज़ की ज़रूरत पड़ती है। फिर शमशेर तो गायक हैं।

उनकी कविता अपनी अवधारणा में चित्रकला है और अपने प्रभाव में संगीत है। उसे केवल कविता कहना उसकी उपलब्धियों को छोटा करना है।

यह एक अकेले, सचमुच अकेले, सामाजिक और आध्यात्मिक—दोनों ही अर्थों में अकेले व्यक्ति का संगीत है और इसीलिए वह इतना सच्चा है। "जानते हैं सब/आह, खूब/कभी टूटेगा—/यहसितारा भी/गीत का झपटता/टिमटिमाता, डूबता, झपता/यह सितारा भी।" मृत्यु को इतना गुमनाम कर लेकिन इतना प्रत्यक्ष, इतना निजी, किसने व्यक्त किया है ?

वैसे मृत्यु शमशेर की प्रिय अनुभूति नहीं। वह अपनी कविता में मृत्यु नहीं, जीवन का समारोह करते हैं। चारों ओर बरस रहे दृश्यों को झरते हुए पत्तों की तरह नहीं बल्कि रत्नों की तरह लुटाते हैं। अक्षुण्ण सौन्दर्य और स्वप्नों का सिलसिला उनकी कविता एक प्राचीन जलपोत की तरह है, लम्बी यात्रा के बावजूद जिसकी और भी महाद्वीपों तथा और भी देशों के तटों को छूने की प्यास बुझी नहीं है। जब शमशेर यह कहते हैं कि "ओ युग आ, मुझे और लिए चल, ज़रा-सा" तब वह महज़ एक औपचारिक वक्तव्य नहीं दे रहे होते हैं। वह अपनी जिजीविषा को, अपने संग्रह-लोलुप कवि-मन को बिल्कुल सरलता से अभिव्यक्त कर रहे होते हैं :

ओ युग आ
मुझे उठा
ज़रा-सा और लिए चल, ज़रा-सा
मेरी बहारें
युगों की बहारें हैं।
आने वाली
मेरी आत्मा की
शाश्वत तू ही रखवाली
करेगा
मेरा मैं मरेगा
एक क्षण एक कण।

शिल्पी शमशेर के लिए छोटा शब्द है। और भी कवि हैं, और भी शिल्पी हैं। मगर कोई भी शमशेर नहीं। शमशेर के लिए एक शब्द की तलाश एक समूचे ब्रह्मांड की

तलाश है। शमशेर का एक-एक शब्द एक-एक अंक की तरह है। एक भी अंक ग़लत हो जाने से सारा हिसाब ग़लत हो जाता है। शमशेर की कविता का हर शब्द कविता है। खड़ी बोली में लिखी गई हिन्दी कविता में किसी भी कवि ने भाषा से इस इंटेसिटी के साथ प्यार नहीं किया है। किसी ने भी कविता को इतने लाड़ और दुलार से नहीं पाला है, जितना शमशेर ने। औरों ने ज़िन्दगी जी है, शमशेर ने कविता जी है।

अपनी असहायता और असमर्थता का बोध बहुत बड़ा बोध है। एक तरह से यह बोध आधुनिक कविता की पहचान बन गया है। नई कविता के पहले और दूसरे दौर में मनुष्य की असमर्थता के बोध का ही बोलबाला था। लेकिन वह कितना सच्चा था, इसका अनुमान केवल इतने से ही लग जाता है कि असमर्थता और असहायता को लेकर पुक्का फाड़ रोनेवाले कवि दस बरस बीतते, न बीतते व्यवस्था-विरोध का चेहरा लगाकर मंच पर आ धमके। 'अज्ञेय' और उनके उत्तराधिकारी, जो कल तक अपनी इयत्ता की तलाश के नाम पर महादेवी के आँसुओं को नए नाम से, नया लेबल लगाकर बेच रहे थे, आज एक सर्वथा प्रतिकूल मुद्रा लेकर उपस्थित हैं। आज उन्हें पढ़ने पर लगता है कि कल भी उनके पास एक कौशल को छोड़ कुछ भी नहीं था, आज भी उनके पास (भाषा के नाम पर) कुछ लटकों-झटकों के अलावा कुछ नहीं।

केवल उनकी तुलना में ही नहीं, स्वयं अपने-आप में शमशेर की कविता कितनी खरी है। शमशेर जो कल थे, वही आज है। उन्होंने कोई चेहरा नहीं ओढ़ा, कोई दावा नहीं किया, अपनी कोई बाहरी पहचान नहीं बनाई।

नारों-सी हैं मेरी बातें—
दुर्बोध, अति सरल, अति दूर, अति निकट
पलकों में।
बच्चों-सा है मेरा दुःख जो खो गए हों
दुनिया के महामरु में
जिनको अपनाने—काफ़िले आँधी के
उठते हों केवल।

('नींद के तंग आकाशों की जमी हुई')

अकेलेपन और मानवीय असमर्थता की असंख्य छवियाँ शमशेर की कविता में हैं। मगर शमशेर अपने अकेलेपन का समारोह नहीं करते। अपनी नियति को पहचानते हुए अपने-आपसे सवाल ज़रूर करते है :

नमक—जैसे मैले संगमरमर का बादल मेरी
आँखों में कब तक गड़ता-धुलता जाएगा ?

या फिर :

एक दीवार पर जो सीमेन्ट चूने की सीली
सियाह मटैली झाड़ियों का मैदान
ऊबड़खाबड़ बन गया है
एक सोई हुई चरागाह
या खोए हुए घोंसलों का
छिपा हुआ व्यूह है
मेरा प्यार और विचार और अध्ययन संसार से
बिल्कुल मिलता-जुलता
मेरे घिरते बुढ़ापे के धुँधले तट पर।

('तीनों तरफ का सपाट कोना')

मुक्तिबोध और शमशेर, दोनों ही प्रगतिशील लेखक आन्दोलन से सम्बद्ध रहे। दोनों की चेतना के निर्माण में मार्क्सवाद ने महत्त्वपूर्ण भूमिका अदा की। मगर दोनों की कविता में एक गहरा अवसाद और अकेलापन है। यह अकेलापन कुंठाजनित नहीं है। यह सामाजिक संघर्ष में देर तक और दूर तक हिस्सा लेने के बाद पैदा होता है। मायकोव्स्की की बाद की कविताएँ इसका उम्दा उदाहरण हैं।

दूसरी ओर शमशेर के कतिपय समकालीन हैं, जिन्होंने सामाजिक संघर्षों का विरोध किया; अपने कृत्रिम अलगाव को कवि की ऐतिहासिक स्थिति के रूप में परिभाषित करते हुए, अकेलेपन का शोर किया। उनकी कविता में न तो शमशेर जैसा अवसाद है, न मुक्तिबोध जैसा अकेलापन। इससे इतनी नसीहत तो मिलती ही है कि अकेलापन किसी व्यक्ति को गर्भ से नहीं मिलता। वह इसे अर्जित करता है। और इसे अर्जित करने के लिए उसे ज़िन्दगी के स्वर्ग-नरक से होकर गुज़रना पड़ता है। जिन्होंने नरक नहीं झेला, वे स्वर्ग के अधिकारी नहीं हो सकते। जिन्होंने सामाजिक कर्म को नहीं पहचाना, उनका अकेलापन केवल किताबी ही रहेगा।

शमशेर की कविता नियम नहीं, अपवाद है। मुक्तिबोध की कविता भी अपवाद थी। महान कविता हमेशा अपवाद होती है। शमशेर के संसार का एक तिलिस्म है, जिसे भेदना कठिन है। उसे भेदना, उसे नष्ट करना है। शमशेर की कविता अपने अपरिभाषित रूप में ही सार्थक है। वह सम्मोहित करती है, बाँधती है, बुलाती और गिरफ़्तार करती है।

शमशेर की दुनिया अर्थ की नहीं, ध्वनियों की, तिलिस्मी, जादुई ध्वनियों की दुनिया है।

कविता और राजनीति

प्लेटो ने जिन किन्हीं भी कारणों से कविता को अपने गणतन्त्र से देश निकाला दिया हो; कवि के पास अपने गणतन्त्र से राजनीति को देशनिकाला देने के यथेष्ट कारण नहीं। स्थूल अर्थों में कविता किसी भी चीज़ का निषेध नहीं करती, सूक्ष्म अर्थों में वह बहुत-सी चीज़ों का निषेध करती है...शायद कविता को छोड़ हर चीज़ का निषेध करती है। कवि का अनुभव-संसार जितना भी व्यापक हो; अनुभव की परिणतियों का संसार सीमित है। सारा अनुभव कविता नहीं—सारा संसार अनुभव भले ही हो। एक स्तर पर सर्वधर्मिता और दूसरे स्तर पर आत्मधर्मिता—कविता का यह दोहरा स्वभाव ही उसे अनिश्चित और परिवर्तनशील बनाता है। कविता का यह एक बुनियादी अन्तर्विरोध है जो स्वयं कविता के आगे प्रश्नचिह्न लगाता है। हर युग कविता से स्पष्टीकरण माँगता है और कविता हर युग के प्रश्नों और शंकाओं से जूझती हुई, दरअसल, केवल अपने ही प्रश्नों से जूझती है। कवि के लिए किसी भी युग के प्रश्न उसी हद तक संगत हैं, जिस हद तक वे कविता के प्रश्न हैं। राजनीति का प्रश्न भी उसके लिए उसी हद तक संगत है जिस हद तक वह कविता का प्रश्न है।

कविता को अपने जन्म और मृत्यु में तीन तरह के नरक से गुज़रना होता है : अनुभव का नरक, सृजन का नरक और मूल्यांकन का नरक। जहाँ तक मूल्यांकन का सम्बन्ध है, राजनीति का प्रश्न असंगत है। कविता की परीक्षा केवल उसके अपने नियमों से की जा सकती है। जो आलोचक, चाहे वह राजनीति के आग्रही आलोचकों में सबसे कम आग्रही जॉर्ज लूकाच ही क्यों न हो, रचना के मूल्यांकन के लिए किसी ऐसे सन्दर्भ की तलाश करता है, जिससे जाकर जुड़ना उस विशिष्ट रचना की नियति या आकांक्षा नहीं रही, वह केवल अपनी ही विफलता को प्रमाणित करता है। काफ़्का का साहित्य संगत है या टॉमस मॉन का, एलियट की कविता प्रामाणिक है या येट्स की, इसकी पहचान उस युग की प्रचलित मान्यताओं के आधार पर नहीं बल्कि समस्त शंकाओं के साहित्यिक रूप-परिवर्तनों को समझ कर ही किया जा सकता है। जो आलोचक काफ़्का के उपन्यासों में बीसवीं सदी के बुनियादी भय की बनावट को नहीं समझ सकता; स्पष्ट है कि वह टॉमस मॉन की बहुत हद तक नंगी, रूपविहीन शंका को ही प्रामाणिक मानकर, काफ़्का को असंगत कहकर बरख़ास्त करेगा। वह एलियट की कविता की बनावट को 'क्रान्तिकारी' मानता हुआ, उसके अनुभव को ओछा करार देगा। इस तरह का आलोचक

अनुभव और भाषा को पृथक् करता हुआ कविता को जाने या अनजाने नष्ट करता है। अनुभव और भाषा को एक-दूसरे से अलग नहीं किया जा सकता। कोई भी कवि केवल भाषा में ही अनुभव करता है, भाषा से बाहर नहीं। अगर किसी कवि का अनुभव ओछा है तो उसकी भाषा भी उतनी ही ओछी होनी चाहिए। अनुभव को महान और भाषा को अवरुद्ध या कि भाषा को क्रान्तिकारी और कविता को तुच्छ कहने का कोई अर्थ नहीं। कविता के प्रश्न उसकी भाषा और बनावट में ही हैं; उन वक्तव्यों में नहीं जो कि अपनी कविता के दौरान कवि देता है। वक्तव्यों के जरिए खड़ी की गई शंकाएँ रचयिता की शंकाएँ हो सकती हैं, रचना की नहीं। एलियट की एक कविता ('जेरोन्शन') की इन पंक्तियों का आशय, किस चीज़ को समझने में सहायक है :

> थिंक नॉउ हिस्ट्री हैज़ मेनी कनिंग पैसेजेस, कन्ट्राइव्ड कॉरिडर्स
> एंड ईशूज़, डिसीव्स विथ ह्विसपरिंग एम्बिशंस,
> गाइड्स अस बाई वैनिटीज़।
>
> थिंक नाइदर फीयर नॉर करेज सेव्स अस। अननेचुरल वाइसेज़
> आर फादर्ड बाई अवर हीरोइज़्म। वर्च्यूज़ आर
> फोर्स्ड अपॉन अस बाई अवर इम्प्युडेन्ट क्राइम्स।

एलियट के इस उद्धरण को उसके सन्दर्भ से काटकर कोई आलोचक सुविधा के साथ यह कह सकता है कि एलियट की यह कविता बीसवीं सदी के नैराश्य और संशय को उपस्थित करती है। अगर यह बात सही भी है; और यह सही है, तो उसके सही होने का आधार यह उद्धरण नहीं बल्कि वह समग्र कविता है जिसकी भाषा और बनावट इस शताब्दी के अन्तर्विरोध से जुड़ी हुई है। यह उद्धरण केवल अपने से पहले की पंक्तियों के सन्दर्भ में ही संगत हो सकता है। एलियट ने इस वक्तव्य का इस्तेमाल काव्य-विडम्बना के रूप में किया है। अपन विशिष्ट बिम्ब-विधान के तुरन्त बाद ही वक्तव्य का उपयोगकर बिम्ब और वक्तव्य के बीच बनाव उत्पन्न करना ही उनका अभीष्ट था। वक्तव्य और बिम्ब के बीच का तनाव ही वह अर्थ था जिसकी सृष्टि के जरिए उन्होंने अपने युग की कविता की सृष्टि की :

> इन दि जुवेसेन्स ऑफ द इयर
> केम क्राइस्ट द टाइगर,
> इन डिप्रेव्ड मे, डॉगवुड एंड चेस्टनट, फ्लॉवरिंग
> जुडास,
> टु बी ईटन, टु बी डिवाइडेड, टु बी ड्रंक
> एमंग ह्विस्पर्स; बाई मिस्टर सिल्वेरो
> विथ केरेसिंग हैंड्स, एट लिमोजेस

हू वाक्ड आल नाइट इन दि नेक्स्ट रूम्स;
बाई हाकागावा, वोइंग एमंग द टिटियंस;
बाई मादाम दे तार्नक्वि, इन द डार्करूम
शिफ्टिंग द कैंडल्स; फ्राउलिन वॉन कुप
हू टर्न्ड इन द हाल, वन हैंड ऑन द डोर। वेकेंट
शटल्स
बीव द विंड। आई हैव नो घोस्ट्स।
ऐन ओल्ड मैन इन ए ड्राउटी हॉउस
अंडर ए बिंडी नॉब।

कविता को उसकी समग्रता और अन्तर्विरोध में न देखकर केवल सुविधाजनक वक्तव्यों के आधार पर कविता के सम्बन्ध में किसी नतीजे पर पहुँचना कवि के अनुभव-संसार और उसकी कलात्मकर परिणतियों की उपेक्षा करना है। किसी भी अनुभव की काव्य-परिणतियों में ही वे मूल्यनिहित होते हैं, जिनसे आक्रान्त होकर कविता को बार-बार कटघरे में खड़ा किया जाता है या कि खड़ा किया जाना चाहिए। जहाँ तक ये मूल्य इन परिणतियों में हैं वहीं तक वे संगत हैं। उससे आगे नहीं। कविता को मूल्य-प्रक्रिया माननेवाले आलोचकों की ग़लती यह है कि वे कविता के कर्त्तव्यों का निर्धारण करना चाहते हैं। कविता कर्त्तव्यवश कुछ नहीं करती, स्वभाववश बहुत कुछ करती है। हर युग की कविता का स्वभाव बदलता है, उसकी ग्रहणशीलता का क्षेत्र बदलता है और इसीलिए उसके प्रश्न बदलते हैं। आलोचक तभी ठीक निष्कर्षों पर पहुँच सकता है जबकि वह कविता के प्रश्नों को कविता के ही प्रश्नों के रूप में ले। जो संसार कविता में नहीं है, वह इसलिए नहीं है कि कविता ने अपने कारणों से उसका निषेध किया है। मूल्यांकन के प्रसंग में वह असंगत और अनर्गल है क्योंकि उस विशिष्ट रचना के प्रसंग में वह असंगत और अनर्गल था। आलोचक को केवल यह निर्णय करना होगा कि क्या सचमुच ही उस कविता के प्रंसग में वह संसार असंगत था; क्या उस संसार के निषेध के लिए कविता के पास अपने कारण थे या कि यह महज़ एक ढकोसला है। इसकी पहचान आसान नहीं। भाषा के जरिए केवल संसार की परिभाषा ही नहीं की जाती, छला भी ज़ा सकता है। भाषा के छल को पहचानना कठिन है। लेकिन जो आलोचक भाषा के छल को पहचानने में समर्थ है उसे यह पहचानने में कठिनाई नहीं होनी चाहिए कि कवि का संसार प्रामाणिक है या नहीं; दूसरों शब्दों में निषेध का औचित्य है या नहीं।

कविता का दूसरा, अनुभव का, संसार वास्तव में कवि का संसार है जिसमें वह रहता है, झेलता है, जीता और मरता है; राज्य-क्रान्तियों में हिस्से लेता और राजनेताओं के तलुए चाटता है; राजनीति के मंच से क्रान्ति का आह्वान करता और क्रान्ति-विरोधी मंच से पुरस्कार ग्रहण करता है। कवि का संसार बहुत विवाद योग्य नहीं। बहुत हद

तक वह आम आदमियों का संसार है जिसमें पाप, आत्महत्याएँ, क्रान्तियाँ, उत्थान और पतन, कवि और आलोचक सबका अस्तित्व है और कविता किसी के आड़े नहीं आती। बल्कि कविता कवि को इस संसार में अधिक-से-अधिक हिस्सा लेने की छूट देती है। यह प्रतीकों का नहीं घटनाओं का, अर्थ का नहीं ध्वनियों का संसार है। अपने-आपमें यह बेमतलब संसार है। कविता इसी अर्थहीन संसार को अर्थ देने की प्रक्रिया है।

सृजन के सन्दर्भ में ही साक्षात्कार की समस्या रचना की समस्या का रूप ग्रहण करती है। वहीं यह प्रश्न संगत है कि क्या रचना राजनीति से साक्षात्कार करती है ? और अगर करती है तो किस स्तर पर ?

कविता राजनीति से दो स्तरों पर साक्षात्कार करती है। एक, घटना के स्तर पर, और दो, उसकी परिणतियों और अभिप्रायों के स्तर पर। साक्षात्कार के स्तर ही कविता के भी स्तर हैं। बहुत कुछ कवि के मन की बनावट और युग के दबाव पर निर्भर करता है। जो कवि केवल प्रतिक्रियाएँ करता है और जिस पर दबाव गहरा नहीं उसकी कविता केवल घटनाओं के क्रम को स्थापित करती है। वह कविता के मूल्यों में कोई परिवर्तन नहीं करता केवल ऊपरी ढाँचे को बदलता है। इसका सबसे अच्छा उदाहरण युवा सोवियत कवि यूजीन एव्तिशेंको की कविताएँ हैं। उनकी कविताओं की सार्थकता राजनीति के उन सन्दर्भों में है, जिनसे वे पैदा हुई हैं। उनकी कविताओं की सार्थकता राजनीति के उन सन्दर्भों में है, जिनसे वे पैदा हुई हैं। कोई कविता अगर बहुत दिनों तक जीवित नहीं रहती है तो यह उतनी चिन्ता का विषय नहीं जितना कि यह कि—विरोध की कविता लिखनेवाले कवि की कविता में बनावट में कोई परिवर्तन नहीं आया। एव्तिशेंको की कविताओं का रूप बहुत हद तक परम्परागत है और उसमें कविता का संहार नहीं हुआ है जो कि आधुनिक कविता की पहली शर्त है। इसके विपरीत एव्तिशेंको के ही समकालीन कवि आन्द्रे वोज्नेसेंस्की की कविताएँ रूसी कविता के बदले हुए रूप से परिचय कराती हैं। वोज्नेसेंस्की की कविताएँ पढ़ते हुए अनुभव होता है कि वे केवल अपने समय की कविताएँ हैं; एव्तिशेंको की कविताएँ पढ़ते हुए लगता है कि अगर सोवियत समाज का भाग्य-परिवर्तन बीसवीं की जगह अठारहवीं पार्टी कांग्रेस में हो गया होता तो भी उनकी बनावट वही होती। 'कॉम्सोमोल' की भाषा और गेसेनिन के अन्दाज़ में लिखी गई एव्तिशेंको की कविताएँ सोवियत समाज के गहरे संकट और अवसाद से परिचय नहीं करातीं। इसका यह अर्थ नहीं कि एव्तिशेंको की कविताएँ कविताएँ नहीं या कि उनकी कोई संगति नहीं। एव्तिशेंको की कविताएँ अपनी जगह पर सार्थक और संगत हैं। लेकिन उनकी उस संकट से कोई संगति नहीं जो कि कविता को गहरा अर्थ देता है। मनुष्य के भीतरी अवरोध का, जिसकी सबसे अधिक संगति बदलते हुए सोवियत समाज में है, या कि समृद्धि के नरक में पड़े हुए व्यक्ति के अवसाद का या कि एक समूची सभ्यता की विफलता से उत्पन्न नैराश्य का कोई चिह्न एव्तिशेंको की कविताओं में क्यों नहीं ? क्या इसका कारण यह है कि एव्तिशेंको में साहस की कमी है ? या कि यह कि राजनीति की, क्रान्ति की, सामाजिक और आध्यात्मिक

परिणतियों से उन्होंने साक्षात्कार ही नहीं किया।

अपने पूर्ववर्तियों और समकालीनों की इसी विफलता की ओर इशारा करते हुए वोज़्नेसेंस्की ने झुँझलाकर कहा :

कला और प्रेम, दोनों अनिश्चित थे
निश्चित था एक प्रश्न : वीएतनाम।

जहाँ कवि की सारी शंकाएँ और प्रश्न वीएतनाम, राज्य-क्रान्ति और चौथा चुनाव पर जाकर चुक जाती हैं वहीं कविता का ढोंग भी ख़त्म हो जाता है। समाज के गहरे संकट से पलायन अपने असली रूप में आ जाता है।

अपने समाज से किसने पलायन किया, मायकोव्स्की ने या पॉस्तेरनाक ने ? सतह पर नज़र आनेवाले दृश्यों से साक्षात्कार को ही कवि का साक्षात्कार माननेवाले आलोचक यह कह सकते हैं और कहते हैं कि मायकोव्स्की ने अपने समय से नंगा साक्षात्कार किया और पॉस्तेरनाक ने उससे पलायन किया, जबकि स्थिति इससे विपरीत थी। अगर मायकोव्स्की ने सचमुच ही अपने समय से साक्षात्कार किया तो क्यों नहीं उसमें सोवियत सभ्यता के उस संकट की छाया है जिसमें 1924 में ही दरारें पड़ चुकी थीं। जार्जिया के किसानों के दमन और यहूदी बुद्धिजीवियों की हत्या के साथ ही सोवियत सभ्यता के भीतर अन्तर्विरोध पैदा हो चुका था; 'पतलूनधारी बादल' नंगे हो चुके थे। इस संकट से साक्षात्कार मायकोव्स्की की कविताओं में नहीं, उनकी आत्महत्या में और उनके अन्तिम नाटक *खटमल* की उन पंक्तियों में है जो एक तरह से सभ्यता के विरुद्ध मायकोव्स्की का आर्तनाद है :

नागरिको ! भाइयों ! मेरे अपने लोगों ! प्रियजन ! तुम यहाँ कैसे आए ! इतनी बड़ी संख्या में तुम सब ! तुमने कब मुक्ति पा ली ? इस पिंजरे में मैं अकेला क्यों हूँ ! प्रियजन ! दोस्तो ! आओ ! मेरे साथ आओ ! मुझे यह यातना क्यों ? नागरिको !

कविता कवि से आत्महत्या की माँग नहीं करती बल्कि उस मृत्यु से साक्षात्कार का आह्वान करती है जो अदृश्य है, भीतर है, गुमनाम है। सोवियत सभ्यता के लिए यदि पॉस्तेरनाक की संगति अधिक है तो इसका कारण यह नहीं कि पॉस्तेरनाक ने सोवियत क्रान्ति की विफलताओं का ब्यौरा प्रस्तुत किया, बल्कि इसलिए कि उन्होंने समूची सभ्यता के संकट से साक्षात्कार किया। राजनीति की सामाजिक और आध्यात्मिक परिणतियाँ कविता के लिए चुनौती होती हैं और बदले में कविता की स्थूल परिणतियाँ राजनीति के लिए चुनौती बनती हैं। कविता परिणतियों के स्तर पर राजनीति से साक्षात्कार करती है और राजनीति भी कविता की परिणतियों के स्तर पर उससे मुठभेड़ करती है। यद्यपि एक आलोचक को पॉस्तेरनाक के साहित्य की राजनैतिक परिणतियों से सरोकार नहीं होना चाहिए। मगर जहाँ राजनीति को कविता का धर्म मानकर पॉस्तेरनाक या उनके समानधर्मी कवियों को अ-राजनैतिक कहकर खारिज़ किया जा रहा

हो वहाँ यह स्मरण दिला देना उचित होगा कि इस तरह की कविता का राजनैतिक आशय,जा कि सम्पूर्ण कविता के ढाँचे और अर्थ में है, अधिक गहरा और गम्भीर है। यह अकारण नहीं है कि पॉस्तेरनाक को उनके साहित्य के लिए उत्पीड़ित किया गया।

टॉमस मॉन ने यह ज़रूर कहा था कि हमारे युग में मानव नियति अपने को राजनीति के माध्यम से व्यक्त करती है। मगर उन्होंने यह कब कहा था कि राजनीति अपने को कविता के माध्यम से व्यक्त करती है ! यह सही है कि बीसवीं सदी के समस्त मानवीय सम्बन्धों पर राजनीति की छाया है। कवि या कि रचनाकार का क्षेत्र राजनीति के नियमों की खोज नहीं बल्कि इसी मानव-अनुभूति की तलाश है। 'हिरोशिमा मेरे प्रेम' की लेखिका मॉग्रेट दुरा ने 'हिरोशिमा' की भयावहता और मृत्यु को दर्शाने के लिए क्यों एक प्रेम-प्रसंग को चुना ? क्यों नहीं उन्होंने 'हिरोशिमा' के संहार की राजनीति से साक्षात्कार के लिए महज़ एक राजनैतिक घटना को चुना ? मनुष्य की सूक्ष्म अनुभूतियों पर युग की विकराल छाया के जरिए अपने संसार को उसकी समग्रता में पेश करना ही रचनाकार का दायित्व और नियति है। युग का स्वभाव निश्चित करनेवाले नियमों की खोज उसका कार्य नहीं, आलोचक का, समाजशास्त्री का हो सकता है।

राजनीति के साथ ही युग की बनावट में भी परिवर्तन होता है और उसी के साथ-साथ स्त्री-पुरुषों के, राज्य और व्यक्ति के, रचनाकार और रचना के सम्बन्धों में परिवर्तन होता है। बदले हुए सम्बन्धों को पहचानना और उन्हें अर्थ देना ही कला की सार्थकता है।

साधारणतया जिसे विरोध की कविता कहा जाता है उसके अस्तित्व में वंचना होती है। इस तरह की कविता राजनीति की शर्तों पर उसका विरोध करती है; दूसरे शब्दों में वह विरोध नहीं करती। वह राजनीति को कविता का प्रत्यक्ष कार्य-क्षेत्र मानकर उसी के नियमों से अपना संगठन करती है। यह आकस्मिक नहीं है कि राज्यसत्ताएँ इस तरह के काव्य का स्वागत करती हैं, बल्कि अभिनन्दन करती हैं। विरोध का विकल्प पलायन नहीं, बल्कि गहरा आत्मसाक्षात्कार है। आत्मसाक्षात्कार का साहित्य मनुष्यता, समता, मुक्ति, स्वाधीनता जैसे अर्थ खो चुके शब्दों का साहित्य नहीं होता। वह उस संकट का साहित्य है, जिसके आगे मनुष्य अपने को गूँगा और अर्थहीन पाता है। संसार को संहार की ओर ले जा रही राज्यसत्ताएँ अपने लिए वास्तविक चुनौती इसी साहित्य में पाती हैं। वे छद्म-विरोधी साहित्य के स्वर में स्वर मिलाती हुई उसे 'अमानुषिक' और 'मानव-विरोधी' करार देती हैं। सार्त्र के विरोधी संसार से मुठभेड़ उतना कठिन नहीं है जितना कि बेकेट के नरक से। तथाकथित राजनैतिक कविता की बनावट कला के मूल्यों का विरोध करती है। राजनैतिक कविता का आधार अनुभव नहीं, विचार होता है। वह या तो किसी विचार को प्रतिष्ठित करती है या किसी प्रतिष्ठित विचार का विचार के स्तर पर विरोध करती है। दोनों ही सूरतों में यह विचार का समर्थन करती है और विचार के समर्थन के जरिए अनुभव को झुठलाती है। जिस कविता में, जैसे कि मुक्तिबोध की कविता में, विचार और अनुभव का अन्तर्विरोध हो, उसे राजनैतिक कविता नहीं कहा

जा सकता। मुक्तिबोध के लिए राजनीति एक तात्कालिक उत्तेजना है लेकिन उनकी चिन्ता का विषय समाज के भीतर चल रहा वह द्वन्द्व है जिसकी गड़गड़ाहट 'अँधेरे में' या 'चाँद का मुँह टेढ़ा है' में सुनाई पड़ती है।

यदि मुक्तिबोध ने मूल्य के स्तर पर, आध्यात्मिक स्तर पर या कि परिणतियों के स्तर पर अपने युग और उसकी राजनीति से साक्षात्कार न कर परिणतिविहीन, संकटरहित, अर्थच्युत राजनैतिक संसार से साक्षात्कार किया होता तो उनकी कविताएँ अपने समस्त विशाल सन्दर्भों और गहरे अर्थों से विहीन होतीं।

मुक्तिबोध की कविता

कविता का प्रत्येक युग अपने सन्दर्भ-ग्रन्थ की तलाश करता है। बीट कवियों ने अपने सन्दर्भ के रूप में विलियम कार्लोस विलियम की लगभग खोती हुई कविता को ढूँढ़ निकाला और युवा सोवियत कवियों ने अपने युग की 'ट्रेजेडी' के गवाह के रूप में पॉस्तेरनाक को स्वीकार किया। यूरोप और अमेरिका के युवा चित्रकारों को पिकासो और मातीस में नहीं, पाल क्ले में अपने युग का चरित्र नज़र आता है।

मुक्तिबोध के साथ भी 11 सितम्बर 1964 को उनकी भयावह मृत्यु के बाद से कुछ ऐसा ही हुआ है। इन चार वर्षों में मुक्तिबोध हिन्दी के युवा कवियों का सन्दर्भ-ग्रन्थ बन गए। उनके जीवन और मृत्यु में युवा कवियों ने अपने लिए एक अर्थ प्राप्त किया और उनकी कविता में उन्होंने वे सभी चुनौतियाँ पाईं जो कि उनके मन में अस्पष्ट रूप से मौजूद थीं।

किसी भी कवि के मसीहा बनने में उसके नष्ट होने का ख़तरा होता है। मुक्तिबोध के साथ भी यह ख़तरा है। मगर इस ख़तरे से न कोई बचाव है और न ही इसकी कोई ख़ास चिन्ता ही होनी चाहिए। अपने युग को अर्थ देने से अधिक सार्थक कार्य कोई कवि क्या कर सकता है ! अगर कविता के जरिए इस युग के प्रश्नों से जूझने की कोशिश में मुक्तिबोध की कविता नष्ट हो भी गई तो क्या फ़र्क़ पड़ता है ! केवल साधारण कवियों की जगह 'सुरक्षित' होती है—महान कवि केवल अपने युग का कवि होता है। इतिहास के क्रम में वह बनता और नष्ट होता चलता है। शताब्दियों के अन्तराली में वह सैकड़ों बार बनता और सैकड़ों बार नष्ट होता है। अंग्रेज़ी साहित्य के इतिहास में वर्ड्सवर्थ और टेनीसन के 'स्थान' को कौन चुनौती दे सकता है—ऑक्सफोर्ड या कैम्ब्रिज में हमेशा उनकी कुर्सी बनी रहेगी, जबकि मिल्टन या जॉन डन, येट्स या एलियट पर बार-बार निर्णय होता रहा है और होता रहेगा।

अपने जीवनकाल में या मृत्यु के बाद बुत की तरह स्थापित हो जाना नहीं बल्कि आनेवाले युगों के लिए चुनौती के रूप में बना रहना अमरता है। अनिर्णीत साहित्य ही इतिहास की कड़ियों में बार-बार जुड़नेवाला साहित्य है। मुक्तिबोध का साहित्य अब भी अनिर्णीत है और आगे भी रहेगा—एक चुनौती के रूप में बना रहना ही उसकी नियति है।

शंका केवल महान साहित्य को लेकर की जाती है। केवल महान साहित्य को लेकर

यह प्रश्न उठता है कि वह साहित्य है या नहीं ? केवल 'यूलीसिस' से ही यह प्रश्न उत्पन्न करता है कि वह उपन्यास है या नहीं ? अपनी 'सतही प्रामाणिकता' से सबको या बहुतेरों को आश्वस्त करनेवाली कृति अपने विषय में शंकाएँ नहीं पैदा करती। उसकी एक निश्चित और नियत संगति होती है। महान साहित्य की ऐसी कोई निश्चित संगति नहीं होती। विशिष्ट सन्दर्भों में ही उसकी संगति होती है। सन्दर्भ से हटते ही वह असंगत और गैर-साहित्य प्रतीत होने लगता है।

मुक्तिबोध का साहित्य भी विशिष्ट सन्दर्भों का साहित्य है। ये सन्दर्भ हैं वे तमाम प्रश्न जोकि मुक्तिबोध ने अपने समूचे साहित्य, कविता, कहानी और डायरी में उठाए हैं। जिनके लिए ये सवाल महत्त्वपूर्ण नहीं, उन्हें स्वाभाविक है, मुक्तिबोध का साहित्य भी महत्त्वपूर्ण नहीं लगेगा। मगर इसके साथ ही यह प्रश्न उठता है कि जिन्हें ये सवाल संगत नहीं लगते स्वयं उनकी संगति क्या है ? या तो ये प्रश्न असंगत हैं या इन प्रश्नों को असंगत माननेवाले आलोचक, अध्येता, कवि असंगत हैं।

स्वयं को प्रमाणित करने के अलावा एक लेखक के साहित्य में उठाए गए प्रश्न उन तमाम लेखकों के साहित्य को असंगत कर देते हैं जो कि इन प्रश्नों से कतराते रहे हैं या कि इन्हें झुठलाते रहे हैं। कविता केवल रचना नहीं बल्कि ध्वंस भी है।

मुक्तिबोध की कविता भी केवल कविता न होकर ध्वंस भी है। मुक्तिबोध की कविता के साथ ही जो परिवर्तन हुआ उसमें मान्यताओं के बहुत-से दुर्ग गिर गए। इसमें कुछ भी अप्रत्याशित नहीं। जो भी कविता लिखता है उसे समझ लेना चाहिए कि कविता क्षुद्र प्राप्तियों का संसार नहीं। यह 'धर्मयुद्ध' की दुनिया है, जिसमें कवि अपने प्रश्नों की अकेली और बहुत हद तक अमूर्त लड़ाई लड़ता है। अपनी साहित्यिक परिणतियों में ये प्रश्न उन सब साहित्यिक मूल्यों का संहार करते हैं जो कि अपने युग के द्वन्द्व, नैराश्य और आकांक्षा से पैदा नहीं हुए थे। वास्तव में संघर्ष साहित्यिक परिणतियों का नहीं, प्रश्नों का होता है।

नई कविता की शुरुआत ग़लत नहीं हुई थी। 'तार सप्तक' एक सही शुरुआत था। वह भाषा के कर्त्तव्यों को पहचानने का हिन्दी कविता में पहला प्रयत्न था। भाषा और अनुभव, दो अलग चीज़ें नहीं बल्कि एक ही चीज़ है, इस तथ्य को पहली बार 'तार सप्तक' ने ही पहचाना था। भाषा और अनुभव के अविभाज्य हो जाने के बाद ही कविता के प्रश्न शुरू होते हैं। इन प्रश्नों को, जिन पर कि छायावादी कवियों ने गौर नहीं किया था, 'तार सप्तक' ने उठाया। 'तार सप्तक' का सम्पादकीय और अज्ञेय, गजानन मुक्तिबोध, नेमिचन्द्र जैन तथा भारत भूषण अग्रवाल के वक्तव्यों और कविताओं में कविता तथा मनुष्य की स्थिति से सम्बन्धित शंकाओं ने पहली बार हिन्दी कविता को एक वयस्क धरातल प्रदान किया। हिन्दी कविता की यह सबसे बड़ी दुर्घटना है कि कुछ 'तार सप्तक' के और कुछ 'तार सप्तक' के बाद के कवियों ने छायावाद के अदृश्य आक्रमण के आगे घुटने टेकते हुए रचना का यह जटिल धरातल छोड़ दिया और भाषा तथा मनुष्य से सम्बन्धित बुनियादी प्रश्नों से पलायन कर रचना के लिए एक

अपेक्षाकृत सरल स्तर चुना, जिसमें विविधता चाहे जितनी हो, सार्थकता कम है।

'दूसरा सप्तक' के प्रकाशन के साथ ही कविता का एक 'टाइप' बन गया। वह 'टाइप' नई कविता के नाम से जाना जाने लगा और एक विशिष्ट मुहावरे में कविता की जाने लगी। 'दूसरा सप्तक' और उसके कवियों की कविताएँ इतनी कामयाबी हुई कि अपने परवर्तियों की कामयाबी से घबराकर और आतंकित होकर स्वयं 'तार सप्तक' के अधिकतर कवि नई कविता के मुहावरे में कविता करने लगे।

'सप्तकों' की परम्परा बनाने का एक ख़तरनाक नतीजा यह हुआ कि 'दूसरा सप्तक' और 'तार सप्तक' को एक-दूसरे से जोड़ दिया गया, जबकि वास्तविकता यह है कि रचना के स्तर पर दोनों का एक-दूसरे से कोई सम्बन्ध नहीं। 'तार सप्तक' एक शुरुआत है और एक शुरुआत का अन्त है। 'तार सप्तक' के कवियों ने 'तार सप्तक' को दफनाकर उन प्रश्नों से छुट्टी पा ली जिनसे जूझता हुआ कवि कविता को नष्ट करता है।

'तार सप्तक' के प्रति अपनी निष्ठा को आख़िर तक निबाहते हुए मुक्तिबोध ने जीवन-भर कविता को नष्ट किया। जब तक नई कविता केवल संयोजनधर्मी रही तब तक मुक्तिबोध की प्रतिष्ठा एक भाषा-विरोधी कवि के रूप में रही। लेकिन जैसे ही भाषा ने करवट ली और यह तथ्य उभरकर आया कि आज की कविता के लिए संयोजन आवश्यक नहीं बल्कि स्वयं भाषा और इस तरह कविता का संहार ज़रूरी है, मुक्तिबोध की कविता अपने युग का सबसे प्रामाणिक स्वर हो गई।

नौजवान कवियों को यदि आज नई कविता का बहुत-सा हिस्सा छायावादी और रूमानी जान पड़ता है, तो इसमें कुछ भी अप्रत्याशित नहीं। नई कविता का एक महत्त्वपूर्ण अंश सचमुच ही रूमानी और छायावादी है। छायावाद से मुक्ति पाने के लिए भाषा का संहार ज़रूरी था। मगर अधिकतर नए कवियों ने भाषा का संहार न कर, उनका संस्कार किया। नई कविता के गठन और छायावादी कविता के अन्तः संगठन में ऊपरी फ़र्क़ कितना ही अधिक हो, भीतर बहुत-सी समानताएँ हैं। यह आकस्मिक नहीं है कि नई कविता की कामयाबी का कारण उसका वह भावबोध है जिसकी परिणति संगीत में हुई है। नई कविता अपने युग की प्रतिनिधि विधा, चित्रकला की शर्तों को नहीं बल्कि परम्परा से प्राप्त संगीत की शर्तों को निबाहती है।

मुक्तिबोध का काव्य संगीत का निषेध करता है। यही नहीं बल्कि वह संगीत को कविता-विरोधी मानता है। संगीत कविता की अमूर्त परिणति है। मुक्तिबोध जिन प्रश्नों से जूझ रहे थे उनकी अमूर्त परिणति क्या हो सकती थी ? मनुष्य के नरक को उपस्थित करनेवाले काव्य की परिणति संगीत कैसे हो सकती है ? अपने युग के बर्बर सवालों को उठानेवाली कविता का गठन संगीतात्मक केसे हो सकता है ? इस तरह की कविता भाषा में संगीत के मूल्यों को नष्ट करती है, उसे सख़्त, नुकीली और चट्टानी बनाती है।

संगीत के न रहने से कविता में शून्य पैदा हो जाता है और कविता, कविता नहीं

रह जाती। मुक्तिबोध ने संगीत से पैदा हुए शून्य को तनाव से भरा। संगीत का स्थान तनाव ने ले लिया। छायावादी कविता के संगीत से मुक्तिबोध का यह तनाव अधिक सच्चा और सार्थक है। सुमित्रानन्दन पन्त के 'परिवर्तन' और जयशंकर प्रसाद की *कामायनी* की निस्सारता मुक्तिबोध की कविता 'अँधेरे में' पढ़ने के बाद ही मालूम होती। 'परिवर्तन' और *कामायनी* का कविता-संसार नाट्य-कौशल और संगीत की बुनियाद पर खड़ा है–'अँधेरे में' कविता में न कोई कौशल है न कोई संगीत–केवल एक तनाव उसके अन्तर्विरोधों से भरे हुए संसार को जोड़े हुए हैं। इस तनाव के कारण ही यह कविता, कविता है। अन्यथा, उसके अभाव में, उसमें और गद्य में कोई फ़र्क़ नहीं रह जाता। नई कविता की चरम परिणति गद्य की लय में हुई। मुक्तिबोध की कविता गद्य की लय नहीं, गद्य का तनाव है।

क्यों नहीं मुक्तिबोध ने संगीत की दुनिया को अपनाया ? क्यों उन्होंने तनाव को अपने लिए आवश्यक माना ? क्यों उन्होंने भाषा को नष्ट करते हुए अपने को नष्ट कर डाला ? क्यों नहीं उन्होंने भाषा से समझौता किया ?

इसका एकमात्र उत्तर यह है कि मुक्तिबोध के लिए कविता की नियति का प्रश्न मुनष्य की नियति के प्रश्न से जुड़ा हुआ था। कविता स्थूल स्तरों पर समाज को परिवर्तित नहीं करती, लेकिन कर्त्तव्यवश नहीं बल्कि स्वभाववश कविता संकट का, मृत्यु का अहसास कराती है। मनुष्य का भीतरी संकट ही कला का कर्म-क्षेत्र है; दूसरे शब्दों में, रचनाकार का रचना-क्षेत्र है। जिस कवि की कविता में संकट-बोध जितना ही गहरा और व्यापक होता है, वह अपने युग का उतना ही समर्थ प्रतिनिधि होता है।

मुक्तिबोध की कविता मनुष्य की दशा को सैकड़ों स्तरों पर और सैकड़ों रूपों में उपस्थित करती है। ये कविताएँ अभिव्यक्तियाँ नहीं हैं, मनुष्य के आत्मसंहार की भयानक और आक्रामक तस्वीरें हैं। मुक्तिबोध की कविता में शब्दों का कोई अर्थ नहीं रह गया हैं। शब्द केवल समूह होकर रह गए हैं; अर्थ उनसे अलग जा पड़ा है। शब्द और अर्थ के अलग-अलग हो जाने से एक असंगत संसार पैदा हो गया है जो कि जितना ही पैशाचिक है उतना ही मानवीय है।

मनुष्य और पिशाच, अर्थरहित शब्द और शब्दहीन अर्थ का संघर्षपूर्ण सहअस्तित्व ही मुक्तिबोध का रचना-संसार है। वास्तविकता यह है कि यही हमारा असली संसार भी है, जिसे मुक्तिबोध ने अपनी अपूर्व प्रतिभा से इतना काल्पनिक बना दिया कि वास्तविकता और काल्पनिकता का फ़र्क़ नष्ट हो गया। मुक्तिबोध का दावा भी था कि यथार्थ अपनी कलात्मक परिणति में 'फैंटेसी' में परिणत हो जाता है। कम-से-कम मुक्तिबोध का यथार्थ ज़रूर इतना भयानक है कि फैंटेसी के स्तर पर ही उससे साक्षात्कार किया जा सकता है।

समकालीन मनुष्यता का यथार्थ सचमुच ही इतना भयावह है कि उसे देखकर आदमी अन्धा हो सकता है, सम्बोधित कर गूँगा हो सकता है और उससे साक्षात्कार करते हुए आत्मघात कर सकता है। कविता इस यथार्थ को देखने योग्य, सम्बोधन योग्य

और संवाद योग्य बनाती है। गूँगे और अन्धे हो जाने के भय से हिन्दी की 'यशस्वी' कवि-पीढ़ी ने जिस यथार्थ से साक्षात्कार करने से इन्कार किया, मुक्तिबोध ने उसे संवाद योग्य बनाया।

'यथार्थ' का नाम लेते ही कई तरह की प्रत्याशाएँ पैदा हो जाती हैं। कवि से यह उम्मीद की जाने लगती है कि वह अपने युग का ब्यौरा देगा या उसका कोई स्थूल ख़ाका तैयार करेगा। कविता इस तरह की किसी स्थूल परिणति को अपना निर्दिष्ट मानकर नहीं चलता। अपनी बनावट के जरिए वह अपने युग की मानसिक बनावट का आभास कराती है।

मुक्तिबोध की प्रतिनिधि कविता 'अँधेरे में' अपने युग की घटनाओं से नहीं, बल्कि उसकी बनावट से सामना कराती है। इस कविता में वे सभी ख़तरे हैं जो कि उसे कविता की जगह उपन्यास में परिणत कर सकते थे। 'अँधेरे में' के अनुभव की समग्रता चरित्रों और घटनाओं में बिखरकर स्थूल अर्थों में एक यथार्थवादी उपन्यास बन सकती थी। मुक्तिबोध ने इस ख़तरे को पहचानते हुए अपने अनुभव को और भी गुमनाम होने दिया।

इस कविता के विषय में यह ठीक ही कहा गया है कि इसका एक काव्य-नायक है। काव्य-नायक मुक्तिबोध नहीं हैं। यह काव्य-नायक बेचैन, खंडित, जर्जर, व्यग्र हिन्दुस्तान है। यह स्वाधीनता के बाद का भारतवर्ष है, जिसका शरीर और मन क्षत-विक्षत हैं। उसके चेहरे पर इतिहास की झुर्रियाँ, सीने पर गोली के घाव और अन्तरात्मा में बेचैनी है :

> ज़िन्दगी के...
> कमरों में अँधेरे
> लगाता है चक्कर
> कोई एक लगातार,
> आवाज़ पैरों की देती है सुनाई
> बार-बार...बार-बार,
> वह नहीं दीखता...नहीं ही दीखता
> किन्तु वह रहा घूम
> तिलस्मी खोह में गिरफ़्तार कोई एक,
> भीत पार आती हुई पास से,
> गहन रहस्यमय अन्धकार ध्वनि-सा
> अस्तित्व जनाता
> अनिवार कोई एक,
> और मेरे हृदय की धक्-धक्
> पूछती है, वह कौन

सुनाई जो देता, पर नहीं देता दिखाई।
इतने में अकस्मात गिरते हैं भीतर से
फूले हुए पलस्तर
गिरती है चूने-भरी रेत
खिसकती हैं पपड़ियाँ इस तरह
खुद-ब-खुद
कोई बड़ा चेहरा बन जाता है,
स्वयमपि
मुख बन जाता है दिवाल पर
नुकीली नाक और
भव्य ललाट है,
दृढ़ हनु,
कोई अनजानी अन-पहचानी आकृति।
कौन वह दिखाई जो देता, पर
नहीं जाना जाता है।
कौन मनु ?

हिन्दुस्तान केवल नक्शे में नहीं कविता में भी है। और शायद कविता का हिन्दुस्तान ज्यादा सच है। इस हिन्दुस्तान को पहचानने में हिन्दी कविता को लगभग पचास वर्ष लग गए। और जब इस प्रश्नाहत 'मनु' को पहचाना गया तब तक देश सचमुच ही 'अँधेरे में' जा चुका था। मुक्तिबोध की सार्थकता इसमें है कि उन्होंने इतिहास के प्रश्नों को केवल 'इतिहास के प्रश्न' कहकर नहीं छोड़ दिया, बल्कि उन्हें कविता के प्रश्नों में बदल दिया।

कविता की प्रक्रिया : जीने की प्रक्रिया

साहित्य को कटघरे में खड़ा नहीं किया जा सकता। मगर साहित्य ही नहीं, साहित्य को पैदा करनेवाला मनुष्य भी कटघरे में खड़ा है। समाज का कटघरा, कानून का कटघरा और अपने-आपका ! एक-एक कदम पर एक अदालत है जिसके फैसले के बोझ से झुका हुआ वह दूसरा कदम उठाता है।

असल में यह वकीलों और अदालतों का युग है। मुकद्दमों की संख्या बढ़ गई है और मुकद्दमों के अनुपात में वकीलों की। वकीलों, मुहर्रिरों और दलालों के शोर में यह पता कर सकना मुश्किल है कि सत्य कहाँ है।

सत्य कटघरे में है। हर देश, हर समाज और हर व्यवस्था में सत्य आज कटघरे में है और उस पर एक नहीं असख्य मुकद्मे हैं। मुश्किल यह है कि उसका न कोई वकील है, न गवाह। सत्य के अपराधी हैं, गवाह नहीं।

मगर इन अदालतों की सजाएँ मिथ्या सजाएँ हैं क्योंकि ये न्यायालय झूठे हैं।

मेरे पास मेरा एक कटघरा है, जो वास्तविक है और मैं जिसमें हर समय खड़ा हूँ। मैं स्वयं पर मुकद्मा दायर कर रहा हूँ। मैं स्वयं ही अपना निर्णय कर रहा हूँ और मैं अपनी ही दी हुई सजाएँ भुगत रहा हूँ। मुकद्दमा चलाते हुए, फैसला देते हुए और सजाएँ उठाते हुए मैं एक महादृश्य देख रहा हूँ और शामिल हो रहा हूँ क्योंकि यह मेरी नियति है। शामिल होने की यह प्रक्रिया धीमी है और धीरे-धीरे शामिल होता हुआ मैं एक दिन इस हद तक शामिल हो जाता हूँ कि फिर कुछ भी नहीं देख पाता। मेरा अपना कटघरा टूट जाता है और मैं दूसरों की स्वाधीनता में साँस लेने लगता हूँ। शामिल होते हुए भी अपने विवेक को बनाए रखना अधिकतर लोगों के लिए असम्भव, कुछेक के लिए कठिन है; आसान किसी के लिए नहीं।

साहित्य का अपना कटघरा भी टूट गया है और वह हरेक के प्रति जवाबदेह होता हुआ न जाने किसके प्रति जवाबदेह है। कहीं पार्टी और उसके शासनतन्त्र के प्रति, कहीं सिगरेट कम्पनी के निर्माताओं के प्रति और कहीं घर-घर की दीवार पर सिनेमा के पोस्टर चिपकानेवाले दो अदृश्य बाजारू हाथों के प्रति। और यह सब जनता और समाज के नाम पर। लगता है समाज और साहित्य का सम्बन्ध पहे से अधिक गहरा हो गया है। यह सम्बन्ध क्या है ? यह ढूँढ़ निकालना लेखक के लिए ज़रूरी हो गया है—खासकर ऐसे ज़माने में जिसमें सभ्यता दिनोंदिन अमूर्त और अमानवीय होती जा रही है। जिस

युग में परमाणु-अस्त्रों का उत्पादन भी 'मनुष्य की रक्षा' के लिए किया जाता हो, मनुष्य और साहित्य के सम्बन्धों की खोज और भी ज़रूरी है। वास्तव में यह एक दोहरी खोज है। साहित्य की और मनुष्य की।

लेकिन क्या हम सचमुच साहित्य के जरिए मनुष्य की खोज करते हैं ?

मैं चाहता हूँ समकालीन कविता के माध्यम से उस मनुष्य की खोज के पहले, जिसकी होकर या जिसे दगा देकर हमारी कविता ने अपनी भाषा का निर्माण किया है, हमारी भाषा और साहित्य की उस पृष्ठभूमि पर विचार किया जाए, जिसकी वास्तविकता पर अब तक ठीक-ठीक विचार नहीं किया गया है और वास्तविक होने के बावजूद यह विश्वविद्यालयों और किताबघरों में रंगमंच के नकली और पुते हुए पर्दे की तरह टँगी हुई है। समकालीन कविता के काव्य-शास्त्र पर बहस के पहले उस इतिहास की पकड़ ज़रूरी है जिसका अंकुश अब भी हमारी पीठ पर गड़ रहा है। यह और बात है कि समकालीन साहित्य का आधार ही एक अंकुश-विरोधी चेतना है।

हमारा दुर्भाग्य है कि साधारण भारतीय ही नहीं हमारे बुद्धिजीवी, विचारक, कलाकार, कवि और राजनीतिज्ञ, सभी, अतीतजीवी हैं। लगता है हरेक का घोंसला अतीत में बना हुआ है और अगर परिस्थितियों की मार हम पर न हो तो हम उससे बाहर निकलना पसन्द नहीं करेंगे।

आरामपसन्द, चमत्कारप्रिय, और अतीतजीवी भारतीय जाति पिछले कई सौ वर्षों से क्षयग्रस्त है। जब भी किसी सभ्यता का ह्रास होता है तब शायद यही होता है।

यह एक दूसरी दुनिया है और जिस दिन पश्चिम ने इस देश को खोज निकाला उसी दिन हमें समझ लेना चाहिए था कि अब हम अपने में सम्पूर्ण संसार न होकर एक और ही दुनिया के अंग हो गए। लेकिन एक रूसी लोककथा के ज़मींदार की तरह आत्मतुष्ट भारतीय बराबर यह मानने से इन्कार करता रहा कि उसकी सरहद के आगे भी कोई संसार हो सकता है। भूगोल की सरहद के आगे अगर कुछ निकल भी आए तो हमारे ज्ञान की सरहद के आगे अगर कुछ निकल भी आए तो हमारे ज्ञान की सरहद के आगे कुछ भी नहीं हो सकता। लेकिन हर चीज़ की सीमा है और हर चीज़ कहीं-न-कहीं जाकर ख़त्म होती है।

हम अगर चुक गए हों तो क्या करें ? और अगर हम कुछ कर सकने में भी असमर्थ हों तो क्या करें ?

> शैल आइ पार्ट माइ हेयर बिहाइन्ड ?
> डू आइ डेयर टु ईट ए पीच ?
> आइ ग्रो ओल्ड—आइ ग्रो ओल्ड—
> आइ शैल वियर द बॉटम्स
> ऑफ माइ ट्रॉउजर्स रोल्ड।[1]

---

1. टी.एस. एलियट : द लव सांग ऑफ जे. अल्फ्रेड प्रुफॉक।

पलटकर पहनने के लिए पतलून ही नहीं और भी बहुत-सी चीज़ें हैं, जिन्हें हमसे पहले हमारे पुरखे पहन गए हैं।

अजब व्यंग्य है कि हिन्दी कविता छायावाद से शुरू होती है और छायावाद खुद भारतीय संस्कृति के पुनरुत्थान की आख़िरी और डूबती पुकार से आरम्भ होता है। 'स्वर्ण-युग' 'स्वर्ण-भू' और 'स्वर्ण-घाटी' में 'स्वर्णमृग' की तरह चौकड़ी भरनेवाली छायावादी कविता प्रतिभावान कवियों की आत्मवंचना से पैदा हुई है। यह आत्मवंचना थी 'स्वर्ण-युग' की वापसी' :

आओ हे नवनूतन,
स्वर्ण युग करो सृजन।
खो गया जीवन रस
रहस स्पर्श
सृजन का मुक्त रभस
निखिल हर्ष।
रह गया इतिहास, विज्ञान
दर्शन, सहस्र शास्त्र
सभ्यता के ब्रह्मास्त्र।
खो गई एकता,
व्याप्त है अनेकता।
खो गई मानवता,
खो गई मानवता,
खो गई वसुन्धरा
नहीं सत्य सहृदयता
नहीं मही विश्वम्भरा।
आओ हे नवनूतन
आत्मा आए सम्मुख
महिमान्वित मानव-मुख।
आओ हे नवनूतन।
स्वर्णयुग करो सृजन।[1]

अंग्रेजी के रोमैंटिक कवियों के प्रभावों को दृष्टि में रखकर छायावादी काव्य को आधुनिक करार देनेवाले आलोचक यह भूल जाते हैं कि कोई भी कविता प्रभावों से पैदा नहीं होती बल्कि उसकी रचना के पीछे कवि की चेतना और संस्कार होते हैं। कवि क्या

1. सुमित्रानन्दन पन्त : 'स्वर्णकिरण'।

अभिव्यक्त करता है, इसी प्रश्न में इस प्रश्न का उत्तर भी छिपा हुआ है कि वह कैसे अभिव्यक्त करता है।

सुमित्रानन्दन पन्त की 'प्रकृति' और जयशंकर प्रसाद के 'मनु' दोनों ही मनुष्य और प्रकृति के विषय में पौराणिक परिकल्पनाओं और अवधारणाओं से आक्रान्त हैं। यह एक ऐसा आईना है जिसमें मनुष्य को अपना सही रूप नहीं दिखाई देता—यहाँ तक कि वह अपनी भाषा में बात करने में भी असमर्थ है। 'ऋषियों की परम्परा में हस्ताक्षर करनेवाले कवि' मनुष्य को उसकी महानता के कटघरे में खड़ाकर, उसे 'देवोपम' बना, उसकी भाषा भी उससे छीन लेते हैं। यह आकस्मिक नहीं है कि छायावादी कविता 'भाषा' ही बनी रही, 'जबान' कभी नहीं बन सकी।

मनुष्य का नाम लेकर अपने अतीत की महानता का नाम जपनेवाली पुनरुत्थानवादी संस्कृतियाँ एक प्रकार की आत्मरति से ग्रस्त होती हैं और वे मनुष्य के नाम पर मनुष्य का एक 'मिथ' खड़ा करती हैं।

हम किसी को एक बार आसन पर बिठाने के बाद उसके विषय में एक भी अपशब्द सुनना पसन्द नहीं करते। हिन्दी अकेली भाषा है जिसमें साहित्य का पुनर्मूल्यांकन नहीं होता। हमने छायावाद को उपलब्धियों के शिखर पर इस तरह बिठा दिया कि अब उसकी दोबारा परख का विचार भी मन में लाना पाप जान पड़ता है। मैं केवल अपने लिए ही यह कह सकता हूँ और मैं यह कविता की अपनी समझ के जोर पर कह सकता हूँ कि संवेगरहित, चित्र-बोझिल छायावाद उपलब्धियों का शिखर नहीं है, केवल एक ऐतिहासिक पृष्ठभूमि है। वह कविता भी उतनी नहीं, जितनी कविता के लिए एक भूमिका है। निराला की विशाल प्रतिभा, जो आलोचकों के बावजूद न छायावाद में अँट पाती है न प्रगतिवाद में, अपवाद है; शेष छायावादी कविता में से अधिकांश, जड़ और निर्जीव हैं। यह कहने में हिचक नहीं होनी चाहिए कि महत्त्वाकांक्षी छायावाद की तुलना में छायावाद की गोष्ठियों में पैदा हुई बच्चन और नरेन्द्र शर्मा की निराकांक्षी कविताएँ अधिक सजीव हैं।

महानता के इस 'मिथ' को, अतीत के इस भ्रम को, साहित्यकार की इस आत्मवंचना को तोड़कर प्रगतिशील सात्यि ने साहित्य-रचना के लिए एक बिल्कुल ही नई ज़मीन तैयार की। लेकिन क्या सचमुच ही यह ज़मीन साहित्य-रचना की ज़मीन थी ? क्या सचमुच ही उसमें कुछ पैदा हो सकता था ?

सोवियत रूस में नई सभ्यता का उदय, यूरोप में फासिज़्म का बढ़ता हुआ ख़तरा और भारत में दिनोंदिन तीव्र होता हुआ स्वाधीनता का संघर्ष—ये तीन मुख्य कारण थे एक ऐसे अन्तर्राष्ट्रीय आन्दोलन की शुरुआत के, जिसने उन तमाम साहित्यकारों को एक जगह इकट्ठा होने के लिए बाध्य किया, जो इतिहास के दबाव के कारण अपने को संसार-भर की शोषित और उत्पीड़ित मनुष्यता से प्रतिबद्ध अनुभव कर रहे थे।

लेखक आज भी मनुष्यता से प्रतिबद्ध है। लेकिन आज यह अधिक स्पष्ट है कि लेखक किस स्तर पर प्रतिबद्ध हो, किसके सामने हलफनामा उठाए और क्या सचमुच

ही वह हलफनामा उठाए ? या उसका लेखक होना ही स्वयं एक हलफनामा है, जिसे किसी के सामने उठाने की ज़रूरत नहीं।

प्रगतिशील साहित्य का अर्थ आरम्भ में स्पष्ट नहीं था। अस्पष्टता की अपनी सुविधाएँ और अपने आकर्षण हैं। नेक इरादों से ही दुनिया के साहित्यकार इस धुँधलके में इकट्ठे हुए थे। उनके सामने स्वयं ही यह स्पष्ट नहीं था कि यह धुँधलका उन्हें कहाँ ले जाएगा।

लेकिन धीरे-धीरे साहित्य को एक विशेष दिशा, एक विशेष अभिप्राय और एक विशेष रंग देने की कोशिश में स्वयं प्रगतिवाद का अर्थ स्पष्ट होने लगा। समाजवादी यथार्थवाद और प्रगतिवाद का प्रेरणा-केन्द्र साहित्य के सम्बन्ध में मार्क्स और एंगल्स के विचार नहीं बल्कि लेनिन की कला-सम्बन्धी वे मान्यताएँ थीं जिन्हें स्थापित करने की आवश्यकता का अनुभव उन्होंने सोवियत कम्युनिस्ट पार्टी का संगठन करते समय किया था। एंगल्स ने तो एक नहीं कई बार प्रवृत्तिमूलक साहित्य के प्रति अपनी नापसन्दगी जाहिर की थी।

1885 में मार्गेट हार्कनेस के नाम एक पत्र में एंगल्स ने लिखा था, "यह मत सोचना कि तुमने दो-टूक समाजवादी उपन्यास नहीं लिखा इस कारण मैं तुम्हारी कलाकृति में दोष ढूँढ़ने लगूँगा...मेरा मतलब है एक ऐसा उपन्यास जिसमें लेखक अपने सामाजिक और राजनैतिक विचारों की ध्वजा फहराता फिरता है। मेरा विश्वास है कि जो कलाकृति लेखक के विचारों से जितनी ही निर्विकार होगी वह उतनी ही उत्कृष्ट होगी।" यही नहीं उसी वर्ष एक अन्य पत्र में मिना कॉउट्स्की के नाम उन्होंने लिखा था, "मैं यह मानता हूँ कि लेखक के लिए यह ज़रूरी नहीं है कि वह जिस सामाजिक संघर्ष का चित्रण कर रहा है, पाठक की ओर मुड़कर बार-बार उसके विषय में भविष्यवाणी करे।"

यह एक संयोग ही है कि सभ्यता के एक खास दौर में लेनिन ने साहित्य को पार्टी की ज़रूरतों से जोड़ दिया, जिसका नतीजा यह हुआ कि बाद में कठमुल्ला आलोचकों ने लेनिन के अभिप्राय को तोड़-मरोड़कर साहित्य को हमेशा के लिए पार्टी-तन्त्र के हाथों कठपुतली बना देना चाहा।

अपने एक लेख 'पार्टी का संगठन और पार्टी का साहित्य' में साहित्य के कर्त्तव्यों को तय करते हुए लेनिन ने लिखा था, "यह ज़रूरी है कि साहित्य पार्टी का साहित्य हो। यह ज़रूरी है कि साहित्य सर्वहारा आन्दोलन का एक अंग हो। यह ज़रूरी है कि साहित्य समाजवादी लोकतान्त्रिक पार्टी के संगठित प्रयत्नों की एक इकाई हो।" यह नहीं कि लेनिन साहित्य की वास्तविक प्रेरणा-भूमि से वाकिफ नहीं थे या यह नहीं कि वह नहीं जानते थे कि साहित्य की अपनी स्वतन्त्र सत्ता है। अगर ऐसा होता तब तो इसे आधी दुनिया के नेता और एक महान क्रान्तिकारी का 'अज्ञान' कहकर टाला जा सकता था। लेकिन यह साहित्य के लिए एक नई दिशा थी—एक खतरनाक दिशा जिसमें कुछ दूर चलकर स्वयं साहित्य का कायाकल्प हो जाता है और वह साहित्य नहीं रह जाता,

कुछ और हो जाता है। क्लारा जेटकिन ने लेनिन के साहित्य सम्बन्धी जो विचार लिपिबद्ध किए हैं उनका एक टुकड़ा यह है, "हर लेखक को आज़ादी है कि वह हर बाहरी दबाव से मुक्त होकर अपने आदर्शों के मुताबिक रचना करे। लेकिन हमें भूलना नहीं चाहिए कि हम कम्युनिस्ट हैं। अराजकता बढ़ती जाए और हम हाथ बाँधे खड़े रहें, यह सम्भव नहीं है। हमें एक विधिवत् योजनानुसार इस प्रक्रिया को एक दिशा देनी होगी और उसके परिणामों को संगठित करना होगा।"

हिन्दी ही नहीं भारत की हर जबान में प्रगतिशील साहित्य का आन्दोलन प्लेखनॉव और कॉडवेल की व्याख्याओं और लेनिन के आदेश-वाक्यों की एक कड़ी बनकर रह गया। समाजवादी यथार्थवाद अपने-आपमें एक असंगत धारणा है। यह मान सकना कठिन है कि यथार्थ इस सीमा तक अधूरा हो सकता है कि उसे 'समाजवादी यथार्थवाद' कहकर पुकारा जा सका है। समाजवादी यथार्थवाद अयथार्थ नहीं है, यथार्थ-विरोधी है। वह मनुष्य की संवेदना को विभक्त कर पार्टी की स्थिति को मज़बूत करने की एक महत्त्वाकांक्षा है। लेकिन मनुष्य की संवेदना को विभक्त करना मनुष्य को विभक्त करना है।

प्रगतिवाद की अवधारणा ही साहित्य-विरोधी है और उसकी जड़ में ही साहित्य-विरोधी चेतना है। इस चेतना का उत्कर्ष हैं वे कविताएँ, जो खुद कविता की आवश्यकताओं को नकारकर संवेदनारहित सामूहिक नारेबाज़ी और उसकी अनुगूँज को न केवल प्रतिष्ठित करती बल्कि मनुष्य की वास्तविक संवेदनाओं को झुठलाती हैं।

हिन्दी कविता के इतिहास पर दो दशकों तक अपनी छाया फैलाए बैठे प्रगतिवाद की उपलब्धियाँ क्या हैं ? सभाओं में गाए जा सकने लायक गान, जुलूस के जोश को द्विगुणित कर सकनेवाली नारेबाज़ी और पार्टी के समाचार और विचार-पत्रों की सुर्खियों को प्रतिध्वनित करनेवाला पद्य। यह है वह साहित्य जिसके लिए एक पूरी-की-पूरी पीढ़ी ने अपनी प्रतिभा का हनन किया, समूचे इतिहास का श्राद्ध किया और न जाने कितने समवर्ती साहित्यकारों के साहित्य का दाह किया।

इसमें शक नहीं कि प्रगतिवाद ने लेखक की सामाजिक और राजनैतिक चेतना का विस्तार किया। साहित्य को दिवास्वप्नों के बरामदे से उठाकर एक ऐसे संसार की चुनौती स्वीकार करने के लिए विवश किया जहाँ अब भी मनुष्य भूखा, नंगा, बेरोज़गार और मृत्यु की तलाश में है। लेकिन साहित्य को समरभूमि में परिणत करते हुए, लेखक को इंजीनियर में बदलते हुए और कविता को बाँधकर एक बिजलीघर खड़ा करने की कोशिश में उसने साहित्य की सम्भावनाओं पर रोक लगा दी, कला की मूल संवेदना ही नष्ट कर दी। 'मनुष्य' का नारा लगाकर प्रगतिवाद ने कला के प्रति वैसा ही अपराध किया जैसा 'कला' का नारा लगाकर 19वीं सदी के ह्रासोन्मुख साहित्य ने मनुष्य के प्रति किया था। बल्कि प्रगतिवाद का अपराध अधिक गम्भीर है क्योंकि प्रगतिवाद के पीछे एक अन्तर्राष्ट्रीय राजनैतिक शक्ति थी। प्रगतिवाद एक गैर-साहित्यिक नहीं, साहित्य-विरोधी आन्दोलन था जिसने पार्टी के राजनैतिक फायदों के लिए साहित्य की दुनिया में कभी

सामने आकर और कभी भूमिगत होकर साहित्य के मूल्यों को तोड़-फोड़ दिया—जिसकी परिणति एक ऐसी हुल्लड़बाज़ी में हुई कि बाद में प्रगतिवाद में आस्था रखनेवाले कवियों और कथाकारों की खिड़कियों के शीशे भी सलामत नहीं रहे।

यह है 'ऐतिहासिक नियति' के नाम पर कला की नियतिहीनता का वह अंकुश जिसका दबाव हिन्दी में सबसे पहले सन् '40 से '50 के बीच कुछ संवेदनशील आत्मसजग कवियों ने महसूस किया था। मतलब 'तार सप्तक' के कुछ कवियों से है, जो अपनी ग़लती से नहीं बल्कि प्रगतिवादी आलोचना के विकल्प के अभाव में और साहित्यिक आलोचना के संसार में शासन और अनुशासन कायम करने के आकांक्षी विश्वविद्यालयों के यशस्वी प्राध्यापकों की साहित्यिक नासमझियों के कारण, स्कूली आलोचना की पत्रिकाओं में आज भी 'प्रयोगवादी' कहकर पुकारे जा रहे हैं।

जिस भाषा में कविता के मूल्यों की खोज नहीं हुई—एक पीढ़ी ने कविता की आँख पर पट्टी बाँध दी और दूसरी ने पट्टियाँ खोल उसके पैरों में बेड़ियाँ और गरदन में फन्दा डाल दिया—उसमें तीसरी पीढ़ी स्वयं कविता के मूल्यों के अन्वेषण के लिए अभिशप्त थी। वास्तव में कविता और कविता के जरिए कला के मूल्यों की खोज हिन्दी में पहली बार 'तार सप्तक' से ही शुरू हुई। 'तार सप्तक' के सम्पादक का यह वक्तव्य कि "यह कविता यह दावा नहीं करती क उसने काव्य का सत्य पा लिया है बल्कि वह कवियों के अन्वेषक मात्र होने का प्रमाण है," 'तारसप्तक' की कविता के पीछे छिपे संकल्प को उद्घाटित करता है। हर आदमी अपने संकल्प को पूरा नहीं करता और खोज के रास्ते, बल्कि रास्तों, पर चलनेवाला हर लेखक मंजिल तक नहीं पहुँचता। कुछ रास्ते पर रुककर अपने लिए मकान बना लेते हैं और अपनी दीवार पर अपना साइनबोर्ड टाँग, लोगों को काव्यसत्य की पुर्जियाँ और दवाएँ बाँटने लगती हैं, कुछ स्वयं 'खोज-द्रोही' हो जाते हैं और पड़ाव डालकर खुद 'अन्वेषण' के विरुद्ध सभाएँ करने लगते हैं और शेष को एक ही जगह पर कवायद करते हुए भी यह भ्रान्ति बनी रहती है कि वे बराबर चले जा रहे हैं—वे न केवल एक भ्रान्ति में जीवित रहते हैं बल्कि दूसरों के बीच भी अपने विषय में भ्रान्तियाँ फैलाते हैं। इतिहास की प्रक्रिया ही यही है, बल्कि अपने व्यापक अर्थ में इतिहास में कुछ ही लोग और कुछ ही चीज़ें बच पाती हैं।

मृत्यु से ही नहीं, बल्कि किसी निष्कर्ष पर पहुँचने की जल्दबाज़ी से बचे हुए कवियों के मन में ही समय-समय पर कला को लेकर शंकाएँ और प्रश्न उठते हैं। सन् '40 में, '50 में, फिर '60 में। शंकाओं के इस सिलसिले का अन्त नहीं। मुक्तिबोध की दो दशक लम्बी कविताएँ और अज्ञेय की कविताएँ और उपन्यास इन शंकाओं और प्रश्नों से जूझने की अनथक कोशिश हैं। इसका यह अर्थ नहीं कि इन कवियों और इनके बाद के कवियों की कविताएँ केवल रचना-प्रक्रिया की खोज हैं। साहित्य को केवल रचना-प्रक्रिया की खोज कहकर स्वयं साहित्य के हिमायती साहित्य को एक ह्रासोन्मुख अर्थ दे देते हैं। यह कविता वास्तव में जीने की प्रक्रिया की खोज करते हैं। रचना का कोई भी प्रश्न जीने के किसी भी प्रश्न से अलग नहीं बल्कि वह उसी की अभिव्यक्ति है। भाषा बदलती

है इस कारण ये अभिव्यक्तियाँ समझ में नहीं आतीं, ये नाम समझ में नहीं आते और परिणामस्वरूप इन प्रश्नों की जड़ में छिपे हुए प्रश्न ही नहीं बल्कि इन प्रश्नों की बाँह पर बिल्कुल भिन्न पौधों की तरह उगे हुए प्रश्न भी समझ में नहीं आते।

नई कविता यदि आज भी कुछ लोगों के लिए एक प्रश्न है तो वह बिल्कुल स्वाभाविक है। प्रश्नों की इस दुनिया में नई कविता जीने की उसी जटिल प्रक्रिया की एक अभिव्यक्ति है जिसे समझ पाने में साधारण जन अपने को असमर्थ पाता है बल्कि जीते हुए भी और गुजरते हुए भी, वह यह नहीं सोच पाता कि "क्या जीने की भी कोई प्रक्रिया हो सकती है ?"

अपने संकटकाल में जब कला सोच में पड़ जाती है तब कलाकार कला के जरिए सोचने की कोशिश करता है। 'तार सप्तक' कविता के जरिए सोचने का एक प्रयत्न था, मगर कविता के जरिए सोचने का अर्थ कविता पर विचार थोपना नहीं है। जैसे एक गहनों के जंजाल में फँसी हुई स्त्री जीवन-भर अन्दर के सवालों पर कुछ सोच ही नहीं पाती, केवल सुनारों को परेशान करती रहती है, वैसे ही विचारों में फँसी हुई कविता बस फँसी ही रह जाती है, स्वयं कुछ सोच नहीं पाती। उसे एक बार छुट्टी दीजिए, उसे खुद सोचने का मौका दीजिए—उसकी जड़ें गहरी होंगी। 'तार सप्तक' के कुछ कवियों ने कविता को एक ऐसी ही छुट्टी दी थी, उसे अपनी जड़ें गहरी करने का मौका दिया था। उनकी कविता 'बौद्धिक कविता' नहीं थी बल्कि एक बौद्धिक परिवेश में रहकर भी कविता के धरातल पर जीने की कोशिश थी।

मैं किस धरातल पर जीता हूँ, इसकी पहचान मेरी भाषा है—मैं किस भाषा में बात करता हूँ। गिरिजाकुमार माथुन ने अपने लिए एक रंगीन, चित्रमय, आलंकारिक भाषा प्राप्त कर ली थी, जो अजनबियों की नहीं परिचितों की भाषा थी। वह भाषा भी उतनी नहीं थी जितनी भाषा के साथ एक समझौता थी। लेकिन जो न छायावाद की तत्सम दुनिया में रह सकने में समर्थ हैं न प्रगतिवाद के गुमनाम कंठ में कंठ मिलाकर गा सकने में, वे क्या करें ? जो यह जानते हुए भी कि मेरा बिल्कुल अपना अनुभव कविता में ढलकर और भी कुछेक का अनुभव बनकर मेरी सच्चाई को साबित करेगा, कोई गारन्टी नहीं देना चाहते, क्योंकि कविता के विषय में आश्वासन देना स्वयं कविता के चरित्र पर सन्देह करना है, वे क्या करें ?

उनके 'क्या करने' का सवाल औरों ने 'क्या किया है' के प्रश्न से बड़ा था। नई कविता की शुरुआत अपने से पहले की कविता को चुनौती के रूप में नहीं बल्कि कविता के भविष्य के प्रति चिन्ता के रूप में हुई थी।

कविता का भविष्य जैसी चीज़ होती है मगर 'भविष्य की कविता' जैसी कोई चीज़ शायद नहीं होती। लेकिन दस साल बाद सुनी जाकर 'तार सप्तक' की पुकार ने साबित कर दिया कि जिस युग में अध्यापकों ने विद्यार्थियों का और आलोचकों ने पाठकों का हाथ देखते हुए सबको भूत, भविष्य और वर्तमान के प्रति आश्वस्त कर दिया हो, कम-से-कम उस युग में कुछ कविताएँ जरूर 'भविष्य की' हो सकती हैं।

दस साल बाद सुनी गई इस पुकार ने एक पूरी-की-पूरी पीढ़ी को मुक्त करते हुए यह अनुभव कराया कि अपनी भाषा से अधिक कीमती चीज़ कोई नहीं। जिस भाषा में किसी ने लिखा है या कोई और लिख रहा है, मैं नहीं लिख सकता। साहित्य में जुड़वाँ सन्तान नहीं होती और जुड़वाँ सन्तान भी एक भाषा में बात नहीं करती क्योंकि जुड़वाँ हृदय नहीं होता।

साहित्य में भी एक प्रकार की तानाशाही होती है। यह तानाशाही साहित्य की मर्यादाएँ निश्चित करने की इच्छा से शुरू होती है। मर्यादाएँ इतनी सिकुड़ जाती हैं कि साहित्य बिल्कुल सँकरा हो जाता है, समय और संसार से कटकर रह जाता और एकरस होकर मर जाता है। मर्यादाओं की अन्तिम परिणति पर्दा है, चाहे वह संसार को 'रायसीना' तक सीमित मानने वाली पुरानी दिल्ली की ग़रीब औरत के चेहरे पर पड़ा हो, चाहे साहित्य पर।

नई कविता ने सबसे पहले कविता के चेहरे पर पड़े हुए इस पर्दे को ही उतारकर फेंका। चाहे उसने कहीं यह घोषणा न की हो मगर उसकी पंक्ति-पंक्ति में यह घोषणा है कि साहित्य की कोई सीमा नहीं हो सकती।

छन्द पहली सीमा है जिसे तोड़कर हर भाषा एक आधुनिक संसार में प्रवेश करती है। पिछले पचास साल से पश्चिम की भाषाएँ और अब भारत की, छन्द तोड़ने की अपराधी हैं। छन्द की दुनिया में अब भी बन्दी आलोचकों की समझ में नहीं आता कि आखिर ये पीढ़ियाँ छन्द क्यों तोड़ रही हैं और छन्द तोड़कर कहाँ जा रही हैं ? वे जहन्नुम में जा रही हैं। वे सचमुच जहन्नुम में जा रही हैं—एक ऐसे जहन्नुम में जहाँ स्वर्ग की सारी कल्पनाएँ झूठी पड़ गई हैं और अपने नरक की सच्चाई को व्यक्त करने के लिए छन्द न केवल नाकाफी है, बल्कि बाधा है।

आखिर आप क्या कहना चाहते हैं ? क्या आप यह कहना चाहते हैं कि जो नरक में है या सजाएँ भोग रहा है उसे कविताएँ लिखने का अधिकार नहीं ? आप उसे यह अधिकार दें या न दें, वह अपने को व्यक्त करेगा—और हर अभिव्यक्ति कविता न हो, मगर कुछ अभिव्यक्तियाँ ज़रूर कविताएँ होंगी।

नई कविता प्रमाण है कि छन्द का शासन स्वीकार किए बिना कविता हो सकती है।

यह कहना सही नहीं है कि नई कविता 'मुक्त छन्द की कविता' है, सही यह कहना है कि नई कविता छन्दमुक्त काव्य है। यह कहना ग़लत है कि नया कवि कविता में बातचीत करता है, ठीक यह कहना है कि नया कवि बातचीत में कविता करता है। यह कहना ग़लत है कि वह लिखकर कविता का प्रभाव उत्पन्न करता है। वह छन्द को तोड़कर नहीं बल्कि छोड़कर कविता करता है। छन्द एक पूर्वाग्रह है। निर्विकार होकर इस नए संगीत को सुनना और किसी और के लिए नहीं अपने लिए यह फैसला करना होगा कि यह छन्दमुक्त काव्य कविता है या नहीं—

बजो।
ओ काठ की घंटियों,
बजो।
मेरा रोम-रोम देहरी है
सूने मन्दिर की,
सजो
ओ काठ की घंटियों,
सजो।

शायद कल
टूटी बैसाखी पर चलकर
फिर मेरा खोया प्यार
वापस लौट आए,
शायद कल
प्रकाश-स्तम्भों से टकराकर
फिर मेरी अन्धी आस्था
कोई गीत गाए,
शायद कल
किसी के कन्धों पर चढ़कर
फिर मेरा बौना अहं
विवश हाथ फैलाए।

जितनी भी ध्वनि शेष है
इन सूखी रगों में
सजो
ओ काठ की घंटियो !
सजो।

बजो।
ओ काठ की घंटियो,
बजो।
मेरा रोम-रोम देहरी है।[1]

---

1. सर्वेश्वरदयाल सक्सेना : 'काठ की घंटियाँ'।

महान देश की महान संस्कृति की साँझ में बजनेवाले 'स्वर्ण घंटे' की तुलना में अपाहिज दुनिया में पड़े एक 'काठ' का यह संगीत अधिक सच्चा है, अधिक मर्मबेधी है।

यह नहीं कि नई कविता का कोई व्याकरण नहीं। नई कविता का अपना व्याकरण है, मगर नई कविता अपने व्याकरण से पैदा नहीं है बल्कि नई कविता का व्याकरण नई कविता से पैदा हुआ है।

छन्द का स्थान लय ने ले लिया है। इस अलग भाषा की यह लय भी अलग है। शब्दों की संगति से, नियम से, यह लय पैदा नहीं होती बल्कि इससे शब्द पैदा होते हैं। यह मनुष्य के अन्तर्लोक की कविता है, जहाँ पहले संगीत पैदा होता है और फिर उस संगीत से चित्र। जिस कविता ने अपने लिए कठिन रास्ता चुना हो, उसकी लय भी आसान नहीं होगी। रुक-रुककर जैसे अन्दर कहीं कुछ अटका हुआ हो वह बाहर आती है, अनियमित–

एक पीली शाम
पतझर का जरा अटका हुआ पत्ता
शान्त
मेरी भावनाओं में तुम्हारा मुखकमल
कृश म्लान हारा-सा
अब गिरा अब गिरा
वह
अटका हुआ आँसू
सान्ध्य तारक-सा
अतल में।

शमशेर बहादुर सिंह की यह एक कविता ही नहीं बल्कि उनकी अनेक कविताएँ एक घबराए हुए व्यक्ति के काँपते हुए स्वरों से उत्पन्न लय में बह रही हैं।

घाट पर पछाड़े जाते कपड़ों की ध्वनि, अस्पताल में रह-रहकर कराहते हुए मरीज़ की कराह, उन तमाम मशीनी रफ़्तारों से अधिक मानवीय और करुण है जिसे हम साहित्य में सुनने के आदी हो चुके हैं और भूल से जिसे हम 'लय' कहते हैं।

छन्द में जकड़कर हिन्दी कविता में जो एकरसता पैदा हो गई थी, नई कविता ने उसे भंग किया। एक प्रकार से नई कविता ने छन्द का 'स्वप्न-भंग' किया। यह भी कहा जा सकता है कि नई कविता ने 'रस-भंग' किया।

यह सवाल खुद से करना चाहिए कि क्या आज सचमुच ही साहित्य का उद्देश्य 'रस को सिद्ध' करना है। और क्या यह सचमुच ही आज सम्भव है ?

भारतीय काव्य-शास्त्र की रचना कविता को एक व्यवस्था देने के लिए हुई थी। लेकिन हर व्यवस्था एक सीमा पर जाकर खत्म हो जाती है। यह सरहद था रीति-काव्य

जहाँ स्वयं काव्य के लक्षण काव्य में, एक निकृष्ट ह्रासोन्मुख पद्य में परिणत हो गए। आलोचना को यह समझ लेना चाहिए था कि भारतीय काव्य-शास्त्र की सम्भावनाएँ रीति-काव्य के साथ ही समाप्त हो गईं।

विश्वविद्यालयों का अध्ययन, अध्यापन और सोचने का ढंग न केवल समकालीन कविता के बारे में बल्कि मध्ययुगीन कविता के बारे में भी ग़लत है। क्या कारण है कि साहित्य में सबसे अधिक अरुचि रखनेवाला व्यक्ति, अक्सर हिन्दी का एक भूतपूर्व छात्र होता है। अध्यापक उसे परीक्षाएँ पास कराते हैं, उसके सामने साहित्य की ढेर सारी यान्त्रिक व्याख्याएँ रखते हैं, लेकिन साहित्य में उसकी दिलचस्पी नहीं पैदा करा पाते। वे उसे कविता का अर्थ बताते हैं, लेकिन कविता उसे अनुभव नहीं करा पाते।

साहित्य के प्रति यही दृष्टि लेकर अध्यापक और उनके छात्र समकालीन कविता के पास पहुँचते हैं और अपने को हतप्रभ पाते हैं। वे साहित्य से माँग करते हैं कि वह अपना उद्देश्य बताए, अपना अर्थ और अपने लक्षण बताए और कुछ नहीं तो अपने-अपने अलंकारों की संख्या बताए।

साहित्य किसी को कुछ, चाहे वह रास्ता ही क्यों न हो, बताने के लिए पैदा नहीं होता। वह पैदा क्यों होता है ? इसका भी कोई जवाब नहीं !

लेखक यह जानता है कि वह पैदा किस तरह होता है; मगर वह इसे किसी दूसरे को चाहकर भी समझा नहीं सकता। एक स्त्री पैदा करने के अनुभव से गुज़रकर भी एक दूसरी स्त्री को अपना अनुभव महसूस नहीं करा सकती। वह केवल यही कह सकती है, कि तुम भी पैदा करो। मगर रचनाकार स्त्री नहीं है और केवल इतना कहकर ही चुप नहीं मार सकता।

जन्म के साथ ही नई कविता पर यह ज़िम्मेदारी आ पड़ी कि वह अपनी रचना-प्रक्रिया भी स्पष्ट करे। नई कविता की पत्र-पत्रिकाएँ न जाने कितनी व्याख्याओं, वक्तव्यों और आत्म-विश्लेषणों से भरी पड़ी हैं।

आखिर इन व्याख्याओं की ज़रूरत क्यों आ पड़ी ? क्या इसलिए कि नई कविता के पाठक नहीं थे और उसने अपने पाठक पैदा करने के लिए व्याख्याओं का तरीका ढूँढ़ निकाला ? जो साहित्य अपने-आप अपने पाठक पैदा नहीं कर सकता, वह साहित्य नहीं। नई कविता के पाठक हैं और उन्हें आलोचक या किसी मध्यस्थ की सहायता की आवश्यकता नहीं—एक बार कविता को अनुभव कर लेने के बाद किसी की सहायता से दोबारा अनुभव करने की ज़रूरते उन्हें नहीं।

लेकिन ऐसे बहुत-से लोग हैं जिन तक यह कविता नहीं पहुँच पाती, अर्थात् 'साधारणीकरण' नहीं हो पाता। 'साधारणीकरण' क्यों नहीं हो पाता ? और क्या इसके लिए केवल कवि ज़िम्मेदार है ? सच्चाई यह है कि जिन 'बहुत-से लोगों' की आड़ लेकर नई कविता पर यह मुकद्दमा चलाया जाता है, उन बहुत-से लोगों के मन की बनावट उस कवि के मन की बनावट से बिल्कुल भिन्न है जिसे हम 'नया कवि' कहते हैं।

यह कहकर इस प्रश्न को टाला नहीं जा सकता कि अभिव्यक्ति उलझी हुई है।

अभिव्यक्ति उलझी हुई नहीं है बल्कि पहले से अधिक सुथरी हुई है, प्रतीक-योजनाएँ और चित्र-पद्धतियाँ पहले से अधिक संगत हैं और समूची कविता की बनावट अधिक संगीतमय है।

बात यह है कि जिसे 'सामान्य पाठक' कहा जाता है, वह और 'नया कवि' एक ही जगह रहकर भी दो अलग-अलग समयों में जी रहे हैं। 'कवि' एक-दूसरे कैलेंडर के अनुसार और 'पाठक' एक दूसरे कैलेंडर के अनुसार।

समय कोई अमूर्त चीज़ नहीं है। मनुष्य और मनुष्य के सम्बन्धों में पड़नेवाला अन्तर ही यह समय है। यह अन्तर हमें दृष्टि देता है और यह दृष्टि हमें खुद अन्तर पैदा कर देती है। दृष्टि और अन्तर की दोहरी प्रक्रिया से गुज़रकर ही एक कलाकार अन्तर्दृष्टि प्राप्त करता है। जो यह अन्तर्दृष्टि प्राप्त नहीं कर पाता वह उस दूसरे कैलेंडर के अनुसार जीनेवाले संसार को और उसके सूर्योदय और सूर्यास्त को नहीं समझ पाता और उसकी कविता को समझ नहीं पाता। कविता ही क्यों, वह कुछ भी नहीं समझ पाता और केवल अपनी नासमझी के अनुसार ही मनमानी व्याख्याएँ किया करता है।

कविता के प्रति उस व्यक्ति की आपत्ति को ज़रूर महत्त्व दिया जाएगा जो इस दुनिया की और चीज़ों को समझ रहा हो, मगर अपने तमाम कलात्मक संस्कारों के बावजूद समकालीन कविता उसे 'असंगत' जान पड़ती है : एक ऐसे व्यक्ति की आपत्ति साहित्य में कोई अर्थ नहीं रखती, जिसे भीतर-ही-भीतर सब कुछ असंगत जान पड़ता है, और इस कारण कविता भी।

यह नहीं माना जा सकता कि नई कविता 'आत्मरत काव्य' है। 'आत्मरत काव्य' वास्तव में 'काव्यरत काव्य' होता है और उसमें मनुष्य की सम्भावनाएँ नहीं रह जातीं। हिन्दी की पिछले पचास साल की कविता को दृष्टि में रखकर कहा जा सकता है कि नई कविता के रूप में हिन्दी में पहली बार मनुष्य की प्रतिष्ठा हुई है और अगर 'मनुष्य' और 'जनता' दो परस्पर विरोधी शब्द नहीं हैं तो कहा जा सकता है कि नई कविता सही अर्थों में 'जनवादी कविता' है, एक नया मानववाद है।

कोई यह पूछ सकता है कि फिर एक कवि और जनता के बीच इतनी बड़ी खाई क्यों है ? असल में 'जनता' और 'कवि' के बीच मानवीय दूरी नहीं, एक बौद्धिक दूरी है।

साधारण जन आध्यात्मिक धरातल पर अभी स्वतन्त्र नहीं हुआ है, बल्कि यह कहना अधिक उचित होगा कि उसे आज भी अपनी परतन्त्रता से मोह है। उसे परतन्त्र बनानेवाले उसके 'नायक' हैं, जिनकी काल्पनिक उपस्थिति से वह अपने को इतना अकेला अनुभव नहीं करता, जितना एक लेखक या बुद्धिजीवी करता है। उसकी कोठरी की दीवार पर टँगे हुए 'अवतार' और उसके 'नायक' उसकी परतन्त्रता के पहरेदार हैं।

मगर आधुनिक व्यक्ति ने, कवि ने, अपने कमरे से तमाम तस्वीरें हटा दी हैं, केवल अपनी तस्वीर रहने दी है—इसलिए नहीं कि उसे अपने से मोह है, बल्कि इसलिए कि उसे हमेशा यह स्मरण रहे कि कोई उसे उसकी मृत्यु से नहीं बचा सकता, कोई उसकी

ओर से उसका मतदान नहीं कर सकता।

नियति के ही प्रश्न पर एक बुद्धिजीवी साधारण जन से अलग है और नियति का ही यह प्रश्न नई कविता के सन्दर्भ में पिछले कई वर्षों से 'आस्था' और 'अनास्था' के प्रश्न के रूप में रखा जाता रहा है। नया कवि 'आस्थाहीन व्यक्ति', 'अनास्थावान कलाकार' है।

'जीवन' एक महत्त्वाकांक्षी शब्द है, एक बहुत बड़ा दावा है। हममें से अधिकतर लोग केवल जीने की प्रक्रिया से गुज़र रहे हैं। जीने की ट्रेजेडी को व्यक्त करने की कोशिश में भाषा के साथ जूझ रहे हैं।

बाहर हज़ारों संकट हैं, लेकिन सबसे बड़ा संकट अपने अन्दर का संकट है। मुझे खुशी है कि मैं गूँगों की दुनिया में नहीं रह रहा हूँ, बल्कि उन लोगों के बीच जिनकी अभिव्यक्ति में अपने को व्यक्त करने की समूची पीड़ा निचुड़ आई है।

मैं यह नहीं मान सकता कि कविता का भविष्य नहीं रहा। कविता का भविष्य न होने का अर्थ है, भाषा के भविष्य का न होना। कविता भाषा से संस्कार ग्रहण नहीं करती, बल्कि भाषा को संस्कार देती है।

समकालीन कविता भाषा का यानी मनुष्य का एक नया संस्कार है। लोग कविता से नहीं, दरअसल अपने-आपसे उदासीन हैं।

चेकोस्लोवाकिया का अर्थ

"साथियो, आज हम यहाँ एक महत्त्वपूर्ण विषय पर विचार करने के लिए इकट्ठा हुए हैं–हमें इसी प्रकाशन-संस्था में नियन्त्रण के निन्दनीय अभाव की परीक्षा करनी है और यह विचार करना है कि इसके परिणामों को कैसे नष्ट किया जाए ! समूचे पाँच वर्षों तक, कहना चाहिए, हमारी आँखों के आगे, हमारे बीच एक व्यक्ति काम करता रहा, जिसके बारे में अब साबित हो चुका है कि वह जनता का शत्रु था; दस्यु, आतंकवादी, समाजद्रोही, भूतपूर्व डायरेक्टर जखॉरोव ! अब जखॉरोव के पास हमें नष्ट करने की शक्ति नहीं रही। लेकिन अपने समय में वह अपने साथ अपने पिट्ठुओं की फ़ौज लेकर आया, अगर दूसरे शब्दों में कहूँ, तो अपनी जमात के साथ आया, जिन्होंने हमारे बीच अपना मज़बूत घोंसला बनाने में उसकी मदद की और ट्राटस्की पन्थ को सुदृढ़ करनेवाले उसके षड्यन्त्र में सहायक हुए। हम सबके लिए यह शर्म की बात है कि जखॉरोव की जमात को हम अब तक नेस्तनाबूद नहीं कर सके हैं। मेरे सामने, यहाँ कुछ दस्तावेज़ हैं, जो उनकी प्रतिक्रान्तिवादी गतिविधियों की गवाही देते हैं...इन दस्तावेज़ों से क्या पता चलता है ? इनसे पता चलता है कि सन् 1932 में, डायरेक्टर ने अपनी निजी आदेश से, पार्टी और कर्मचारी विभाग की इजाजत के बिना, मैं फिर दोहराता हूँ, डायरेक्टर के निजी आदेश से, एक नटाशा फ्रोलेंको की नियुक्ति की गई...और कौन है यह फ्रोलेंको ? वह एक कर्नल, पुरानी व्यवस्था में एक तथाकथित रियासत के जागीरदार की बेटी है। आप पूछना चाहेंगे कि फ्रोलेंको, एक अजनबी-सी चीज़, जिसे दस्यु जखॉरोव ने नियुक्त किया था, हमारे बीच क्या कर रही थी ! इसका जवाब यह दूसरा दस्तावेज़ है। जखॉरोव की छाया में नागरिका फ्रोलेंको ने हमारे मज़दूरों और किसानों की प्यारी लाल सेना पर कालिख पोतना सीखा ! प्रतिक्रान्तिवाद की भाषा को मुखर करते हुए उसने 'रेड आर्मी' को 'रैट आर्मी' कहा !...ऐसा कैसे हुआ कि यह समाजद्रोही और उसकी जमात सोवियत समाज को पाँच साल तक उल्लू बनाने में सफल हुए। साथियो ! इसे केवल एक शब्द में समझाया जा सकता है : राजनैतिक नियन्त्रण में आत्मघाती चूक !"

1939-40 में स्तालिन द्वारा सोवियत रूस की महत्त्वाकांक्षी प्रतिभाओं के बर्बर दमन को उसकी समग्र भयावहता में पेश करनेवाले हाल में प्रकाशित लीडिया चुकोत्स्काया के असाधारण उपन्यास *उजड़ा हुआ घर* के इस लम्बे उद्धरण की भाषा कितनी अजीब लगती है। जिन दिनों मैं यह उपन्यास पढ़ रहा था उन्हीं दिनों चेकोस्लोवाकिया पर *प्राव्दा*

के सम्पादकीय भी मेरी दृष्टि से गुज़रे। उपन्यास के प्रतिनायक तिपोफेव के आरोपों और *प्राव्दा* के तर्कों में मुझे अजीब समानता मिली ! स्तालिन-युग का नायक राजनैतिक नियन्त्रण में चूक के नाम पर सोवियत रूस की सर्वश्रेष्ठ प्रतिभाओं की हत्या को उचित और जनता के हित में ठहराता है और स्तालिन को 'अपराधी' करार देनेवाली 20वीं पार्टी कांग्रेस के 'डेढ़ दशक बाद प्रकाशित सम्पादकीय भी मार्क्सवाद के सबसे मेधावी व्याख्याकार चेकोस्लोवाकिया के दमन को संगत और सही ठहराता है। इतिहास अपने-आपको किस तरह दोहराता है। स्तालिन के विरोध में भी स्तालिन का समर्थन है और स्तालिन के निष्कासन में भी स्तालिन का संस्थापन है !

किसका 'नियन्त्रण' और किसकी 'चूक' ? सोवियत पार्टी प्रवक्ताओं के पास इसका सधा-सधाया उत्तर है : 'प्रतिक्रान्तिवादी'। 'प्रतिक्रान्तिवादी' का कोई निश्चित अर्थ नहीं, इसलिए उसका इस्तेमाल सुविधाजनक है। वास्तव में सोवियत नेता 'प्रतिक्रान्तिवाद' की आड़ में जिन्हें सम्बोधित कर रहे हैं उन्होंने स्वयं 'क्रान्ति' को एक नया अर्थ दिया है।

सोवियत आरोप किस हद तक बेमानी और फूहड़ हैं, इससे अधिक विचारणीय है कि वे कौन-से मूल्य थे और वह कौन-सा अपना था जिससे पाँच समाजवादी देशों की व्यवस्था इस क़दर हिल गई कि उनके 18 हज़ार टैंकों और 6 लाख सैनिकों को अपनी तोप का मुँह शक्तिशाली 'नैटो' की ओर से फेरकर निहत्थे चेकोस्लोवाकिया की ओर कर देना पड़े।

जनवरी से लेकर अगस्त 1968 तक चेकोस्लावाकिया में जो राजनैतिक और सामाजिक परिवर्तन हुए उनके पीदे तीन आकांक्षाएँ दिखाई पड़ती हैं : पहली, लोकतन्त्र, दूसरी, आत्मनिर्णय का अधिकार, और तीसरी, अतीत से छुटकारा ! एक समग्र और आदर्श समाज के लिए ज़रूरी भी ये तीन चीज़ें होती हैं।

लोकतन्त्र, समाजवादियों और ग़ैर-समाजवादियों, दोनों का प्रिय मुहावरा रहा है, क्योंकि यह भी एक शब्द है जिसका अर्थ अनिश्चित अर्थात् सुविधाजनक है। समाजवादी इसे 'जनता का लोकतन्त्र' या 'पीपुल्स डिमोक्रेसी' कहना पसन्द करते हैं। ग़ैर-समाजवादी 'लोकतन्त्र' का अर्थ जितना भी अनिश्चित हो, एक चीज़ निश्चित है कि उसका मूलाधार विरोध ही हो सकता है। जिस राज्यतन्त्र में विरोध के लिए जगह नहीं, वह 'और कुछ भी हो, लोकतन्त्र नहीं हो सकता।'

1917 की सोवियत क्रान्ति की मुख्य आकांक्षा जनता को आर्थिक शोषण से मुक्त करना थी। लेनिन के आगे-पीछे दो पीढ़ियाँ थीं : एक वह जो इस क्रान्ति में उभरने के लिए बनी थी, दूसरी वह जो इसमें नष्ट होने के लिए पैदा हुई थी। यह दूसरी पीढ़ी उन सम्भ्रान्तों और जागीरदारों की थी जो व्यक्तिगत सम्पत्ति के स्वामी और प्रवक्ता थे। व्यक्तिगत सम्पत्ति की समाप्ति के बिना वह क्रान्तिकारिता सम्भव नहीं थी जो मनुष्य को समूचे समाज का हिस्सेदार बनाती है और व्यक्तिगत सम्पत्ति के प्रवक्ताओं के संहार के बिना व्यक्तिगत सम्पत्ति की समाप्ति सम्भव नहीं थी। नए सोवियत समाज का विरोध

केवल एक ओर से हो सकता था : व्यक्तिगत सम्पत्ति के समर्थकों की ओर से। अतः उनके विरोधी स्वर को क्रान्ति का विरोधी स्वर माना गया और क्रान्ति को शंका और चुनौती से ऊपर उठाकर एक ऐसी जगह पर प्रतिष्ठित कर दिया गया जहाँ उस पर उँगली उठाना सबसे दंडनीय अपराध हो गया। मनुष्य के विरोध के अधिकार को दृष्टि में रखते हुए क्रान्ति के विरोध की हत्या सही थी या ग़लत—यह अलग सवाल है। पर सोवियत क्रान्ति की महत्त्वकांक्षाओं और स्वभाव को देखते हुए उसका मार्क्सवादी औचित्य हो सकता है।

जो भी हो, 1922 तक यह दौर समाप्त हो चुका था—व्यक्तिगत सम्पत्ति के समर्थकों का संहार किया जा चुका था और अगर उनमें से कोई बचा भी रह गया था तो वह निःश्वर हो चुका था। सोवियत क्रान्ति जिसका प्रतीक लेनिन थे, प्रतिष्ठित हो चुकी थी और उन्हें चुनौती देनेवाला कोई नहीं रह गया था। बाहरी विरोध समाप्त हो जाने के बाद ही समाज के भीतर सच्चा विरोध पैदा होता है। मगर 1922 के बाद भी सोवियत समाज में वह विरोध विकसित नहीं हो सका जो आर्थिक परतन्त्रता से मुक्त मनुष्य को राजनैतिक दृष्टि से भी स्वतन्त्र करता है। ऐसा क्यों ?

इसका एक छोटा-सा उत्तर स्तालिन भी हैं; मगर इसका सही उत्तर स्वयं सोवियत क्रान्ति है। लेनिन अगर सहज ही सोवियत क्रान्ति के प्रतीक बन गए तो स्तालिन ने अपने को प्रयत्नों से पार्टी का प्रतीक बनाया। स्तालिन यह अच्छी तरह जानते थे कि लेनिन के बाद क्रान्ति का एकमात्र गवाह और प्रवक्ता पार्टी रह जाएगी और पार्टी तथा राज्य को अन्तः संगठित कर देने से क्रान्ति के सभी लाभदायक नतीजों को वह अपने लिए संगठित कर लेंगे। इसीलिए 1924 से लगातार बुद्धिजीवियों, लेखकों, और अपने प्रतिद्वन्द्वियों का संहार करते हुए वह विरोध की उस सम्भावना को नष्ट करते रहे जिसकी अनुगूँज पार्टी के बाहर या भीतर सुनाई पड़ सकती थी। मगर इस सारी स्थिति के लिए स्तालिन को दोषी ठहराकर सन्तुष्ट हो जाना सोवियत क्रान्ति की बुनियादी विफलता को नज़रअन्दाज़ कर देना है। स्तालिन ने वही किया जो क्रान्ति की पोल में घुसकर कोई भी औसत राजनीतिज्ञ करता। वास्तविकता यह है कि सोवियत क्रान्ति ने नए सोवियत समाज का विधान करते हुए विरोध का कोई विधान नहीं किया। इस आशंका को ध्यान में नहीं रखा गया कि विरोध के अभाव में राज्य सर्वग्राही भी हो सकता है। लेनिन ने पार्टी को 'जनता का प्रहरी' कहते हुए लोकोन्मुख पार्टी और स्वेच्छाचारी राज्य के बीच के तनाव की ओर संकेत ज़रूर किया; लेकिन उन्होंने भी विकसित साम्यवादी समाज के ख़तरों की बात नहीं सोची जहाँ पार्टी और राज्य मिलकर समाज और मनुष्य को एक दूसरी तरह की असुरक्षा और मृत्यु में झोंक सकते हैं।

इस सम्भावना को स्तालिन ने दृष्टि में लिया और उन्होंने पार्टी और राज्य के दिमाग़ तथा दिल को एक-दूसरे से इतना गूँथ दिया कि पार्टी 'जनता का प्रहरी' न बनकर मनुष्य के विरुद्ध राज्य के षड्यंत्र का साझीदार बन गई। अगर स्तालिन की जगह कोई दूसरा होता तब भी विशेष फ़र्क नहीं पड़ता—और इतिहास ने साबित कर दिया है कि

विशेष फ़र्क़ नहीं पड़ा है।

निर्विरोध पार्टी हमेशा सत्ता-प्रतिष्ठान का पर्याय रहेगी और उसके कार्य करने की पद्धतियाँ तथा अस्तित्व में रहने की इच्छा हमेशा एकाधिकार की शर्तों से नियन्त्रित होगी वह पार्टी के नाम पर सत्ताजीवियों का एक वर्ग पैदा करेगी जो अपनी सत्ता को बनाए रखने के लिए अधिसंख्य जनता को एक नई परतन्त्रता का तौक़ पहनाएँगे। क्रान्ति के 50 वर्ष बाद भी सोवियत समाज, आज दो वर्गों में बँटा हुआ है : एक, विशिष्ट व्यक्तियों का वर्ग, दूसरा, सामान्य जनता का वर्ग। ये विशिष्ट व्यक्ति सोवियत लेखक, बुद्धिजीवी या इन्जीनियर नहीं हैं बल्कि पार्टी या 'कॉम्सोमोल' के सदस्य हैं। 'कॉम्सोमोल' का सदस्य होते ही सोवियत युवक का भविष्य सुरक्षित हो जाता है; सत्ता-प्रतिष्ठान में उसके लिए जगह बना दी जाती है; दूसरी ओर अगर जीवन की सुख-सुविधा से वंचित नहीं तो राजनैतिक दृष्टि से हीनभावना से ग्रस्त गैर-पार्टी अधिसंख्य जनता है।

कम्युनिस्ट पार्टी और 'कॉम्सोमोल' के रूप में सोवियत सभ्यता में एक नए शासक वर्ग का विकास हुआ जिसकी राजनैकि और सामाजिक परिणतियों में मनुष्य की समानता के प्रति उतना ही बड़ा व्यंग्य छिपा हुआ है जितना कि इस समानता का विरोध करनेवाले पश्चिमी समाज में।

अप्रैल 1968 में चेकोस्लोवाकिया की कम्युनिस्ट पार्टी ने अपने लिए जो कार्यक्रम स्वीकार किया उसका मुख्य उद्देश्य इसी नए वर्गवाद को समाप्त करना था। चेक पार्टी के नेताओं, विशेष रूप से अलेक्ज़ेंडर डुबचेक ने इस तथ्य को पहचाना कि पार्टी और राज्य की पृथक् सत्ताएँ न होने से राज्य का निरंकुश होना स्वाभाविक है। यदि मनुष्य को राज्य के हाथों संहार से बचाना है तो पार्टी और राज्य की पृथक् व्याख्याएँ होनी चाहिए। लेकिन इतना ही पर्याप्त नहीं। पार्टी भी अपने निग्रय के क्षणों में इतिहास के विरुद्ध जा सकती है और समूचे राष्ट्र के लिए भ्रामक निर्णय ले सकती है। मनुष्य की इयत्ता को प्रतिष्ठित करने के लिए यह आवश्यक है कि नागरिकों को सामूहिक विरोध का अधिकार प्रदान किया जाए। निर्विरोध पार्टी का असंगठित विरोध केवल असहमति या असहमति का नाटक बनकर रह जा सकता है। पार्टी या राज्य का विरोध केवल संगठित रूप में किया जा सकता है। संगठित विरोध ही वैध और प्रभावशाली विरोध हो सकता है—केवल वही पार्टी की स्वेच्छाचारिता और राज्य की निरंकुशता पर कारगर हो सकता है।

मोटे अर्थों में डुबचेक ने सभ्यता के विकास के लिए बहुदल के सिद्धान्त को स्वीकार किया; दूसरे शब्दों में, उन्होंने मनुष्यता की उत्कृष्ट अभिव्यक्ति के लिए लोकतन्त्र को स्वीकार किया। यह सही है कि जनवरी से अगस्त 1968 के बीच चेकोस्लोवाकिया में विरोध किसी बड़े दल के रूप में संगठित नहीं हुआ। मगर उसकी छूट चेक पार्टी ने दे दी थी। वास्तव में 'क्लब 231' और 'क्लब ग़ैर-पार्टी' जैसे जो छोटे-छोटे समूह इस बीच आए। उन्हीं से वे बीज थे जो आगे चलकर संगठित विरोधी दलों के रूप में विकसित होते।

सोवियत अध्येताओं की दृष्टि में ये क्लब 'प्रतिक्रान्तिवाद' के छोटे-छोटे दुर्ग थे, जबकि चेक नेताओं ने इन्हें चेक समाज के लोकतान्त्रिक विकास के नए प्रतीकों के रूप में देखा। सोवियत नेता, अपनी जगह पर सही हैं; वे 'छद्मविरोध' की बात तो सोच सकते हैं, सच्चे विरोध की कल्पना भी नहीं कर सकते। कम-से-कम समाजवाद के इतिहास में इसके पहले ऐसा कभी नहीं हुआ कि जब पार्टी की लोकप्रियता अपने शिखर पर हो, पार्टी स्वयं लोगों को अपने विरोध की सुविधा दे। निरंकुश शासन में विश्वास रखनेवाले इसकी व्याख्या 'राजनैतिक नियन्त्रण में आत्मघाती चूक' के ही रूप में कर सकते हैं। लीडिया चुकोव्स्काया के उपन्यास की स्थितियाँ कितनी सच्ची हैं।

चेक पार्टी का कार्यक्रम समाजवाद को लोकतन्त्र का पर्याय बनाने की अद्वितीय इच्छा का अनोखा दस्तावेज़ है। पहली बार इस दस्तावेज़ के ज़रिए संसार की एक कम्युनिस्ट पार्टी ने इस सच्चाई से साक्षात्कार किया कि विरोध की सम्भावनाएँ ही लोकतन्त्र की सम्भावनाएँ हैं और यह विरोध बन्द कमरों का नहीं बल्कि सड़कों और चौमुहानों का विरोध होगा। बन्द कमरे का विरोध कितना बड़ा झूठ हो सकता है इसका एक उदाहरण 20वीं पार्टी कांग्रेस की एक घटना से मिलता है। 20वीं पार्टी कांग्रेस के दौरान जब ख़ुश्चोव स्तालिन की शव-परीक्षा कर रहे थे तब पीछे से किसी ने कहा, यह सब तो ठीक है, मगर जब स्तालिन यह सब कर रहा था तब आप कहाँ थे ?

ख़ुश्चोव को इसका तत्काल कोई उत्तर नहीं सूझा, क्षण-भर चुप रहने के बाद, उन्होंने चिल्लाकर कहा, कौन है ? सामने आए ! कोई सामने नहीं आया तब ख़ुश्चोव ठठाकर हँस पड़े। उन्होंने कहा, मैं उन दिनों वहाँ था, जहाँ आज तुम हो।

कहना ही पड़ेगा कि सोवियत पार्टी ने जो रास्ता अख़्तियार किया उसमें और चाहे जो भी सम्भावना हो, कम-से-कम किसी के सामने आने की सम्भावना नहीं रह गई है।

चेक कम्युनिस्ट पार्टी ने जिस तरह इस सम्भावना के असंख्य द्वार खोल दिए, वह न केवल सोवियत रूस तथा अन्य चार वॉरसा देशों के लिए बल्कि एक दूसरे अर्थ में पश्चिमी लोकतन्त्र के लिए भी एक चुनौती बन गया। यदि चेकोस्लोवाकिया पर सोवियत हमले के विषय में अमेरिका ने अपेक्षाकृत मौन रहना पसन्द किया तो इसका कारण केवल इतना नहीं कि अमेरिका और रूस, दो प्रतिद्वन्द्वियों ने अपने उपनिवेशों का बँटवारा कर लिया है; बल्कि यह भी है कि चेकोस्लोवाकिया का बदला हुआ अर्थ अमेरिकी समाज-व्यवस्था के लिए भी उतनी ही बड़ी चुनौती था जितना कि रूसी समाज-व्यवस्था के लिए ! समग्र लोकतन्त्र कौन चाहता है ? मनुष्य की समानता किसे प्रिय है ?

जनता को विरोध और आत्मनिर्णय का अधिकार देकर चेक नेताओं ने उसकी नियति को इस पृथ्वी के उन असंख्य लोगों से जोड़ना चाहा था जो अपने लिए अर्थ और जगह ढूँढ़ रहे हैं! यह समाजवाद की एक ऐतिहासिक परिणति हो सकती थी, जिसे नष्ट कर दिया गया।

चेकोस्लोवाकिया के दमन के साथ मनुष्यता की एक और भी महत्त्वाकांक्षा नष्ट

हुई है, और वह है, अतीत से छुटकारे की सम्पूर्ण इच्छा ! चेकोस्लोवाकिया, यूरोप के उन देशों में से है, जिनका अतीत पापग्रस्त नहीं, शापग्रस्त है, एक अर्थ में वह अभागा देश है। 1937 से लेकर अब तक, 1968 के आठ महीनों को छोड़, उसकी तक़दीर बराबर दूसरे देशों के साथ रही। कुछ तो इसके लिए उसकी भौगोलिक स्थिति ज़िम्मेदार है। बिस्मार्क ने यह कहकर चेकोस्लोवाकिया को हमेशा के लिए अभिशप्त कर दिया था कि जिसकी मुट्ठी में चेकोस्लोवाकिया होगा, उसकी मुट्ठी में यूरोप होगा। यह आकस्मिक नहीं है कि युद्ध से उबरने के बाद चेकोस्लोवाकिया एक मुट्ठी से निकलकर दूसरी मुट्ठी में चला गया, जो अब 21 अगस्त के बाद और भी कस गई है।

वैसे तो अतीत की छाया अब भी समूचे यूरोप पर है, मगर एक दूसरे धरातल पर; जिससे छुटकारे के लिए संघर्ष भी दूसरे धरातल पर किया जा रहा है। मगर चेकोस्लोवाकिया का संघर्ष एक दूसरी तरह का है। पश्चिमी जर्मनी और चेकोस्लोवाकिया के युद्धोत्तर साहित्य को समझकर इस अन्तर को ज़्यादा अच्छी तरह समझा जा सकता है।

पश्चिमी जर्मनी का युद्धोत्तर साहित्य बहुत दिनों तक अपराध-भावना से ग्रस्त रहा जिसकी प्रतिक्रिया में अब गुंटर ग्रास, एरिक फ्रीड और एंत्सेंसबर्गर का साहित्य आया है जो कि अपराध-भावना से मुक्ति का साहित्य है। इसके विपरीत चेकोस्लोवाकिया का युद्धोत्तर साहित्य कभी भी अपराध भावना से ग्रस्त नहीं रहा क्योंकि चेकोस्लोवाकिया युद्ध का ज़िम्मेदार नहीं, युद्ध का शिकार था। चेक साहित्य में गहरे विषाद और दुःख की रेखाएँ हैं।

युद्ध का शिकार सोवियत रूस भी था। मगर युद्ध के अपराधों को स्तालिन के अपराधों ने फ़ीका कर दिया। आज सोवियत लेखकों के मन में युद्ध से ज़्यादा गहरी छाया स्तालिन की है, जिससे वे जूझ रहे हैं। अलेक्जेंडर साल्झेनित्सीन के उपन्यास और यूजीन एव्तिशेंको तथा आन्द्रे वोज्नेसेंस्की की कविताएँ इसका गवाह हैं। सोवियत रूस का समकालीन साहित्य अतीत के छुटकारे का एक महत्त्वपूर्ण प्रयत्न है। मगर स्तालिन से मुक्त होने की कोशिश, सोवियत रूस में, केवल साहित्य तक सीमित है। साहित्य के बाहर अतीत से छुटकारे की इच्छा को वैध रूप प्रदान नहीं किया गया है। इसका कारण यह है कि स्तालिन को किसी-न-किसी रूप में बनाए रखना और अतीत को जीवित रखना सोवियत रूस के वर्तमान शासकों के लिए उपयोगी हो सकता है।

चेकोस्लोवाकिया में स्थिति इससे बिल्कुल अलग थी। 'क्लब 231' के रूप में अतीत से मुक्ति के आन्दोलन ने एक वैध शक्ल अख़्तियार कर ली थी। क्लब का नामकरण ही क़ानून की उस धारा के नाम पर किया गया था जिसके अन्तर्गत 1948 तक राजबन्दियों को प्रताड़ित किया जाता था। '231' यातना-शिविर का प्रतीक और युद्ध का स्मारक है। चेक जनता अतीत की यातना का स्मरणकर भविष्य के सभी यातना-शिविरों को ख़त्म करने की आकांक्षा व्यक्त करना चाहती थी, चेक कम्युनिस्ट पार्टी की लोकेच्छा के उपनिवेश 'क्लब 231' के सदस्य यातना के उन दुर्गों को नष्ट

करने की यह माँग कर रहे थे जिनके बीज प्रत्येक समाज में छिपे हुए होते हैं।

यह अकारण नहीं है कि सोवियत प्रवक्ताओं ने सबसे सीधा हमला 'क्लब 231' तथा चेक लेखकों के मुखपत्र लितररी नोवोस्ती पर किया है। वे अच्छी तरह जानते हैं कि अतीत से छुटकारे की चेक आकांक्षा को सबसे समर्थ अभिव्यक्ति इन्हीं संस्थाओं ने दी है और सबसे अधिक इन्हीं के सन्दर्भों में सोवियत पार्टी के कट्टरपन्थियों के कठमुल्ला समाजवाद का खोखलापन साबित होता है। वास्तव में स्तालिन का अन्तिम संस्कार बरसों पहले मॉस्कों में नहीं, 1968 में प्रॉग में हुआ जब एक विकसित औद्योगिक समाज की सभी लोकतान्त्रिक इच्छाओं को वैधता प्रदान की गई और अतीत को एकबारगी ही दफ़ना किया गया। मगर अश्वत्थामा की तरह स्तालिन भी अमर है।

चेक अतीत दफ़न हो चुका हो, सोवियत अतीत अभी जीवित है। प्रॉग की सड़कों पर आज चेकोस्लोवाकिया के अतीत का नहीं, सोवियत रूस के अतीत का, स्तालिन का पहरा है।

प्रेम-कहानी

सब चीज़ें इतनी तेज़ी से बदल रही हैं कि धीरे-धीरे 'बदलना' भी एक अर्थहीन शब्द में बदलता जा रहा है। 'बदलती हुई दुनिया', 'बदलते हुए मूल्य', 'बदलता हुआ मनुष्य', 'बदलती हुई भाषा'। लगता है, हम लगातार कपड़े बदल रहे हैं और जब तक हम अपने कपड़ों पर खुश होकर दर्पण के सामने खड़े होते हैं, तब तक हमें खुद अपने कपड़े गन्दे लगने लगते हैं और हमें नए, बिल्कुल नए, कपड़ों की ज़रूरत महसूस होने लगती है। सारा अभिशाप ही रही है कि स्त्री को साड़ी बदलने में जितना समय लगता है, सम्बन्ध बदलने में उससे भी कम समय लगता है।

सम्बन्ध बदलते हैं और सम्बन्धों के साथ-साथ भाषा बदल जाती है। तमाम दुनिया की भाषा कुल मिलाकर दो स्त्री-पुरुषों की बातचीत है, जो उनके सम्बन्धों के मुताबिक बदलती रहती है। एक समय आता है जब दोनों एक-दूसरे की भाषा समझ सकने में असमर्थ हो जाते हैं और तब भी भाषा नहीं रह जाती, आत्मालाप रह जाता है, आत्मयन्त्रणाएँ और आत्मरतियाँ रह जाती हैं।

लोग इतनी तेज़ी के साथ आत्मरति की ओर बढ़ रहे हैं कि इसे ध्यान में रखते हुए यह भी कहा जा सकता है कि हमारी प्रेम करने की क्षमता नष्ट होती जा रही है। लेकिन ऐसा कहने के बाद फिर मनुष्यता के लिए कुछ और कहने और सोचने की गुंजाइश नहीं रह जाती। तब केवल यही कहना शेष रह जाता है कि थोड़े ही दिनों में मनुष्य प्रेमविहीन पिशाच होकर रह जाएगा। मैं ऐसा नहीं सोचता। अन्धकारमय दुनिया में भी, गैस चेम्बर में भी, अणुबम के घावों से मरते हुए भी मनुष्य के भविष्य में विश्वास करना आत्मवंचना नहीं है, लेकिन अगर होती, तब भी यह विश्वास करना पूरी तरह संगत होता।

'प्रेम' अब भी एक जीवित शब्द है और उसे सुनते ही अब भी हमारी धड़कन में एक और ही धड़कन सुनाई पड़ने लगती है। अन्तर केवल इतना है कि अब वह भावुकता से भरा हुआ एक पीला, बीमार और एकांगी शब्द नहीं रहा, बल्कि वह एक भयानक मगर मनुष्य के सबसे कीमती अनुभव के रूप में स्पष्ट होता जा रहा है। उसकी जटिलताएँ सामने आ रही हैं।

स्त्री जब तक केवल एक 'समर्पिता' थी, तब तक प्रेम केवल एक 'जनाना' शब्द लगता था। लगता था केवल स्त्रियाँ ही प्रेम करने और दुःख भोगने के लिए पैदा हुई

हैं, क्योंकि तब तक प्रेम का अर्थ केवल 'देना' था। शतरचन्द्र और जैनेन्द्र कुमार की आँसू-भीगी नायिकाएँ केवल 'देने' के लिए पैदा हुई थीं। लेकिन अब ये रचनाएँ ही नहीं, ये स्त्रियाँ भी केवल औपन्यासिक लगती हैं। इसका कारण है। जिन स्त्रियों ने अपनी युवावस्था में इन कहानियों को पढ़कर अपने दुःख से पहली बार साक्षात्कार किया होगा, अब ये नहीं रहीं। उनका स्थान एक आत्मसजग स्त्री ने ले लिया है, जिससे निबटना पुरुष के लिए ही नहीं, कहानीकार के लिए भी कठिन हो गया है।

शरतचन्द्र की नायिकाएँ अब भी हैं, मगर आधुनिकता से अछूते उन अंचलों में, जहाँ स्त्री की दिनचर्या नहीं बदली है और उनकी नियति में परिवर्तन नहीं हुआ है। सब-कुछ निश्चित बल्कि पूर्वनिश्चित चला आ रहा है।

संकट उस शिक्षित और समृद्ध समाज में है, जिसके स्त्री-पुरुषों के सम्बन्धों में एक नए प्रकार की उथल-पुथल चल रही है और जिसके कारण एक नई किस्म की अनिश्चितता ने जन्म लिया है। प्रेम पहले भी, हमेशा से ही, अनिश्चित था। मगर प्रेम से पैदा होनेवाले सम्बन्ध निश्चित थे। अब प्रेम भी अनिश्चित है और प्रेम से पैदा होनेवाले सम्बन्ध भी। कुछ भी निश्चित नहीं। सबसे बड़ा संकट यही है।

यह संकट लोकतन्त्र ने, जनवादीकरण ने, अपने अधिकार ही नहीं बल्कि अपने अस्तित्व के प्रति सजगता ने पैदा किया है। लेकिन यह लोकतन्त्र, यह जनवादीकरण, यह सजगता-सभ्यता का ही नहीं, मनुष्यत्व का भी उत्कर्ष है, इसलिए इस संकट को भी उसकी मानव-परिणति के रूप में झेलना ही नहीं होगा, स्वीकार करना होगा। इससे कोई मुक्ति नहीं। यह अनिश्चतता, यह नियतिहीनता एक नई विवशता है, एक नई परतन्त्रता है। और शायद यह जरूरी थी—मनुष्य को बनाए रखने के लिए। सम्पूर्ण स्वाधीनता की तर्कसंगत परिणति यह नई पराधीनता ही है।

वास्तव में हमारा प्रेम दो स्वाधीनताकामी व्यक्तियों का प्रेम है। स्वाधीनता अन्त में निरर्थकता तक पहुँचती है और प्रेम भी आखिर में निरर्थकता तक ही पहुँचता है। आज का सारा साहित्य स्वाधीनता और प्रेम के संघर्ष का साहित्य है। लड़ाई स्त्री और पुरुष के ही बीच नहीं चल रही है, बल्कि दोनों के अन्दर अलग-अलग भी यह संघर्ष चल रहा है।

अपने को स्वीकार करते हुए दूसरे को स्वीकार न कर पाना ही सबसे बड़ी विडम्बना है। हम जैसे-जैसे अपने को स्वीकार करते जाते हैं, वैसे-वैसे दूसरे को स्वीकार कर पाने में स्वयं को असमर्थ पाते हैं। मगर इससे भी बड़ी विडम्बना यह है कि हम दूसरे को न तो पूरी तरह स्वीकार कर पाते हैं, न पूरी तरह अस्वीकार। इस 'स्वीकार' और 'अस्वीकार' के बीच एक भयानक छटपटाहट है, और यही आज के स्त्री-पुरुषों की नियति है। प्रेम अर्ध-स्वीकृति है या अर्द्ध-अस्वीकृति, यही पता कर सकना कठिन हो गया है। छूटे हुए व्यक्ति के बारे में यह फैसला कर पाना मुश्किल हो गया है कि हम सचमुच कभी उससे जुड़े भी थे या नहीं। अगर हम कभी उससे जुड़े भी थे, तब भी हम उसे झुठलाना चाहते हैं, क्योंकि यह अनुभव करना कि हम उससे जुड़े थे, अपनी

यन्त्रणा को और भी गहरा करना है।

सारी कोशिश यन्त्रणा से पलायनकर एक आसान सुख प्राप्त करने की है–यह जानते हुए भी कि यन्त्रणा से कोई मुक्ति नहीं। इसीलिए पश्चिम की तमाम प्रेम-कहानियों का अन्त कोई 'बियर-पत्र', कोई आसानी से प्राप्त हो जानेवाली स्त्री, कोई उम्दा बिताई हुई रात, या कोई हल्का प्रसंग है, हालाँकि कहानी के अन्त में उस कहानी के स्त्री-पुरुषों के मुँह में एक अधूरा स्वाद रह जाता है–यह अहसास रह जाता है कि यह 'अन्त' कहानी का है, उसका नहीं। उनके आगे एक अकेलेपन, आत्महीनता का समूचा जीवन पड़ा हुआ है।

प्रेम में भी अकेलापन है और अकेले न रह पाने की नियति भी प्रेम है। अपने से घबराकर भी लोग प्रेम कर रहे हैं। रामकुमार की कहानियों का 'डेक' अपने ही भीतर के समुद्र पर बह रहा एक काठ का विशालकाय टुकड़ा है। अपने डूबने की आशंका से घबराकर हम एक अनजानी स्त्री की उँगली पकड़े हुए हैं और वह भी तब तक जब तक कि बन्दरगाह नहीं आ जाता और वह उतरकर चली नहीं जाती। हम कहाँ जा रहे हैं या वह किधर चली गई, इसका पता हमें नहीं। केवल अपनी उँगली फिर से अकेली, शायद पहले से अधिक अकेली, रह जाने का बोध रह जाता है। प्रेम का नैतिक अर्थ या नैतिक परिणति अब बहुत-कुछ नहीं रही। केवल उसका भावानात्मक अर्थ रह गया है।

प्रेम की कोई नैतिकता नहीं। मगर प्रेम सबसे बड़ा नैतिक अनुभव है। हम लोग हर चीज़ को सामाजिक क्रिया के रूप में देखने के आदी हो चुके हैं, यहाँ तक कि बिल्कुल आत्मीय अनुभव को भी–एक ऐसे अनुभव को जिसकी कोई सामाजिक व्याख्या नहीं हो सकती। यही कारण है कि अपनी ही आँखों-देखी और अपनी ही आँखों-पढ़ी प्रेम-कहानियाँ भी समझ में नहीं आतीं। और अगर आती भी हैं तो केवल विकृत सम्बन्धों की कहानियों के रूप में। सारा आधुनिक साहित्य यदि आज एक नहीं, अनेक आलोचकों द्वारा 'विकृत' और 'अनैतिक' ठहराया जा रहा है तो इसका कारण ही यही है कि वे यह समझ सकने में असमर्थ हैं कि प्रेम केवल एक अनुभव है। उनकी नैतिक या अनैतिक परिणति कुछ भी नहीं। अगर उसकी कोई परिणति है, तो वह केवल परिणति है। उसके आगे 'अनैतिक' या 'नैतिक' विशेषणों का प्रयोग अनावश्यक ही नहीं, बल्कि ग़लत है। एक धनी प्रौढ़ा स्त्री और एक नवयुवक के प्रेम की केवल एक प्रेम-कहानी है या एक विकृत और अनैतिक सम्बन्धों की कहानी, यह इस बात पर निर्भर करता है कि लेखक ने उसका निर्वाह किस रूप में किया है। लेकिन यदि लेखक ने अपनी कहानी का निर्वाह एक प्रेम-कहानी के रूप में किया है, तब भी व्याख्याकार उसकी व्याख्या एक 'शोषक स्त्री' और एक 'पुरुष वेश्या' की कहानी के रूप में कर सकते हैं। लेकिन यह भी उतना सांघातिक नहीं–हम इसे कहानी की भ्रामक व्याख्या कहकर टाल सकते हैं–जितना यह आरोप कि ये 'अनैतिक सम्बन्धों की विकृत कहानियाँ' हैं या 'विकृत सम्बन्धों की अनैतिक कहानियाँ' हैं। अनीति और विकृति का

मुकदमा चलाकर जिन असाधारण कलाकृतियों पर प्रतिबन्ध लगाया गया और जो बाद में एक समूचे पाठक-वर्ग की संवेदना में विकास और परिष्कार के फलस्वरूप रिहा हुई, वे सबसे मानवीय अनुभवों की कहानियाँ थीं। मनुष्य का सबसे मानवीय अनुभव—प्रेम—सबसे निर्वसन होता है। किसी प्रेम-कहानी को 'अश्लील' ठहराते समय आलोचक को पहले यह फैसला कर लेना चाहिए, पर वह यह फैसला नहीं कर पाता, कि कहीं ऐसा, तो नहीं कि उसे अश्लीलता से उतनी चिढ़ नहीं, जितना कपड़ों से मोह है। आलोचक का स्थान शौकीन स्त्री का 'वॉरड्रोव' नहीं होना चाहिए।

प्रेम एक अनिर्णय की स्थिति है—अनिर्णीत स्त्री-पुरुषों के संकल्प-विकल्प, संशय-असंशय, राग-प्रतिराग की एक दीर्घ मनःस्थिति, जो अनुभव के धरातल पर ठहरी हुई है। लेकिन वह दरअसल ठहरी हुई भी है या नहीं, इसका निर्णय कर सकना भी कठिन है। वह ठहरी हुई शायद है, लेकिन अपने-आप नहीं 'तीसरे गवाह' की प्रतीक्षा में। प्रतीक्षा के अन्तिम क्षण में यह 'तीसरा गवाह' उपस्थित नहीं होता और 'गवाह' के गुम होने के क्षण के झुटपुटे में सब-कुछ खो जाता है। जो खो जाता है, वह भी संकल्प है और जो उपस्थित नहीं हुआ, वह भी संकल्प था। स्वयं संकल्प ही अपना गवाह था, जो दो के बीच में 'तीसरे' की तरह बैठा हुआ था और जब उसकी तलाश हुई, तो वह उठकर कहीं और चा गया—हाज़िर ही नहीं हुआ।

लेकिन इस ग़ैर-हाज़िरी को हम कहानी के माध्यम से समझते हैं। हमारे अपने जीवन में वह कौन-सी चीज़ थी जो उठकर चली गई, या क्या वह सचमुच ही थी, हम मालूम नहीं कर पाते। प्रेम-कहानी इसकी व्याख्या नहीं करती, बल्कि व्याख्या के लिए एक अनुभव और अनुभव के लिए एक कहानी छोड़ जाती है, जैसा कि 'तीसरा गवाह' कहानी करती है।

यह अनिर्णय ही नई मनःस्थिति है, बल्कि धीरे-धीरे वह आधुनिकता के पर्याय के रूप में बदलता जा रहा है। इसका कारण शायद यह है कि स्वयं हमारे होने में ही एक संकट है। यह संकट पहले भी रहा होगा। मगर पहले शायद वह और किसी नाम से पुकारा जाता होगा। शायद मृत्यु के नाम से। मगर अब उसे हम मृत्यु के नाम से नहीं, प्रेम के नाम व युद्ध के नाम से, महत्त्वाकांक्षा और घृणा के नाम से पुकारते हैं।

न जाने कितने हज़ार वर्षों की धार्मिक और नैतिक दासता से उत्पीड़ित मनुष्य ने अपने कन्धों से सारा-का-सारा जुआ उतार फेंका है। एक हद तक वह अनैतिहासिक भी हो गया है। यह नहीं माना जा सकता कि इस आस्थाहीनता का अगला कदम आत्मघात है। अपने से बड़ी क़िसी शक्ति में आस्थाहीनता की परिणति आत्मघात नहीं, बल्कि एक नई आस्था की तलाश है—अपने-आपमें आस्था। लेकिन अपने-आपमें आस्था एक लम्बी कोशिश है और इसके लिए कई शताब्दियाँ तय करनी होंगी। और जब तक यह नई आस्था प्राप्त नहीं हो जाती, तब तक अपनी असहायता, निराधारता से घबराकर युद्ध, प्रतिहिंसा, घृणा और उत्पीड़न के नए-नए धरातल हमारे सामने अन्दर उभरते रहेंगे।

इतिहास की यह अभूतपूर्व स्थिति है। जो मनुष्य सामने खड़ा है या गिर रहा है या झुक रहा है या रौंद रहा है या रौंदा जा रहा है, उसे न अपने से बड़ी किसी शक्ति पर विश्वास है, न स्वयं में आस्था। वास्तव में यह बिल्कुल निराधार है। उसकी घृणा भी निराधार है और उसका प्रेम भी।

प्रेम करते हुए, प्रेम के अनुभव से समृद्ध होते हुए भी उसे पता ही नहीं चलता कि वह किसे प्रेम कर रहा है ? पास बैठी हुई स्त्री को, या जो यहाँ नहीं है बल्कि है ही नहीं, उस स्त्री को, या अपने-आपको। एक स्त्री दो व्यक्तियों से प्रेम कर रही है। एक कमरे में है, दूसरा गली में। जो कमरे में है, उसमें वह गलीवाले की प्रतिमूर्ति देखती है और जो गली में है, उसमें वह कमरेवाले की। वह एक में दूसरे की करुणा ढूँढ़ती है और दूसरे में पहले का नैराश्य। वह समझ नहीं पाती कि वह दोनों से प्यार करती है या दोनों उसे प्यार करते हैं। शायद दोनों उसे प्यार करते हैं, मगर वह केवल अपने-आपको। और इस ख़्याल से घबराकर कि वह दोनों में से किसी को प्यार नहीं करती, वह दोनों को प्यार करने की कोशिश करती है। मगर न कमरे में उसकी जड़ें हैं, न गली में। इसलिए वह कुछ भी नहीं कर पाती।

यही सबसे बड़ी ट्रेजेडी है—अपनी जड़ें न फेंक पाना या जड़ों का न होना। सारे सम्बन्ध इसलिए अस्थिर हैं और आज की प्रेम-कहानियाँ इसीलिए अस्थिर सम्बन्धों की कहानियाँ हैं। यह नहीं कि इस सम्बन्ध में ईमानदारी नहीं। जब तक यह सम्बन्ध रहा, तब तक पूरी ईमानदारी के साथ एक-एक क्षण के स्वर्ग और नरक को इन स्त्री-पुरुषों ने झेला, बल्कि स्वयं अपने स्वर्ग और नरक की रचना की। मगर एक दिन यह सम्बन्ध एक 'ठूँठ' में बदल गया और फिर कुछ भी अनुभव करने से वे वंचित हो गए।

ये वंचित और ठूँठ स्त्री-पुरुष हैं, जो बार-बार अपने अनुभव को रचने की सफल और नाकाम कोशिश कर रहे हैं।

प्रेम की अपनी शरीर-रचना है और आधुनिक कथाकार प्रेम की शरीर-रचना का अध्ययन कर प्रेम-कहानियाँ नहीं लिख रहा है, बल्कि कहानियाँ लिखकर प्रेम की शरीर रचना तैयार कर रहा है। वह अपनी कहानियों में प्रेम के नियम और सिद्धान्त नहीं रच रहा है, बल्कि यह घोषित करते हुए कि हर आदमी के लिए प्रेम एक अद्वितीय अनुभव है, अपने अनुभव की शिराओं, पिंडलियों और हृदय को अपने ही अनुभव की विशेषताओं के रूप में स्थापित कर रहा है। यह अलग बात है कि यह अनुभव ही ऐसा है कि हर एक का दिल इसे अपने अनुभव के रूप में पहचानकर धड़कने लगता है।

प्रेम की मनोदशाएँ ही प्रेम की शरीर-रचना का अध्ययन कर प्रेम-कहानियाँ नहीं लिख रहा है, बल्कि कहानियाँ लिखकर प्रेम की शरीर रचना तैयार कर रहा है। वह अपनी कहानियों में प्रेम के नियम और सिद्धान्त नहीं रच रहा है, बल्कि यह घोषित करते हुए कि हर आदमी के लिए प्रेम एक अद्वितीय अनुभव है, अपने अनुभव की शिराओं, पिंडलियों और हृदय को अपने ही अनुभव की विशेषताओं के रूप में स्थापित कर रहा है। यह अलग बात है कि यह अनुभव ही ऐसा है कि हर एक का दिल इसे

अपने अनुभव के रूप में पहचानकर धड़कने लगता है।

प्रेम की मनोदशाएँ ही प्रेम की शरीर-रचना हैं। यह अजीब व्यंग्य है कि बड़े-बड़े कथाकार बड़ी-बड़ी चीज़ें पहचान लेते हैं, मगर छोटी-छोटी चीज़ों और उन सूक्ष्म धड़कनों को नहीं सुन पाते, जिनके नज़रअन्दाज़ हो जाने से हम यह नहीं समझ पाते कि इस अनुभव की बुनियाद कहाँ थी।

कहानी-कला की दृष्टि से महत्त्वपूर्ण एक छोटी-सी कहानी 'आखेट' (प्रबोध कुमार) की कहानी यह है कि एक लड़की एक परिचित डॉक्टर की दुकान पर दवा लेने आई हुई है। डॉक्टर उससे घरेलू बातचीत कर रहा है और यहाँ-वहाँ के सवाल कर रहा है और वह अदब के साथ सुन रही है। मगर थोड़ी ही देर में डॉक्टर उससे प्रेम-निवेदन करने लगता है और अपने-आप यह अदब टूट जाता है। अभी जो लड़की सहमी हुई-सी बातें कर रही थी, जैसे सजग हो जाती है। डॉक्टर में अपना एक अधिकार प्राप्त कर लेती है और अपना अधिकार जताते हुए कहती है—अब वह नहीं आ सकेगी, वह खुद आए। एक ही क्षण के इस अनुभव में पड़कर लड़की एक और ही लड़की में बदल गई। डॉक्टर प्रार्थी हो गया और लड़की डॉक्टर से बड़ी हो गई। यह अचानक वयस्क हो जाना, सजग हो जाना, दूसरे से ही नहीं, अपने से भी बड़ा हो जाना ही प्रेम था।

प्रबोध कुमार ने व्यवहार में परिवर्तन के ज़रिए सम्बन्धों के परिवर्तन की कहानी लिखते हुए जो काम किया है, एक-दूसरे धरातल पर अर्थात् लगातार बदलती हुई मनःस्थितियों के चित्रण के धरातल पर अपनी कहानियों में वही काम निर्मल वर्मा ने किया है। निर्मल वर्मा की कहानियाँ प्रेम की प्रक्रिया की कहानियाँ हैं और वस्तुतः आधुनिक कहानियों को प्रेम-कहानी कहना ठीक नहीं। उन्हें प्रेम की प्रक्रिया की कहानी कहना चाहिए।

निर्मल वर्मा ने क्रिया से अधिक महत्त्व मनःस्थिति को क्यों दिया ? यह स्वयं एक महत्त्वपूर्ण सवाल है। मनःस्थिति का यह उतार-चढ़ाव, यह संगीत, यह चित्र वास्तव में कहानी में एक नई बुनावट पैदा करने की कोशिश मात्र है, या यह इसलिए है कि क्रिया है ही नहीं, सारा-का-सारा प्रेम केवल एक आन्तरिक लय की तरह है, जो कहीं पर मरुस्थल में गायब हो जानेवाली नदी की तरह गायब हो जाता है और कहीं पर फिर अचानक उभरकर बहने लगता है।

अगर 'परिन्दे' में संगृहीत प्रेम-कहानियों की खूबी यह है कि उनकी बुनावट में संगीत है, उनमें बिम्ब हैं, चित्र हैं, तो वे बहुत साधारण कहानियाँ हैं। यह किसी भी समय का और कोई भी कलाकार कर सकता था। लेकिन शायद इन कहानियों की खूबी यह नहीं, बल्कि यह है कि इन्हें पढ़ते हुए दहशत होती है और पहली बार यह अनुभव होता है कि प्रेम एक दहशत से भरा हुआ अनुभव है। सारे पात्र निष्क्रिय हैं और उन सबका एक निष्क्रिय संसार है। यह संसार इसलिए निष्क्रिय नहीं कि करने को कुछ भी नहीं है, बल्कि इसलिए निष्क्रिय है कि कुछ करने की अन्तिम परिणति निरर्थकता है। इन कहानियों के तमाम स्त्री-पुरुष इस निरर्थकता के अनुभव और पूर्वानुभव में जी रहे

हैं। सचमुच ही इन स्त्री-पुरुषों को देखकर डर लगता है। लेकिन ये स्त्री-पुरुष, ये सभी पात्र मनुष्य की कल्पना नहीं हैं, किताबी व्याख्याएँ नहीं हैं, बल्कि आधुनिक संसार के मनुष्य से साक्षात्कार हैं।

यह निष्क्रियता, यह निरर्थकता, यह 'ऐबसर्डिटी' मनुष्य को कहाँ ले जाएगी ? या उसकी अन्तिम सामाजिक और राजनीतिक परिणतियाँ क्या होंगी ? यह एक अलग बहस का विषय है। व्यक्तिगत रूप से मैं यह नहीं मानता कि यह निरर्थकता मनुष्यता का अन्तिम भविय है। मैं यह भी नहीं मानता कि निरर्थकता का यह अनुभव मनुष्य को पहली बार हो रहा है, लेकिन यह ज़रूर है कि यह अनुभव मनुष्य को अब और अधिक तीखे ढंग से हो रहा है। जब भी कोई संस्था टूटती है, चाहे वह धर्म हो या कुछ और, उस संस्था के सदस्य, मनुष्य को, अपने अस्तित्व की निरर्थकता का अनुभव होता है। फिलहाल सारी संस्थाएँ टूटी हुई हैं। मगर यदि कोई नई संस्था गढ़नी है तो पहले यह स्वीकार करना होगा कि अब तक जो संस्थाएँ थीं, वे नहीं रहीं। कोई भी नया दर्शन तभी तैयार होता है जब हम यह पूरी तरह अनुभव कर लेते हैं कि अब जो नई मानव-स्थिति सामने है, उसके आलोक में अब तक के सारे दर्शन फीके बल्कि झूठे पड़ रहे हैं। लेकिन जब तक हम अपने लिए, मनुष्य के लिए कोई नया दर्शन, कोई नया अर्थ नहीं ढूँढ़ लेते, तब तक यह बेमतलब ज़िन्दगी ही ज़िन्दगी है।

साहित्य से यह माँग कि वह झूठी पड़ रही विचारधाराओं, संस्थाओं और सम्प्रदायों की साख रखने के लिए उन नई मानव-स्थितियों को झुठलाए, जिनके कारण ये संस्थाएँ और विचारधाराएँ झूठी पड़ रही हैं, न केवल साहित्य-विरोधी है बल्कि स्वयं मनुष्य-विरोधी है।

आज के मनुष्य का प्रेम सबसे नई मानव-स्थिति है और आज के प्रेम की कहानियाँ, सबसे नई मानव-स्थितियों की कहानियाँ हैं।

प्रेम एक अनुभव है, लेकिन उसके अन्दर न जाने कितने अनुभव हैं--घृणा, रति, आत्मरति, प्रतिहिंसा, दाह, दुःख, आनन्द। कोई अनुभव नहीं जो प्रेम के अनुभव में नहीं। इसलिए प्रेम के अनुभव से गुज़रने के बाद सारा अस्पष्ट संसार स्पष्ट हो जाता है। प्रेम-कहानी लेखक की एक कसौटी है, उसकी प्रतिभा की परख है।

लेकिन ऐसा नहीं है कि प्रेम के भीतरी अनुभव बिल्कुल नए अनुभव हैं। ये आदिम अनुभव हैं और हमेशा रहेंगे। 'मीडिया', 'इलेक्ट्रा' और 'हेकाबे' के चरित्र, व्यक्तित्व और प्रेम मे जो पाप, शाप और प्रतिहिंसा थी, वह आज की हर स्त्री के व्यक्तित्व में है। केवल इनका प्रतिफल बदल गया है। प्रतिहिंसा का प्रतिफलन अब अनिवार्यतः हत्या नहीं, घृणा की परिणति अब ज़रूरी नहीं कि युद्ध ही हो। सभ्यता ने मानवीय प्रवृत्तियों की सामाजिक परिणतियाँ बदल दी हैं और हर रोज बदल रही हैं, कानूनी तौर पर बदल रही हैं। मगर कानून परिणतियों को बदल सकता है, भीतर की दुनिया को नहीं। चूँकि भीतर की दुनिया नहीं बदली जा सकती और बाहर की दुनिया बदल रही है इसलिए बाहर और भीतर की दुनिया में एक असंगति है। इस असंगति की पैदाइश है 'न्यूरोसिस'।

स्त्री और पुरुष के सम्बन्ध में आज अधिक असंगति है, इसलिए स्वयं प्रेम में एक 'न्यूरोसिस' है। स्त्री का मन अधिक नाजुक है, यथार्थ से संगति बैठा सकने में अधिक असमर्थ है, अतः स्त्री में यह 'न्यूरोसिस' अधिक है।

इन्हीं कारणों से आधुनिक प्रेम-कहानियों में अधिकाधिक 'न्यूरोसिस' है। और इसीलिए इन प्रेम-कहानियों में स्त्रियाँ 'न्यूरोटिक' जान पड़ती हैं। वे जान ही नहीं पड़ती हैं, 'न्यूरोटिक' हैं। 'न्यूरोसिस' कई चीज़ों की हो सकती है। आज के मनुष्य की सबसे बड़ी 'न्यूरोसिस' प्रेम है।

प्रेम की दुनिया अनिश्चित है। मगर प्रेम अपने-आपमें एक अधूरा अनुभव नहीं। जो बात 'शकुन्तला' के विषय में कही गई, वही प्रेम के विषय में कही जा सकती है कि प्रेम 'स्वर्ग और नरक का मिलन-स्थल' है। 'मिलन' प्रेमियों को सबसे प्रिय शब्द है। लगता है 'स्वर्ग' और 'नरक' में भी एक धरातल पर एक-दूसरे के प्रति भयानक, अनजाना और तर्कातीत आकर्षण है और वे एक जगह पर आकर मिलते हैं। वे जिस जगर पर आकर मिलते हैं वही जगह प्रेम है।

'शकुन्तला' स्वयं प्रेम का एक समूचा अनुभव है, समूची कविता है, समूचा संगीत है। प्रेम की परिभाषा अगर किसी भी, केवल एक शब्द में की जा सकती है, तो वह शब्द है 'शकुन्तला'। प्रेम की यन्त्रणा और प्रेम का सुख, दोनों ही केवल एक शब्द में परिभाषित होकर रह गए हैं। 'प्रेम को जिसने यह नियति दी, वह है दुर्वासा का शाप। हर प्रेम में दुर्वासा का यह शाप है, लेकिन अगर यह शाप न होता तो प्रेम एक अधूरा अनुभव होता और अधूरा अनुभव और कुछ भी हो, प्रेम नहीं हो सकता।

लेकिन यह भी एक शाप ही है कि प्रेम अधूरा नहीं, लेकिन हमारी (हिन्दी की) अधिकांश प्रेम-कहानियाँ बहुत हद तक अधूरी हैं। वे अधूरी हैं, क्योंकि वे सेक्सविहीन हैं। अब भी ऐसा लगता है कि सेक्स को हम प्रेमानुभव के रूप में स्वीकार नहीं कर पाए। इसीलिए हमारे यहाँ सेक्स की कहानियाँ और प्रेम की कहानियाँ अलग-अलग हैं। जो सेक्स की कहानियाँ लिखते हैं उनकी रुचि ही नहीं, प्रतिभा भी अधिक-से-अधिक एक बाज़ारू लेखक की है। या फिर सेक्स नहीं, सेक्स की समस्या है। या जैनेन्द्र कुमार की कहानियाँ हैं, जिनमें न तो खुलापन है न निषेध, बल्कि सेक्स के प्रति एक अस्वस्थ दृष्टिकोण है, एक झाँकती हुई-सी दृष्टि है।

कहानी में सेक्स का अर्थ अनिवार्य नहीं कि सहवास ही हो। सहवास के बावजूद कहानी सेक्स-विहीन हो सकती है।

जैसे एक स्त्री की उपस्थिति से समूचे वातावरण में एक उष्णता और सुगबुगाहट आ जाती है, वैसे ही कहानी की बुनावट में सेक्स की उपस्थिति से एक उष्णता आ जाती है। यह उष्णता हमारी कहानियों में नहीं।

प्रेम-कहानियों के विषय में ये सारी बातें नगरवासी स्त्री-पुरुषों के सम्बन्धों में तनावों और उलझनों को लेकर ही कही गई हैं, क्योंकि हिन्दी की अधिकतर प्रेम-कहानियाँ नगरवासी स्त्री-पुरुषों की ही प्रेम-कहानियाँ हैं। लेकिन इसका यह अर्थ

नहीं कि प्रेम किसी एक अंचल तक सीमित है, या यह कि केवल नगरवासी ही प्रेम करने में समर्थ हैं।

हिन्दी का दुर्भाग्य ही यही है कि उसके सभी लेखक मध्यवर्गीय हैं और नरगवासी हैं। इसलिए हिन्दी की कहानियों में इतनी एकरसता है। जिन लेखकों ने हिन्दी-कहानी की इस एकरसता को तोड़ने का दावा करते हुए ग्राम्य-कथाओं की सृष्टि की, वे भी असल में मध्यवर्गीय ही थे और उनकी प्रेम-कहानियाँ और भी फार्मूलाग्रस्त हैं।

फणीश्वरनाथ 'रेणु' की कहानियाँ ज़रूर अपवाद हैं और हिन्दी का तीसरा या चौथा सर्वश्रेष्ठ उपन्यास ही नहीं, हिन्दी की सर्वश्रेष्ठ प्रेम-कहानियाँ भी, यह अजीब बात है, रेणु ने ही लिखी हैं। क्लासिकल ऊँचाइयों तक पहुँचनेवाली महान प्रेम-कथा, 'रसप्रिया' जैसे समूची भारतीय लोक-कथा, लोक-कविता, लोक-संगीत का निचोड़ है, बल्कि यह कहना अधिक उचित होगा कि इस एक कहानी में 'प्रेमानुभव' को व्यक्त करने के लिए लोक-कलाएँ संगठित और जीवित हो उठी हैं।

हिन्दी में अगर महान प्रेम-कथाएँ नहीं हैं, तो इसका कारण यह नहीं कि हमार प्रेम छोटा या ओछा है, बल्कि यह कि हमारे पास महान लेखक नहीं हैं। प्रेमानुभव आदमी की उदार और बड़ा बनाता है। मगर प्रेम भी, क्या विडम्बना है, साधारण लेखक को महान लेखक नहीं बना सकता।

आधुनिक भारतीय लेखन का संकट

बीसवीं शताब्दी समाप्त हो चली है। बीसवीं शताब्दी के इन्सान के मन में जो स्वप्न जगाए थे, जो भ्रान्तियाँ उत्पन्न की थीं, जो प्रत्याशाएँ पैदा की थीं, वे सब एक-एक कर बुझ चली हैं। निर्भ्रान्त और आशारहित मनुष्यता, आज किसी चौराहे पर नहीं, बल्कि एक अन्धी गली में खड़ी है, जिससे बाहर निकलने का कोई रास्ता नज़र नहीं आता।

केवल एक अँधेरे कोने में, जहाँ इतिहास ने उन्हें नियतिहीन छोड़ दिया है, कुछ लड़के-लड़कियों की आवाज़ सुनाई पड़ती है, 'हरे-कृष्ण, हरे-कृष्ण'। भारत के प्रति उनकी आसक्ति मुझे स्वयं अपनी स्थिति का पुनर्परीक्षा के लिए उत्तेजित करती है। क्या मेरे पास वाकई कुछ ऐसा है, जिसे मैं पश्चिम को दे सकता हूँ ? क्या सचमुच मेरी नियति, पश्चिमी व्यक्ति की तुलना में सुखकर है या कि मेरी स्थिति पश्चिमी मनुष्य की स्थिति से अधिक जटिल और दुःखद है ? क्या मैं भारतीय हूँ ? क्या मैं वाकई भारतीय नहीं हूँ ?

सरल उत्तर सम्भव नहीं, जैसे कि सरल प्रश्न सम्भव नहीं। यदि मेरी चिन्ता का विषय 'पर्यटकों का स्वर्ग भारत' होता, तो मेरी समस्या भी आसान होती। मगर मैं उस भारत को लेकर चिन्तित हूँ जिसका अस्तित्व है और नहीं है। वह दर्शन-कथाओं के उस सर्प की तरह है जो स्वयं को रज्जु में परिणत कर लेता है और तब भी वह केवल एक रज्जु मात्र नहीं होता। भ्रान्ति यथार्थ में परिणत हो जाती है और तब भी वह महज़ भ्रान्ति नहीं होती।

पिछले दो हज़ार वर्षों में, मुक्ति की तलाश में, कवियों, दार्शनिकों, 'पागल इन्सानों' का भारत आना बराबर बना रहा। कुछ अपना 'निर्वाण' प्राप्त कर सके, कुछ को यह असम्भव प्रतीत हुआ।

दो सौ वर्ष हुए, मुक्ति की तलाश में नहीं, बल्कि शासन और सम्पत्ति की इच्छा से, अंग्रेज़ भारत आए। उनके मन में ज्ञान-प्राप्ति की नहीं, बल्कि अपने राजनैतिक और सांस्कृतिक साम्राज्य के विस्तार की अभिलाषा थी।

उनके आतंकमय प्रवास ने भारत की नियति बदल दी—हालाँकि भारत के अस्तित्व की बुनियादी शर्तों में वे कोई परिवर्तन नहीं कर सके।

अंग्रेज़ों के पास दो हथियार थे, जिनके बूते उन्होंने समस्त संसार से लोहा लिया, अपनी एकदम निजी लड़ाई लड़ी। एक हथियार था—अंग्रेज़ी भाषा, दूसरा विलियम

शेक्सपियर।

यह स्वीकार करना ही होगा कि अंग्रेज़ इस लड़ाई में विजयी हुए। यद्यपि 'हर मैजेस्टी की सरकार' के प्रतिनिधि अपना बोरिया-बिस्तर बाँधकर 1947 में ही इंग्लैंड के लिए रवाना हो चुके थे, अंग्रेज़ों का 'उत्तराधिकार' भारत में, आज, बीस या तीस वर्ष पहले से अधिक आतंक और ठाट-बाट के साथ विराज़मान है।

एक तरह से अंग्रेज़ों ने भारत का भला किया। उन्होंने उसे मज़बूर कर दिया कि वह अपनी स्थिति की परीक्षा करें, स्वयं को आईने में देखे, संसार से साक्षात्कार करें, विरोध करे, चीखे, अपनी सार्थकता की तलाश करे और यदि सम्भव हो तो स्वयं को बदले। उन्होंने भारतीय स्थिति को, जटिल, दूसरे शब्दों में आधुनिक बना दिया।

रुड्यार्ड किप्लिंग, जिन्हें सुविधा के लिए, प्रथम 'एंग्लो-इंडियन' लेखक की संज्ञा दी जा सकती है, पहले लेखक थे, जिन्हें जटिल भारतीय संस्कृति और परिस्थिति ने, जो कि आक्रमण किए जाने पर फुकारती और सराहना किए जाने पर आत्मतुष्ट होकर बैठ जाती है, उलझन में डाला। स्वयं को रोक सकने में असमर्थ, किप्लिंग को कहना पड़ा, 'ईस्ट एंड वेस्ट, द ट्वेन, शैल नेवर मीट।'

और लार्ड मैकाले की जबर्दस्त देन अंग्रेज़ी भाषा के जबर्दस्त प्रभाव के बावजूद 'पूर्व और पश्चिम का मिलन' अब तक सम्भव नहीं हुआ है। पूर्व और पश्चिम, सह-अस्तित्व की स्थिति में नहीं हैं। वे एक-दूसरे से मुठभेड़ की स्थिति में हैं। वे एक-दूसरे को आँखें दिखा रहे हैं। वे एक-दूसरे से जूझ रहे हैं। वे एक-दूसरे को नष्ट करने की छिपी हुई अभिलाषा लिए, कभी खुला और कभी छिपा हुआ युद्ध कर रहे हैं। रुड्यार्ड किप्लिंग ने ग़लत नहीं कहा था।

मुठभेड़ की इस स्थिति में एक आधुनिक भारतीय लेखक की नियति केवल दुःखद ही हो सकती है। अपनी परम्परा से लगभग उखड़ा, पश्चिमी लिबास को असलियत की तरह ओढ़े हुए भारतीय बुद्धिजीवी के सामने एक जटिल प्रश्न है, जिसका कोई उत्तर उसके पास नहीं।

प्रश्न यह है कि वह क्या करे ? क्या वह पूर्व और पश्चिम, दो में से किसी एक को चुनकर, दूसरे को पूरी तरह असंगत मानकर छोड़ दे या वह एक को दूसरे से जोड़ने का प्रयत्न करे ? क्या वह स्वतः सम्पूर्ण भारतीय परम्परा को, भौतिक अभिप्रायों से सम्पन्न पाश्चात्य स्थिति से जोड़ सकने में समर्थ है ?

यह स्पष्ट हो जाना चाहिए कि भारत में परम्परा का अर्थ केवल परम्परा नहीं। भारतीय परम्परा का न केवल कुछ सामाजिक आदर्शों और मूल्यों के प्रति दोहराया गया विश्वास है बल्कि उन मूल्यों की अस्वीकृति भी है जो उसे अजनबी प्रतीत होते हैं। वह न केवल अतीत का प्रातः स्मरण है बल्कि वर्तमान के विरुद्ध खड़ा दुर्ग भी है। वह ज़िन्दगी के भीतर एक ज़िन्दगी है, जिसके बिना एक भारतीय को अपनी ज़िन्दगी बेमानी लगती है।

आज का सबसे सार्थक भारतीय लेखन परम्परा को स्थिति से जोड़ने का प्रयत्न

है। और तब भी वह विफल है। अंग्रेज़ी में लिखनेवाले भारतीयों में सबसे अधिक प्रतिभाशाली और अपनी स्थिति की खोज में रत लेखक राजा राव का उदाहरण लिया जा सकता है। राजा राव के चरित्र, अक्सर, अंग्रेज़ी शिक्षा में पगे हुए, पश्चिमी जीवन में जड़ें रखनेवाले स्त्री और पुरुष होते हैं, जो कि अस्तित्व की यन्त्रणा से पीड़ित हैं। वे अपने अनुभव में विकसित और वयस्क होते हैं। बहुत हद तक वे स्वयं राजा राव हैं। वे भोगते हैं क्योंकि वे यह पाते हैं कि अन्ततः वे नहीं हैं, क्योंकि वे इस नतीजे पर पहुँच चुके होते हैं कि वे अपनी जड़ें खो चुके हैं। एक बार इस नतीजे पर पहुँच चुकने के बाद कि वे इतिहास के नहीं बल्कि इतिहास उनका निर्माता है, वे अपना समय-बोध खो देते हैं—या तो अहंग्रस्त हो जाते हैं या फिर इतिहास-पूर्व स्थितियों को लौट जाते हैं।

यह एक संयोगमात्र नहीं कि राजा राव के स्त्री-पुरुष को, विशेषकर उनके बाद के उपन्यासों में , अपना 'निर्वाण' औपनिषदिक भारत में प्राप्त होता है। उनके उपन्यासों में यथार्थ 'मिथक' में परिणत हो जाता है। अन्तिम सत्य की तलाश में राजा राव का सम्पर्क यथार्थ से कट जाता है। अन्ततः एक अमूर्त, एक प्रतीक मात्र हाथ आता है।

जो बात राजा राव के विषय में कही गई है, बहुत हद तक वही, अन्य भारतीय लेखकों पर भी लागू होती है। एक बार सार्त्र ने कहा था कि "आध्यात्मिक पीड़ा जैसी कोई चीज़ नहीं होती।" बहुत हद तक यह बात सही है। मगर बीसवीं सदी के लेखक की चिन्ता को केवल 'सामाजिक' करार देना, उसके साथ कुछ ज़्यादती करना है। विशेष रूप से भारतीय लेखक की चिन्ता का क्षेत्र केवल सामाजिक नहीं, बल्कि कुछ दूर तक आध्यात्मिक भी है। भारत में चेतन और अचेतन सह-अस्तित्व की स्थिति में नहीं; वे एक-दूसरे के विरुद्ध भयानक लड़ाई लड़ते रहे हैं।

जिस संस्कार ने भारत की रचना की, उसके लिए चेतन और अचेतन परस्पर-विरोधी संस्कार नहीं। मध्ययुग की कला और स्थापत्य में आकार और अर्थ, चेतन और अचेतन, इस तरह एक-दूसरे में परिणत हो गए हैं कि उन्हें पृथक् कर पहचानना सम्भव नहीं, बल्कि उनके पृथक् होते ही समग्र कला के नष्ट हो जाने का खतरा है। उनकी समग्रता ही कला है। खजुराहो और कोणार्क भारतीय रचना के गवाह हैं, जहाँ अस्तित्व की पीड़ा अस्तित्व के आह्लाद में परिणत हो गई है, जहाँ क्षण समय की अनन्तता को अर्पित किया गया अर्घ्य है, जहाँ विधि अर्थ में और अर्थ विधि में परिणत होता दिखाई देता है।

द्वन्द्व की स्थिति में जीवित भारतीय लेखक, अक्सर, अर्थ और विधि—दोनों में से एक से पूरी तरह अपरिचित होता है। एक ओर जैनेन्द्र कुमार जैसे लेखक हैं जिनका विधि के प्रति सरोकार इतना अधिक है कि अर्थ से उनका कोई सरोकार नहीं रह गया है, दूसरी और मुल्कराज़ आनन्द जैसे लेखक हैं, जिनकी चिन्ता इतनी तात्कालिक है कि उनकी कृतियों में किसी गहरे प्रश्न से साक्षात्कार नहीं होता।

सन् '40 के आसपास मार्क्सवाद ने भारतीय साहित्य में एक नए रक्त का संचार

किया था। उसने लेखक को सामाजिक दृष्टि से और अधिक जागरूक बनाया और तब भी वह भारतीय विवेक को प्रभावित करने में नाकाम हुआ। पश्चिम में मार्क्सवाद कुछ और कारणें से विफल हुआ। भारत में वह इसलिए नहीं पनप सका कि, अन्य पश्चिमी जीवन-दृष्टियों की तरह, मार्क्सवाद भी द्विधा और द्वन्द्व की धारणा पर आधारित है जबकि भारतीय विवेक इस तरह के द्वन्द्व का निषेध करता है। परम्परागत और शाश्वत भारतीय प्रतिभा की दृष्टि में भौतिक जगत अभौतिक जगत का विस्फोट मात्र है। भारतीय दर्शन, जो एक भारतीय के लिए केवल एक विचार-पद्धति नहीं बल्कि जीवन-पद्धति है, अपनी बनावट में ही प्रति-मार्क्स और प्रति-हीगेल है। प्रतिद्वन्द्वात्मक दृष्टिकोण भारतीय परम्परा में ही सन्निहित है और कोई भी लेखक अतिसरलीकरण का जोखिम उठाए बिना भारतीय स्थिति की व्याख्या मार्क्सवाद की भाषा में नहीं कर सकता।

फिर भी अंग्रेज़ी भाषा और शेक्सपियर की तरह मार्क्सवाद ने भी भारतीय प्रतिभा को विचलित और उद्वेलित किया। पहली बार यह अनुभव किया गया कि आधुनिक जगत परिवर्तन-आधारित हैं, सभी वस्तुएँ मृत्यु के लिए अभिशप्त हैं और यह कि इतिहास की रचना मनुष्य करता है।

मगर क्या इससे बुनियादी स्थिति में कोई फ़र्क़ पड़ा ? क्या हम यह मानने लगे कि जगत के भीतर और बाहर एक अन्य जगत नहीं ? क्या अब हम सचमुच यह मानते हैं कि यह ब्रह्मांड एक स्वतः उत्पन्न रचना और इतिहास मनुष्य की कृति है ? क्या संसार में कहीं भी एक अवतार, नेता, व्यक्ति, सन्त, समाज-द्रष्टा, राजनेता या कालपुरुष को वह सम्मान, श्रद्धा, और अन्धभक्ति प्राप्त है जो कि उसे भारत में प्राप्त होती है ?

कोई व्यक्ति, विशेषकर लेखक, अपनी कल्पना की सृष्टि नहीं होता। वह अपने यथार्थ की सृष्टि है और यथार्थ की व्याख्या केवल परम्परा के भीतर ही की जा सकती है। जब भी किसी परम्परा पर, चाहे वह कितनी ही रूढ़ हो चुकी हो, उसकी बुनियादी शर्तों के विरुद्ध, विदेशी और अजनबी विचार थोपे जाते हैं, रचनाशक्ति, आत्म-संहार और आत्म-विरोध में परिणत हो जाती है।

आधुनिक भारतीय लेखन की विफलता यह है कि अक्सर, जाने या अनजाने, वह भीतर नहीं, बाहर स्थित होता हैं। वह भारतीय मानस को अमान्य, अजनबी विचार उधार लेता है, उसे रंग-बिरंगा बनाता और थोपता है। उदाहरण के लिए 'भोगना' (सफरिंग के अर्थ में) चाहे वह मसीही हो या अस्तित्ववादी, एक विदेशी धारणा है। भारतीय दर्शन में 'भोगना' के लिए कोई स्थान नहीं, जैसे कि भारतीय सौन्दर्यशास्त्र में 'त्रासदी' जैसी कोई चीज़ नहीं। इसलिए 'सफरिंग' की धारणा के इर्द-गिर्द बुना गया भारतीय उपन्यास इतना अवास्तविक लगता है कि भारतीय सन्दर्भ में इस तरह की कृति, रचना न होकर मनोवैज्ञानिक रचना ही हो सकती है। कवि और उपन्यासकार 'अज्ञेय' के उपन्यासों के स्त्री और पुरुष 'भोगते' हैं—इसलिए नहीं कि उनका अस्तित्व है बल्कि इसलिए कि उनका अस्तित्व ही नहीं है। दूसरे शब्दों में उनका अस्तित्व काल्पनिक है

और उनकी पीड़ा भी काल्पनिक है।

मुझे यह स्वीकार करना चाहिए कि आधुनिक भारतीय लेखक में 'बिलांगिग' जैसी चीज़ अब नहीं रही। इस तरह का लगाव उसके लिए कठिन, हालाँकि ज़रूरी है। 'भारतीय पुनरुत्थान' की अन्तिम प्रतिभा रवीन्द्रनाथ टैगोर का काम अपेक्षाकृत आसान था। उनकी जड़ें बहुत हद तक भारतीय परम्परा, उसके गौरव तथा सम्पूर्णता में थी। मगर आज जबकि यह गौरव अस्त हो चुका है और परम्परा दूर तक, टूटी-फूटी नज़र आती है, भारतयी लेखक का काम बहुत कठिन हो गया है।

चौथे दशक में, रोमैंटिक कविता ने, जो कि स्वाधीनता का स्वप्न भी थी, भारतीय महिमा के गान गाए। छायावादियों ने एक ऐसे भारत की कल्पना की, जिसका अस्तित्व होना चाहिए था, मगर था नहीं। सुमित्रानन्दन पन्त जैसे स्वप्नजीवी कवियों पर 'वैदिक मनुष्य' का स्वर्णयुग इतना हावी था कि उनका सम्पूर्ण साहित्य दृष्टि-भ्रम का साहित्य होकर रह गया। उन्होंने बेडौल, कष्टग्रस्त, भयानक मानवीय स्थिति से साक्षात्कार ही किया। उनकी कविता भयावह वर्तमान की अस्वीकृति और इस तरह मनुष्य का अपमान है।

अगर छायावादी कविता की स्थिति यह है कि आधुनिक कविता की स्थिति उससे कुछ अधिक बेहतर नहीं। आधुनिक कवि की निगाह में अतीत बहुत प्रासंगिक नहीं, जबकि भविष्य केवल एक मुहवरा है। उसके सामने एक दहशतभरी दुनिया है जिसमें भूख, ग़रीबी और अकाल मृत्यु, भय, असुरक्षा और युद्ध है। उसके चारों ओर मध्ययुगीन मूल्यों का मकबरा है। वह अकेला और निहत्था है और अपनी घबराहट में हाँफ रहा है। कुछ हद तक उसकी स्थिति धृतराष्ट्र जैसी है, जो अन्धा होने के कारण युद्ध में शरीक नहीं हुआ—मगर तब भी वह युद्ध में शामिल था। यह जानते हुए भी कि "तदा नाशंसे विजयाय संजय," वह अपने बेटों को एक ग़लत युद्ध लड़ने से नहीं रोक सका। उसके पास केवल पछतावे के शब्द थे, "अहं त्वचक्षुः कार्पण्यात् पुत्रप्रीत्या सहामि तत्।"

आधुनिक कवि सभ्यता के अन्तिम दिनों का और शायद कविता के भी अन्तिम दिनों का गवाह है। महासंहार की आहट उसकी कविता में स्पष्ट सुनाई पड़ती है। प्रमुख हिन्दी कवि गजानन माधव मुक्तिबोध के शब्दों में प्रश्न यह है कि 'बेबीलॉन सचमुच नष्ट होगा क्या ?"

> कि वे जाग पड़ते हैं
> तुरन्त ही, गहन चिन्ताक्रान्त होकर, सोचने लगते
> कि बेबीलॉन सचमुच नष्ट होगा, क्या ?
> प्रतिष्ठित राज्य संस्कृति के प्रभावी दृश्य
> सुन्दर सभ्यता के तुंग स्वर्ण-कलश
> सब आदर्श
> उनके भाष्यकर्त्ता ज्ञानवान महर्षि

ज्यातिर्विद्, गणितशास्त्री, विचारक, कवि
सभी वे याद आते हैं।
प्रतापी सूर्य हैं वे सब प्रखर जाज्वल्य
पर, यह क्या अँधेरे स्याह धब्बे सूर्य के भीतर
बहुत विकराल
धब्बों के अँधेरे विवर तल में से
उभरकर उमड़कर दल बाँध
उड़ते आ रहे हैं गिद्ध
पृथ्वी पर झपटते हैं।

('अन्तःकरण का आयतन', चाँद का मुँह टेढ़ा है)

लगावहीनता की भावना ने आधुनिक भारतीय लेखक को अपने ही देश में अजनबी बना दिया है। वह एक ऐसी भाषा में बात करता है, जो लोगों के लिए अनर्गल है। संसार के सम्बनध में उसकी धारणा तर्क-विरोधी है। उसकी दृष्टि सीमित और उसकी समझ केवल तात्कालिक है। जो चीज़ उसे अपने युग का नायक बनाती है, वह है—उसका अपनी नियति का आकलन, मृत्यु का स्वीकार तथा उसकी अस्वीकार की शक्ति।

फिर भी, आधुनिक भारतीय कविता, किसी एक स्तर पर कार्यरत नहीं। अपने-आपसे जूझता हुआ आधुनिक कवि अपने विक्षोभ को एक भयानक आवेग के साथ पेश करता है। वह भाषा की पुनर्रचना के लिए भाषा को नष्ट करता है। वह लय की तलाश में लय का संहार करता है। वह विचार की खोज में विचार को रद्द करता है। उसकी बुनियादी चिन्ता भाषा है, जो कि उसका एकमात्र हथियार है—एकमात्र माध्यम जिसके जरिए वह अपने साथ दूसरों के साथ संवाद कर सकता है, अपनी इच्छाएँ, विफलताएँ, चिन्ताएँ और सत्य को व्यक्त कर सकता है। अग्रगामी कवि भाषा के औपचारिक इस्तेमाल के विरुद्ध हैं। विशेषकर, बंगाली, मराठी, तेलुगु, कन्नड़ और हिन्दी में युवा कवियों ने भाषा की धज्जियाँ उड़ा दी हैं क्योंकि भाषा की रक्षा का एकमात्र रास्ता यही था। ऐसे बहुत कम समाज होंगे जिन्होंने भाषा का संहार किए बिना उसे जीवित रखा हो। भारतवर्ष में भाषा को जीवित रखने के लिए सैकड़ों बार उसका संहार किया गया है। इस बार भाषा का संहार कवि कर रहा है, ताकि उसमें अपने समय का प्रमाण वहन करने की क्षमता उत्पन्न हो सके।

भारतीय समाज, जो कि पिछले सात सौ वर्षों में, बदलती हुई परिस्थितियों के साथ अपने को बदलने, समय के साथ चलने में असमर्थ रहा है, एक आहत देवता की तरह क्रुद्ध हुंकार कर रहा है। कवि, लेखक और बुद्धिजीवी उससे जूझ रहे हैं। हर लड़ाई के अपने खतरे हैं। भारतीय लेखक के लिए ज़रूरी है कि वह भारतीय समाज की जड़ों और परिवेश को ध्यान में रखे। बुनियादी तौर पर यह एक स्वतः सम्पन्न समाज है, जो हमेशा

अपने-आपसे प्रेम करता रहा है।

स्वयं से घृणा का विचार भारतीय दर्शन और पुराण मे लगभग अनुपस्थित है। इस तरह का समाज केवल उसी साहित्य को स्वीकृति दे सकता है जो कि एक तर्कसंगत विचार को लेकर रचा गया हो—एक ऐसा साहित्य जो स्थिति की परीक्षा तो करता है, पर बुनियादी ढाँचे को नष्ट नहीं करता। यह नहीं भूलना चाहिए कि भारतीय समाज संघर्ष का निषेध करता है।

इस शताब्दी के सबसे महत्त्वपूर्ण मार्क्सवादी आलोचक जॉर्ज लूकाच ने, कुछ साल पहले, एक भारतीय लेखक से सवाल किया था कि इतने तनावों और संघर्षों के बावजूद भारत कोई दॉस्तोव्स्की क्यों नहीं पैदा कर सका ? वास्तविकता यह है कि भारत दॉस्तोव्स्की पैदा कर भी नहीं सकता। वह तॉल्स्तॉय ज़रूर पैदा कर सकता है।

भारत को, जो कि न केवल एक आर्थिक और सामाजिक यथार्थ है, बल्कि एक जीवन-दृष्टि भी है, उसकी समग्रता में ही देखा, परखा और समझा जा सकता है। आधुनिक भारतीय लेखक की सबसे बड़ी विफलता यह है कि उसने भारत को उसकी समग्रता में देखने का प्रयत्न नहीं किया है। आधुनिक भारतीय लेखन शिव की केवल एक मुद्रा है, समग्र नहीं।

क्या विडम्बना है कि भारत को लेकर सबसे अच्छा उपन्यास किसी भारतीय ने नहीं बल्कि एक अंग्रेज़ ने लिखा। चालीस से भी अधिक साल पहले लिखा गया *ऐ पैसेज टु इंडिया* के लेखक इ.एम. फॉर्स्टर ने भारत को उसकी समग्रता में समझने का प्रयत्न किया। उन्होंने भारत से न तो प्रेम किया, न घृणा। उन्होंने भारत को केवल समझा।

आधुनिक भारतीय लेखक की विफलता यह है कि वह भारत से या तो प्रेम करता है या घृणा। वह भारत को समझने की कोशिश नहीं करता।

अतीत और वर्तमान

शवयात्राओं में मैं कमाल कर जाता हूँ। सचमुच मैं कमाल कर जाता हूँ। स्वयं को पीछे छोड़ जाता हूँ। लोहे की छड़ों वाले दरवाज़ों और गलियों से गुज़रते हुए, मैं क़ब्रगाह तक पहुँचता हूँ, जहाँ ख़िदमतगार मेरे दोस्तों को ज़मीन के छह फीट नीचे उतार रहे होते हैं। यदि मैं फूलों का एक गुच्छा उछाल दूँ तो मिट्टी का एक हाथ लपककर सँभाल लेगा–मेरा निशाना अचूक है–सीधे क़ब्र में ही जाएगा। मुझमें उतनी ही करुणा है, जितनी होनी चाहिए। मेरी अनुभूतियाँ ठीक वैसी हैं जैसी कि उन्हें होना चाहिए। मुझे सही शब्दों का इस्तेमाल आता है। मेरी इस प्रतिभा की लोग प्रशंसा करते हैं। मगर मैं इसका श्रेय नहीं लूँगा। मैं केवल प्रतीक्षा कर रहा हूँ।

–ऑल्बेयर कामू

लन्दन की पुरानी सीमेट्री में अपने कुछ दोस्तों के साथ बैठा हुआ मैं वक्त गुज़ार रहा था। लोग, स्त्री-पुरुष हाथों में फूलों के गुच्छे लिये हुए आ रहे थे और अपने परिचितों की समाधि पर प्रेम से समर्पित कर रहे थे। बहुत-सी क़ब्रों पर गुलाबी और बैंगनी फूल उग आए थे।

क़ब्रगाह में अनेक प्रसिद्ध व्यक्तियों की समाधियाँ थीं। एक समाधि एक धनी स्त्री के कुत्ते की थी। शायद वह स्त्री अपने कुत्ते को जान से ज़्यादा प्यार करती थी। बूढ़ों, बच्चों, महापुरुषों, धनी व्यक्तियों, रईसों के कुत्तों की समाधि से ज़रा फासले पर कार्ल मार्क्स की समाधि थी। कार्ल मार्क्स की प्रतिमा पर मार्क्स की भविष्यवाणी खुदी हुई थी–'दार्शनिक अब तक संसार के विषय में सोचते आए हैं। बहुत सोचा जा चुका। अब संसार पर सोचने की नहीं, संसार को बदलने की ज़रूरत है।''

कार्ल मार्क्स के साथ यूरोप के इतिहास ने पलटा खाया। संसार को बदलने की प्रक्रिया आरम्भ हुई और अब भी यूरोप, अमेरिका और अन्यत्र यह प्रक्रिया जारी है। लेकिन कुछ चीज़ें बुनियादी हैं, जो नहीं बदलतीं। मसलन आदमी का अपने अतीत से प्रेम। सवाल यह है कि हम अतीत को किस रूप में लेते हैं ? क़ब्रगाह के रूप में या समकालीन जीवन के गवाह के रूप में ?

भारत में अतीत और वर्तमान का विभाजन उसी दिन हो गया जिस दिन भारत

ने पश्चिमी शिक्षा, संस्कृति, राजनीति और यन्त्रविधि के आगे घुटने टेक दिए। उत्तर भारत और बंगाल के बुद्धिजीवियों ने 19वीं शताब्दी के अन्त में पाश्चात्य संस्कृति को जाँचे और परखे बग़ैर जिस तरह अपनाया उसने भारत के इतिहास में दरार पैदा कर दी। चन्द्रगुप्त मौर्य, अशोक, अकबर, यहाँ तक की गांधी केवल संग्रहालय की मूर्तियाँ बनकर रह गए। भारत में अतीत-पूजा का युग प्रारम्भ हुआ। भारतीय मध्यवर्ग सवेरे-सवेरे अतीत की पूजा कर इतिहास के प्रति अपने दायित्वों से निवृत्त हो जाता है। बचा हुआ समय छीना-झपटी, उचक्केपन, स्वार्थपटुता, सुरक्षा और महत्त्वाकांक्षा में गुज़रता है। जब तक भारत का वर्तमान संकट में नहीं पड़ता, तब तक भारतीयों को अपने अतीत की याद नहीं आती। भारतीय जाति से अधिक अतीतहन्ता कोई जाति नहीं।

यूरोप ने दूसरों के अतीत को रौंदा है, लेकिन अपने अतीत को बचाया है। रोम, एथेंस, पेरिस, मेड्रिड, लुबें, म्युनिख, एंटबर्प और वीएना केवल अतीत के खंडहर नहीं। वे अतीत का स्मारक भी नहीं हैं। वे यूरोप के समकालीन जीवन में भूमिका अदा करता हुआ काल हैं। रोम में माइकल एंजेलो रचित प्रतिमा 'पिएतर' केवल कलाकृति नहीं बल्कि यूरोप की सौन्दर्य-चेतना को उकसानेवाली सनातन अनुभूति है। यूरोप के वर्तमान में उसका अतीत इस तरह घुला हुआ है कि दोनों को अलग कर पाना कठिन है।

पेरिस के प्रसिद्ध चौमुहाने 'कोनकार्ड' में टहलते हुए मुझे लगा कि अभी कल ही तो इस चौक में मॉरी आन्तोनिये की हत्या की गई थी। अभी पिछली शाम ही तो लुई-16वें को महल से घसीटा गया था और मृत्यु के पूर्व लुई-16वें ने वधिक से प्रार्थना की थी—'मेरा सन्देश महारानी तक पहुँचा देना', और अधिक ने उत्तर दिया था, 'मुझे यहाँ तुम्हारे सन्देशवाहक के रूप में नहीं बल्कि वधिक के रूप में भेजा गया है।' अगर पेरिस से नेपोलियन की समस्त प्रतिमाएँ हटा दी जाएँ, तब भी नेपोलियन हर फ्रांसीसी के जीवन में मौजूद रहेगा। अगर पेरिस का 'एवेन्यू विक्टर ह्यूगो' तुड़वा दिया जाए, तब भी विक्टर ह्यूगो पेरिसवासियों की स्मृति के ज़रूरी अंग के रूप में बने रहेंगे।

अगर स्ट्रेटफ़ोर्ड एवन नहीं होता तब भी शेक्सपियर होता। तब फिर अंग्रेज़ों ने स्ट्रेटफ़ोर्ड एवन को एक संग्रहालय के रूप में परिणत क्यों कर रखा है ? क्यों वे हर शाम स्ट्रेटफ़ोर्ड एवन की रंगशाला में शेक्सपियर के नाटक खेलते हैं ? क्या उन्हें अपनी स्मृति पर भरोसा नहीं ?

स्ट्रेटफ़ोर्ड एवन के थिएटर से *लव्स लेबर लास्ट* देखकर निकलते हुए मेरे मन में यह सवाल गूँजता रहा। शेक्सपियर हॉउस में शेक्सपियर की पांडुलिपियाँ, शयनकक्ष, पिक्चर पोस्टकार्ड और तस्वीरें देखते हुए मैंने सोचा—अंग्रेज हर शाम शेक्सपियर का समारोह क्यों करते हैं ? संसार के तमाम हिस्सों से जनता लन्दन में 100 मील दूर तक छोटे से गाँव में किसलिए आती है ? क्यों हर रोज़ स्ट्रेटफ़ोर्ड एवन में मेला लगता है ?

मेला तुलसीदास का भी लगता है, लेकिन जो लोग तुलसीदास का मेला लगाते हैं, उन्हें तुलसी के साहित्य से कोई वास्ता नहीं होता। वे तुलसीदास के व्यापारी हैं। उन्हें

केवल सरकारी अनुदान से मतलब होता है। तुलसीदास किसी भी समकालीन भारतीय कवि से अधिक समकालीन होते हुए भी साहित्य की मणिकर्णिका में दफ़नाए जा चुके हैं—तुलसी के व्यापारी तुलसी की भभूत लपेटकर चन्दा माँग रहे हैं—जबकि शेक्सपियर को अंग्रेज़ जाति चार सौ साल बाद भी अपना समकालीन बनाने का प्रयत्न कर रही है, उन्हें क़ब्र से बाहर निकालकर उनसे संवाद कर रही है।

शेक्सपियर हॉउस में भीड़ थी। क्षणभर को मुझे लगा, इस भीड़ से घबराकर शेक्सपियर एवन नदी के किनारे जा बैठे हैं। शेक्सपियर हॉउस इंग्लैड की सबसे बड़ी प्रतिभा का स्मारक होते हुए भी स्मारक नहीं है। वह संग्रहालय भी नहीं है। वह केवल शेक्सपियर का घर है।

उत्सुकता, जिज्ञासा, ज्ञान की भूख मनुष्य की प्रकृति में है। गुलामी और दरिद्रता ने भारतीय जाति में यह आग मन्द कर दी है। कुछ दोष भारतीयों का है, कुछ परिस्थितियों का।

यूरोप की परिस्थितियों अनुकूल रही हैं, उनमें मनुष्य के सम्पूर्ण विकास की सम्भावनाएँ अधिक थीं। विकास करता हुआ यूरोप आधुनिक यन्त्रविधि तक पहुँचा जोकि मनुष्य को उसकी जड़ों से उखाड़ती है, परिवार भंग करती है, पड़ोस का निषेध करती है और वायु और जल को ज़हरीला बनाती है। वह आदमी को अकेला भी बनाती है।

इसके बावजूद यूरोपीय व्यक्ति बचा रह गया है। अमेरिका की तरह नष्ट नहीं हुआ है। इसका एकमात्र कारण यूरोपीय परम्परा है, जोकि तर्क पर आधारित है। अमेरिका परम्पराविहीन समाज है—उसके पास साहस है, पशुबल है और सम्पत्ति है, लेकिन विवेक नहीं है। विवेक न होने के कारण सही और ग़लत, मानवीय और अमानवीय, संगत और असंगत का भेद करने में अमेरिका असमर्थ रहा है। यूरोप ने इतिहास को एक अन्धे व्दक्ति की तरह स्वीकार भी नहीं किया है। यूरोप ने परिस्थितियाँ, पात्रों, घटनाओं और अपनी नियति की बार-बार परिभाषा की है। अरस्तू से लेकर मार्क्स तक यह सिलसिला जारी रहा है और अब भी जारी है।

कला, साहित्य, संस्कृति धर्म—हर क्षेत्र में यूरोप की अपनी परम्परा है। अस्तित्ववाद का जन्म यूरोप में ही हो सकता था। 'गुएर्निका' की रचना एक यूरोपीय ही कर सकता था। इसीलिए यह बात और भी सही है कि 'गुएर्निका' कितनी ही महान कलाकृति हो, भारतीय संवेदना का अंग नहीं हो सकती और अस्तित्ववाद ने कितने भी जीनियस पैदा किए हों उनमें से कोई भी भारतीय लेखकों की मदद नहीं कर सकता। अपनी परम्परा से द्रोह कर कोई भी समाज बना नहीं रह सकता।

यहाँ तक कि एक देश का स्थापत्य भी दूसरे देश का स्थापत्य नहीं बन सकता। ल कूर्बुजिए की रचना चंडीगढ़ भारतीय परिदृश्य में कितना अजनबी लगता है ! चंडीगढ़ भारत का नहीं, बल्कि यूरोप का हिस्सा लगता है।

कोई यूरोपीय इस तरह का अनाचार बर्दाश्त नहीं कर सकता। मसलन, पेरिस

संसार का सबसे घना बसा शहर है। आवास की कठिनाइयों को ध्यान में रखते हुए कुछ साल पहले फ्रांसीसी सरकार में मोंपार्नास्से में अमेरिका की एम्पायर स्टेट बिल्डिंग के नमूने पर एक बहुमंजिली इमारत का निर्माण आरम्भ किया। समूचे पेरिस के बुद्धिजीवियों, लेखकों और युवकों ने इसका विरोध किया। उनका कहना था कि इससे पेरिस का लैंडस्केप विकृत होगा।

सीन नदी के दोनों किनारों पर बसा पेरिस संसार का सबसे नफ़ीस शहर है, उसका स्थापत्य उतना ही निजी और घरेलू है जितनी कि सीन नदी। मोंपार्नास्से की बहुमंजिली इमारत पेरिसवासियों की आँखों की किरकिरी है।

केवल पेरिस में ही नहीं बल्कि ब्रुसेल्स, लन्दन, रोम—यूरोप के अनेक नगरों में सुविधाजनक आवास के नाम पर बननेवाली बहुमंजिली इमारतों का पिछले अनेक वर्षों से विरोध हो रहा है। दूसरे शब्दों में, यूरोप स्वयं पर अमेरिका को हावी नहीं होने देना चाहता—न राजनीति में, न कला में। अपनी इयत्ता को यूरोप ने दो-दो महायुद्धों के बाद भी बरकरार रखा है। लड़ाई केवल डॉलर और मार्क की नहीं, इससे कुछ ज़्यादा बड़ी है।

एम्स्टर्डम नगर के बीच से एक नहर गुजरती है जिस पर सैलानी नौकाविहारऔर नगर-दर्शन करते हैं। नहर के दोनों किनारों पर दूब है, जिस पर बैठे या लेटे हुए युवक और युवतियाँ समय गुज़ारते हैं।

रिक्स म्यूज़ियम के समीप नहर के किनारे पर एक लड़की लेटी हुई थी। उसके साथ केवल एक कुत्ता था। उन्हें देखकर मुझे हेनरी रूसों के चित्र 'ल बोहिमियन एन्दोमे' की याद आई जिसमें एक जिप्सी लड़की के सिरहाने एक सौन्दर्यलुब्ध जानवर है।

बहरहाल यह हैनरी रूसो का स्वप्न नहीं था, एम्स्टर्डम की वास्तविकता थी। लड़की उठी। कुत्ता उसके पीछे-पीछे चला। रिक्स म्यूज़ियम में गुम हो गई ! थोड़ी देर बाद रिक्स म्यूज़ियम में यूरोप के महान कलाकारों की कलाकृतियाँ देखते हुए वह मुझे दोबारा मिली। एक बार मैंने उससे बात छेड़ी। मैंने उससे पूछा, "संग्रहालयों में आकर तुम्हें अजनबी नहीं लगता ?" लड़की ने मुझे विस्मय से देखा। वह मेरे सवाल की पृष्ठभूमि नहीं समझ सकी।यह बात उसकी कल्पना के परे थी कि खजुराहो और कोर्णाक जाकर सौन्दर्य-चेतना जितनी भी जागृत होती हो, इतिहास का फ़ासला कुछ और बढ़ जाता है, अपने ही देश के कलाकारों की कृतियाँ अजनबी लगने लगती हैं। सारनाथ में मन को शान्ति कितनी भी मिलती हो, 25 सौ साल बहुत अधिक लगने लगते हैं। अन्यथा एक जाति के इतिहास में 25 सौ साल क्या होते हैं ?

युद्ध और यन्त्रविधि ने अनेक संस्थाओं को तोड़ दिया है। सबसे बड़ी संस्था थी धर्म। धर्म यूरोप में केवल कुछ श्रद्धालु स्त्रियों और बूढ़ों की चिन्ता होकर रह गया है। एक संस्था के टूटने पर दूसरी संस्था खड़ी करनी पड़ती है, ताकि शून्य को भरा जा सके। पिछले 50 वर्षों के तमाम ऊहापोह के बावजूद यूरोप धर्म का विकल्प नहीं ढूँढ़ सका है। हिटलर और मुसोलिनी ने फासिज़्म को धर्म के विकल्प के रूप में लादने की

कोशिश की। वामपन्थी बुद्धिजीवी मार्क्सवाद को उसका विकल्प मानते हैं। लेकिन अब तक कोई भी विचारधारा या जीवन-पद्धति धर्म के संहार में उत्पन्न गतिरोध को पूरी तरह समाप्त करने में कामयाब नहीं हुई।

असल में यूरोप का सबसे बड़ा संकट, आस्था का संकट है। यूरोपीय व्यक्ति अपनी शंकाओं और प्रश्नों से घिरा हुआ है। ये शंकाएँ और प्रश्न इतने जटिल हैं कि उनका कोई आसान उत्तर सम्भव नहीं है। जिन यूरोपीय समाजों में धर्म का संहार नहीं हुआ है, वे अपेक्षाकृत संकटरहित हैं। मसलन, बेल्जियम में कैथोलिक सम्प्रदाय राज्य द्वारा स्वीकृत धर्म है। बेल्जियम में आस्था का संकट पश्चिम जर्मनी या फ्रांस की तुलना में कम है।

जर्मनी, फ्रांस और इंग्लैंड में मेरे अनेक बुद्धिजीवी मित्रों ने कहा कि यूरोप ने धर्म और संस्कृति को अलग कर लिया है। लेकिन यह बात सही नहीं है। कला और संस्कृति का परमाणु-विश्लेषण सम्भव नहीं है। क्या माइकेल एंजेलो की कला से धर्म को अलग किया जा सकता है ? क्या भक्त कवियों की कविता और उनकी वैष्णव आस्था को पृथक् कर सकना सम्भव है ? क्या मायरकोव्स्की की कविता और मार्क्सवाद, एक-दूसरे से अलग किए जा सकते हैं ?

यह अलग बात है कि बीसवीं शताब्दी की रचना का स्रोत आस्था नहीं बल्कि सन्देह है। प्रूस्त, ज्यॉयस और काफ्का से लेकर ऑल्बेयर कामू, पिकासो से लेकर गोर्की तक लेखकों और चित्रकारों की परम्परा ने अपने समय को, परिवेश को, प्राप्त संसार को सन्देह की दृष्टि से देखा और अपनी कलाकृतियों के जरिये उसकी आलोचना की।

यूरोप में सरल जीवन सम्भव नहीं रह गया है और इसीलिए सरल साहित्य जैसी कोई चीज़ नहीं। लेखक, बुद्धिजीवी, कलाकार, साधारण आदमी आस्था का एक केन्द्र तलाशता है, थोड़े दिनों बाद मोहभंग की स्थिति में अपनी पूर्वस्थिति को लौट जाता है। डब्ल्यू.एच. ऑडेन चौथे दशक तक प्रमुख राजनीतिक कवि थे। आज वह अपनी पिछली कविताओं को नकारते हुए यह मानते हैं कि राजनीति और कविता का रिश्ता सम्भव नहीं है। 1967 में जर्मन कवि एन्त्सेंसबर्गर से मैं मिला था। उन दिनों वह क्रान्ति के प्रबल समर्थक थे। कविता को लेकर उनसे मेरी लम्बी बहसें हुई थीं। बाद में मालूम हुआ कि यह क्यूबा चले गए। बर्लिन में मैंने उनके विषय में पूछताछ की। पता चला कि बहुत हद तक उनका मोहभंग हो चुका है और कविता के विषय में उनकी धारणाएँ बदल गई हैं।

यूरोपीय बुद्धिजीवी के लिए यह स्थिति आकस्मिक नहीं है। तर्क पर आश्रित होने के कारण यूरोपीय परम्परा सन्देह और प्रश्न को बुनियादी मानती है। तर्क आदमी को उसकी जगह से उखाड़ता है। यूरोपीय बुद्धिजीवी अपनी जगह से उखड़ाह हुआ है। लेकिन उसे यह स्थिति स्वीकार्य है क्योंकि वह अपनी ज़मीन पर अपने पैर टिकाना चाहता है। दूसरों की शरण नहीं जाना चाहता। हज़ारों वर्षों के प्रश्नों ने यूरोपीय बुद्धिजीवी को बहुत हद तक विस्थापित किया है। लेकिन यूरोपीय बुद्धिजीवी इस तथ्य

से परिचित है कि यह उसकी नियति में है।

टी.एस. एलियट ने लिखा है, "मेरे प्रारम्भ में ही मेरा अन्त था।" यूरोप की शुरुआत जिस तरह हुई थी, समकालीन यूरोपीय जीवन उसी की तर्कसंगत परिणति है। युद्ध, राज्यलिप्सा, उपनिवेशवाद, कला कविता, होमर, शेक्सपियर, माइकेल एंजेलो, अरस्तू, मार्क्स यूरोप की अटूट तर्क-परम्परा की उपज हैं। लुई-14वें और नेपोलियन के बिना पेरिस की, शेक्सपियर के बिना इंग्लैंड की, सीज़र के बिना रोम की कल्पना कठिन है। दरअसल सुकरात के बिना सार्त्र की कल्पना कठिन है।

मानवीय स्वतन्त्रता की तलाश

म्युनिख में मैं एक रेस्तराँ में बैठा हुआ था। जगह छोटी थी। दस-बारह स्त्री-पुरुष मेज़ पर झुके, अल्हड़ बैठे या कुर्सियों पर पसरे हुए थे। खिड़कियों से संगीत झर रहा था। रात शराब के प्यालों में ढल रही थी। ठीक वॉन गॉग की पेंटिंग का वातावरण था।

अचानक एक लड़की ने प्रवेश किया और बिना किसी भूमिका के नृत्य आरम्भ कर दिया। लड़की इस्पहानी थी, धुत्त थी। नृत्य का एक दौर समाप्त कर वह बार-टैंडर के पास जाती, वाइन का ग्लास होंठों से छुआती, पैसे चुकाती और फिर नाचने लगती। बड़ी देर तक यह क्रम चलता रहा। जब वह थक गई तब उसने नृत्य बन्द कर दिया। जिस झपाटे के साथ वह रेस्तराँ में आई थी उसी झपाटे के साथ बाहर निकल रात में गुम हो गई। सबकुछ जैसे एक स्वप्न में घटित हुआ।

यूरोप के मयखानों, तलघरों और विलासगृहों के लिए यह कोई अप्रत्याशित घटना नहीं। रोज़ ही ऐसा कुछ घटता है। कोई लड़की बिजली की तरह अँधेरे में चमककर खो जाती है, कोई अपने कपड़े उतार सृष्टि से एकाकार हो जाती है और कोई अपनी अन्तरात्मा को संगीत स्वरों में उतारने लगती है।

मगर भारत जैसे देश के लिए इस तरह की घटनाएँ अप्रत्याशित और नियम-विरुद्ध हैं। इसलिए इस घटना पर ध्यान जाना स्वाभाविक ही था। मैं बहुत देर तक सोचता रहा, आख़िर वह लड़की क्या करना चाहती थी ? उसके रेस्तराँ में अचानक प्रवेश करने, थिरकने और तृप्त होकर प्रस्थान कर जाने के पीछे क्या प्रेरणाएँ थीं ? उधेड़बुन के बाद मैं नतीजे पर पहुँचा—वह स्वयं को अभिव्यक्त करना चाहती थी, उसने स्वयं को अभिव्यक्त किया और यदि कोई भी उसकी अभिव्यक्ति को कुचलता तो वह कुछ भी कर सकती थी। हो सकता है वह शराब की बोतलें तोड़ देती, सम्भव है वह किसी पर हमला कर बैठती, बहुत सम्भव है वह शरीर से अपने कपड़े फेंक एकदम नंगी हो जाती। वह अपनी अभिव्यक्ति की कोई भी कीमत चुकाने को तैयार थी।

केवल काला ही ज़िन्दगी का अनुकरण नहीं करती, ज़िन्दगी भी कला का अनुक्रमण करती है। यह लगभग निर्वसन लड़की रोम, पेरिस, म्युनिख और वीएना के नुक्कड़ों और संग्रहालयों में स्थापित उन मूर्ति-कृतियों की तरह थी जो उन्मुक्त, निर्वसन, निर्बंध अपनी स्वतन्त्रता की परिभाषा का रही हैं, यदि वह 'लूव्र' के उन मूर्तिशिल्पों के बीच जाकर खड़ी हो जाती जिन्हें कि यूरोप के स्वतन्त्रचेता कलाकारों ने सैकड़ों वर्षों में तराशा है,

तो वह एकदम उन्हीं में से एक नज़र आती। एक तरह से वह अपनी मुद्राओं के ज़रिए यूरोप की समग्र कला को, समग्र चेतना को अभिव्यक्त कर रही थी। इसलिए उसकी अभिव्यक्ति अधूरी नहीं थी, उसके स्वर में हकलाहट नहीं थी, उसकी अन्तरात्मा पर पाबन्दी नहीं थी। वह पूरी तरह मुक्त थी। दो हज़ार वर्षों तक लड़ाई लड़ने के बाद उसने यह क्षण अर्जित किया था। यह क्षण उसके लिए नायाब था। इसे खोने के बाद उसे, हो सकता है, फिर दो हज़ार वर्षों तक इन्तज़ार करना पड़े !

मानवीय स्वतन्त्रता का एहसास यूरोप आकर होता है। स्वतन्त्रता की भारतीय कल्पना सर्वथा भिन्न है। एक भारतीय के लिए स्वतन्त्रता भौतिक स्थिति नहीं, जबकि एक यूरोपीय के लिए यह एक ठोस स्थिति है, आर्थिक और राजनीतिक द्वन्द्व का अन्तिम उत्कर्ष है। इसीलिए यूरोप में स्वतन्त्रता का अनुभव सबसे पहले त्वचा पर होता है। इसका यह अर्थ नहीं कि यूरोप की स्वतन्त्रता केवल त्वचा की स्वतन्त्रता है। स्वतन्त्रता मनुष्य का, जिसमें मनुष्य की त्वचा भी शामिल है, स्वीकार और मनुष्येतर निर्णय का अस्वीकार है। दूसरे शब्दों में, यूरोप का संसार पार्थिव है, जिसमें अमरता के लिए कोई स्थान नहीं। प्रस्तर, कांस्य, मिट्टी और धातु से बनी यूरोप की कला अक्षुण्णता का कोई दावा नहीं करती। वह नष्ट होने के लिए बनी है, क्योंकि मनुष्य का जीवन भी नष्ट होने के लिए ही बना है।

पिछले कुछ वर्षों से यूरोप पर भारत के जेट-युगीन योगियों का धावा जारी है, जो यूरोप को नष्ट होने से बचाना चाहते हैं। जगह-जगह मैंने उनके पोस्टर देखे, उनके इश्तिहार पर हज़ारों डॉलर का खर्च देखा और कुछे को अपनी भक्त-मंडली के साथ वातानुकूलित कारों में यात्रा करते देखा।

नष्ट हो चुके भारत के योगी यूरोप को नष्ट होने से बचाना चाहते हैं ! यह सम्भव है कि यूरोप-विहारी भारतीय संन्यासियों को भारतीय मन की बनावट की समझ हो, मगर वे यूरोप को समझने में क़तई समर्थ नहीं हैं। वे जिसे नष्ट होना कहते हैं वह एक यूरोपीय के लिए जीने की प्रक्रिया है। वे जिसे मृत्यु कहते हैं, यूरोप के लिए वह केवल बुढ़ापा है। वे जिसे भोग कहते हैं, पश्चिमी व्यक्ति के लिए वह प्राप्त जीवन का समारोह है। उनकी निगाह में जो आत्महत्या है, वह पश्चिमी स्त्री-पुरुषों के लिए आत्मस्वीकार है।

यूरोप और अमेरिका की बूढ़ी महिलाओं, धनी अभिनेताओं और खुफ़िया एजेंटों के बीच कतिपय भारतीय संन्यासियों की लोकप्रियता से भारत में यह भ्रान्ति और गहरी हो चली है कि सर्वनाश से बचने के लिए पश्चिम भारत की ओर देख रहा है। जीवनभर केवल सन्तान पैदा करनेवाले, दहेज लेने और दहेल देनेवाले, अतीत में जीनेवाले भारतीय मध्यवर्ग को यह सब सुनकर बहुत अच्छा लगता है। आत्मप्रेम और आत्मवंचना वैसे भी भारतीय स्वभाव है। मगर यह बिल्कुल ही सच नहीं। भारत यूरोप के लिए केवल कौतूहल और जिज्ञासा का विषय है, इससे अधिक कुछ नहीं। गाँजा और चरस की तलाश में बनारस की गलियों में भटकनेवाले हिप्पी भारतीय आत्मवंचना के गवाह हो

सकते हैं, वे पश्चिम के मोहभंग के प्रतीक क़तई नहीं। वे पश्चिम की नई पीढ़ी के प्रतिनिधि भी नहीं हैं। पश्चिम की नई पीढ़ी मानवीय स्वतन्त्रता की परिभाषा को बदलना, उसे और व्यापक बनाना चाहती है; मगर वह पश्चिमी अनुभव को अप्रासंगिक और बेमानी मानने को तैयार नहीं। उसे स्वतन्त्रता की पश्चिमी परिभाषा अपर्याप्त लगती है, बुनियादी तौर पर ग़लत नहीं।

मनुष्य की स्वतन्त्रता की कितनी बड़ी लड़ाई पिछले ढाई हज़ार वर्षों में यूरोप में लड़ी गई है ! नीरो से लेकर हिटलर तक, मनुष्य की खिल्ली उड़ाने, पृथ्वी को रौंदने, नेस्तनाबूद करनेवाले बर्बरों का एक लम्बा सिलसिला है। कोई शताब्दी नहीं जिसमें यूरोप ने मनुष्यता के हक़ में लड़ाई न लड़ी हो। हिटलर, मुसोलिनी, सीज़र, होमर, गेटे, शेक्सपियर, कार्ल मार्क्स, लुई-14, मॉरी आंतोनिये, मार्टिन लूथर, नेपोलियन, स्तालिन, गोएरिंग, माइकेल एंजेलो, वॉन गॉग, मोत्जार्ट, पिकासो—यूरोप का संग्रहालय अनोखा है। यूरोप का इतिहास अन्तर्विरोधों की एक अटूट परम्परा है। थीसिस, एंटीथीसिस, डायलेक्टिक्स की धारणा केवल यूरोप में ही जन्म ले सकती थी। मार्क्स को केवल यूरोप ही पैदा कर सकता था। गुलामी पश्चिम की देन है और इसीलिए स्वतन्त्रता भी पश्चिम की तलाश है। मनुष्य का अपमान यूरोप ने ही किया। मनुष्य के अपमान का प्रतिकार भी यूरोप ने ही किया।

सच है कि मैं अब भी रोटियों से वंचित नहीं हुआ हूँ।
मगर, यक़ीन करो, यह केवल संयोग है।
मैं कुछ भी करूँ, मुझे कोई अधिकार नहीं पेट भरने का।
यह एक संयोग है कि मैं बचा रह गया हूँ।
(जिस दिन तक़दीर दग़ा देगी, मैं भी गुज़र जाऊँगा)
मुझसे कहा जाता है : खाओ और मौज़ करो, ख़ुश रहो।
कैसे ख़ुश रहूँ, पियूँ, मौज़ करूँ, ऐसे समय में !
यह रोटी का टुकड़ा जो मेरे हिस्से है,
किसी भूखे का छीना हुआ कौर था,
यह पानी का गिलास जो थामे हुए हूँ मैं हाथ में,
प्यास से मरते हुए आदमी से,
छीना ही तो गया था।
और तब भी मैं खाता और पीता हूँ।

—बर्तोल्त ब्रेख़्त

भूखे आदमी का कौर और प्यासे आदमी का पानी का गिलास अब भी छीना जा रहा है। यूरोप ने अफ्रीका और एशिया को अन्न और पानी से वंचित किया है। मगर यूरोप के विरुद्ध लड़ाई केवल एशिया और अफ्रीका में नहीं बल्कि स्वयं यूरोप में भी लड़ी जा रही है। जर्मनी, फ्रांस, इंग्लैंड, बेल्ज़ियम, हालैंड, यूरोप का कोई देश नहीं जहाँ

युवा वर्ग, बुद्धिजीवी, लेखक, साधारण जनता अपनी सरकार की औपनिवेशिक नीतियों के विरुद्ध लड़ाई न लड़ रही हो। अल्जीरिया, कांगो, रोडेशिया, दक्षिण अफ्रीका—गोरे आदमी की औपनिवेशिक आकांक्षा का सबसे तीव्र विरोध गोरी दुनिया में ही हो रहा है।

मानवीय स्वतन्त्रता केवल 'यूरोपीय आर्थिक समुदाय' तक सीमित नहीं रह सकती। स्वतन्त्रता एक सार्वभौमिक खोज है। किसी एक देश की थाती नहीं। अन्तर्राष्ट्रीयता यूरोप के अस्तित्व की बुनियादी शर्त है, क्योंकि स्वतन्त्रता की जो परिभाषा यूरोप ने प्राप्त की है, उसे चौखटे में नहीं मढ़ा जा सकता।

यह अकारण नहीं है कि यूरोप की नई पीढ़ी विदेशियों को आसानी से स्वीकार कर लेती है, या गोरी लड़कियाँ नीग्रो युवकों से निस्संकोच प्रेम करती हैं।

स्टॉकहोम के ऑपेरा पार्क में बैठा हुआ मैं दोपहर गुज़ार रहा था। घास पर एक काला अफ्रीकी युवक लेटा हुआ था और उसकी गोद में एक गोरी स्वीडी लड़की लेटी हुई थी। यूरोप में, सबसे अधिक स्वीडन में, उन्मुक्त प्रेम की अभिव्यक्ति पर कोई पाबन्दी नहीं। लेटे-लेटे मेरी आँखें झपक गईं। सहसा शोर हुआ तो आँखें खुलीं। देखा, अफ्रीकी युवक को पुलिस की गाड़ी में बिठाया जा रहा था। पुलिस युवक को पकड़े हुए थी। लड़की पुलिस से हाथापाई करती हुई युवक को गिरफ्तारी से बचाने की कोशिश कर रही थी। मुझे हैरानी हुई आखिर लड़के का अपराध क्या है ? मालूम हुआ, वह हशीश का धन्धा कर रहा था। पुलिस की गाड़ी जा चुकने के बाद लड़की रोती रही। फिर वह तेज़ी से भागती हुई उधर गई जिधर पुलिस की गाड़ी गई थी। मैं बेंच पर फिर लेट गया। क़रीब घंटेभर बाद घास पर सुरसुराहट हुई। मुड़कर देखा, तो पाया, वही लड़की उसी अफ्रीकी युवक की गोद में पड़ी हुई प्रेम कर रही थी। एकदम आंतोनियानी की फिल्म जैसा घटनाक्रम था। मैं समझ गया, वह उसे जमानत पर या और किसी तरह पुलिस से छुड़ा लाई है। वह खुश थी, उसकी आँखें सम्पूर्ण थीं और उसका व्यक्तित्व तनाव से मुक्त था।

एक काले युवक के लिए एक गोरी लड़की का इतना प्रेम ! अभी कुछ ही साल पहले तक काला आदमी यूरोपीय समाज में वर्जित था। आज काला आदमी गोरी लड़की का प्रेमी है। यह काले आदमियों की जीत है। मगर यह नहीं भूलना चाहिए कि मूलतः यह मानवीय स्वतन्त्रता की उस धारणा की भी जीत है जिसने 14वीं शताब्दी के अन्तिम दिनों में यूरोप में जन्म लिया था। जिस तरह मॉरी आंतोनियो की हत्या के बिना 'लिबर्टी' की परिकल्पना सम्भव नहीं थी, उसी तरह स्वाधीनता की थोथी मध्ययुगीन अवधारणा के संहार के बिना वह स्वतन्त्रता सम्भव नहीं था, जोकि मनुष्य का दर्जा देती है।

मैरियन प्लॉज़ के रेस्तराँ से उठकर मैं म्युनिख के परिचित पर्यटन-क्षेत्र श्वाबिंग की ओर चल दिया। श्वाबिंग युवकों की रात-लीला का केन्द्र है। म्युनिख की सड़कें वैसे भी अपनी खूबसूरती के लिए मशहूर हैं। रात को वे और भी खूबसूरत, चिकनी लगती हैं। मैरियन प्लॉज़ के इलाके में कारों का प्रवेश निषिद्ध है। सारा नगर-केन्द्र केवल पैदल

यात्रियों के लिए सुरक्षित हैं। मैं पिछले दो दिनों से सवेरे इस इलाके में आ रहा था। मेरे कौतूहल का विषय थीं—पुराने टॉउन हाल की मीनार में स्थापित वे मूर्तियाँ जो ठीक 11 बजे घूमने, नृत्य करने लगती हैं ! पर्यटक अच्छी-खासी संख्या में यह तमाशा देखने के लिए इकट्ठा होते हैं।

म्युनिख बावेरिया की राजधानी है। पहाड़ों से घिरी हुई राजधानी ! बीएना म्युनिख से कुछ ही घंटों का रास्ता है। म्युनिख में आस्ट्रिया और प्रशिया की संस्कृति का अनोखा समन्वय दिखाई पड़ता है।

बियर बावेरिया का सबसे मनपसन्द पेय है। म्युनिख के बावेरियन बियर रेस्तराँ, हूफ हॉउस, में सात हज़ार लोग एक साथ बैठकर बियर पीते हैं। 1549 से यह परम्परा चली आ रही है। सम्भव है कि 1938 में म्युनिख में चेंबरलेन ने हिटलर को बावेरिया की बियर से खुश करने की कोशिश की हो। उस रात भी म्युनिख बियर का जश्न मना रहा था जिस रात ओलंपिक नगर में छापामारों ने इस्राइली खिलाड़ियों को गोली से उड़ा दिया था। यूरोप के इतिहास शराब और लहू का मिला-जुला इतिहास है।

श्वाबिंग में युवक-युवतियों की रातलीला अपने उत्कर्ष पर थी। बावेरियाई बियर की बोतलें, हैम और आइसक्रीम लिये हुए लड़के-लड़कियाँ पार्कों की ओर जा रहे थे। घरों में पॉप संगीत का दौर जारी था। आख़िरकार ये लड़के-लड़कियाँ हर रोज़ किस चीज़ का समारोह करते हैं ? यदि मैं अकेला न होता, तो मेरे मन में सवाल न उठते और मैं समूचे दृश्य का अधिक आनन्द लेता। जर्मन युवक-युवतियों ने अपनी ज़िन्दगी और इतिहास के तमाम प्रश्नों को एक क्षण के लिए ताक पर रख दिया था और शंकराहित होकर वे वर्तमान का समारोह कर रहे थे।

यूरोप के लिए वर्तमान का समारोह अतीत का भी समारोह है। वर्तमान और अतीत के बीच यूरोप में कोई विभाजक रेखा नहीं है। एशिया का वर्तमान उसके अतीत से अलग है। कुछ लोग वर्तमान में रह रहे हैं, कुछ लोग अतीत में। यूरोप में अतीत और वर्तमान में रहनेवाली अलग-अलग कोटियाँ नहीं हैं।

ढाई हज़ार साल पहले भी तो एथेंस और रोम में युवक-युवतियाँ, नागरिक इसी तरह समारोह मना रहे थे !

यूरोप की कला और एशिया की कला का अन्तर स्पष्ट है। यूरोपीय कला भीतर से बाहर की ओर यात्रा करती है, जबकि एशियाई कला बाहर से भीतर की ओर। इसीलिए भारतीय स्थापत्य और यूरोपीय स्थापत्य का अन्तर भी साफ दिखाई पड़ता है। यूरोपीय स्थापत्य में अत्यधिक पार्थिवता है। यह पार्थिवता कला को जगह-जगह यान्त्रिक भी बनाती है। भारतीय स्थापत्य अमूर्त को मूर्त में व्यक्त करने का प्रयत्न है ! इसलिए वह यान्त्रिक नहीं है। और इसी कारण भारतीय स्थापत्य, विशेष रूप से दसवीं और ग्यारहवीं शताब्दी की मूर्ति-कला, यूरोप की मूर्ति-कला से अधिक स्थायी है।

यूरोप के जीवन में विस्तार है। यह विस्तार यूरोप की कलाकृतियों और रचनाओं में पूरी तरह अभिव्यक्त है। म्युनिख के मकानों में हज़ारों खिड़कियाँ हैं, जो मनुष्य को

बाहर के दृश्य से एकाकार होने का आह्वान करती हैं। भारत में इस तरह की खिड़कियाँ नहीं, क्योंकि भारतीय व्यक्ति को खिड़कियों की ज़रूरत नहीं है। वह पहले ही प्राप्त परिवेश तथा प्रकृति से तदाकार हो चुका है। प्रकृति उसके लिए अजनबी नहीं, एक अरिपरिचित वस्तु है।

मानवीय स्वतन्त्रता की दो कल्पनाएँ हैं—एक भारतीय, दूसरी पश्चिमी ! यूरोप ने अपना विकास अपनी धारणा के अनुसार ही किया है और इसलिए उसे यूरोप के सन्दर्भ में ही समझा जा सकता है। एक लड़की का रेस्तराँ में प्रवेश करना, कपड़े उतारना और नृत्य करने लगना अपने-आपमें कोई घटना नहीं है। अगर वह घटना है तो यूरोप के समग्र इतिहास की पृष्ठभूमि में ही एक घटना है। नात्सियों, बर्बरों और तानाशाहों ने यूरोप को बार-बार कुचला है। बीसवीं शताब्दी का उत्तरार्द्ध यूरोप के लिए एक अन्तराल की तरह है, जिसमें वह मनुष्य की स्वतन्त्रता का समारोह कर रहा है।

पेरिस डज़ंट एक्ज़िस्ट-2

मैंने जब जन्म लिया तब मनुष्यता को अपनी अन्तिम, अधोवस्था में पाया—अन्धी, असहिष्णु, बुरे और भले में भेदकर पाने में असमर्थ मनुष्यता ! और मैं इस मनुष्यता को प्रबुद्ध, ज्ञानवान, पुनरुज्जीवित छोड़ जाऊँगा—यह जानते हुए भी कि न कोई चीज़ अच्छी है न बुरी। न ईश्वर है, न शैतान। न पदार्थ है, न चेतना। भेद केवल ऊपरी है।

—अपोलिनॉयर

बॉदलेयर डैंडी था। रिम्बो, अपोलिनॉयर, अलफ्रेड जारी बोहिमीयन थे। आंद्रे ब्रेताँ और त्रीस्तन त्याजा प्रदर्शनप्रिय थे। मोंमार्त्र का इतिहास अजीबो-ग़रीब है। मोंमार्त्र के कवि, कलाकार और गायक, जिनकी कहानियाँ सैलानी बड़ी हैरत से सुनते हैं, विक्षिप्त, आत्मघाती, वेश्यागामी, दुराचारी और प्रतिभावान थे। लेकिन क्या वे सचमुच आत्मघाती थे ? क्या सचमुच स्त्री को उन्होंने केवल वेश्या के रूप में देखा था ? क्या वाकई उन्हें इनसानियत से घृणा थी ?

उन्नीसवीं और बीसवीं शताब्दी के फ्रांसीसी लेखकों और कलाकारों की ज़िन्दगी उनके साहित्य से अधिक दिलचस्प लगती है। लेकिन साहित्य को ज़िन्दगी से अलग करना खतरे से खाली नहीं है। साहित्य से अलग कर देने पर बॉदलेयर केवल एक दुराचारी नज़र आएगा और त्रीस्तन त्याजा एक विदूषक ! फ्रांसीसी कलाकार और कवि वह नहीं थे, जोकि वे दिखाई पड़ते थे। दरअसल वे आकार को ही नष्ट करना चाहते थे। सुररियलिस्ट कवियों और चित्रकारों ने सबसे पहले हमला आकार पर ही किया और आकारों के विरुद्ध उनकी लड़ाई अन्त तक चलती रही। यह आकस्मिक नहीं है कि सुररियलिस्ट कलाकृतियाँ अजीबो-ग़रीब, हास्यास्पद, पैशाचिक नज़र आती हैं। आकार को नष्ट कर देने पर संसार ठीक ऐसा ही दिखाई पड़ने लगता है।

जिन दिनों टी.एस. एलियट कविता के माध्यम से आकार और अर्थ को संगठित कर रहे थे, उन दिनों कविता के ही माध्यम से आन्द्रे ब्रेताँ आकार को तोड़ रहे थे। आकार से लड़ते हुए आन्द्रे ब्रेताँ ने लिखा—

मेरी पत्नी जिसके कन्धे शैंपेन हैं
मेरी पत्नी जिसकी कलाई माचिस की तीलियाँ हैं
मेरी पत्नी जिसके स्तन रात हैं
मेरी पत्नी जिसके कूल्हे संगमरमर और एसबेस्टस हैं
मेरी पत्नी जिसके कूल्हे हंस की पीठ हैं
मेरी पत्नी जिसके कूल्हे वसन्त हैं।

केवल सतह को देखनेवाले पाठकों को यह कविता उन दिनों हास्यास्पद लगती थी लेकिन हास्यास्पद कविता नहीं थी, बल्कि आकारों की बन्दी वह सभ्यता थी, सुररियलिस्ट कवि और चित्रकार जिससे घृणा करते हुए, दीवारों पर थूक रहे थे, सड़कों पर पेशाब कर रहे थे, औरतों के कपड़े पहनकर जुलूस निकाल रहे थे और तब तक के समय-इतिहास को चुनौती दे रहे थे। वास्तव में वे निर्वसन होकर यह जानना चाह रहे थे कि नंगे होने पर संसार कैसा लगता है !

मेक्सिको के कवि ऑक्टेवियो पॉज़ ने, जोकि एक अरसे तक पेरिस में आन्द्रे ब्रेताँ के साथ रह चुके थे, एक बार मुझे बताया कि सुररियलिस्ट कवि अक्सर पिकनिक या पार्टियों में स्वयं नंगे हो जाते और अपनी पत्नियों को निर्वसन कर दिया करते थे।

सुररियलिज़्म का आन्दोलन समाप्त हुए लगभग 35 साल हो चुके हैं, लेकिन कपड़ों से ढँकी मगर भीतर से वीभत्स बुर्जुआ सभ्यता और संस्कृति के विरुद्ध विद्रोह किसी-न-किसी स्तर पर आज भी जारी है।

द लास्ट टैंगो इन पेरिस का नायक (मार्लेन ब्रैंडो) जीवन से ऊबता, घबराता और पेरिस के बुर्जुआ समाज से घृणा करता, स्त्री (मारिया स्नाइडर) के पीछे भागता हुआ नगर के एक बहुत बड़े क्लब में पहुँचता है, जहाँ लकदक कपड़ों से लदे हुए बुर्जुआ स्त्री-पुरुष नृत्य कर रहे होते हैं। मार्लेन ब्रैंडो, मारिया स्नाइडर को नंगा कर भरी सभा में उसे भोगना चाहता था। भद्र समाज को अर्थात् पेरिस के अधेड़ स्त्री-पुरुषों को यह वीभत्स लगता है। लेकिन वास्तव में वीभत्स क्या है ? शरीर के भीतर छिपी, गिलगिलाती आत्मा या केवल आकार के पीछे पागल समाज के विरोध में नग्नता का इज़हार ? अधिकतर सुररियलिस्ट कवि और चित्रकार अपने जमाने के मार्क्सवादी थे—यह अलग बात है कि आज के मार्क्सवादियों की निगाह में वे केवल बिगड़ी हुई प्रतिभाएँ थे।

स्त्री, मृत्यु और स्वाधीनता, पिछले सौ वर्षों के फ्रांसीसी साहित्य के मुख्य सरोकार रहे हैं। फ्रांसीसी लेखकों के लिए एक को दूसरे से अलग करना कठिन रहा है। जब किसी कवि ने स्त्री की बात की, तब उसकी निगाह में केवल स्त्री नहीं थे बल्कि मृत्यु और स्वाधीनता भी थी। जब किसी ने मृत्यु या स्वाधीनता की बात की, तब उसकी निगाह में स्त्री भी थी। स्त्री और स्वाधीनता के साथ फ्रांसीसी कवियों और कलाकारों ने पागलों की तरह प्यार किया और अपने प्यार में अपने को नष्ट किया। बॉदलेयर ने लिखा, "स्त्रियों ने मेरे हृदय को छलनी कर दिया।" लॉत्रेमांत ने क्रोध में भरकर कहा,

"औरत मेरे पैरों पर गिरी हुई है।" अपोलिनॉयर ने अपने अनुभव को अपनी कविता में निचोड़ते हुए लिखा—

> प्रेम हमें इस तरह छोड़ जाता है
> जैसे वह नदी था, प्रेम
> नदी की तरह चला जाता है
> ज़िन्दगी कितनी बेबहाव हो सकती है
> और उम्मीद कितनी बौरायी !

अपोलिनॉयर की प्रेमिका मॉरी लाउरेंसिन सुन्दरी और युवती थी। अपोलिनॉयर को बहुत-सा प्रेम चाहिए था, अनन्त प्रेम ! लेकिन देने की एक सीमा होती है। एक स्त्री कितना दे सकती है ! सॉरी लाउरेंसिन अपोलिनॉयर की कल्पना की स्त्री नहीं साबित हुई।

पिकासो ने एक के बाद एक अनेक स्त्रियों से प्रेम किया, शादियाँ कीं, सन्तानें पैदा कीं और लगभग सभी को छोड़ दिया। पिकासो, बॉक, मातीस, शागाल, रेनुआ, त्रुलूज लात्रे ! सूची अनन्त है ! स्त्री के शरीर की जितनी भी कल्पनाएँ सम्भव हैं, यूरोपीय चित्रकला में वे उपलब्ध हैं।

जोला, फ्लाबेयर, प्रूस्त, जीद, मलार्मे, अपोलिनॉयर, बॉदलेयर, प्रूधों—फ्रांस का शायद ही कोई लेखक हो, जिसने अपने उपन्यासों और कविताओं में स्त्री के शरीर, जीवन और नियति को परिभाषित न किया हो। स्त्री की केवल एक मुस्कान नहीं ! केवल मोनालिसा स्त्री के सौन्दर्य का प्रतीक नहीं है। अकेले पिकासो ने स्त्री को सैकड़ों रूपों में परिभाषित किया, स्त्री के शरीर को घन-खंडों में बाँटा, 'आविन्यो की महिलाएँ' से लेकर 'डोरा मॉर के चित्र' तक अपनी तस्वीरों में स्त्री को हर तरह सम्बोधित किया। फ्रांसीसी साहित्य स्त्री के साथ संवाद है।

लेकिन स्त्री और मृत्यु दो बहुत अलग प्रतीक नहीं हैं। आयनेस्को का नया नाटक *मैकबेट* (मैकबेथ नहीं) सत्ता के लिए किए गए षड्यन्त्रों से अपनी आधार-सामग्री जुटाता है। नाटक के सूत्र एक पतित जनरल और एक महत्त्वाकांक्षी स्त्री के हाथ में है। लेकिन नाटक की भूमिका में आयेनेस्को ने लिखा है कि 'मेरे नाटक की मुख्य चिन्ता है मृत्यु। दरअसल मेरे समग्र साहित्य का सबसे बड़ा सरोकार है मृत्यु !"

मृत्यु को बीसवीं शताब्दी के कलाकारों और कवियों ने अनेक नामों से पुकारा है। मृत्यु जीवन का अन्त नहीं, बल्कि ज़िन्दगी के साथ-साथ चलती एक समान्तर धारा है। आदमी केवल जीवन नहीं जीता, मृत्यु भी जीता है। दूसरे शब्दों में, आदमी जीवनभर मरता है।

फ्रांसीसी साहित्य मृत्यु के विरुद्ध वक्तव्य नहीं, मृत्यु की स्वीकृति है। सम्भवतः इसीलिए वह मृत्यु को अस्वीकार करनेवाले भारतीयों को शरीरोन्मुख, पतित नज़र आता है। लेकिन वास्तविकता यह है कि फ्रांसीसी साहित्य न शरीरोन्मुख है, न पतित। वह

जीवन के प्रति एक और दृष्टिकोण है, संसार का एक भिन्न अनुभव है।

मोलाँरूज में बैठकर त्रुलूज लात्रे ने केवल स्त्रियों की भंगिमाओं का अध्ययन नहीं किया, साँ जर्मेन के कॉफी घरों में ऑल्वेयर कामू और सार्त्र ने स्वाधीनता पर महज़ बहसें नहीं कीं, मोंमार्त्र की गलियों में अपोलिनॉयर ने केवल मृत्यु का पीछा नहीं किया। उन्होंने मनुष्य की स्वाधीनता, मनुष्य की नियति और मनुष्य के जीवन को नितान्त व्यक्तिगत स्तर पर समझने की कोशिश की—ज़िन्दगी और मौत को झेलते हुए।

'ले द्यू मैगट्स' में अब सार्त्र नहीं बैठते। उनकी जगह युवा लेखकों और बुद्धिजीवियों ने ले ली है। लेकिन ज़िन्दगी का अर्थ पूछने की प्रक्रिया अब भी बरक़रार है। स्वाधीनता का सवाल अब भी जीवित है।

राजनीति और समाज के प्रश्नों पर जितनी बहसें पेरिस में हुई हैं, उतनी संसार में कहीं नहीं हुईं। लेकिन कभी भी फ्रांसीसी कलाकारों के लिए बहसें बौद्धिक विलास नहीं रहीं। अगर पॉल वैलरी जैसे दो-एक कवियों को छोड़ दिया जाए तो फ्रांस के सभी कलाकारों ने इन तमाम प्रश्नों को समझने की कोशिश में अपने को निचोड़ दिया, नष्ट कर दिया। बॉदलेयर केवल अपना उफान शान्त करने के लिए पिगाल की वेश्याओं के पास नहीं जाते थे। दरअसल वह एक अँधेरे से निकलकर दूसरे अँधेरे में जाते थे—अँधेरे में ही ज़िन्दगी के सवालों से साक्षात्कार किया जा सकता है। रोशनी में चीज़ें नक़ली नज़र आती हैं।

यह अकारण नहीं है कि पेरिस की जनता ने अपने कलाकारों और कवियों से जी भरकर प्यार किया। विक्टर ह्यूगो की मौत पर पेरिस की जनता पागल हुई, वॉल्टेयर को फ्रांस ने सिरमौर की तरह रखा और ग्राँ पैलेस में पिकासो के चित्रों को देखने के लिए हाथापाई हुई। ग्राँ पैलेस में पिकासो की प्रदर्शनी को आठ लाख लोगों ने यानी कि पेरिस की दस प्रतिशत आबादी ने देखा।

पेरिस के हर चौराहे, हर मोड़, हर दीवार पर मैंने सूटीन की प्रदर्शनी का इश्तिहार देखा। इतना विज्ञापन भारत में परिवार नियोजन का और अमेरिका में जनरल मोटर्स का भी नहीं होता। सूटीन को मरे तीन दशक हो गए, लेकिन पेरिसवासी सूटीन को अपनी स्मृति में बनाए रखना चाहते हैं। सूटीन के चित्रों को देखने के लिए आरेंजरी में लम्बी-लम्बी कतारें थीं। रसोइए, मेज पर रखा हुआ गोश्त, चिकन, भोजन पर टूट पड़ते हुए लोग, रेस्तराँ के बैरे, काँटे और छुरियाँ, खाद्य-सामग्रियों के लिए सजाई गई प्लेटें ! सूटीन का संसार अनोखा है। वह एक समूची सभ्यता के चेहरे को दिलचस्प ढंग से पेश करता है। सूटीन की मृत्यु के इतने दिनों बाद भी सूटीन में नई पीढ़ी की जिज्ञासा देखकर मुझे कौतूहल और विस्मय हुआ, क्योंकि भारत ही नहीं अन्यत्र भी अपने पूर्वज कलाकारों में इतनी गहरी दिलचस्पी कम दिखाई पड़ती है।

मोलाँरूज केवल सैलानियों का आकर्षण केन्द्र नहीं, बल्कि पेरिसवासियों की स्मृति का ज़रूरी अंग है। पेरिस के स्त्री-पुरुषों के लिए सबसे मूल्यवान चीज़ है, स्मृति। वे अपनी स्मृति को किसी भी क़ीमत पर नष्ट नहीं होने देंगे। गर्मियों में पेरिस खाली हो

जाता है। पेरिस के बुद्धिजीवी और कलाकार दक्षिण फ्रांस में चले जाते हैं; केवल गर्मी से राहत पाने के लिए नहीं, बल्कि उन तमाम अमेरिकी और जापानी सैलानियों से राहत पाने के लिए भी, जोकि इन दिनों पेरिस की सड़कों को ही नहीं रौंदते, बल्कि फ्रांसीसी संस्कृति और कला के विषय में बचकानी जिज्ञासाएँ करते हुए पेरिसवासियों का असम्मान भी करते हैं। पेरिस के व्यापारियों को सैलानियों से जितना प्रेम है, पेरिस के कलाकारों को उनसे उतनी ही चिढ़ है। मगर यह पेरिस की नियति में है। पेरिस संसार का सबसे बड़ा सैरगाह है।

पेरिस ध्वनियों और रंगों में क़ैद एक नगर है। ग़ैर फ्रांसीसी ध्वनियाँ पेरिस में ऊलजलूल लगती हैं। पेरिस के मैट्रो पर या किसी फल की दुकान पर अंग्रेज़ी भाषा हास्यास्पद लगती है। यह नहीं कि अंग्रेज़ी हास्यास्पद है, बल्कि यह कि फ्रांसीसी ध्वनियाँ पेरिस की ज़िन्दगी का इतना अनिवार्य अंग हो चुकी हैं कि उसके परे किसी अन्य ध्वनि में पेरिस को समझने या समझने का प्रयत्न भोंडा हो जाता है।

फ्रांसीसी कवियों का किसी अन्य भाषा में अनुवाद लगभग असम्भव है। फ्रांसीसी सिनेमा दबकर नहीं देखा जा सकता और फ्रांसीसी स्त्री के साथ केवल फ्रांसीसी भाषा में प्रेम किया जा सकता है। भाषा आदमी की ज़रूरत मात्र नहीं बल्कि उसकी अन्तरात्मा है—इस तथ्य की पहचान केवल पेरिस में होती है।

अन्य किसी भी देश का व्यक्ति टूटी-फूटी अंग्रेज़ी में बात करने को तैयार है। फ्रांसीसी व्यक्ति किसी भी अन्य भाषा में स्वयं को अभिव्यक्त करने के लिए राज़ी नहीं, क्योंकि वह जानता है कि मनुष्य स्वयं को केवल अपनी मातृभाषा में व्यक्त कर सकता है, किसी अन्य भाषा में नहीं। दूसरी भाषा में स्वयं को व्यक्त करने की कोशिश न केवल अपनी भाषा का बहिष्कार है, बल्कि दूसरे की भाषा का भी निरादर है। भाषा टूटी-फूटी नहीं हो सकती। वह हमेशा सम्पूर्ण होगी। यानी या तो वह होगी या नहीं होगी। ऑल्बेयर कामू ने लिखा था, "टेलीफ़ोन बूथ के भीतर खड़ा हुआ व्यक्ति काँच का घर है, जिसके भीतर पहुँचते ही विदेशी व्यक्ति ठीक इसी तरह बेमानी और ऊलजलूल लगने लगता है। अन्य कहीं भी पर्यटक को पहचानने में दिक्कत हो सकती है, पेरिस में कोई दिक्कत नहीं होती—बेमानी, ऊलजलूल, ध्वनिरहित आकार !

सारे संसार के पर्यटक पेरिस आकर आज़िज होते हैं, अपनी अप्रासंगिकता को महसूस करते हैं और दोबारा पेरिस आते हैं। पेरिस केवल पेरिसवासियों की ही स्मृति का अंग नहीं, बल्कि उन सबकी स्मृति का अंग है, जोकि एक बार पेरिस आ चुके हैं। अपनी स्मृति को नष्ट कर सकना कठिन है। यूरोप, अमेरिका, एशिया और अफ्रीका से सैलानी पेरिस आकर क्या करना चाहते हैं ? क्या वे 'लूव्र' देखना चाहते हैं ? क्या वे पिगाल के साथ अपनी शामें गुजारना चाहते हैं ? क्या वे पेरिस की नायाब शराब पीकर स्वयं को धन्य करना चाहते हैं ? दरअसल पेरिस आनेवाली विदेशी को स्वयं यह पता नहीं होता कि वह पेरिस क्यों आया है। पेरिस उसे एक तिलिस्म की तरह लगता है, जिससे निकलकर भी वह नहीं निकल पाता।

पेरिस है भी एक तिलिस्म ! आकारों को नष्ट कर, अर्थ को प्रेषित करनेवाला तिलिस्म। मगर एक आकार के नष्ट होते ही दूसरा आकार उभर आता है। पेरिस के कवि, कलाकार, युवक, स्त्री-पुरुष, प्रचलित आकारों को तोड़ते हैं और उनकी जगह दूसरे आकार आ जाते हैं। पियरेकार्दां एक दुनिया बनाते हैं, उसे रातोंरात भंग करते हैं और फिर नई दुनिया बनाते हैं। संसार को नष्ट करने का सिलसिला पेरिस में कभी समाप्त नहीं होता। वस्तुतः पेरिसवासियों का संसार स्थायी नहीं, उनकी तारतमता, उनकी स्मृति ही स्थायी है, अन्यथा पेरिस जैसी कोई चीज़ नहीं है।

परिशिष्ट

श्रीकान्त वर्मा की किताबें

कविता-संकलन

भटका मेघ (1957)
मायादर्पण (1967)
दिनारम्भ (1967)
जलसाघन (1973)
मगध (1984)
गरुड़ किसने देखा है (1986)

कहानी-संग्रह

झाड़ी (1964)
संवाद (1969)
घर (चुनी हुई कहानियाँ, 1981)
श्रीकान्त वर्मा की कहानियाँ : भाग-1 (1984)
श्रीकान्त वर्मा की कहानियाँ : भाग-2 (1984)
दूसरे के पैर (1984)
अरथी (1988)
ठंड (1898)
बास (1993)
साथ (1984)

उपन्यास

दूसरी बार (1968)

आलोचना

जिरह (1973)

अनुवाद

फैसले का दिन (रूसी कवि आन्द्रे वोज्नेसेंस्की की कविताओं का अनुवाद, 1970)

श्रीकान्त वर्मा के साहित्य पर अध्ययन

आलोचना ग्रन्थ

श्रीकान्त वर्मा की कविता—सुमन वर्मा
शतारब्दी मनुष्य और नियति—अरविन्द कुमार त्रिपाठी
श्रीकान्त वर्मा का रचना संसार—सम्पादक—राजेन्द्र मिश्र

श्रीकान्त वर्मा के साहित्य पर कुछ महत्त्वपूर्ण लेख

समकालीन नरक का भूगोल—अशोक वाजपेयी
('फिलहाल' में संग्रहीत)

खंड-खंड की सृजनात्मकता—मलयज
('कविता से साक्षात्कार' में संग्रहीत)

मेरे सामने समस्या है—विष्णु खरे
('आलोचना की पहली किताब' में संग्रहीत)

मैंने सदियों को मनुष्य की आँखों में घुलते देखा है—विश्वनाथ प्रसाद तिवारी
[श्रीकान्त वर्मा का रचना संसार—(सम्पादक राजेन्द्र मिश्र) में संग्रहीत)

जलसाघर—रमेशचन्द्र शाह (वागर्थ में संग्रहीत)

जो मुझसे नहीं हुआ वह मेरा संसार नहीं—प्रभात त्रिपाठी [श्रीकान्त वर्मा का रचना संसार (सं. रा. मि.) में संग्रहीत)

श्रीकान्त की कविता में अलगाव—सुरेश कोहली (श्रीकान्त वर्मा का रचना संसार)
श्रीकान्त की जिरह—विष्णु खरे (पूर्वग्रह—84, 85, 86)
मनोविश्लेषक का कोच—विनोद भारद्वाज (पूर्वग्रह—84, 85, 86)
मगध के सन्दर्भ में विचार—मोहन कृष्ण बोहरा (पूर्वग्रह—84, 85, 86)
भारतीय सभ्यता पर एक मृत्युलेख—चन्द्रकान्त पाटिल (पूर्वग्रह)

वे दिन—वीणा वर्मा (पूर्वग्रह—84, 85, 86)
महासरिता—शिरीष ढोबले (पूर्वग्रह—84, 85, 86)
वे अपने स्वभाव के पक्के समर्थक थे (पूर्वग्रह—84, 85, 86)
तीसरा रास्ता भी है—अरुण कमल (कविता और समय में संग्रहीत)
श्रीकान्त वर्मा की कविता—राजीव सभरवाल (पूर्वग्रह—84, 85, 86)
श्रीकान्त वर्मा की जिरह—रंजना अरगड़े (पूर्वग्रह—84, 85, 86)

श्रीकान्त वर्मा के साहित्य पर महत्त्वपूर्ण सन्दर्भ ग्रन्थ

1. कविता का व्योम और व्योम की कविता—मदन सोनी
2. कविता के नए प्रतिमान—नामवर सिंह

●●●